OXFORD **IB DIPLOMA PROGRAMME**

2ND EDITION

SPANISH B

COURSE COMPANION

Ana Valbuena
Laura Martín Cisneros

OXFORD

OXFORD
UNIVERSITY PRESS

Great Clarendon Street, Oxford, OX2 6DP, United Kingdom

Oxford University Press is a department of the University of Oxford.
It furthers the University's objective of excellence in research, scholarship, and education by publishing worldwide. Oxford is a registered trade mark of Oxford University Press in the UK and in certain other countries

British Library Cataloguing in Publication Data
Data available

978-0-19-842246-4

10 9 8 7 6 5 4 3

Paper used in the production of this book is a natural, recyclable product made from wood grown in sustainable forests.
The manufacturing process conforms to the environmental regulations of the country of origin.

Printed in India by Multivista Global Pvt. Ltd

Acknowledgements

The publisher would like to thank Enrique del Rey Cabero, Flavia Mateo Sanz, Maddalena Ghezzi and Lola Barroso.

The publisher and authors would like to thank the following for permission to use photographs and other copyright material:

Cover: Universal History Archive/Getty Images

All photos © Shutterstock, except: p12: 'Talleres Mindfullness para Niños'. Reproduced by permission of psychologist Bruno Solari, with kind authorisation from Instituto del Bienestar in Chile; p15: 'Ayúdanos a plantar 5000 m² de salud'. Assignee: Fundación Anesvad http://www.anesvad.org. Creation: Ros.0 Agency of Interactive Communication http://www.ros.es; p21: Designed by Freepik; p25: Guillermo Kahlo/Wikimedia Commons; p28: Afina, Asociación de fibromialgia de Navarra, www.afinanavarra.es; p29: 'Curso virtual para padres en familia'. Servicios sociales del Ajuntament de Sant Joan d'Alacant; p32: Super Twiggy advert © Grey group; p33: sudowoodo; p35(br): Dan Grytsku/123rf; p36: 'La buena vida' © Nik 2010; p45(tl): iStockphoto/holgs; p45(tm): PytyCzech/iStockphoto; p45(tr): Floortje/iStockphoto; p45(bm): oneinchpunch/iStockphoto; p45(br): Antonio_Diaz/iStockphoto; p47: Peter Hermes Furian/123rf; p57(tl): iStockphot/SamyStClair; p60: 'La integración de la inmigración' 26/10/2007 © Faro; p63: 'Los beneficios de viajar', 29/10/2013. Kaplaninternational.com/es; p75: Entertainment Pictures/Alamy Stock Photo; p77: Alamy Stock Photo/OUP; p82: Olena Kachmar/123rf; p83(bl): Xinhua/Alamy Stock Photo; p83(b): AF archive/Alamy Stock Photo; p83(br): mauritius images GmbH/Alamy Stock Photo; p90: © Laura Gallego; p99(l): © Jorge

Alderete; p99(r): © 2017 Catalina Estrada; p99(b): © 2017 Carla Torres; p101(l): Coco nr. 48 © Lita Cabellut; p101(r): Impulse 04, 2015 © Lita Cabellut; p101(frames): Shutterstock/OUP; p102(t, r, b): © Mark Driessen; p104: Shutterstock/OUP; p109(l, r): Persona normal © 2011, Benito Taibo © 2011, 2016 Editorial Planeta Mexicana, S.A de C.V, Latin American Rights Agency – Grupo Planeta; p111: Recogiendo la manzana, Nicanor Piñole, © Museo de Bellas Artes de Asturias; p114(m): Hemis/Alamy Stock Photo; p116: Miguel Sayago/Alamy Stock Photo; p119: Shutterstock/OUP; p120: franck-reporter/iStockphoto; p123: Shutterstock/OUP; p127(l): Everett Collection Inc/Alamy Stock Photo; p127(m): VALERIE MACON/Getty Images; p127(r): VALERIE MACON/Getty Images; p128(br): Danita Delimont/Getty Images; p130: Fundación Esplai Ciudadanía Comprometida; p133: John Birdsall/Alamy Stock Photo; p134: Objectivos de desarrollo sostenible. www.un.org; p135(l): 'Callejón San Francisco' © Pablo Zulaica Parra, acentosperdidos.blogspot.com; p135(r): 'los 365 días' © Pablo Zulaica Parra, acentosperdidos.blogspot.com; p136(l): Archive PL/Alamy Stock Photo; p136(r): Design Pics Inc/Alamy Stock Photo; p137: 'Chévere' © Pablo Zulaica Parra, acentosperdidos.blogspot.com; p140: Shutterstock/OUP; p148: Everett Collection Inc/Alamy Stock Photo; p150(t): Cartel de la película Medianeras, © The Match factory; p150(b): Lorenzo Dalberto/Alamy Stock Photo; p161: Everett Collection Inc/Alamy Stock Photo; p154(l): Alexander Dubovitskiy/123rf; p154(m): Lola Barroso en Pasajes por María Herráez ; p154(r): Jozef Polc/123rf; p156: asiseeit/iStockphoto; p163(mt): Konstantin Kalishko/123rf; p163(b): lightpoet/123rf; p165: Shutterstock/OUP; p166: Robbie Dawson/OUP; p167, 168(l, m, r): 'Ciudades - Desarrollo sostenible y asentamientos humanos'. 30/04/2015 © CEPAL – Naciones Unidas; p170: Elizaveta Galitckaia/123rf; p173: paulrommer/iStockphoto; p176: 'Beneficios de la bicicleta' © Ramón; p177: Keith Levit/Perspectives/Getty Images; p182: Barry Lewis/Alamy Stock Photo; p187: Shutterstock/OUP; p195(t): imacoconut/iStockphoto; p195(b): tomas1111/123rf; p196(t): JasonDoiy/iStockphoto; p198(t, b): Photo 12/Alamy Stock Photo; p199: BSIP SA/Alamy Stock Photo; p201: Photo 12/Alamy Stock Photo; p206(b), 207(r): Catalin Petolea/Picfair; p217(l): © INALI. Autora: Alejandra Álvarez, febrero de 2013; p217(r): © INALI. Autora: Alejandra Álvarez, octubre de 2012; p218(t): Ada Sepulveda © Gunther Sahagún de Silva; p218(b): © INALI. Autora: Alejandra Álvarez, octubre de 2012; p220(b): Gazpacho agridulce by Quan Zhou Wu. © Quan Zhou Wu (Astiberri, 2015); p221: Photo of Quan Zhou Wu, Gazpacho agridulce, http://www.divinity.es/blogs/blackisnice/Gazpacho-Agridulce-comic-andaluza-china-quan-zhou-generacion-segunda_6_2013465007.html © Esther L. Calderón; p227: Gazpacho agridulce © Quan Zhou Wu; p231: Jorge Zorrilla, Magisterio, www.magisnet.com; p232: Felix Ingaruca/Diario El Comercio, Perú; p234: 'Día internacional de los Pueblos Indígenas' © Mundo Ejecutivo, 2016; p235: 'Curso gratuito de Quechua' by T & T Cecitel. With Kind authorisation from Consejo Intersectorial para la Educación Peruana & Dr. Andy Kid Figueroa Cárdenas. ; p241(m): Erin Patrice O'Brien/Taxi/Getty Images; p245: José Luis Padilla (Padylla) para La opinión de Tenerife; p246: 'Retos de la juventud', UNFPA, © Notimex, 2015; p247: 2006 vs 2016. vaniabachur.com © Suupeergirl; p250: Image Source/iStockphoto; p252: Shutterstock/OUP; p255: PHILIPPE DESMAZES/Getty Images; p257: Eve Grynberg, by Gerardo Dell'Oro - Newspaper Clarín, Argentina; p270: 'Como será el empleo del futuro?' ERAF BADIA y AnaRM; p282: Popperfoto/Getty Images; p285(tl): Eneko; p289: Stephen Chung/Alamy Stock Photo; p290: ZUMA Press, Inc./Alamy Stock Photo; p293(l): Bloomberg/Getty Images; p294: iLexx/iStockphoto; p303: '9

Mayo 2017' © semanadeinternet.com; p301: '10 consejos útiles para el uso de Internet', Derechos Digitales América Latina, Creative Commons; p308: 'La incommunicación de la familia, años 70 – año 2013' © Faro; p313: 'La gorra con parlantes' ©2017 Atari Connect, LLC; p323(t): Chris Ryan/iStockphoto; p327: lightwise/123rf/OUP; p328(t): Gigantes descalzos: Álvaro Priante e Iván Roiz; p328(b): Gigantes descalzos: Álvaro Priante e Iván Roiz; p330: © Patri Cámpora; p333(l): Marga Castaño, Apéritif Studio; p333(m): © Carla Fuentes Fuertes; p333(r): © Javier Olivares; p334(m): Image Source/Getty Images; p334(b): Shutterstock/OUP; p335(t): Caiaimage/Sam Edwards/Getty Images; p335(m): Siri Stafford/DigitalVision/Getty Images; p338, 340: Shutterstock/OUP; p349: '1° Censo Nacional Penitoenciario'. Mariella Sausa para Diario Perú21; p351: 'Mujeres en el Perú'. © Shirley Cjahua; p354: 'Analfabetismo en México, una realidad de alto riesgo' © Educación Futura; p358: Francis Tsang/Getty Images; p359(t): BERNARDO RODRIGUEZ/EPA/REX/Shutterstock; p361(m): Mike Greenslade/Alamy Stock Photo; p361(b): Alibi Productions/Alamy Stock Photo; p363(r): Hohl/iStockphoto; p364: Xavier Subias/AGE Fotostock; p369: Oficina Española de Patentes y Marcas; p373: PORNCHAI KITTIWONGSAKUL/AFP/Getty Images; p375(l): Emilio Morales Ruiz; p375(r): David Ibañez Bordall; p377: AFP/Getty Images; p381: 'Igualdad de género – ¿Dónde nos encontramos hoy? © UN Women; p382(l): DIB/19/1/901, Biblioteca National Española; p382: Colectivo Educación para la Paz; p383: WENN Ltd/Alamy Stock Photo; p385: GUILLERMO LEGARIA/Getty Images; p389: ORLANDO SIERRA/Getty Images; p390: MIGUEL RIOPA/Getty Images; p393: ilkercelik/iStockphoto; p394: Shutterstock/OUP; p398: dmstudio/123rf; p397(r): Peter Probst/Alamy Stock Photo; p399(l, r): SaulHerrera/iStockphoto.

Illustrations by Peter Lubach (p181, 243), and Q2A Media Service Inc. (p14, 50, 86).

Every effort has been made to contact copyright holders of material reproduced in this book. Any omissions will be rectified in subsequent printings if notice is given to the publisher.

Links to third party websites are provided by Oxford in good faith and for information only. Oxford disclaims any responsibility for the materials contained in any third party website referenced in this work.

We are grateful to the authors and publishers for use of extracts from their titles and in particular for the following:

UNIT 1

'Cantar en la ducha es bueno para la salud' from http://www.heraldo.es/noticias/suplementos/salud/2017/03/06/cantar-ducha-bueno-para-salud-1160420-1381024.html. Reproduced by permission of www.heraldo.es.

'Seis beneficios del arte para la salud'. https://www.espaciodearteterapia.com/blog-6-beneficios-arte-salud. Reproduced by permission of Mg. Sandra Rospigliosi Tudela, art psychotherapist www.espaciodearteterapia.com

'El gallo despertador' from La selva en verso, Susaeta, Madrid (1994), Herederas de Gloria Fuertes.

Corazonadas © 2016, Benito ©, 2016 Editorial Planeta Mexicana, S.A de C.V, Latin American Rights Agency – Grupo Planeta.

Corazonadas © 2016, Benito Taibo © 2011, 2016 Editorial Planeta Mexicana, S.A de C.V, Latin American Rights Agency – Grupo Planeta.

'Nosotros no' from Hasta que la muerte, by José B. Aldolph. With kind authorisation from the family of José B. Adolph.

Course Companion definition

The IB Diploma Programme Course Companions are resource materials designed to support students throughout their two-year Diploma Programme course of study in a particular subject. They help students gain an understanding of what is expected while presenting content that fully illustrates the aims and purposes of the IB. They reflect its philosophy and approach, by encouraging a deeper understanding of each subject through connections to wider global issues, based on independent, critical thinking.

The Companions mirror the IB philosophy of whole-course approaches to the curriculum through the use of a wide range of authentic resources. These resources integrate perpectives in international-mindedness, promote learning in accord with the IB learner profile and deepen experience of the IB Diploma Programme core requirements: theory of knowledge, the extended essay, and Creativity, Action, Service (CAS).

Each Companion can be used in conjunction with other materials. Indeed, successful IB students are strongly encouraged to enhance their learning through consultation of a variety of supplementary resources. Suggestions for further reading, as well as for extending research investigations, are regularly given in a fashion that integrates this extension work within each course.

In addition, all Companions provide guidance for successfully completing all course assessment requirements and advice for respecting academic honesty protocols. They are distinctive and authoritative, without being rigidly prescriptive.

IB mission statement

The International Baccalaureate aims to develop inquiring, knowledgable and caring young people who help to create a better and more peaceful world through intercultural understanding and respect.

To this end the IB works with schools, governments and international organisations to develop challenging programmes of international education and rigorous assessment.

These programmes encourage students across the world to become active, compassionate, and lifelong learners who understand that other people, with their differences, can also be right.

The IB learner profile

The aim of all IB programmes is to develop internationally minded people who, recognising their common humanity and shared guardianship of the planet, help to create a better and more peaceful world. IB learners strive to be:

Inquirers They develop their natural curiosity. They acquire the skills necessary to conduct inquiry and research and show independence in learning. They actively enjoy learning and this love of learning will be sustained throughout their lives.

Knowledgeable They explore concepts, ideas, and issues that have local and global significance. In so doing, they acquire in-depth knowledge and develop understanding across a broad and balanced range of disciplines.

Thinkers They exercise initiative in applying thinking skills critically and creatively to recognise and approach complex problems, and make reasoned, ethical decisions.

Communicators They understand and express ideas and information confidently and creatively in more than one language and in a variety of modes of communication. They work effectively and willingly in collaboration with others.

Principled They act with integrity and honesty, with a strong sense of fairness, justice, and respect for the dignity of the individual, groups, and communities. They take responsibility for their own actions and the consequences that accompany them.

Open-minded They understand and appreciate their own cultures and personal histories, and are open to the perspectives, values, and traditions of other individuals and communities. They are accustomed to seeking and evaluating a range of points of view, and are willing to grow from the experience.

Caring They show empathy, compassion, and respect towards the needs and feelings of others. They have a personal commitment to service, and act to make a positive difference to the lives of others and to the environment.

Risk-takers They approach unfamiliar situations and uncertainty with courage and forethought, and have the independence of spirit to explore new roles, ideas, and strategies. They are brave and articulate in defending their beliefs.

Balanced They understand the importance of intellectual, physical, and emotional balance to achieve personal well-being for themselves and others.

Reflective They give thoughtful consideration to their own learning and experience. They are able to assess and understand their strengths and limitations in order to support their learning and professional development.

A note on academic honesty

It is of vital importance to credit owners of information appropriately, whenever that information is re-used. Originators of ideas (intellectual property) have property rights.

You must base honest, productive work on your own individual ideas. The work of others used in developing these ideas, must be fully referenced in correct fashion.

Therefore, in all assignments for assessment, written or oral, you must always express yourself without copying from others.

Whenever other sources are used or referred to, either as direct quotation or as paraphrase, they must be appropriately recorded and listed with the relevant academic references.

How do I acknowledge the work of others?

This is done through the correct and systematic use of footnotes and bibliographies.

Footnotes (placed at the bottom of a page) or endnotes (placed at the end of a document) are required when you quote or paraphrase, translate, or closely summarise the information provided in other documents.

You do not need to provide a footnote for information that is part of a recognised 'body of knowledge'. That is, commonly accepted definitions do not always need to be footnoted, as they are part of such assumed knowledge.

Bibliographies should include a formal list of the resources used in your work.

'Formal' means that you should use one of several commonly accepted forms of presentation. This usually involves separating your resources into different categories (e.g. books, magazines, newspaper articles, Internet-based resources, CDs, works of art and translations from other languages, whether computer derived or not).

In this way, you provide full information for your readers, or viewers of your work, so that they can find the same information, if they wish. A formal, academic bibliography is compulsory for the extended essay.

What constitutes malpractice?

This is behaviour that results, or may result in you, or any student, gaining an unfair advantage in one or more assessment component.

Malpractice includes plagiarism, whether in the same language, or translated from another language. It also includes collusion.

Plagiarism is defined as the representation of the ideas or work of another person as your own. The following are some of the ways to avoid plagiarism:

- Words and ideas of another person used to support one's arguments must be acknowledged.

- Passages that are quoted verbatim must be enclosed within quotation marks and acknowledged.

- CD-ROMs, email messages, websites on the Internet, and any other electronic media must be treated in the same way as books and journals.

- The sources of all photographs, maps, illustrations, computer programs, data, graphs, audio visual, and similar material must be acknowledged if they are not your own work.

- Works of art, whether music, film, dance, theatre arts, or visual arts, and where the creative use of a part of a work takes place, must be acknowledged.

Collusion is defined as supporting malpractice by another student. This includes:

- allowing your work to be copied, or translated, and then submitted for assessment by another student

- duplicating work for different assessment components and/or diploma requirements.

Other forms of malpractice include any action that gives you an unfair advantage, or affects the results of another student. Examples include, taking unauthorised material into an examination room, misconduct during an examination, using unauthorised electronic aids of any type, and falsifying a CAS record.

CONTENIDOS

Digital resources:

Digital content overview ....

Exam-style papers (SL & HL) ....

Answers ....

List of text extracts ....

INTRODUCTION

This Course Companion has been written specifically for students studying Standard Level or Higher Level Spanish B for the International Baccalaureate Diploma Programme.

This new Course Companion supports the 2018 syllabus (for first examination in 2020), providing material for the five prescribed themes at both Standard and Higher Levels:

- Identidades
- Experiencias
- Ingenio humano
- Organización social
- Compartir el planeta

Each unit is structured around a topic which is developed through reading, writing and speaking activities, and provides ample opportunities for exam practice. The topics covered are explored from an international perspective in order to reflect the intercultural dimension of the Spanish language. There is an emphasis on linguistic skills as well as cultural aspects of Spanish-speaking countries, and a wide range of ideas for internal and external assessment are considered in every unit.

Each unit follows a common structure:

- A clear statement of objectives.

- Warm-up activities ("Para entrar en materia") and photos to help students reflect on the unit's topic, establish what students already know and acquaint them with the language skills and themes that will be developed throughout the unit.

- A broad range of text types from across the Spanish speaking world (press articles, infographics, comic strips, leaflets, etc.) labelled A–E, accompanied by activities for developing and assessing comprehension and critical thinking. Authentic and varying from straightforward to sophisticated, the texts have been chosen for their relevance, their originality and their interest for DP students. They will stimulate students' interest in the varied cultures of the Spanish-speaking world and equip them with the necessary language and cultural skills to not only improve their Spanish but also to be successful in the IB assessment.

- In addition to the listening activities provided in the enhanced online course book, links to websites have been provided for complementary authentic listening material. It is possible in the future that these sites will no longer exist or will have been moved to different web addresses. Teachers and students are therefore advised to find alternative, but similar sites for such activities.

- A major focus of this course is Conceptual Understanding and every effort has been made to emphasise this aspect of the course in both receptive and productive skills.

- Links are made to the areas of theory of knowledge (TdC), creativity, action, service (CAS), the extended essay, the IB learner profile and the IB Approaches to Learning (ATL) in order to promote critical thinking and a cross-curricular approach.

- Visual material and literary texts with accompanying activities help students prepare for the Standard as well as the Higher Level oral assessment.

A significant part of language acquisition and development involves learning to cope with unfamiliar and unknown terms and concepts, especially when interacting with material from genuine sources. As a result, in this Course Companion, it may be found that texts deemed "demanding" are accompanied by straightforward activities, not necessarily requiring complete literal comprehension, whereas simple texts may be accompanied by activities of a more challenging nature.

Although it is seldom necessary to fully understand every single item of content, every turn of phrase, every possible nuance of meaning in order to complete the activities, a glossary has been provided at the end of this Course Companion to support students.

Under the spirit of the IB mission statement, this book promotes intercultural understanding and respect among young people who feel committed to create a better and more peaceful world.

Please note that you can find a link to a full set of answers to the activities on the opening page of each unit.

We hope that you find this Course Companion as engaging and interesting as it was for us to write the activities and select the material to help you succeed in the exam, and that it will enable you to reinforce your command of the Spanish language and curiosity for the Spanish world.

¡Buena suerte a todos!

Ana Valbuena and Laura Martín Cisneros

How to use your enhanced online course book

This *Spanish B enhanced online course book* is designed to prepare you for your Paper 1 and Paper 2 assessments by giving you a wide range of practice. In addition to the activities you will find in this book, further practice and support are available on the online course book.

Throughout the book you will find the following icons. By clicking on these you can access the associated activity or document.

 ## Lista de recursos en línea

Click the Digital content overview icon on page 6 for a list of pages on which all components of your online course book may be found.

 ## Gramática

There are two grammar practice activities per chapter, each indicated by an icon as shown above.

> Click on the icon on the page.

> The grammar activity will appear in a second screen.

Unit 7 Grammar activity: Discourse marke...

Los marcadores del discurso son importantes a la hora de estructurar las ideas que expresamos, ya que señalan o marcan la relación entre dos partes del texto. Se trata de palabras y estructuras que sirven para cohesionar y dar sentido a las ideas. ¿Recuerdas algunos? Selecciona los dos marcadores que pertenecen a cada categoría.

1 Adición (Un componente del texto debe ser sumado a lo que se dijo antes.)

2 Causalidad (Indica una causa en un segmento del texto, y un efecto o consecuencia en otro. Pueden estar en distinto orden, al revés o antes el efecto que la causa.)

3 Consecuencia (Un segmento del texto es el resultado de lo que se dice en otro

> Click on 'next' to move between screens. The final screen will show your results upon pressing the 'submit' button.

 ## Examen

Two exam-style papers, along with accompanying audio tracks, are available on page 6, one for Standard Level and one for Higher Level.

 ## Expresión oral

Next to the 'Actividades orales generales' and the 'Literatura' section in each chapter you will find additional material providing further opportunities to prepare for the Standard and Higher Level individual oral exams.

 ## Comprensión auditiva

In order for you to practise the listening component of Paper 2, you will find a wide range of embedded audio exercises throughout the book. There are three listening comprehension activities per chapter, each indicated by an icon, as shown above.

> Click on the icon on the page.

> Listen to the audio track here.

 ## Soluciones y transcripciones

Answers to all activities throughout the chapter, as well as transcripts for the listening activities, may also be found on the first opening page of each chapter.

1 IDENTIDADES
MENTE SANA Y
CUERPO SANO

> Click the icon on the first opening page of each chapter.

1 IDENTIDADES
MENTE SANA Y CUERPO SANO

Objetivos

- Comentar distintos estilos de vida

- Reflexionar sobre aspectos relacionados con la salud y el bienestar

Para entrar en materia

¿Qué ideas e imágenes asociamos a un estilo de vida saludable?

1   Observa las imágenes que presentan la unidad. Trabaja con un(a) compañero/a o en pequeños grupos. Describe una de las fotos (qué hay, cómo son las personas que aparecen, qué llevan, qué hacen, etc.). Si uno de tus compañeros adivina cuál es, pasará a describir otra imagen, y así se continuará hasta completar las descripciones.

Por ejemplo: *Hay un grupo de seis personas, son chicos y chicas jóvenes. Llevan mallas y zapatillas de deporte. Corren juntos por el parque.*

Lengua

Hacer descripciones

- Para hacer descripciones, repasa el uso del adjetivo y también los verbos en presente y las construcciones para describir acciones como **estar** + **gerundio** (está jugando).
- Recuerda la importancia de la concordancia: género y número.
- Intenta incluir en la descripción de las personas tantos detalles como puedas: altura, edad aproximada, información sobre su pelo, color de ojos, prendas de vestir y sus colores, qué deporte practican, qué otras cosas hacen.

2   ¿Relacionas estas imágenes con un estilo de vida saludable? ¿Con qué palabras relacionas un estilo de vida sano? En parejas o pequeños grupos, haced una nube de palabras relacionadas con este tema. Después, ponedla en común para crear una lista con el resto de la clase. ¿Cuántas palabras habéis recopilado entre todos?

Es importante recordar también el género correcto, si es masculino o femenino.

Por ejemplo: *el deporte, la fruta, …*

3   ¿Qué personajes del mundo hispano pueden asociarse con un estilo de vida saludable? ¿Qué rasgos físicos tienen? ¿Qué datos conoces sobre su vida? Busca datos, imágenes, canciones o fragmentos de vídeo para presentarlos. Puedes incluir: lugar de nacimiento, edad, nombre completo, información sobre su familia, su país, sus aficiones, sus rasgos físicos y de carácter, etc.

Por ejemplo: *Shakira es de Barranquilla, en Colombia. Nació en 1977. Entrena varias veces a la semana, combinando ejercicios de cardio y baile …*

CONCIENCIA PLENA

Talleres de Mindfulness Infantil
"La Atención Funciona"

Una mente sin estrés aprende con más facilidad, encuentra mejores soluciones para un mismo problema y reacciona de forma menos impulsiva (Eline Snel)

Niñ@s de 8 a 12 años:
Martes y viernes 11:00 – 12:00 hrs.

Adolescentes de 14 a 18 años:
Lunes y jueves 11:00 – 12:30 hrs.

8 clases en total. $160.000
Ruca Nulan (Príncipe de Gales 8561), La Reina
Instructor: **Bruno Solari**, Consultora Mindfulness
bruno.solari@consultoramfn.cl +56981588976

Durante todo el mes de enero, nuestra área de *Mindfulness* comenzará con talleres para niños y adolescentes a cargo de Bruno Solari, líder del área.

Para ello, se han diseñado programas para niños de 8 a 12 años y adolescentes entre 14 a 18 años, y también para adultos, con frecuencia de una a dos veces por semana.

Si deseas tener más información sobre estos talleres, escribe a bruno.solari@consultoramfn.cl.

fuente: **Instituto del Bienestar, Chile www.institutodelbienestar.cl**

Después de leer

1 Observa y lee el texto. Después, decide qué palabras e imágenes hacen referencia a un mejor estado. Compara tus respuestas con un(a) compañero/a. ¿En qué coincidís?

Por ejemplo: *Imágenes: una niña haciendo yoga, …*
Palabras: una mente sin estrés, …

2 ¿Qué tipo de talleres se presentan?

3   ¿Cómo se llaman estos talleres? ¿Te gusta este título? ¿Qué otro título podrían tener?

4   ¿Cuál es el horario para niños? ¿Y para adolescentes?

5   ¿Cómo se llama el profesor de las clases?

6   ¿Cuántas veces a la semana se puede ir a una de estas clases?

7   ¿A qué dirección de correo electrónico puedes escribir para obtener más información?

8   Basándote en las ideas del folleto, busca las **palabras del texto** que significan:

   a   para niños: _____

   b   actividad de aprendizaje: _____

   c   una dificultad: _____

   d   crear: _____

   e   la cantidad de veces que se realiza una actividad:

   _____

9   Basándote en la información del folleto, indica si estas frases son **Verdaderas** o **Falsas** y escribe las **palabras del texto** que justifican tu respuesta.

   a   Los talleres se realizan durante el primer trimestre del año.   V   F

   b   Hay clases para todas las edades.   V   F

   c   Si tienes 12 años, puedes asistir a un taller de *mindfulness*.   V   F

   d   El profesor de las clases es Bruno Solari.   V   F

   e   Las clases para niños duran tres horas.   V   F

   f   Las clases para adolescentes terminan a las 12.00.   V   F

   g   Los talleres del viernes son para adolescentes.   V   F

   h   Hay un teléfono para contactar con el centro.   V   F

Actividades de expresión oral y escrita

1   Crea un folleto para otra actividad relacionada con el bienestar: arte (cerámica, pintura), teatro, danza, baile, música, etc.

2   Escribe un correo electrónico solicitando más información sobre las clases de *mindfulness*.

3   Crea una situación de juego de rol entre dos amigos o entre un padre/una madre y un hijo en la que comentan estas clases y deciden si ir o no.

4   Busca información de otras actividades relacionadas con el bienestar (clases de natación, club de baile, club de lectura, etc.) y crea un vídeo de presentación para promocionarlas.

Habilidades de autogestión

- Piensa en cómo gestionas el tiempo a la hora de estudiar español:

  ¿Te haces un horario?

  ¿Tienes un día específico para dedicarte a las tareas de español?

  ¿Cómo decides qué actividades y tareas son más importantes, a cuáles vas a dedicar más tiempo, etc.?

- Piensa en cómo gestionas el estrés:

  ¿Haces alguna actividad para relajarte?

  ¿Has probado o te gustaría probar el *mindfulness*? ¿Por qué (no)?

- Comparte algunas ideas y sugerencias con tus compañeros.

5   Comentad en grupos el vídeo de una presentación de un deporte, destacando sus principales beneficios. Después, realizad una presentación sobre otro deporte diferente (baloncesto, gimnasia rítmica, fútbol, etc.). Aquí tenéis un ejemplo de vídeo sobre natación:

www.youtube.com/watch?v=JS6Ku1l4lCI

6   Observa el siguiente folleto y comenta los objetivos del texto y sus beneficios más importantes. Después, crea un folleto diferente sobre otras actividades (hacer ejercicio en invierno, practicar deporte en el colegio, actividades para crear un sentimiento de comunidad, etc.).

Comprensión auditiva

fuente: **www.taringa.net**

UN ACRE DE SALUD

TEXTO B

AYÚDANOS A PLANTAR
5.000 M2
DE SALUD

25 HUERTOS EN TORO-TORO (BOLIVIA) CONTRA LA DESNUTRICIÓN INFANTIL

anesvad
por el derecho a la salud

TU AYUDA
Tu ayuda tiene un gran valor...nutricional. **HAZ TU DONATIVO.**

VÍDEOS
Te explicamos cómo será el proyecto de Toro-Toro (Bolivia).

DESNUTRICIÓN
Toro-Toro (Bolivia) sufre los mayores índices de **DESNUTRICIÓN INFANTIL**, lo que provoca graves consecuencias entre los más pequeños.

SALUD
Plantaremos **25 HUERTOS** para que 25 familias puedan alimentarse de una forma más completa y saludable.

TU AYUDA TIENE UN GRAN VALOR... NUTRICIONAL

Con 15 €, por ejemplo, una familia tendrá las **semillas necesarias para cultivar su tierra.**

Con 30 €, por ejemplo, una campesina dispondrá de **herramientas para el cultivo** de su huerto.

Con 60 €, por ejemplo, las familias de la comunidad recibirán **formación en prepación de alimentos.**

Siembra salud en Bolivia, **DONA AHORA**

DESNUTRICIÓN

44% **NIÑOS Y NIÑAS MENORES DE 5 AÑOS SUFREN DESNUTRICIÓN CRÓNICA**

Solucionamos sus **necesidades** básicas de vitamina A, hierro, vitamica C y ácido fólico.

Toro-Toro **BOLIVIA**

¿Cuáles son los **EFECTOS DE LA DESNUTRICIÓN?**

RETRASO EN EL CRECIMIENTO

DISMINUYE EL DESARROLLO CEREBRAL

DISMINUYE LA CAPACIDAD DE APRENDIZAJE

MORTALIDAD INFANTIL

FASES DE REALIZACIÓN

1
200 M2 DE **TERRENO** POR FAMILIA PARA LA PRODUCCIÓN DE **8 TIPOS DE HORTALIZAS.**

- Preparación del suelo.
  División de sectores de producción.
- Construcción del cerco.
  Siembra y/o almacigado de las hortalizas.
- Labores culturales y prácticas de riego.
- Prácticas de cosecha y postcosecha.

21

2
ELABORAR UN **PLAN ANUAL** DE PRODUCCIÓN.

- Compra de insumos y herramientas de labranza.
- Capacitación en sistemas productivos.
- Planificación de la producción anual con participación de las familias.
- Seguimiento y registro de la producción.

100 KG

3
PRODUCIR HASTA 100 KG. DE **ABONO** ORGÁNICO ANUALMENTE.

- Construcción de la fosa de compost.
- Compra de materiales.
- Llenado gradual y tratamiento de los desechos orgánicos.
- Sellado de la fosa.
- Cosecha de abono orgánico.
- Aplicación del abono orgánico al huerto.

4
FORMACIÓN EN LA ELABORACIÓN DE AL MENOS 15 **RECETAS** CON HORTALIZAS

- Elaboración de recetario nutricional.
- Formación en prepación de alimentos.
- Degustación de las recetas.
- Consumo familiar de los nuevos alimentos producidos.

fuente: **Anesvad www.historiasconderecho.org**

Después de leer

1   ¿Con qué vocabulario está relacionada la salud en este anuncio? Busca **cinco** palabras para crear un campo semántico.

2   En el texto aparecen muchas cifras. Relaciona las siguientes con la información del texto a la que se refieren.

1 15	a	Cantidad de hortalizas que cultivarán.	
2 30	b	Donativo que permitiría comprar herramientas para cultivar el huerto.	
3 60	c	Donativo necesario para comprar semillas.	
4 44	d	Metros cuadrados (m²) de terreno para plantar hortalizas.	
5 200	e	Coste de la formación en preparación de alimentos.	
6 8	f	Número de recetas que aprenderán a hacer.	
7 15	g	Porcentaje de niños y niñas menores de 5 años que sufren desnutrición.	

3   En el texto aparece una frase que invita a la gente a participar en el proyecto: "Siembra salud en Bolivia, dona ahora". Piensa en otras frases que se puedan utilizar en este anuncio del proyecto. Compártelas con tus compañeros y explica el motivo de tu elección.

Lengua

El imperativo

- En el texto aparecen varios tiempos verbales:

  Presente: Tu ayuda **tiene** un gran valor.

  Futuro: Una familia **tendrá** las semillas necesarias.

  Imperativo: **Ayúdanos.**

- ¿Recuerdas el imperativo? Busca ejemplos en el texto. Aquí tienes el infinitivo correspondiente:

  hacer: _____

  sembrar: _____

  donar: _____

- Repasa la formación del imperativo y para practicar más, escribe con otros compañeros una lista de las instrucciones que se pueden dar para crear un huerto en Toro-Toro.

  Por ejemplo: *Haz un donativo. Compra herramientas.*

4   El objetivo principal de esta campaña es plantar y utilizar varias hortalizas para luchar contra la desnutrición. En la siguiente página tienes algunas hortalizas. ¿Sabes cómo se llaman? Busca su nombre con un(a) compañero/a y decidid si estas palabras son **masculinas** o **femeninas**.

i _____ ii _____ iii _____ iv _____ v _____ vi _____ vii _____ viii _____

- zanahoria
- espinaca
- cebolla
- lechuga
- repollo
- remolacha
- rábano
- acelga

5 Basándote en la sección del texto titulada "Desnutrición", completa el texto siguiente.

> Los niños de Toro-Toro tienen unas **1** _____ básicas de vitamina A, vitamina C, hierro y ácido fólico. Uno de los efectos de la **2** _____ es el **3** _____ en el crecimiento. También disminuye el **4** _____ cerebral, así como la capacidad de **5** _____. Se produce **6** _____ infantil.

6 Basándote en la sección del texto titulada "Fases de realización", elige las actividades correspondientes a cada fase. ¿Con qué palabra o idea relacionas el icono de cada fase? El primero está hecho para ti.

 1   **2**   **3**   **4**

construcción del cerco, ...

a Practicar las fases de riego	**e** Planificar la producción anual	**i** Elaborar un recetario
b Sembrar las hortalizas	**f** Probar las comidas realizadas	**j** Aprender a preparar nuevos alimentos y recetas
c Seguir el registro de la producción de hortalizas	**g** Aplicar el abono orgánico al huerto	**k** Preparar el terreno
d Cosechar el abono orgánico	**h** Comprar herramientas para cultivar	**l** Construir una fosa de compost

7 Basándote en la información del texto, indica si estas frases son **Verdaderas** o **Falsas** y escribe las **palabras del texto** que justifican tu respuesta.

a Con 30 euros es posible formar a las familias de la comunidad en la preparación de alimentos.   V   F

b El objetivo de la campaña es plantar 25 huertos.   V   F

c Cada huerto va a tener una extensión de 5000 m².   V   F

d Los huertos tendrán 8 variedades de hortalizas.   V   F

e Se van a comprar 100 kg de abono orgánico cada año para sembrar.   V   F

Actividades de expresión oral y escrita

1   En pequeños grupos, escribid recetas con algunas de las ocho hortalizas que se cultivan en Toro-Toro y exponedlas después en clase.

2   ¿Qué más vocabulario relacionado con las frutas y las verduras podéis añadir? Cread una lista entre toda la clase. Después, selecciona los **diez** productos que más consumes o que más te gustan. Compara tus productos con los de un(a) compañero/a.

3   Crea una campaña similar en tu ciudad o entorno y elabora el folleto, el vídeo y la cuña publicitaria para la misma. Puede referirse a jardines verticales, huertos urbanos, nutrición más saludable para los jóvenes, etc.

4   Escribe una carta a la asociación Anesvad expresando tu apoyo y felicitándoles por esta iniciativa.

5   Crea una presentación para los alumnos de otras clases de español con el fin de explicarles este proyecto y buscar su apoyo. También puedes escribir un correo electrónico.

6   Utiliza una foto para escribir una entrada de blog explicando qué actividades relacionadas con la nutrición y la salud has realizado. Si quieres, puedes utilizar la siguiente foto.

7   Ve este corto y expresa tu opinión sobre la información que has recibido:

www.youtube.com/watch?v=L1aNBXh5gfA

LA MÚSICA Y EL BIENESTAR

Antes de leer

1 a Aquí tienes los testimonios de varias personas que cantan. Agrúpalos en las siguientes categorías, según el tema al que se refieren (algunos testimonios pueden pertenecer a varias categorías).

La salud física	La salud mental	La vida social	La vida familiar	El dinero

b ¿Qué testimonios son negativos? ¿Cuáles son positivos?

c Marca **dos** testimonios con los que estás de acuerdo y **dos** testimonios con los que no estás de acuerdo. Coméntalo con tus compañeros y explícales la razón de tu elección.

1 Mis hermanos me han dicho tantas veces que canto mal que me da mucha vergüenza cantar en público, incluso en clase, con el resto de los compañeros.

2 Mi memoria ha mejorado desde que canto en el coro de mi pueblo. Tengo que aprenderme las letras de las canciones para los conciertos, y eso me ayuda a concentrarme y a ejercitar la memoria.

3 Cantar me ayuda a ser yo mismo. Cuando canto, siento que soy la persona que quiero ser, sin barreras ni máscaras.

4 Formo parte del coro del colegio y, gracias a eso, he conocido a gente con intereses parecidos a los míos.

5 Tenía problemas de respiración y por las noches roncaba en la cama, pero desde que voy a clases de canto, noto que respiro mucho mejor y casi no ronco. Es caro, pero merece la pena.

6 Hay ocasiones en las que las canciones esconden mensajes negativos. Por ejemplo, a veces, las canciones que se cantan en los partidos de fútbol pueden esconder insultos contra el equipo contrario.

7 No canto muy bien, pero es difícil aprender a cantar por mi cuenta. Ir a clases cuesta bastante, y no puedo permitírmelo.

8 Mis amigos y yo decidimos unirnos a un coro y cada vez que practicamos o actuamos, me siento feliz. Mi humor ha mejorado muchísimo.

9 Como cantante profesional, para mí, es fascinante ver cómo la gente se une cantando la misma canción. Creo que la música realmente une a los pueblos.

10 Mi padre canta todo el tiempo, pero canta fatal. Lo peor es cuando está en la ducha, porque canta muy alto. Él se siente contento, pero al resto de la casa nos pone de muy mal humor.

11 Creo que cantar ayuda a olvidarse de los problemas por un rato. Incluso en los funerales, cuando la gente canta los himnos, es una forma de intentar sentirse mejor.

12 Mis padres se conocieron cuando cantaban en el coro de su universidad. Gracias a su afición al canto, yo estoy aquí. ☺

2 En parejas o en grupos, haced el siguiente cuestionario. ¿Coinciden vuestras respuestas? Comentadlo con el resto de la clase (podéis hacer un póster con las opiniones de la clase).

a ¿Te gusta cantar?

☐ Sí   ☐ No

b ¿En qué ocasiones cantas?

☐ En casa, cuando escucho música.
☐ En el colegio, en clase de música.
☐ En el coche, con mi familia o mis amigos.
☐ En fiestas o en celebraciones en mi ciudad/ pueblo.
☐ Cuando voy a un concierto, canto si conozco la canción.
☐ Pertenezco a un coro/grupo, así que canto con frecuencia.
☐ No suelo cantar, prefiero escuchar música o tocar un instrumento.
☐ Otras: _____

c Cuando cantas, ¿cómo te sientes?

☐ Feliz y contento/a.
☐ Feliz o triste, depende de la canción.
☐ Me siento sano/a, por ejemplo, respiro mejor.
☐ Más lleno/a de energía, con ganas de hacer muchas cosas.
☐ Enfadado/a y frustrado/a, porque no canto nada bien.
☐ Otros: _____

d ¿Prefieres cantar solo/a o acompañado/a?

e ¿Hay alguna ocasión en la que no te guste cantar?
_____

f ¿Qué tipo de canciones te gusta cantar?

☐ ópera
☐ pop
☐ rock
☐ jazz
☐ otro: _____

g ¿Recuerdas alguna ocasión en la que disfrutaste mucho cantando?
_____

h ¿Con qué frase te identificas?

☐ "El karaoke es la solución a mis problemas."
☐ "Si en las reuniones familiares, mi familia empieza a cantar, yo me voy de la habitación."
☐ "Me encanta cuando cantamos en las excursiones del colegio."
☐ "A veces, cuando voy por la calle, voy cantando sin darme cuenta."

3 Vas a leer un artículo de prensa titulado "Cantar en la ducha es bueno para la salud".

a ¿Qué partes del cuerpo crees que se van a mencionar en el artículo? Márcalas.

las piernas   la garganta   los brazos   los pulmones   el pecho   las cuerdas vocales

los músculos del abdomen   las manos   la boca   la nariz   los oídos

b ¿Qué beneficios de cantar en la ducha crees que se van a mencionar? Márcalos.

- Cantar en la ducha te hace adelgazar.
- Si cantas en la ducha, tu memoria mejora.
- Cantar en la ducha reduce el estrés.
- Si cantas en la ducha, tu voz mejora.
- Cantar estimula la circulación de la sangre.
- Puedes llegar a roncar menos si cantas.
- Cantar en la ducha mejora tu higiene personal.

Cantar en la ducha es bueno para la salud

Fortalecer el sistema inmunológico o reducir el estrés son algunos de los beneficios que se obtienen si al ponerse debajo del grifo de la ducha, se da rienda suelta a las cuerdas vocales.

1. Son muchas las personas que debajo del grifo calientan sus gargantas y convierten la ducha en el escenario de un karaoke. Pero pocas son las que saben que, además de hacer más divertido el momento del baño, cantar es beneficioso para la salud.

2. Según un estudio realizado en la Universidad de Frankfurt (Alemania), las personas que habían cantado liberaron endorfinas en el sistema nervioso que ayudan a sentirse más animado y enérgico. Esto provocó que aumentaran los niveles de inmunoglobulina A (que funciona como anticuerpo) y de hidrocortisona, la hormona contra el estrés. Por esta razón, comenzar el día cantando bajo la ducha es una buena opción para tener energía.

3. Cantar ayuda también a ejercitar los pulmones y llega a tonificar los músculos abdominales e intercostales, además de estimular la circulación, por lo que ayuda al buen funcionamiento del cerebro. El tipo de ejercicio que se realiza al cantar ayuda a combatir los ronquidos, al activar los músculos de la garganta. Al cantar, también se respira más profundo, por lo que el cuerpo recibe más oxígeno, beneficio que también ayuda a aumentar la capacidad aeróbica, una característica importante si se practican otros deportes.

4. Otra de las cosas positivas es que cantar fortalece la memoria. ¿Cómo? Es obvio que, en la ducha, en el coche, o por la calle no vamos a meter ningún papel o aparato que muestre la letra de la canción. Por ello, recordar lo que dice nuestra canción favorita combate las pérdidas de memoria.

5. Además de estas razones fisiológicas, existen otros aspectos externos que harán recapacitar a aquellos que todavía no canten en la ducha: la acústica del baño es perfecta. Esta habitación actúa como caja de resonancia en la que rebotan las ondas y la voz parece más potente. Nadie va a decir si cantas mal o bien. Por tanto, la felicidad aumentará al disfrutar cantando e interpretando las letras de las canciones.

fuente: **www.heraldo.es**

Después de leer

4   Busca en el texto un sinónimo de las siguientes palabras.

Titular y entradilla:

- robustecer: _____
- disminuir: _____
- se liberan: _____

Párrafos (1–2):

- entretenido: _____
- positivo: _____
- contento: _____

Párrafos (3–5):

- evitar: _____
- incrementar: _____
- dispositivo: _____
- reflexionar: _____

5   Escoge la frase que resume mejor cada párrafo.

Titular y entradilla:

a   Todo el mundo debería cantar en la ducha.
b   Tu estado físico y mental mejora al cantar en la ducha.

Párrafo 1:

a   No todo el mundo que canta en la ducha sabe que es bueno para su salud.
b   Cantar en la ducha tiene los mismos efectos que cantar en un karaoke.

Párrafo 2:

a   Cantar en la ducha por la mañana es mejor.
b   Cantar en la ducha hace que te sientas más lleno de energía.

Párrafo 3:

a   Al cantar se beneficia no solo el sistema respiratorio, sino también la circulación.
b   Si practicas deporte, probablemente cantes mejor.

Párrafo 4:

a   Cuando cantas en la ducha, no puedes ver la letra de la canción y tu memoria se ejercita.
b   Es importante que sepas muchas canciones de memoria para cantar en la ducha.

Párrafo 5:

a   En la ducha se canta mejor, porque puedes escucharte sin interrupciones.
b   La acústica de la ducha hace que la voz parezca más fuerte de lo que es.

6   a   Aquí tienes algunos dichos populares sobre los beneficios de la música. Busca las palabras que no conozcas y después une las dos partes correctamente.

1	Cantar a todo …	a	pueblos.
2	Quien canta, …	b	a las fieras.
3	La música amansa …	c	su mal espanta.
4	La música es el alimento …	d	del alma.
5	Esto es música para mis …	e	pulmón.
6	La música une a los …	f	oídos.

b   ¿Qué crees que significan? Coméntalo con tus compañeros.

c   ¿Estás de acuerdo con estos dichos populares? Marca los dos dichos que más te gusten y explica por qué.

Actividades de expresión oral y escrita

1   En grupos, escribid un folleto promocionando el coro de vuestro colegio y sus beneficios. Aquí tenéis los pasos a seguir:

a   Buscad folletos reales para ver la estructura y el tipo de información que suele aparecer en ellos.

b   Decidid la imagen que vais a utilizar en el folleto.

c   Decidid el eslogan o título llamativo que le vais a dar al folleto.

d   Pensad en qué secciones van a aparecer en el folleto y cómo se titularán.

e   Pensad en el tipo de frases que vais a utilizar y en las estructuras gramaticales necesarias.
   • preguntas
   • datos
   • testimonios
   • órdenes
   • tú, usted, vos, vosotros, ustedes
   • presente de indicativo
   • imperativo
   • futuro

f   Cread el borrador del folleto.

g   Revisad el borrador, tarea que realizará otro grupo o el profesor.

h   Cread el folleto definitivo.

2   Cuando tengáis vuestros folletos terminados, presentadlos al resto de la clase. Después, comentad qué os parecen los folletos de los otros grupos.

Habilidades de pensamiento **ATL**

En esta unidad hemos visto distintos aspectos para mejorar el bienestar a través de la alimentación, el deporte o actividades artísticas e interactivas.

Busca algunas frases, citas u opiniones relacionadas con el bienestar que puedes extraer de blogs o artículos (también de diccionarios de citas). Después, compártelas con el resto de tus compañeros; analizadlas y expresad vuestras opiniones sobre ellas.

Aquí tienes algunos ejemplos:

"Un hombre demasiado ocupado para cuidar de su salud es como un mecánico demasiado ocupado como para cuidar sus herramientas."
(proverbio español)

"La música es para el alma lo que la gimnasia para el cuerpo."
(Platón, filósofo)

"Que la comida sea tu alimento, y tu alimento tu medicina."
(Hipócrates, médico)

EL ARTE Y LA SALUD

Antes de leer

1 Vas a leer un texto sobre los beneficios del arte para la salud. En tu opinión, ¿qué utilidad tiene el arte en general?

2 ¿De qué maneras podría el arte ayudarnos a mejorar nuestra salud física? ¿Y nuestra salud mental?

TEXTO D

6 beneficios del arte para la salud

Artistas de todo el mundo han utilizado su trabajo para canalizar sus sentimientos, pero ¿sabías que hacer arte puede mejorar tu salud y aumentar tu bienestar? En esta nota escribo sobre algunos de los beneficios que el arte puede aportar a la salud de todos.

Existe un malentendido sobre el arte y los artistas. Muchos creen que se nace o no se nace con talento para hacer arte y que no hay nada que se pueda hacer para cambiar esto. Evidentemente, no 5 todos podemos ser Dalí, pero lo que sí que podemos hacer todos es **crear**.

El proceso creativo genera beneficios en la salud de todos los seres humanos sin importar si la obra creada es talentosa o no. Hacer arte estimula tu cerebro, mejora tu calidad de vida y te ayuda a ser más sano/a. Entonces, ¿por qué existe la idea de que hacer arte es una actividad meramente para artistas? En realidad, todos tenemos la capacidad de hacerlo, disfrutarlo y de 10 beneficiarnos.

Estos son algunos beneficios que hacer arte aporta a tu salud:

1. El arte estimula tu imaginación

A través del arte puedes mejorar y desarrollar las habilidades creativas que ya posees.

2. El arte te hace más observador
15

Leonardo Da Vinci dijo "La pintura abarca todas las funciones del ojo: la oscuridad, la luz, el cuerpo, el color, la forma, la ubicación, la lejanía, la cercanía, el movimiento y el reposo." Crear te enseña a mirar, te ayuda a concentrarte en los detalles y a prestar más atención a tu mundo interior y exterior.

3. El arte aumenta tus capacidades para resolver problemas
20

A diferencia de las matemáticas, no hay una respuesta correcta en el arte. El arte fomenta el pensamiento imaginativo y te permite romper con los esquemas. Así, en el arte puedes inventar tu propia solución.

4. El arte eleva tu autoestima y proporciona una sensación de realización
25

Los padres suelen colgar los dibujos de sus hijos en sus refrigerados o en las paredes de sus cuartos porque se sienten orgullosos de lo que sus hijos han creado. Esa es la misma sensación que puedes tener al mirar tu propia obra. Por otro lado, tener una idea en mente de lo que quieres crear y finalmente ver que has sido capaz de realizarla puede generarte una gran sensación de satisfacción y de logro.
30

5. El arte reduce el estrés

Pintar, dibujar, moldear, cortar, pegar, son actividades que ayudan al cuerpo y a la mente a relajarse. Hacer arte implica que te sumerjas en un proceso creativo con un objetivo en mente sobre lo que quieres lograr. Esto reduce los niveles de estrés y aumenta el bienestar.

6. El arte mejora tus capacidades cognitivas y de memoria

35

Estudios que relacionan las neurociencias con el arte demuestran que durante el proceso creativo los hemisferios derecho e izquierdo del cerebro se conectan e integran. Este efecto genera el crecimiento de nuevas células cerebrales las cuales desarrollan capacidades cognitivas y aumentan la memoria.

Entonces, después de leer sobre estos beneficios, ¿a qué esperas?

40

¡Te invito a que pruebes a hacer algo de arte! Como verás, no hay nada que perder ... solo ganar.

fuente: **www.espaciodearteterapia.com**

Después de leer

El español de ...

Las palabras "refrigerado" y "refrigerador(a)" son más comunes en Latinoamérica. Su equivalente en España es "nevera" o "frigorífico".

3   Busca en el primer párrafo un sinónimo de las siguientes palabras:

   a   usar: _____
   b   dirigir: _____
   c   incrementar: _____
   d   proporcionar: _____

4   Decide qué tres frases incluyen información del segundo y del tercer párrafo.

   a   La creación de una obra nos aporta beneficios mentales.
   b   Los artistas obtienen más beneficios que el resto de las personas.
   c   Los beneficios en la salud se producen independientemente de la calidad del producto creado.
   d   Un artista no nace, se hace.
   e   Cualquier persona puede llegar a ser un gran artista como Dalí.

5   Basándote en la información del texto, indica si estas frases son **Verdaderas** o **Falsas** y escribe las **palabras del texto** que justifican tu respuesta.

   a   Cada persona puede mejorar destrezas existentes.   V   F
   b   La atención al detalle no es importante cuando creamos una obra.   V   F
   c   El arte nos hace sentirnos mejor con nosotros mismos.   V   F
   d   El arte fortalece la memoria.   V   F

6   a   Investiga sobre Frida Kahlo y busca información sobre el papel que el arte y la salud tuvieron en su vida y de qué manera están interrelacionados.

   b   Escribe una redacción dando tu opinión sobre la siguiente afirmación: "Frida Kahlo nunca habría sido artista si hubiese gozado de buena salud."

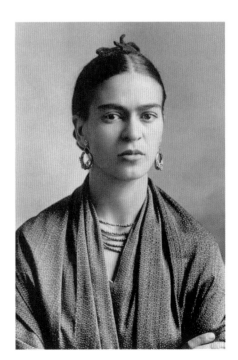

Reflexiona sobre estas preguntas señalando la opción u opciones más adecuadas. Comenta tus elecciones con tus compañeros para comprobar si las respuestas son las mismas:

- ¿Qué **receptores** pueden tener los textos A, B, C y D que has trabajado en esta unidad? ¿Coincides con tus compañeros? ¿Qué elementos sirven para determinar esos posibles destinatarios? Edad, sexo, etc.

  Por ejemplo: *jóvenes, adultos mayores de 60 años (jubilados), personas que usan el transporte público, mujeres, hombres, etc.*

- Selecciona uno de los textos estudiados e imagina un **contexto**, es decir, un lugar o una situación en los que pueda aparecer el texto. Comparte tus ideas con el resto de la clase.

  Por ejemplo: *en la revista del colegio, en el escaparate de una tienda de barrio, …*

- ¿Cuál es el objetivo o **propósito** de los textos? Por ejemplo, en el texto A puedes decir que el objetivo es presentar los cursos de meditación impartidos por Bruno Solari. ¿Y en los demás textos? Comparte tus ideas con la clase.

- **Significado:** La selección de vocabulario es muy importante a la hora de producir un efecto en el lector. Recopila campos léxicos para cada uno de los textos de esta unidad, estudiando las palabras específicas que dan a cada texto su significado global, así como los conceptos asociados y los elementos icónicos que refuerzan el significado. Luego, trabaja en pequeños grupos para crear una nube de palabras con las palabras y las imágenes que habéis recopilado, y compartidlas con el resto de la clase.

  Por ejemplo: *En el texto C, las palabras y los conceptos claves son "cantar", "beneficioso", "endorfinas", "energía", "fortalece", "estimular", etc.*

- **Variante:** Los textos siempre tienen una estructura y formato específicos que cambian si decides reutilizar la información que contienen en otro soporte.

  Por ejemplo: *transformar un folleto sobre los beneficios del deporte para la salud en un discurso oral, dirigido a profesores y estudiantes, para la celebración de una semana del deporte en tu instituto.*

  En grupos, intentad transformar alguno de los textos que habéis visto en esta unidad utilizando otro formato. Es importante tener en cuenta el tipo de vocabulario, el registro y la estructura a la hora de realizar esos cambios.

  Aquí tenéis algunas sugerencias de otros formatos:

  - Texto A: Talleres Mindfulness para niños y adultos → mensaje de blog

  - Texto B: Ayúdanos a plantar 5000 m^2 de salud → presentación oral

  - Texto C: Cantar en la ducha es bueno para la salud → folleto

  - Texto D: Los beneficios del arte para la salud de todos → anuncio

Tipos de textos

A Conjunto de instrucciones

Observa este texto y marca todas las características que hacen que corresponda al formato de "conjunto de instrucciones". Piensa en aspectos relacionados con:

- estructuras gramaticales: tiempo y modo verbal, personas verbales
- vocabulario
- objetivo
- tono y registro (formal, informal, impersonal, etc.)
- público al que va dirigido
- aspectos paratextuales: imágenes, tipografías, etc.
- frases, párrafos (longitud, función)
- contexto.

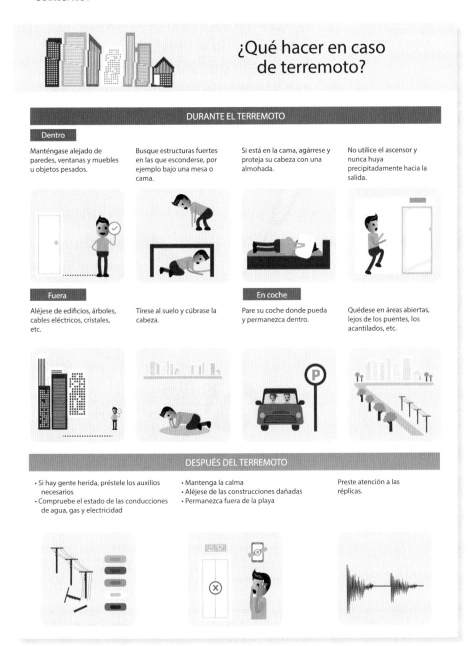

¿Qué hacer en caso de terremoto?

DURANTE EL TERREMOTO

Dentro

Manténgase alejado de paredes, ventanas y muebles u objetos pesados.

Busque estructuras fuertes en las que esconderse, por ejemplo bajo una mesa o cama.

Si está en la cama, agárrese y proteja su cabeza con una almohada.

No utilice el ascensor y nunca huya precipitadamente hacia la salida.

Fuera

Aléjese de edificios, árboles, cables eléctricos, cristales, etc.

Tírese al suelo y cúbrase la cabeza.

En coche

Pare su coche donde pueda y permanezca dentro.

Quédese en áreas abiertas, lejos de los puentes, los acantilados, etc.

DESPUÉS DEL TERREMOTO

- Si hay gente herida, préstele los auxilios necesarios
- Compruebe el estado de las conducciones de agua, gas y electricidad

- Mantenga la calma
- Aléjese de las construcciones dañadas
- Permanezca fuera de la playa

Preste atención a las réplicas.

B Folleto

Observa estos dos folletos y marca todas las características que hacen que correspondan al formato de "folleto". Piensa en aspectos relacionados con:

- estructuras gramaticales: tiempo y modo verbal, personas verbales
- vocabulario
- objetivo
- tono y registro (formal, informal, impersonal, etc.)
- público al que va dirigido
- aspectos paratextuales: imágenes, tipografías, etc.
- frases, párrafos (longitud, función)
- Contexto.

fuente: **www.cocemfenavarra.es**

AFINA, Asociación de Fibromialgia, Síndrome de Fatiga Crónica y Síndrome de Sensibilidad Química Múltiple de Navarra, te ofrece un afrontamiento multidisciplinar avalado por más de 17 años de experiencia:

01 MEJORARÁS TU AUTONOMÍA

El dolor y el cansancio te impiden realizar las actividades cotidianas. Hemos diseñado una 'rehabilitación integral específica' para mejorar su salud en el sentido amplio. Además tenemos otras actividades físicas adaptadas a tí como el aquagym.

02 ALIMENTACIÓN TERAPÉUTICA

Basado en la alimentación biológica, garantiza la ingesta de alimentos libres de sustancias químicas para mejorar los síntomas asociados.

03 REDUCIRÁS LA ANSIEDAD Y MEJORÁS EL DOLOR

Incorporamos las últimas herramientas para reducir el estrés y tomar mayor control sobre el dolor, como el Mindfulness o el coaching. Además ofrecemos talleres de intervención psicológica para aprender herramientas y gestionar mejor la enfermedad.

para + información:
c/San Cristóbal, 50 Pamplona
c/Melchor Enrico 2, Tudela
info@afinanavarra.es
T: 948 135 333 / 619 011 042

www.afinanavarra.es

Programa de actividades 2016-17

¿ Tienes Fibromialgia, Síndrome de Fatiga crónica y/o Sindrome químico múltiple?

"Reduce el dolor, mejora tu autonomía"

AFINA
FIBROMIALGIA, SÍNDROME DE FATIGA CRÓNICA Y SENSIBILIDAD QUÍMICA MÚLTIPLE

Pamplona/Iruña

Lugar	Fechas	Horas	Imparte	Precio
REHABILITACIÓN INTEGRAL ESPECÍFICA				
c/Ermitagaña 30-32	4 oct- junio. Ma y J	17.30-19h	Eric Armendáriz	14€ mes /11€ socios
AQUAGYM				
Hydra. Media Luna 34	4 oct- mayo. Ma y J	10:15- 11h	Mª José Ritoré	49€ mes /31€ socios
MINDFULNESS para la reducción del dolor:				
Civivox Mendillorri	Febrero-junio .Mi	11-13h	Georgina Quelart	23€ mes /17€ socios
COACHING: sesiones individuales:				
Sede AFINA, c/San Cristóbal 50	26 sept- ene. L, Ma y J ene- junio: L y Ma	Sesiones 1h entre 16- 20h	María Martínez	11€ sesión/ 8€ socios

Sakana

IRURTZUN	Fechas	Horas	Imparte	Precio
REHABILITACIÓN INTEGRAL ESPECÍFICA				
Kultur extea	Oct- junio. M y J	10:40- 12:10h	Julenne Mazkiaran	14€ mes /11€ socios

ETXARRI ARANAZ	Fechas	Horas	Imparte	Precio
REHABILITACIÓN INTEGRAL ESPECÍFICA				
Kultur etxea	3 oct- junio. L y Mi	16- 17:30h	Julenne Mazkiaran	14€ mes /11€ socios
COACHING INDIVIDUAL:				
Centro de Salud	Oct- junio. M	1h, 10- 14h	Ainhoa Urretagoiena	11€ sesión /8€ socios

fuente: **www.santjoandalacant.es**

Para reflexionar

1   El folleto es un tipo de texto generalmente (marca todas las respuestas que correspondan):

☐ persuasivo
☐ informativo – expositivo (por ejemplo, en un museo)
☐ narrativo (pueden aparecer elementos narrativos, como testimonios o citas, pero no es generalmente un texto narrativo).

2   Las instrucciones sirven generalmente para (marca todas las respuestas que correspondan):

☐ persuadir
☐ narrar una historia
☐ exponer un problema
☐ aconsejar
☐ dar indicaciones de cómo hacer algo.

3   Un folleto y un conjunto de instrucciones suelen utilizar verbos (marca los tiempos verbales que sean más frecuentes):

☐ en pasado
☐ en futuro
☐ en presente
☐ en primera persona
☐ en segunda persona
☐ en tercera persona.

El español de ...   ñ

Este folleto está escrito en dos lenguas: en español, o castellano, y en valenciano. En la Comunidad Valenciana, situada en el este de España, las dos lenguas coexisten. ¿Puedes entender algunas palabras en valenciano?

¿Por qué no buscas más información sobre el valenciano?

4 Si se utiliza la segunda persona, puede ser (marca las personas que correspondan):

☐ ellos/as
☐ vosotros/as
☐ tú
☐ él/ella
☐ ustedes
☐ vos
☐ nosotros/as
☐ usted.

5 ¿Folleto, instrucciones o ambas cosas? De las características mencionadas abajo, decide cuáles son típicas de un folleto, cuáles de las instrucciones y cuáles pueden aparecer en los dos tipos de texto.

Un folleto	Los dos	Un conjunto de instrucciones
• verbos en segunda persona • información relativa a precios, lugares, horarios, etc. • formas verbales en imperativo o infinitivo • secciones con contenidos diferentes • títulos • eslóganes • datos de contacto	• imágenes • gráficos • diferentes tamaños de letra • vocabulario especializado • una lista de ideas, consejos, etc. • tono apelativo, para persuadir al lector • información dirigida a un público concreto • patrocinadores • testimonios, citas, etc.	• titulares llamativos • tipografías atractivas • creatividad • registro formal • registro informal • registro impersonal • formato atractivo • párrafos no muy largos • más letra que imágenes • más imágenes que letra

6 Observa el siguiente texto:

a ¿Es un folleto o un conjunto de instrucciones? ¿Qué características típicas de este tipo de texto te permiten saberlo?

b Basándote en la sección correspondiente de la tabla de la actividad 5, ¿le falta algo a este texto? ¿Aparece algo extra?

c ¿A qué público va dirigido? ¿Cómo lo sabes?

d ¿Este texto es formal o informal? Justifica tu respuesta.

7 Comenta los textos que han aparecido en esta sección de la misma forma.

8 Escoge uno de los folletos o conjunto de instrucciones y modifícalo de la siguiente manera:

- cambia la persona (ej. si se utiliza "tú", cambia a "vosotros")
- añade información adicional
- añade títulos, eslóganes, etc. para hacer el texto más atractivo
- quita o añade información.

C Anuncio o aviso publicitario

1 ¿Sabes qué es un anuncio? ¿Cómo lo definirías? Completa este texto con las palabras siguientes.

| avisos propagandísticos | receptor | funciones | público | convencer |

| informar | persuadir | avisos publicitarios | venda |

La publicidad se considera un medio masivo de comunicación y tiene como principales objetivos **a** _____ o convencer al público para que compre, utilice o **b** _____ un producto o servicio, o para que el **c** _____ actúe o piense de una manera determinada.

El **d** _____ al que va dirigido suele ser específico: sexo, edad, nivel socioeconómico, creencias, etc.

La publicidad cumple dos **e** _____:

- **f** _____ acerca de ciertas particularidades de los productos, servicios o mensajes
- persuadir o **g** _____ al lector del texto.

Existen distintos tipos de anuncios, por ejemplo:

- **h** _____: están enfocados en convencer o persuadir para promocionar, no un producto, sino ideas de tipo social, deportivas, culturales, religiosas etc.; es decir, visiones de mundo
- **i** _____: intentan convencer o persuadir para que el receptor adquiera, utilice o compre un producto o servicio. Su objetivo es conseguir beneficios comerciales.

2 Relaciona los siguientes elementos que componen un anuncio con su descripción correspondiente a continuación. Después, señala estos elementos en algunos ejemplos de publicidad gráfica en revistas, Internet o anuncios televisivos que puedas encontrar en español.

1 Cuerpo de texto

2 Elementos de la firma

3 Titular o encabezamiento

4 Ilustración o imagen

a Texto colocado en una parte bien visible del anuncio (generalmente suele ir en la parte superior o central). Su objetivo es captar la atención del consumidor al mismo tiempo que identifica al producto.

Existen distintos tipos, por ejemplo: los que presentan el producto o el beneficio que le distingue; los que prometen algo al público; los que provocan con la intención de despertar su curiosidad; y los que indican el tipo de público al que se dirigen.

b En el caso de la publicidad que estamos estudiando, la publicidad impresa, se trata de una imagen estática que, por regla general, intenta también captar la atención y mostrar el producto.

d Por regla general, se trata de: la **marca** del producto y el nombre de la empresa que lo fabrica, expresado mediante un **logotipo**, y un **eslogan**.

fuente: **conteni2.educarex.es**

c Mediante lenguaje escrito se explica y se desarrolla lo expresado en el titular, al mismo tiempo que se dan detalles sobre las características del producto.

3 Ahora señala esos elementos en el siguiente anuncio.

Preguntas de reflexión TdC

- ¿De qué manera se representa el bienestar en los medios de comunicación?

- ¿Cómo influye lo que nos rodea a la hora de cambiar nuestros hábitos alimenticios o de salud?

- ¿Puede la cultura en la que crecemos influir a la hora de determinar nuestra alimentación, gustos musicales, deportivos, etc.? ¿Por qué (no)?

fuente: **www.vamosapublicidad.com**

4   Para practicar más, sigue los pasos detallados a continuación.

   a   Selecciona un anuncio.

   b   Destaca los elementos que lo componen, ¿por qué te gusta?, ¿qué significa?

   c   Describe el objetivo y el tipo de público al que va dirigido.

   d   Opina si te parece un buen anuncio y por qué.

   e   Explica cómo lo cambiarías para otro público y/o país.

   f   Presenta un anuncio que te guste especialmente (gráfico, de televisión, de Internet) y explica qué elementos te parecen interesantes.

(Se puede consultar esta página web para encontrar anuncios u otras que te parezcan adecuadas: www.anuncios.com/nuevos-anuncios/grafica/1)

Actividades orales generales

A Nutrición saludable

1   Observa este gráfico con información sobre comida equilibrada y comenta si sigues estas recomendaciones.

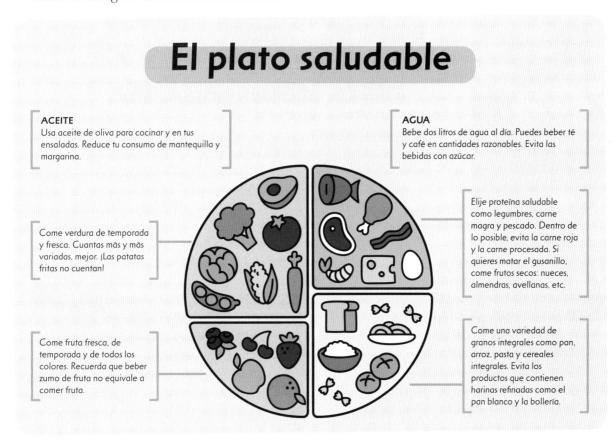

El plato saludable

ACEITE
Usa aceite de oliva para cocinar y en tus ensaladas. Reduce tu consumo de mantequilla y margarina.

AGUA
Bebe dos litros de agua al día. Puedes beber té y café en cantidades razonables. Evita las bebidas con azúcar.

Come verdura de temporada y fresca. Cuantas más y más variadas, mejor. ¡Las patatas fritas no cuentan!

Elije proteína saludable como legumbres, carne magra y pescado. Dentro de lo posible, evita la carne roja y la carne procesada. Si quieres matar el gusanillo, come frutos secos: nueces, almendras, avellanas, etc.

Come fruta fresca, de temporada y de todos los colores. Recuerda que beber zumo de fruta no equivale a comer fruta.

Come una variedad de granos integrales como pan, arroz, pasta y cereales integrales. Evita los productos que contienen harinas refinadas como el pan blanco y la bollería.

2   ¿Cómo es tu alimentación en general? ¿Qué productos consumes más? ¿Qué hábitos crees que tienes que cambiar viendo esta imagen?

Comprensión
auditiva

3 Observa el decálogo de la dieta mediterránea. ¿Qué sabías? ¿Qué información te parece importante? ¿Hay algo que te gustaría incluir en tu alimentación?

SÓLO EN OCASIONES ESPECIALES — DULCES

DE VEZ EN CUANDO — CARNE

DE 2 A 4 RACIONES DIARIAS — HUEVOS, QUESO, POLLO O PAVO, YOGUR

DE 3 A 6 RACIONES DIARIAS — PESCADO, MARISCO

A DIARIO — ACEITE DE OLIVA

VARIAS RACIONES DIARIAS — FRUTAS Y VERDURAS

VARIAS RACIONES DIARIAS — CEREALES INTEGRALES, PAN, LEGUMBRES, FRUTOS SECOS Y PASTA

DIETA MEDITERRÁNEA

4 Trabajad con otros decálogos y cread uno sobre estos temas en pequeños grupos. Después, presentadlo al resto de la clase.

- Decálogo del deporte equilibrado
- Decálogo para una alimentación saludable
- Decálogo para ser optimistas
- Decálogo para disfrutar de los estudios
- Decálogo para disfrutar del tiempo libre

Habilidades de investigación

En esta unidad has tenido la oportunidad de conocer y consultar varios folletos y anuncios. Revísalos de nuevo y considera cómo puedes ampliar tu colección de folletos haciendo búsquedas en Internet (cómo decides los que son válidos, cómo reconoces las fuentes a la hora de citarlos y de presentarlos en la clase).

¿Tiene tu colegio una política de alimentación saludable?

- Si así es, proponed la creación de una actividad de CAS en la que la comida saludable tenga raíces hispanas. Recopilad algunas recetas y presentadlas en una sesión mensual a otros alumnos del colegio.

- Otra actividad de CAS puede unir la práctica del español y del deporte. Formad un equipo de algún deporte que os guste y buscad otros estudiantes que quieran practicarlo. La idea es entrenar usando algunas instrucciones en español, así que lo primero, será crear un diccionario de palabras y expresiones útiles, y después practicarlas mientras entrenáis.

B Canta y no llores

1 Observa estas imágenes y responde a las siguientes preguntas brevemente.

a ¿Qué se ve en las fotos?
b ¿Cómo se siente la gente de las fotos?
c ¿Son situaciones familiares para ti? ¿Por qué (no)?

2 Escoge una de las fotografías y prepara una pequeña exposición oral. Describe la foto, explica por qué la has escogido y piensa en un posible título.

Habilidades de comunicación   ATL

- Planifica y reflexiona de qué manera las actividades orales que has realizado a lo largo de esta unidad, como las presentaciones o las intervenciones orales con otros compañeros, pueden ser más eficaces.

- Puedes crear una lista de frases para usarlas a la hora de introducir una idea, de empezar una presentación, de presentar un ejemplo, etc. Observa el uso del lenguaje no verbal (los gestos), la entonación de las frases y de las palabras.

- Fíjate en ejemplos de la vida real o de vídeos (intervenciones en televisión, películas).

- Elabora una lista de palabras y estructuras para usarlas en tus intervenciones. Compártelas con otros compañeros.

C Una viñeta cómica

1 Prepara una breve exposición oral sobre la siguiente viñeta. Menciona:

- qué puedes ver (personajes, lugares, acciones, etc.)
- cuál es el tema que se trata
- cuál es el mensaje.

La buena vida

fuente: **Nik (Cristian Dzwonik)**
www.gaturro.com

2 ¿Estás de acuerdo con lo que dice la viñeta? ¿Por qué (no)?

3 ¿Qué actividades mencionadas en la viñeta realizas a diario? ¿Cuáles te gustaría realizar, pero no puedes?

4 ¿Qué es para ti "la buena vida"? ¿En qué se diferencia de lo que piensan tus amigos o tu familia al respecto?

5 ¿Crees que el concepto de "buena vida" es diferente en cada cultura? ¿Por qué (no)?

6 ¿Ha cambiado tu concepto de "buena vida" según has ido creciendo?

7 Imagina que te dedicas a alguna de estas profesiones: actor/actriz, político/a, deportista, DJ de discoteca … ¿Cómo crees que sería la "buena vida" para ti?

8 Piensa en otros posibles títulos para la viñeta.

El español de …   ñ

Las palabras "compu", "celular" o "chequear" nos dan a entender que el autor del texto es de algún país latinoamericano. Da ejemplos de países en los que se usan esas palabras. ¿Qué palabras se utilizarían en España, para decir lo mismo?

Literatura

Texto 1

El gallo despertador

Kikirikí,
estoy aquí,
decía el gallo
Colibrí.

El gallo Colibrí
era pelirrojo,
y era su traje
de hermoso plumaje.

Kikirikí.
Levántate campesino,
que ya está el sol
de camino.

— Kikirikí.

Levántate labrador,
despierta con alegría,
que viene el día.

— Kikirikí.

Niños del pueblo
despertad con el ole,
que os esperan en el "cole".
El pueblo no necesita reloj,
le vale el gallo despertador.

Gloria Fuertes

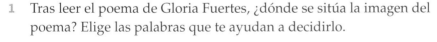

1 Tras leer el poema de Gloria Fuertes, ¿dónde se sitúa la imagen del poema? Elige las palabras que te ayudan a decidirlo.

Por ejemplo: *en el campo, …*

2 ¿Es importante la figura del gallo? ¿Cuál es su función en esa comunidad?

3 ¿Cómo ayuda a las distintas personas que aparecen en el poema?

4 ¿Con qué frases se anuncia el comienzo del día y sus actividades?

5 En el poema aparecen algunos imperativos. Señálalos.

6 Imagina esta situación en la ciudad, ¿habría despertadores y otra tecnología para despertarte?

7 ¿Te ha gustado esta poesía? ¿Conoces otros poemas de Gloria Fuertes? Busca una poesía de esta autora que te guste y preséntala a tus compañeros.

8   El 21 de marzo, declarado por la UNESCO, se celebra el Día de la Poesía. Celebradlo en clase ese día o en otra fecha. Averiguad su origen y presentad algunas poesías de distintos escritores de habla hispana.

Aquí tenéis algunos enlaces:

www.unesco.org/new/es/unesco/events/prizes-and-celebrations/celebrations/international-days/world-poetry-day-2017

red.ilce.edu.mx/index.php?option=com_content&view=article&id=32&Itemid=149

Texto 2

Vas a leer el principio de una novela, *Corazonadas*, del autor mexicano Benito Taibo. Estas palabras son útiles para resumir el argumento de la novela.

Paco, tío	12 años	historia de su relación
Sebastián, sobrino	después de su muerte	aprender
quedarse huérfano	encontrar	amor
hermana	vivir juntos	no le gustan los niños
solo	caja con cuadernos	adoptar
soltero	leer	crecer

1   En grupos, escribid un posible argumento para la novela utilizando las palabras del recuadro. Recuerda: Para resumir el argumento de novelas, películas, etc. se suele utilizar el presente.

Para nuestro grupo, la novela *Corazonadas* trata de _____
_____

2   Vuestro profesor(a) conoce el argumento de la novela. Preguntadle para comprobar si habéis acertado. ¿Quién ha escrito el argumento más parecido al argumento real?

Por ejemplo:

¿Es Paco el tío de Sebastián?

Sí.

¿Tiene una hermana Sebastián?

No.

Nunca pensé en tener hijos.

Los niños y las niñas me parecían pequeños monstruitos incomprensibles que gritaban a la menor provocación, caprichosos y egoístas, siempre tenían hambre y despertaban en medio de la noche llorando porque había algo en el armario. No dejan escribir a gusto y es raro que disfruten de la ópera o el jazz. Hay que bañarlos, vestirlos, sonarles la nariz, darles comida y medicinas, enseñarles a hacer pipí en el inodoro.

Los amigos que los tenían (por decisión o por casualidad) habían cambiado todos sus sueños por una casa segura, un trabajo seguro, una corbata segura, una cadena segura y un montón de obligaciones acumuladas que no les dejaban ver el bosque por andar contando las hojas del árbol que estaba frente a sus narices. Para ellos los hijos eran una suerte de lastre que impedía que el globo de la imaginación y la libertad se elevara, por lo menos un poquito, por encima del suelo.

Así que yo había decidido, desde muy joven, cuando entré a la escuela de antropología, que no traería niños al mundo. Quería andar a mi antojo, sin ninguna clase de atadura, durmiendo bajo las estrellas, comiendo lo que hubiera, contando historias alrededor de la fogata, conociendo personas y culturas diferentes, besando al mayor número posible de mujeres y no preocupado por cambiar pañales o poner la mano sobre la frente de un enano para ver si el motivo por el que lloraba sería fiebre. Uno decide lo que quiere hacer en la vida. Punto. Excepto cuando la vida decide por ti. Y ese fue el caso. Sin quererlo, de la noche a la mañana, de golpe y porrazo, como dicen, Sebastián llegó para quedarse. Por algún motivo que no alcanzo a discernir del todo, mi hermana dejó una carta en la que pedía que si algo le pasaba yo me hiciera cargo de su único hijo.

Corazonadas, Benito Taibo

5

10

15

20

25

30

35

40

3   Responde a las preguntas, escogiendo la opción correcta en cada caso.

a   ¿Quién es el narrador/la narradora del fragmento, según lo que sabes de la novela?
   i   La hermana de Paco
   ii Sebastián
   iii Paco
   iv El autor de la novela, Benito Taibo, escribiendo en tercera persona

b   Según el primer párrafo, ¿por qué no quería tener hijos el narrador?
   i   Hacen a los adultos más egoístas
   ii Requieren muchas atenciones y cuidados
   iii Los hijos de sus amigos son insoportables
   iv Tienen demasiada imaginación

c   En el primer párrafo, ¿a qué puede referirse la frase "despertaban en medio de la noche llorando porque había algo en el armario"?
   i   Los niños desordenan toda la ropa que hay en los armarios
   ii Los niños tienen que irse a la cama antes de medianoche
   iii Los niños lloran cuando los adultos les regañan
   iv Los niños tienen miedo de que haya monstruos en su habitación

d   Según el segundo párrafo, ¿cómo crees que es Paco?
   i   Familiar
   ii Independiente
   iii Tímido
   iv Adicto al trabajo

e   ¿Qué pasa en las cuatro últimas líneas del fragmento? (desde "Y ese …" hasta "… su único hijo")
   i   Paco recibe un mensaje inesperado
   ii La hermana de Paco quiere irse a vivir con él
   iii Sebastián apareció en la puerta de su casa
   iv La hermana de Paco pasa a visitarlo y le da una sorpresa

4   Ahora lee otro fragmento de la novela en la página siguiente. Basándote en el texto, indica si estas frases son **Verdaderas** o **Falsas**. Escribe las **palabras del texto** que justifican tu respuesta.

a   Paco cree que Sebastián va a superar su dolor sin problemas.   **V   F**
b   Paco decide informarse sobre cómo cuidar niños.   **V   F**
c   Paco procura que su sobrino esté rodeado de cosas familiares.   **V   F**
d   Paco actúa de forma bastante egoísta.   **V   F**

5   Contesta a las siguientes preguntas brevemente.

a   ¿Qué palabras o expresiones en el texto quieren decir que el paso del tiempo tiene efectos positivos?
b   ¿Qué piensa Paco de los libros con consejos sobre cómo criar a los niños? Menciona **dos** cosas.

Me mudé a su casa. Para que no sufriera una pérdida más en tan poco tiempo; rodeado de sus juguetes, su ropa, su cama y todo aquello que le resultara familiar y cotidiano, haría, desde mi punto de vista, más fácil la transición. Me queda claro que uno no olvida un evento tan traumático como el que le tocó vivir al muchacho y, sin embargo, el   5 tiempo, ese sabio maestro, que algunas veces puede ser cruel y terrible, pero otras, sirve como una suerte de bálsamo que va haciendo que las cicatrices duelan menos, se hagan más pequeñas, que te acostumbres a llevarlas contigo y sean una parte imprescindible de tu propia piel. Lo primero que hice fue leer unos cuantos libros sobre la crianza de los   10 hijos, de todos los sabores, colores, tendencias y filosofías. Tan solo para descubrir que no sirven para nada o para muy poco. Están llenos de frases hechas y lugares comunes. Llamar al doctor si el niño tiene fiebre de más de 39 grados es algo que haría por puro sentido común; no necesito que me lo diga nadie. Además, estos libros tienen un tonito de   15 suficiencia y se dirigen a mí como si fuera yo un inútil total.

Corazonadas, Benito Taibo

Para hablar y escribir

1 Según el primer fragmento, ¿cómo te imaginas la vida de Paco antes de vivir con Sebastián? Describe cómo sería su rutina y su estilo de vida.

2 ¿Cómo crees que es la vida de los amigos de Paco que tienen hijos? ¿Qué tipo de problemas crees que pueden tener?

3 En el primer fragmento, la vida de Paco se presenta como la del estereotipo de "soltero" de su cultura. ¿En qué aspectos crees que se demuestra esto?

4 ¿Coincide el estereotipo de "soltero" y de "padre de familia" que aparece en el primer fragmento con los estereotipos en tu país o entorno cultural? ¿En qué?

5 ¿Cómo crees que puede cambiar la vida del narrador ahora que vive con Sebastián? Menciona **cinco posibles ventajas** y **cinco posibles desventajas** de que vivan juntos.

6 ¿Cuáles son tus primeras impresiones de la novela, según los dos fragmentos que has leído?

7 ¿Cómo crees que va a continuar la historia? ¿Crees que Sebastián y Paco van a llevarse bien?

8 ¿Conoces otras novelas, películas o historias reales parecidas?

9 Utiliza el imperativo y escribe una **lista de instrucciones** para Paco y para Sebastián que les ayuden a poder vivir juntos sin problemas.

10 Imagina que eres Paco. Escribe **correo electrónico** a un amigo que tenga hijos, explicándole tu situación y pidiéndole consejos.

Texto 3

Aquella tarde, cuando tintinearon las campanillas de los teletipos y fue repartida la noticia como un milagro, los hombres de todas las latitudes se confundieron en un solo grito de triunfo. Tal como había sido predicho doscientos años antes, finalmente el hombre había conquistado la inmortalidad en 2168.

5   Todos los altavoces del mundo, todos los transmisores de imágenes, todos los boletines destacaron esta gran revolución biológica. También yo me alegré, naturalmente, en un primer instante.

¡Cuánto habíamos esperado este día!

Una sola inyección, de cien centímetros cúbicos, era todo lo que hacía falta para no morir jamás. Una sola inyección, aplicada cada cien años, garantizaba que ningún cuerpo humano se descompondría nunca. Desde ese día, sólo un accidente podría acabar con una vida humana. Adiós a la enfermedad,
10   a la senectud, a la muerte por desfallecimiento orgánico.

Una sola inyección, cada cien años.

Hasta que vino la segunda noticia, complementaria de la primera. La inyección solo surtiría efecto entre los menores de veinte años. Ningún ser humano que hubiera traspasado la edad del crecimiento podría detener su descomposición interna a tiempo. Sólo los jóvenes serían inmortales.
15   El gobierno federal se aprestaba ya a organizar el envío, reparto y aplicación de la dosis a todos los niños y adolescentes de la tierra. Los compartimentos de medicina de los cohetes llevarían las ampolletas a las más lejanas colonias terrestres del espacio.

Todos serían inmortales.

Menos nosotros, los mayores, los formados, en cuyo organismo la semilla de la muerte estaba ya
20   definitivamente implantada.

Todos los muchachos sobrevivirían para siempre. Serían inmortales, y de hecho animales de otra especie. Ya no seres humanos; su psicología, su visión, su perspectiva, eran radicalmente diferentes a las nuestras. Todos serían inmortales. Dueños del universo para siempre. Libres. Fecundos. Dioses.

Nosotros, no. Nosotros, los hombres y mujeres de más de veinte años, éramos la última generación moral.
25   Éramos la despedida, el adiós, el pañuelo de huesos y sangre que ondeaba, por última vez, sobre la faz de la tierra.

Nosotros, no. Marginados de pronto, como los últimos abuelos de pronto nos habíamos convertido en habitantes de un asilo para ancianos, confusos conejos asustados entre una raza de titanes. Estos jóvenes, súbitamente, comenzaban a ser nuestros verdugos sin proponérselo. Ya no éramos sus padres. Desde
30   ese día éramos otra cosa; una cosa repulsiva y enferma, ilógica y monstruosa. Éramos Los Que Morirían. Aquellos Que Esperaban la Muerte. Ellos derramarían lágrimas, ocultando su desprecio, mezclándolo con su alegría. Con esa alegría ingenua con la cual expresaban su certeza de que ahora, ahora sí, todo tendría que ir bien.

Nosotros sólo esperábamos. Los veríamos crecer, hacerse hermosos, continuar jóvenes y prepararse
35   para la segunda inyección, una ceremonia —que nosotros ya no veíamos— cuyo carácter religioso se haría evidente. Ellos no se encontrarían jamás con Dios. El último cargamento de almas rumbo al más allá, era el nuestro. ¡Ahora cuánto nos costaría dejar la tierra! ¡Cómo nos iría carcomiendo una dolorosa envidia! ¡Cuántas ganas de asesinar nos llenaría el alma, desde hoy y hasta el día de nuestra muerte!

Hasta ayer. Cuando el primer chico de quince años, con su inyección en el organismo, decidió suicidarse.
40   Cuando llegó esa noticia, nosotros, los mortales, comenzamos recientemente a amar y a comprender a los inmortales.

Porque ellos son unos pobres renacuajos condenados a prisión perpetua en el verdoso estanque de la vida. Perpetua. Eterna. Y empezamos a sospechar que dentro de 99 años, el día de la segunda inyección, la policía saldrá a buscar a miles de inmortales para imponérsela.

Y la tercera inyección, y la cuarta, y el quinto siglo, y el sexto; cada vez menos voluntarios, cada   45 vez más niños eternos que imploran la evasión, el final, el rescate. Será horrenda la cacería. Serán perpetuos miserables.

Nosotros, no.

Nosotros no, José B. Adolph

1 Responde a las siguientes preguntas brevemente.

  a   ¿Cuál es el tema de esta historia?

  b   ¿Cuál sería la única forma de morir?

  c   ¿De qué manera crea la inyección una separación en la sociedad?

  d   ¿A qué grupo pertenece el narrador de la historia?

  e   ¿Cuál es su reacción al oír la primera noticia? ¿Y al oír la segunda noticia?

  f   ¿Qué hecho cambia su actitud ante la inmortalidad de los jóvenes?

  g   ¿Cómo cambia este acontecimiento su actitud hacia la inmortalidad?

Para reflexionar y debatir

1 ¿Hasta qué punto se valora la juventud en la sociedad actual? Piensa en diferentes ejemplos.

2 ¿Cómo crees que es el comportamiento hacia nuestros mayores y ancianos? ¿Crees que se valora su conocimiento y su experiencia de la vida? Explica tus ideas.

3 ¿Qué consecuencias puede tener el ser inmortal? Piensa en consecuencias en diferentes aspectos, por ejemplo:

- a nivel personal
- disponibilidad de recursos
- reparto del trabajo
- el medioambiente, etc.

4 De los tres fragmentos que has leído, escoge tres frases o expresiones que te hayan gustado en especial y completa el recuadro con tu opinión personal. Después, coloca tus comentarios en las paredes de la clase, para que todos puedan leerlos. ¿Coincides con tus compañeros?

Frase o expresión de los fragmentos	Mi opinión personal
Por ejemplo: "habían cambiado todos sus sueños"	He escogido esta frase porque para mí, es importante soñar y tener ambiciones, y si no consigues realizar tus sueños, puedes acabar frustrado. Yo quiero intentar cumplir mis sueños a nivel personal y profesional.

Habilidades sociales   ATL

- Durante la realización de las actividades de esta unidad, has tenido oportunidad de conocer y trabajar con los compañeros de tu clase en distintas actividades.

- Piensa en tres o cuatro ideas que pueden mejorar la interacción y colaboración entre compañeros. Entre todos cread una lista de buenas prácticas.

Por ejemplo: *Escuchar todas las opiniones.*

2 EXPERIENCIAS
EN BUSCA DE NUEVAS EXPERIENCIAS

Objetivos

- Analizar las razones por las que el ser humano busca nuevas experiencias

- Analizar cómo nos cambian las nuevas experiencias

- Explorar las ventajas y desventajas de vivir nuevas experiencias

Para entrar en materia

¿Por qué es importante tener nuevas experiencias en la vida?

¿Qué te aportan en tu vida personal, social y laboral?

1   Relaciona los siguientes comentarios con las fotos correctas.

a Estuvimos en un restaurante donde nos sirvieron unas **tapas** riquísimas: jamón, queso, gambas, aceitunas ...

b Cuando llegamos a **Machu Picchu**, pensamos que estábamos en otro mundo, un lugar mágico, fuera de la realidad.

c Sumergirte en el **océano** y ver sus tesoros es, sin duda, una experiencia inolvidable.

d ¿Y si usamos los colores para **pintar** nuestras ilusiones, nuestros sueños, nuestras vidas?

e *La música te hace soñar. Te sientes libre cuando tienes una guitarra en las manos, cuando cantas, cuando escuchas música.*

f El **tango** es un baile pasional que nos transporta a las calles de Buenos Aires.

2   ¿Cuál de estas experiencias te parece interesante y te gustaría tener?

3   Haz una lista de experiencias que te parecen enriquecedoras y explica de qué manera esas experiencias te pueden cambiar.

Por ejemplo: *Participar en el programa* Supervivientes *tiene que ser una experiencia especialmente enriquecedora y divertida, en la que uno puede descubrir que posee más recursos de los que cree.*

4 a Las siguientes palabras/personas están vinculadas con el patrimonio cultural, histórico o gastronómico del mundo hispanohablante. En parejas, buscadlas en internet y clasificadlas por país o por ámbito: arqueología, baile, gastronomía, etc.

punto guanacasteco	José Gurvich	salmorejo	Gustavo Dudamel
Copán	merengue	sardana	alfajores
pabellón criollo	Chichén Itzá	charango	Débora Arango

b ¿Puedes añadir otras palabras u otros nombres a tu lista?

5 Prepara una pequeña presentación de unos tres minutos sobre un viaje, una actividad que has realizado o una costumbre que has conocido y que te ha marcado. Explica por qué. Puedes utilizar los verbos del cuadro de lengua a continuación.

Lengua

El verbo "gustar" y otros verbos similares

- Para expresar nuestros gustos y preferencias podemos usar verbos como:

gustar	**encantar**	**interesar**	**fascinar**
apasionar	**parecer**	**aburrir**	**agradar**
molestar	**faltar**	**quedar**	**irritar**

- Estos verbos requieren un pronombre de objeto indirecto para indicar la persona que tiene un gusto o sentimiento determinado. El **sujeto del verbo** es la persona o cosa que produce ese gusto o sentimiento.

Por ejemplo:

Me **gusta la música**.

Nos **aburren las películas de acción**.

- El verbo, por regla general, solo tiene **dos terminaciones**:
  - tercera persona de singular si va seguido de un verbo en infinitivo o de un sustantivo en singular
  - tercera persona de plural si va seguido de un sustantivo en plural

(**a** mí)	me	gust**a**	cantar
(**a** ti)	te		comer manzanas
(**a** él/ella, usted)	le		el chocolate
(**a** nosotros/as)	nos		
(**a** vosotros/as)	os	gust**an**	los animales
(**a** ellos/as, ustedes)	les		

PATRIMONIO PASO A PASO

Antes de leer

1 Individualmente haz una lista de todas las bebidas no alcohólicas que conoces. ¿Cuándo se suelen tomar estas bebidas (momento del día, ocasiones especiales, etc.)? ¿Quién las suele consumir (edad)? ¿Cuáles son sus propiedades/sus efectos?

Comparte tu lista con un(a) compañero/a y compárala con la suya. Juntos, decidid cuáles se identifican con el mundo hispano.

2 Ahora te vamos a presentar tres bebidas típicas de los países de habla hispana: el mate, el café y el cacao. ¿Con qué regiones o países lo identificas? Investiga y completa la siguiente tabla con la importancia de estas bebidas en el mundo hispano. Puedes hacer esto individualmente o en pequeños grupos.

	Mate	Café	Cacao
Origen			
Tipos			
Importancia cultural e/o histórica			
Propiedades			

3 Aquí tienes algunas citas sobre estas tres bebidas. En parejas discutid su significado y dad vuestra opinión. ¿Qué dicen de las costumbres del país estos dichos?

> **Dios les dio alas a los ángeles, y chocolate a los humanos.** *Anónimo*

> El chocolate es la manera natural de recuperarse del lunes. *Anónimo*

> Una buena taza de su negro licor, bien preparado, contiene tantos problemas y tantos poemas como una botella de tinta. *Rubén Darío*

> La vida es como una taza de café. Todo está en cómo la preparas, pero sobre todo en cómo la tomas. *Anónimo*

> En tu pancita verdosa,
> cuantos paisajes miré,
> cuantos versos hilvané,
> mientras gozaba tu amargo.
> Cuántas veces te hice largo,
> y vos sabías porqué.
> *José Larralde*

4 Vas a leer un texto sobre el mate. ¿Has oído hablar de esta bebida? ¿Sabes cómo se prepara? Comparte tus ideas o lo que sabes con un(a) compañero/a.

TEXTO A

http://www.viajeros.com/articulos/1048-la-ruta-de-la-yerba-mate

La Ruta de la Yerba Mate

1. El mate es una infusión rioplatense extendida en el territorio uruguayo, paraguayo, argentino y parte del sur de Brasil. Su gusto es difícil de explicar, pero ha fascinado a extranjeros de todo el mundo, aunque quizás sea más por la ceremonia de "cebar" el mate, que por el mate en sí mismo.

2. Corrientes y Misiones son dos provincias del litoral argentino que se apoyan sobre el río Uruguay. Además de cientos de atracciones turísticas, ambas provincias son las mayores productoras de yerba mate del mundo, contando miles de productores y hectáreas destinadas a la cosecha yerbatera.

3. Justamente en honor a la región de la yerba mate, la Facultad de Agronomía de la Universidad de Buenos Aires, el Instituto Argentino de Gastronomía (IAG) y el Instituto Nacional de la Yerba Mate (INYM) organizaron un concurso como parte del proyecto de la Ruta de la Yerba Mate.

Una ruta de sabores y aromas guaraníes

4. La Ruta de la Yerba Mate propone un recorrido por varias estancias y plantaciones de yerba de distinto tipo. Algunas de estas estancias funcionan como grandes hosterías rurales donde uno puede literalmente vivir durante varios días rodeado de verdes sembradíos. Otras opciones de alojamiento son hoteles en las poblaciones yerbateras, casas de familia y campings.

5. La idea es que además de la visita a las plantaciones y la degustación de diferentes especies de yerbas, los viajeros puedan comprender el proceso desde la plantación hasta el envasado, y aprender a preparar y cebar la infusión correctamente.

6. Visitando la Ruta de la Yerba Mate, los viajeros también tendrán la posibilidad de degustar la gastronomía local y sus principales ingredientes que incluyen el maíz, la mandioca y el pacú, que no todos los viajeros conocen y que son propios de la región. Ahora bien, como parte de esta ruta especial, muchos establecimientos gastronómicos han decidido ampliar su carta incorporando platos especiales basados en la yerba mate. Por eso, no será difícil encontrar panes, licores, tortas, helados y hasta los tradicionales alfajores elaborados con la yerba mate como ingrediente estrella.

El recorrido de la Ruta de la Yerba Mate

7. La Universidad de Buenos Aires, el IAG y el INYM proponen una Ruta de la Yerba Mate a lo largo de la Ruta Nacional 14, desde la intersección con la Ruta Provincial 68 al noreste de Corrientes hasta la intersección con la Provincia 4, al sur de Misiones.

fuente: **www.viajeros.com**

Después de leer

5 Según el texto, ¿dónde se puede encontrar mate?

6 ¿Qué características del mate fascinan a los extranjeros?

7 Basándote en los **párrafos 2, 3 y 4**, indica si estas frases son **Verdaderas** o **Falsas**. Escribe las **palabras del texto** que justifican tu respuesta.

a El lugar donde se produce más mate del mundo se encuentra a las orillas del río Uruguay.   **V**   **F**

b Para apoyar el proyecto de la Ruta de la Yerba Mate, tres universidades organizaron un concurso.   **V**   **F**

c En las plantaciones de yerba mate de esta ruta se cultiva solamente una clase de mate.   **V**   **F**

d El viajero tiene la opción de elegir entre diferentes tipos de alojamiento cuando hace esta ruta.   **V**   **F**

8 Busca en los **párrafos 5 y 6** un sinónimo de las siguientes palabras.

a tipo: _____

b cultivo: _____

c probar: _____

d restaurante: _____

e aumentar: _____

f hechos: _____

g principal: _____

9 Basándote en el **párrafo 6**, completa las siguientes frases con la información apropiada.

a Las tres hortalizas más usadas en la región son: _____

b Un sabor especial en muchos platos de la zona es el de _____

10 Basándote en los **párrafos 5, 6 y 7**, completa las frases escogiendo la opción correcta en cada caso.

a El objetivo de esta ruta es …
i que los visitantes recorran la plantación de una forma entretenida
ii que los turistas conozcan dónde se produce el mate
iii dar a conocer el proceso completo de la yerba mate.

b Además de conocer la historia del mate, los viajeros pueden …
i disfrutar del paisaje
ii pasear por la ruta
iii probar comidas tradicionales.

c La ruta propuesta …
i recorre parte de la Ruta Nacional 14
ii recorre la ruta Provincial 14 y la 68
iii llega hasta la Ruta Provincial 14.

Habilidades de investigación

- En el texto aparecen los siguientes términos, que son muy propios de la zona que se describe. Busca lo que significan y compártelo en la clase:

  - rioplatense
  - cebar el mate
  - guaraníes

- En parejas o individualmente, investigad sobre otro país de habla hispana y proponed una ruta similar a la de la yerba mate con un producto originario y típico de esa zona. Después, grabad un vídeo promocional de la ruta.

Actividades de expresión oral y escrita

1 Habla con un(a) compañero/a: ¿Qué importancia social tiene la comida y la bebida?

¿Por qué crees que una persona elige una ruta gastronómica? ¿Qué aportan las rutas gastronómicas al viajero? ¿Qué puede aportar este tipo de turismo a los lugares incluidos en estas rutas?

2 Estás buscando un viaje con una perspectiva diferente. Escenifica la conversación entre el agente de viajes y tú, en la que te ofrece una ruta diferente para experimentar un producto típico de la zona.

3 Mira la imagen sobre la preparación del mate. Lee las siguientes instrucciones y ponlas en el orden correcto.

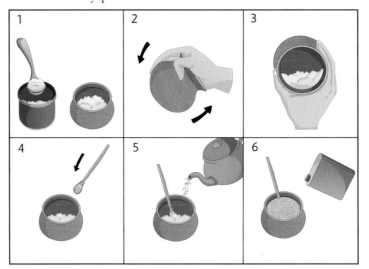

a Verter agua caliente (pero no hirviendo) del lado de la bombilla

b Introducir la bombilla en la parte vacía del mate

c Agitar

d Llenar con yerba las ¾ partes del mate

e Añadir azúcar si es necesario

f Inclinar el mate para que la yerba quede a 45°

Tras escribir la receta, mira el siguiente vídeo y comprueba los parecidos y las diferencias: www.youtube.com/watch?v=ejSS5s7iO40

4 Además de rutas gastronómicas, hay rutas de peregrinación culturales o religiosas como el Camino de Santiago, la Ruta de Don Quijote o la Ruta Maya. Investiga sobre una de ellas u otra que tú encuentres y realiza un folleto para promocionarla.

5 Tras tu viaje recorriendo la Ruta de la Yerba Mate, el editor de la revista de tu colegio te hace una entrevista. Transcribe sus preguntas y tus respuestas.

6 En tu clase de español queréis promover una de las rutas previamente mencionadas para los viajeros que buscan una actividad diferente. En grupos, desarrollad un póster para promocionarla.

JOYAS ARQUITECTÓNICAS

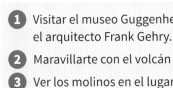
Comprensión auditiva

Antes de leer

1   Vas a leer información sobre el patrimonio cultural, histórico o gastronómico de España. Une cada actividad con la región o ciudad que le corresponde y con la foto adecuada.

1	Visitar el museo Guggenheim diseñado por el arquitecto Frank Gehry.	**a**	Granada
2	Maravillarte con el volcán del Teide.	**b**	Tenerife
3	Ver los molinos en el lugar donde nacieron Almodóvar y Don Quijote.	**c**	La Mancha
4	Terminar un importante camino seguido por los peregrinos.	**d**	Pamplona
5	Fascinarte con la Alhambra.	**e**	Cantabria
6	Saborear una deliciosa fabada.	**f**	Bilbao
7	Visitar una réplica de la cueva de Altamira, con sus pinturas prehistóricas	**g**	Asturias
8	Imaginar cómo los romanos transportaban el agua en este acueducto.	**h**	Santiago de Compostela
9	Correr delante de los toros en los Sanfermines.	**i**	Segovia

A

B

C

D

E

F

G

H

I

https://www.diariodelviajero.com/espana/asturias-horreos-paneras-y-cabazos

Asturias: hórreos, paneras y cabazos

La típica imagen asturiana no estaría completa sin la figura del hórreo. Es uno de los ejemplos de arquitectura popular más fuertemente arraigados que pueden encontrarse en España. Hay diversas tipologías, como los hórreos, las paneras y los cabazos, que forman un patrimonio a conocer.

- El **hórreo** es una construcción destinada a guardar los alimentos y a mantenerlos alejados de la humedad y de los animales. Los hórreos se caracterizan por unos pilares que facilitan ventilación a través de ranuras en las paredes e impiden la entrada de ratones y otros roedores. Así los alimentos se conservan de manera óptima.

- Las **paneras** cumplen las mismas funciones que los hórreos, pero se distinguen de ellos principalmente por el tejado. Además, las paneras, por lo general, están asentadas sobre más de cuatro "patas" o *pegollos*.

- El **cabazo** es más frecuente en el oeste de Asturias y en Galicia. Si bien cumple la misma función, su planta es rectangular, más estrecha y es más similar al hórreo gallego.

Este tipo de graneros elevados del suelo se encuentran en otras partes de Europa también. Con distintos nombres y tipos encontramos hórreos en Galicia, en el norte de Portugal, en la provincia de León, en Cantabria, en el País Vasco y en Navarra. Se estima que se conservan **en Galicia unos 30 000 hórreos, unos 10 000 en Asturias, unos 400 en León, unos 30 en Cantabria, unos 20 en Navarra y algunos pocos en el País Vasco**. En Portugal también se encuentran los *espigueiros*, más emparentados con la tipología de los hórreos gallegos.

Los hórreos han sufrido el olvido y la subestimación durante mucho tiempo. Sin embargo, con una **revaloración del patrimionio popular**, van tomando un nuevo protagonismo. En ocasiones, veremos que su función original se ha perdido, y que empiezan a formar parte del decorado del pueblo, de las casas o se los integra como garaje a la vivienda e, incluso, como vivienda temporal.

fuente: **www.diariodelviajero.com**

Después de leer

2 Elige la respuesta que representa mejor el significado de la siguiente frase:

"La típica imagen asturiana no estaría completa sin la figura del hórreo."

a El hórreo es típico en todas las fotos de Asturias.

b El paisaje de Asturias está unido estrechamente a la imagen de los hórreos.

c Todos los paisajes de Asturias tienen un hórreo.

3 ¿Qué **tres palabras** en el párrafo sobre los hórreos son sinónimos de **"preservar"**?

a _____

b _____

c _____

4 Haz una lista de las diferencias que hay entre los tres tipos de construcciones mencionados en el texto.

5 Completa las frases con palabras tomadas de los **dos últimos párrafos** del texto.

a En otros países europeos pueden verse construcciones similares a los hórreos, aunque tienen _____

b En ocasiones, se ha modificado _____ de los hórreos para integrarse en los nuevos estilos de vida.

Lengua

Verbos + preposiciones

- En el texto hay varios verbos que necesitan una preposición determinada. Encuentra estos verbos y haz una lista con ellos.

  Por ejemplo: *Este tipo de graneros elevados del suelo se encuentran **en** otras partes de Europa también.*

- Escribe la preposición correcta que necesitan los siguientes verbos.

a × 4	**de** × 9	**con** × 4	**contra**	**en** × 2

1	acabar	**6**	arriesgarse	**11**	dejar	**16**	influir
2	acordarse	**7**	avergonzarse	**12**	depender	**17**	olvidarse
3	acostumbrarse	**8**	ayudar	**13**	empezar	**18**	participar
4	alegrarse	**9**	burlarse	**14**	enfadarse	**19**	soñar
5	amenazar	**10**	chocar	**15**	enfermar	**20**	tratar

Actividades de expresión oral y escrita

1   En parejas, discutid las siguientes preguntas.

   a   En el texto se menciona que los hórreos y paneras corren peligro de desaparecer. ¿Qué cambios se han producido en nuestra vida para que ya no necesitemos este tipo de construcciones?

   b   ¿Qué crees que se perdería si este tipo de construcciones desapareciera?

   c   ¿Crees que están llamados a desaparecer o todavía podemos hacer algo?

2   En Asturias hay un lugar llamado Bueño que tiene la peculiaridad de ser el pueblo de Asturias con un mayor número de hórreos y paneras. Por esta razón ha sido galardonado con el premio al Pueblo Ejemplar de Asturias otorgado por la Fundación Príncipe de Asturias. En parejas, buscad información sobre el pueblo y el premio y discutid sobre lo siguiente.

   a   ¿Qué importancia tiene este premio?

   b   ¿Cómo puede contribuir el premio al desarrollo del pueblo?

   c   ¿Qué cambios pensáis que se han producido en el pueblo a raíz de la concesión del premio?

   d   ¿Cómo puede contribuir este pueblo y el premio a la conservación de los hórreos y paneras?

3   En grupos, elaborad un folleto o un póster para dar a conocer y promocionar el pueblo de Bueño.

4   En España los paradores son edificios históricos (castillos, monasterios, etc.) que se han convertido en hoteles. Investiga sobre esta iniciativa y haz un vídeo promocional sobre ellos.

5   Además de los paradores, otros tipos de construcciones y monumentos se han tenido que adaptar a la vida moderna. Iglesias, faros, vagones de tren, etc. se han convertido en hoteles, restaurantes, discotecas o incluso en casa privadas. Haz una investigación y realiza una presentación sobre algún edificio histórico "reciclado".

6   Imagina que has dormido en un castillo medieval convertido en hotel o que has estado en un faro convertido en casa particular o una iglesia convertida en discoteca. Escribe una entrada de diario para contar tu experiencia.

7   En parejas dad vuestra opinión sobre las siguientes afirmaciones.

   a   Con la adaptación de edificios históricos a funcionalidades modernas, se ha perdido parte de nuestra cultura.

   b   Transformar una iglesia en una biblioteca es una falta de respeto.

   c   Usar castillos como hoteles ayuda a conservar parte de nuestra historia y tradición.

   d   Los gobiernos deberían tomar la responsabilidad de conservar los edificios históricos con su función original.

El Parador de Alarcón es un castillo construido en el siglo XII

TURISMO ALTERNATIVO

Antes de leer

1   **a**   ¿Cómo crees que está cambiando la tecnología la forma en que viajamos?

   b   ¿Qué tendencias existen? ¿Qué ventajas y desventajas tienen estas nuevas tendencias?

2   Aquí te ofrecemos algunas tendencias en viajes. Une la definición con la palabra correcta.

1	viajes organizados	**a**	Las agencias de viajes convencionales ofrecen este tipo de paquete donde no tienes que preocuparte por nada. Ellos te reservan los vuelos, hoteles y actividades.
2	la ciudad a través de los ojos de un local	**b**	Esta forma de viajar une a personas con gustos similares para compartir itinerarios, planes de viaje y algunos gastos.
3	viajes colaborativos	**c**	Residentes de una ciudad te enseñarán los lugares más emblemáticos y también aquellos rincones especiales hasta ahora inaccesibles para el turista. Este servicio puede ser gratuito o de cobro.
4	intercambio de casa	**d**	Con esta opción vivirás gratuitamente en la casa de otra persona durante tu viaje.
5	alquiler entre particulares	**e**	Con esta forma de viajar alquilarás la casa de otra persona durante el periodo de tiempo que duren tus vacaciones.
6	transporte compartido	**f**	Esta forma de alojamiento te permitirá compartir la casa con locales y así podrás vivir las costumbres del país de cerca.
7	alojamiento con hospitalidad	**g**	Con esta opción podrás conocer a otras personas durante tus desplazamientos ya que compartirás el coche con viajeros que se dirigen al mismo destino.

3   Juan, Ángela, Guadalupe y Santiago son cuatro viajeros con gustos muy determinados. Lee lo que han dicho y decide qué tendencia de viaje se adapta más a sus necesidades.

   a   A Juan le encanta conocer a gente nueva pero no quiere compromisos muy largos. Prefiere gastar un poco más de dinero en alojamiento y ahorrar en transporte.

   b   A Ángela le encanta ver las ciudades de una forma diferente, le gusta conocer esos lugares secretos que no aparecen en las guías de viajes.

   c   Guadalupe es muy tradicional y le gusta que todo esté preparado y no tener que pensar dónde comerá, qué actividades hará o qué opción de vuelo es la mejor. Le gusta compartir sus experiencias con otras personas.

   d   Santiago quiere ahorrar en alojamiento y le gusta sentirse como en casa cuando viaja.

TEXTO C

www.clarin.com/suplementos/viajes/2004/10/03/v-01301.htm

VISITAS GUIADAS CIUDAD DE BUENOS AIRES

Los curiosos "cicerones"

Un grupo de voluntarios de la ONG Cicerones acompaña gratis a los visitantes por sitios poco promocionados. Pero la Asociación de Guías de Turismo cuestiona la idoneidad de estos prestadores informales. ¿Qué dice cada uno?

Cristian Sirouyan

1. Con el propósito de dar a conocer los rincones menos explorados de Buenos Aires, la organización no gubernamental Cicerones se ofrece para asesorar a los visitantes extranjeros y del interior que llegan a la ciudad y acompañarlos a esos lugares menos promocionados. Todo ese servicio – sostienen – se brinda de forma gratuita. Según señalan los 45 integrantes del grupo (en su mayoría, gente muy viajada), los motiva el deseo de interactuar e intercambiar experiencias, además de información, con representantes de otras culturas.

2. La entidad, creada hace dos años, se especializa en ofrecer paseos por zonas no incluidas en los circuitos organizados. La iniciativa también tiene sus detractores y generó un debate. La Asociación de Guías de Turismo de la Ciudad de Buenos Aires (AGUITBA) cuestiona la idoneidad de los cicerones y – en base a la ley 1264 de Guías de Turismo de la Ciudad, sancionada en febrero – reclama el cumplimiento de ciertos requisitos básicos para ejercer la actividad. Entre ellos, completar una carrera de Turismo, tener la habilitación por un instituto reconocido y contar con credencial oficial. En cambio, la Subsecretaría de Turismo de la Ciudad, se inclina por la política de reconocer un espacio a los prestadores informales, aunque con limitaciones: no los considera guías profesionales y les prohíbe recomendar lugares de consumo puntuales a los visitantes.

3. Los cicerones dicen no pretender ser guías de turismo profesionales. Tampoco – afirman – se trata de un grupo de aventureros improvisados. "Contamos con la doble ventaja de que todos dominamos, como mínimo, dos idiomas y de que – por tener profesionales, como arquitectos, ingenieros y sociólogos – podemos aportar conocimientos sobre temas específicos; pero, sobre todo, desde nuestra página web sugerimos a los viajeros: tienen un amigo en Buenos Aires", explica Joaquín Brenman, presidente y uno de los fundadores de Cicerones.

Del Colón a la Bombonera

4. El espectro de las demandas de los turistas y las opciones que les proponen sus anfitriones abarca los innumerables matices que caben en una gran ciudad. Todo sea por romper barreras y evitar que los visitantes se sientan fuera de escala: desde una gala de ópera en el Colón hasta un partido de River en el Monumental o de Boca en la Bombonera, un recital de Sandro o un viaje en colectivo hasta dar con un grupo de cartoneros en plena tarea nocturna.

la Boca

la Bombonera

el Teatro Colón

el Mercado de San Telmo

5. Claudia Casabianca, licenciada en Administración de Empresas y Marketing e integrante de Cicerones desde hace un año, vuelve a desalentar cualquier esbozo de competencia con los profesionales en la materia: "Mi misión es dar a conocer nuestra verdadera cultura, sin maquillajes. Con nosotros, los visitantes pueden acceder a lugares no necesariamente turísticos. Es más: preferimos y recomendamos que los puntos clásicos los recorran con profesionales. Lo nuestro no concibe horarios estrictos ni tiempo de duración. Puede estirarse de dos a seis o siete horas y dar pie a hermosas relaciones de amistad. Eso es lo más rescatable." Desde su aparición, Cicerones suma unas 250 salidas, a razón de 20 paseos mensuales, con un promedio de casi tres personas por vez. De todas maneras, la convivencia con los profesionales del sector tiene sus contratiempos.

fuente: **www.clarin.com**

Habilidades sociales

Piensa en las interacciones que hay entre los cicerones y los visitantes de Buenos Aires. ¿De qué manera nos pueden ayudar a entender mejor otra cultura? ¿De qué manera nos pueden hacer más tolerantes y empáticos? ¿Cómo pueden ayudarnos a relacionarnos mejor?

Después de leer

4 Basándote en los **párrafos 1–4**, completa las siguientes frases con palabras tomadas del texto.

a Los servicios de los cicerones son
_____

b El trabajo de los cicerones ha levantado polémica porque
_____

c Los cicerones no pueden
_____

d Las dos características que hacen especiales a los cicerones son:
_____

e El mensaje que la organización Cicerones manda desde su página web es:
_____

5 Basándote en el texto, ¿a qué se refieren las siguientes palabras?

En la frase ...	la palabra ...	se refiere a ...
a ... y acompañar**los** a esos lugares ... (párrafo 1)	los	
b ... **los** motiva el deseo ... (párrafo 1)	los	
c Entre **ellos**, completar una carrera ... (párrafo 2)	ellos	
d ... y **les** prohíbe recomendar lugares ... (párrafo 2)	les	

6 Basándote en la información del texto, indica si estas frases son **Verdaderas** o **Falsas**. Escribe las **palabras del texto** que justifican tu respuesta.

a La mayoría de los voluntarios también ha viajado extensamente.   **V**   **F**

b La motivación de los cicerones es el interés por dar a conocer su ciudad y aprender sobre otras culturas.   **V**   **F**

c Los cicerones quieren proporcionar al visitante una experiencia diferente a la que ofrecen los guías tradicionales.   **V**   **F**

d La Asociación de Guías de Turismo de la Ciudad de Buenos Aires no quiere que los cicerones hagan este trabajo.   **V**   **F**

e Las posibilidades que ofrecen los cicerones son limitadas.   **V**   **F**

Habilidades de comunicación   (ATL)

En el texto se mencionan el Teatro Colón, el cantante Sandro y partidos de River en el Monumental o de Boca en la Bombonera. Todo ello es muy típico de la ciudad de Buenos Aires. Elabora una lista de lugares, personalidades o actividades típicos de una ciudad hispanohablante y compártela con otros compañeros. ¿Cuál es su relevancia dentro de la ciudad?

7 Una **familia de palabras** es un grupo de palabras que tienen en común la misma raíz, y por tanto, están relacionadas por su significado. Así, a partir de una palabra puedes formar otra. Aquí tienes una tabla con palabras que aparecen en el texto. Complétala con palabras de la misma familia.

Verbos	Sustantivos	Adjetivos
	el/la visitante	X
		organizado
	el/la integrante	X
intercambiar		
	el paseo	X
cuestionar		
recomendar		
	el/la fundador(a)	
sugerir		X
	la duración	

8 Basándote en los **párrafos 4 y 5**, busca en el texto un sinónimo de las **siguientes palabras**:

a por la noche: _____ **d** aconsejar: _____

b miembro: _____ **e** visitar: _____

c enseñar: _____ **f** problema: _____

Actividades de expresión oral y escrita

1 Habla con un(a) compañero/a: ¿Qué pensáis de la iniciativa de Cicerones en Buenos Aires? ¿Conocéis alguna alternativa similar en otro país?

2 ¿Piensas que esta iniciativa puede ser un caso de competencia desleal para los guías oficiales? ¿Por qué? Discute con un(a) compañero/a.

3 ¿Te gustaría participar en un proyecto similar? Elabora una lista de las ventajas que los turistas pueden tener al usar los servicios de los cicerones, y otra lista con los beneficios que pueden tener los voluntarios que ofrecen estos servicios.

Ventajas para los turistas	Beneficios para los voluntarios

4 Mira las fotos que acompañan al texto. Descríbeselas brevemente a un(a) compañero/a y explica de qué manera puede ser diferente la experiencia del visitante cuando está acompañado por un cicerone.

5 Imagina que eres un cicerone, y un turista que visitará tu ciudad ha contactado contigo. Escríbele un correo electrónico explicándole qué rincones y experiencias compartirás con él.

6 Has visitado una ciudad y has conocido a un cicerón que te ha guiado y enseñado los rincones más memorables. Escribe una entrada de diario contando tu experiencia.

7 Un cicerón te ha acompañado en tu visita a una ciudad enseñándote lugares muy interesantes y que normalmente no aparecen en las guías de viajes. De vuelta a tu casa, envíale una carta agradeciéndole su tiempo.

8 En parejas, observad la viñeta y contestad a las siguientes preguntas.

fuente: **www.e-faro.info**

Habilidades de pensamiento ATL

- ¿Qué se puede hacer para que los extranjeros se sientan mejor bienvenidos en un nuevo país?

- ¿Qué apoyos se les puede dar? ¿Qué tipo de iniciativas les puede ayudar a integrarse más rápidamente?

a ¿Quién es esa persona? ¿De dónde procede? ¿En qué país creéis que está? ¿Cómo se siente?

b ¿Estáis de acuerdo con la siguiente frase de la viñeta: "El emigrante siempre tiene el corazón partido entre el pasado que se fue y el futuro que no acaba de llegar."?

c Cuando os trasladáis a otro país, ¿qué aportáis al país nuevo? ¿Qué incorporáis a tu vida de ese nuevo lugar?

d ¿A qué dilemas creéis que se enfrentan las personas que emigran?

e ¿Qué aspectos positivos y/o negativos tiene vivir en otro país?

f ¿Qué habéis aprendido vosotros de vuestras experiencias internacionales? ¿Cuáles son las cosas que más habéis valorado de visitar otro país?

¡ANÍMATE A VIAJAR!

Antes de leer

1 ¿Por qué viajamos? ¿Qué motivos nos animan a viajar a un determinado lugar? ¿Qué tipo de experiencias vivimos cuando visitamos un lugar?

2 Piensa en las palabras "viajero" y "turista". Escribe una definición para cada una de ellas. ¿Hay alguna diferencia entre ellas?

3 ¿A quién crees que beneficia el turismo? ¿De qué manera?

4 ¿Qué consecuencias puede tener un turismo poco responsable? Piensa en las consecuencias para la economía, la gente del lugar que visitamos, la cultura, el medio ambiente, etc.

5 a Realiza la siguiente encuesta para saber qué tipo de turista eres.

Habilidades de investigación ATL

Lee el Código Ético Mundial para el Turismo en la siguiente página web y entérate de por qué se ha elaborado este código. Después, habla con un(a) compañero/a de cómo pueden beneficiarse las comunidades locales y los turistas con la aplicación de este código. Haz una lista de las repercusiones positivas para cada grupo.

www.cinu.org.mx/eventos/turismo2002/doctos/codigo2.htm

¿Qué tipo de turista eres?

Cuando eliges tu destino de vacaciones, siempre eliges …

● un lugar recomendado por alguien que sigues en Instagram
■ una ciudad declarada Patrimonio de la Humanidad
▲ un lugar donde haya muchos restaurantes gastronómicos
◆ el sitio que tenga las infraestructuras y el transporte más cómodos.

Si quieres ir a un destino de playa, buscas …

● unas aguas cristalinas y solitarias que salgan espectaculares en las fotos
■ una playa que haya sido el escenario de un acontecimiento histórico
▲ un buen restaurante de mariscos
◆ una playa con fácil acceso al mar.

En tu mochila o bolso, nunca debe faltar …

● un móvil, una cámara digital, cargadores y tarjetas de memoria
■ una guía de viajes con todas las obras arquitectónicas y museos, incluso los más pequeños y desconocidos
▲ una guía de los mejores restaurantes y una lista de los platos típicos del lugar
◆ una aplicación con reseñas sobre los monumentos y los servicios.

En el aeropuerto, …

● estás pendiente de cómo conseguir wifi gratis
■ planeas tu itinerario: ¿qué monumento vas a visitar primero?
▲ te quejas de la calidad y variedad de la comida que se ofrece
◆ preguntas por el tiempo, la hora de llegada y si hay un autobús directo hasta tu hotel.

Cuando llegas a tu hotel, …

● pides la clave del wifi
■ pides consejo al recepcionista sobre monumentos que no aparecen en las guías
▲ miras qué opciones gastronómicas ofrece el hotel
◆ esperas que la habitación y el servicio sean impecables o presentarás una queja.

Haces turismo rural porque …

● la luz artificial en las ciudades no permite sacar fotos de óptima calidad
■ no solo hay naturaleza sino también ruinas de pueblos deshabitados o construcciones antiguas (granjas, molinos, puentes, etc.)
▲ en ese pueblo hay un restaurante con cocina casera pero adaptada a los deseos del viajero cosmopolita moderno
◆ hay un pequeño hotel rural que se adapta al paisaje, pero también tiene elementos de lujo.

Para ti, el museo perfecto …

- permite que saques fotos a todos los cuadros, incluso con flash
- tiene una colección extensa de artistas conocidos e incluso alguno emergente
- tiene una cafetería que ofrece buen café y postres
- es una obra de arte en sí que cuenta con las instalaciones más modernas.

Lo peor que te puede pasar en un viaje es …

- que te roben el móvil
- que un monumento esté cerrado por obras
- que la comida te siente mal
- que la ciudad esté mal comunicada o que el hotel no tenga las instalaciones anunciadas.

Tras tus vacaciones, tu cámara y teléfono están llenos de …

- selfis
- fotos de monumentos y obras de arte
- fotos de toda la comida que has probado
- fotos de los detalles más originales de los lugares que has visitado.

Mayoría de ■

El *instagramer* total – No hay rincón ni ángulo que dejes de fotografiar y luego compartir en tus redes sociales. Tienes varias y las mantienes actualizadas a cada momento. Te pones nervioso/a si de repente el wifi te falla. ¡No dejes que la tecnología te fastidie las vacaciones!

Mayoría de ●

El cultureta – Eliges tu destino por su valor cultural. No te dejas un museo ni un templo o una iglesia por visitar. Miras, oyes y absorbes historia en todos tus destinos. Recuerda que un lugar no se resume a sus monumentos y que también se aprende mucho hablando con la gente local.

Mayoría de ▲

El comidista – Eliges el destino con tu estómago. Visitas restaurantes, grandes y pequeños, de comida casera y de estrellas Michelin. Cualquiera que viaje contigo sabe que no pasará hambre. ¡Cuidado con los atracones!

Mayoría de ◆

El exigente – Viajas a todo trapo. Lo más importante para ti es el trato y cómo te hacen sentir de exclusivo/a los lugares que visitas. Te fijas en los detalles más insignificantes, para bien o para mal. No olvides que estás de vacaciones. ¡Relájate!

Comprensión auditiva

b ¿Qué tipo de turista eres? ¿Te han sorprendido los resultados? Comparte tus resultados con el resto de la clase. ¿Cuántos sois comidistas? ¿Cuántos *instagramer* totales? ¿Y culturetas? ¿Algún exigente? ¿Podéis pensar en otro(s) tipos de turistas?

CIUDADES MÁS ROMANTICAS

#1 París
2 Londres
3 Nueva York
4 Sídney
5 Roma

NACIONES MÁS ROMÁNTICAS

#1 España
2 Argentina
3 Italia
4 Francia
5 Brasil

CARRERAS PARA PERSONAS A QUIENES LES ENCANTA VIAJAR

Trabajador de Ayuda Internacional

Arqueólogo

Profesor de Inglés

Guía de Turismo

MANERAS EN LAS QUE VIAJAR PUEDE MEJORAR TU CARRERA

Abre la mente
Comunicación
Planificación
Adaptabilidad
Trabajo en equipo

AMOR

58% de los viajeros han tenido un romance durante las vacaciones

83% de las parejas dicen que su relación sigue siendo romántica debido a sus viajes

50% de las personas dicen sentirse reconectadas con su familia después de viajar

83% de las mujeres que trabajan en el extranjero creen que mejorará su carrera

91% de los empleadores reconocen los beneficios de estudiar en el extranjero

CARRERA

73% de los profesionales de recursos humanos están de acuerdo en que un año sabático es beneficioso

LOS BENEFICIOS DE VIAJAR

75% de los ejecutivos consideran que viajar es importante para prevenir el agotamiento

La tasa de salud de los viajeros en general es un punto completo más alto (en una escala de 1 a 5)

50% es el porcentaje en el que las vacaciones anuales pueden reducir el riesgo de ataque al corazón de una persona

SALUD

66% de los estudiantes que viajan al extranjero alcanzan grados más altos

67% de los estudiantes que aprenden un idioma extranjero en el exterior siguen utilizando ese lenguaje con regularidad

86% de los estudiantes está de acuerdo en que viajar es una parte vital de la educación

EDUCACIÓN

BENEFICIOS DE VIAJAR PARA LA SALUD

Dormir mejor
Hormonas de estrés más bajas
Disminución de la presión arterial
Sistema inmunológico más fuerte
Aumento de la esperanza de vida

PAÍSES MÁS SALUDABLES

#4 SUIZA
#2 ITALIA
#1 SINGAPUR
#3 AUSTRALIA
#5 JAPÓN

MAYOR NÚMERO DE BIBLIOTECAS PÚBLICAS

Paris 830
Shanghai 477
Londres 383

MAYOR NÚMERO DE MUSEOS

Londres 162
Berlín 140
Nueva York 126

MAYOR CANTIDAD DE ESTUDIANTES INTERNACIONALES

Londres 99,360
Paris 96,782
Singapur 91,500

fuente: **www.kaplaninternational.com/es**

Después de leer

6 Basándote en la infografía, indica si estas frases son **Verdaderas** o **Falsas**. Justifica tu respuesta señalando los **datos de la infografía** que correspondan.

a Ciertas profesiones pueden ser más apropiadas para gente a la que le gusta viajar. V F

b Las experiencias románticas en los viajes siempre son positivas. V F

c Estudiar en otro país puede ser positivo para tu carrera. V F

d Los estudiantes que viajan al extranjero tienen un mayor número de amigos. V F

e Viajar contribuye a un mejor estado de salud. V F

f Tomarse un año sabático no siempre tiene consecuencias positivas. V F

7 En la infografía aparecen muchas cifras. Relaciona las siguientes con la información del texto a la que se refieren.

1 5 — **a** Número de museos que hay en Nueva York.

2 67 — **b** Porcentaje de mujeres que piensan que viajar les ayudará a conseguir mejores puestos.

3 83 — **c** Lugar que ocupa Japón en la lista de países más saludables.

4 126 — **d** Porcentaje de estudiantes que siguen usando un idioma aprendido durante su estancia educativa en otro país.

5 91 500 — **e** Número de estudiantes internacionales en Singapur.

6 477 — **f** Número de bibliotecas que hay en Shanghái.

8 a En parejas, repartid los beneficios de viajar según la infografía en la siguiente tabla.

AMOR	CARRERA	SALUD	EDUCACIÓN

b Después, debatid si estáis de acuerdo o no con estos beneficios y explicad por qué.

c ¿Qué otros beneficios creéis que tienen los viajes? Haced una lista.

Habilidades sociales (ATL)

- Piensa en algún comportamiento o actitud que te pueda ayudar a interactuar con las personas que viven en los países que visitas.

- ¿De qué manera aprender algunas palabras de un idioma antes de viajar a un país puede ayudar a que la gente de ese lugar te vea de una forma determinada?

- ¿Es importante informarse sobre cosas que deben hacerse o no deben hacerse según el país al que viajes? ¿Por qué?

- Comparte algunas ideas y sugerencias con tus compañeros.

MÚSICA CON CARÁCTER SOCIAL

Antes de leer

1 ¿Te gusta la música? ¿Tocas algún instrumento o cantas? Habla con un(a) compañero/a.

2 ¿Qué dificultades piensas que tienen los artistas nuevos que quieren grabar un disco? ¿Qué necesitan? ¿Dónde pueden buscar ayuda? Habla con un(a) compañero/a y después, compartid vuestras ideas con el resto de la clase.

TEXTO E

PROYECTO STUDIO Asociación Juvenil Underground Music
Campo Real (Madrid)

1. Proyecto Studio es una iniciativa de cinco jóvenes de Campo Real en Madrid que supuso la habilitación de las instalaciones de un estudio de grabación y el comienzo de un festival anual de grupos noveles. El premio, la grabación de maquetas de calidad suficiente para poder ser mostradas y reproducidas en cualquier medio de comunicación audiovisual.

2. "Pensamos que la música es una forma de expresión universal y todos los jóvenes artistas sienten inquietud por mostrar a la sociedad su trabajo creativo, sea cual sea su entorno socio-cultural". Con esta idea clara y compartida, acudieron a buscar asesoramiento a la Mancomunidad de Servicios Sociales del este de Madrid, donde les hablaron de diferentes subvenciones y les animaron a dar forma a su proyecto.

3. Presentaron la idea al Ayuntamiento de Campo Real, al personal técnico del Instituto de la Juventud (INJUVE) y empezaron a estudiar diferentes alternativas para buscar fondos. "Lo más complicado fue lograr sacar adelante el proyecto con un presupuesto muy limitado teniendo en cuenta el elevado precio de los equipos necesarios. Esto nos obligó a realizar todo tipo de tareas de bricolaje, publicidad, diseño web ... para abaratar costes."

4. Es una iniciativa que pone sobre la mesa el poder de la ilusión, de la capacidad de organización, de la búsqueda de alternativas, del trabajo en equipo y de la creatividad que tienen los y las jóvenes. La necesidad existía, la idea estaba clara y creyeron en ella.

5. Proyecto Studio surge porque "no hay ninguna infraestructura adecuada para que las bandas musicales con pocos recursos de nuestro entorno puedan desarrollar una actividad artística y cultural. Tampoco hay hábitos por parte de los ayuntamientos de brindar la oportunidad a las bandas juveniles de participar en certámenes o festivales."

6. Este proyecto ha dado una oportunidad a bandas musicales no sólo de la Comunidad de Madrid sino incluso internacionales, como la edición y producción de una grabación realizada durante junio de 2007 de los niños de la Escuela de percusión Lactomía de Candeal, Santiago de Bahía (Brasil). Un proyecto innovador, que parte de un lenguaje universal como es la música para echar a volar.

7. "Nuestra iniciativa nace con el carácter de un sello discográfico independiente y de acción social gestionado desde una asociación sin ánimo de lucro y en un entorno rural. Estamos muy satisfechos por el trabajo realizado y los resultados obtenidos, la iniciativa ha supuesto una oportunidad de desarrollo personal y de realización muy importante."

fuente: **www.cje.org**

Después de leer

3 ¿Qué premios reciben los grupos que ganan el festival anual iniciado por Proyecto Studio?

4 Según Proyecto Studio, ¿qué es la música?

5 ¿De qué forma les ayudó la Manconumidad de Servicios Sociales del este de Madrid?

6 Elige la definición que sustituye mejor a las palabras **en negrita** del texto.

   a … les animaron a **dar forma** a su proyecto … (párrafo 2)
      i publicar   ii explicar   iii llevar a cabo

   b … una iniciativa que **pone sobre la mesa** el poder de la ilusión … (párrafo 4)
      i da la opción   ii revela   iii propone

   c … por parte de los ayuntamientos de **brindar la oportunidad** a las bandas … (párrafo 5)
      i ofrecer la posibilidad
      ii quitar la opción
      iii negar la posibilidad

   d … gestionado desde una asociación **sin ánimo de lucro** … (párrafo 7)
      i que no busca obtener un beneficio
      ii que no ofrece beneficios
      iii que es gratuita

7 Completa las frases de la primera columna con la información más adecuada de la segunda columna. Sobran tres proposiciones.

1 Para poder reducir los gastos …

2 La parte más difícil del proyecto fue …

3 El proyecto tuvo éxito porque …

4 Para los nuevos grupos, es muy difícil salir adelante porque …

a la organización del tiempo.

b la falta de suficiente financiación.

c los miembros del grupo tienen diferentes trabajos.

d decidieron usar equipos más baratos.

e no existen lugares para poder ensayar y grabar sus proyectos musicales.

f todos estaban convencidos de que funcionaría.

g el entorno no proporciona ninguna oportunidad.

8 ¿De qué manera se ha convertido este proyecto en una iniciativa internacional?

9 Busca las palabras del texto que te indican que esta iniciativa no se ha realizado en una ciudad.

10 Explica de qué manera se sienten satisfechos los fundadores de Proyecto Studio.

11 Cita las dos características que posee esta nueva asociación juvenil.

Habilidades de autogestión

- Decide qué tipo de características profesionales y personales necesitaron estos jóvenes para llevar a cabo este proyecto. Piensa en cómo debieron de gestionar el tiempo y distribuir las tareas para tener éxito.

- Piensa cuáles de estas habilidades te serían útiles como estudiante, en tus clases en general y en tu clase de español en particular.

Actividades de expresión oral y escrita

1 ¿Qué te parece esta iniciativa?

2 ¿Qué iniciativas similares piensas que ayudarían a jóvenes de tu entorno a realizar su sueño?

3 Piensa en qué necesitarías para llevar a cabo esa iniciativa. Recuerda incluir los recursos humanos, financieros, etc.

4 Diseña el cartel de promoción de este evento para animar a las bandas a participar.

5 Imagina que eres miembro de una banda que ha participado en este proyecto y hoy habéis finalizado vuestra primera maqueta. Escribe una entrada de tu blog explicando cómo ha sido tu día y cómo te sientes con esta experiencia.

6 Tras haber participado en esta iniciativa y ser una de las bandas elegidas, escribe un correo electrónico a la organización dándole las gracias por la oportunidad que os han dado y lo que ha significado para vuestra carrera profesional.

Comprensión Conceptual

Reflexiona sobre estas preguntas señalando la opción u opciones más adecuadas. Comenta tus elecciones con tus compañeros para comprobar si las respuestas son las mismas:

- ¿Qué **receptores** pueden tener los textos A, B, C, D y E que has trabajado en esta unidad? ¿Coincides con tus compañeros? ¿Qué elementos sirven para determinar esos posibles destinatarios (edad, sexo, etc.)? ¿Qué elementos de estilo y registro los determinan? ¿Qué deberíamos cambiar si el destinatario fuera diferente? Por ejemplo, niños o adolescentes, en lugar de adultos, etc. ¿Habría más elementos visuales, aparecería más información de algún aspecto importante para ese tramo de edad?

  Por ejemplo: *Si el artículo sobre los curiosos "cicerones" estuviera destinado a jóvenes de 12–16 años, se podría convertir en una entrada de blog.*

- Elige uno de los textos estudiados e imagina un **contexto**, es decir, un lugar o una situación en los que pueda aparecer el texto. Comparte tus ideas con el resto de la clase.

  Por ejemplo: *Si la infographía sobre los beneficios de viajar fuera dirigida a estudiantes preparando un viaje de estudios, se podría transformar en un artículo para el periódico del colegio o en un folleto …*

- ¿Cuál es el objetivo o **propósito** de los textos? Por ejemplo, podemos decir que el texto A promociona la Ruta de la Yerba Mate de cara a personas que están interesadas en el turismo gastronómico. ¿Y para el resto de los textos? Comparte tus ideas con el resto de la clase.

- **Significado:** La selección de vocabulario es muy importante a la hora de producir un efecto en el lector. Recopila campos léxicos para cada uno de los textos de esta unidad, estudiando las palabras específicas que dan a cada texto su significado global, así como los conceptos asociados y los elementos icónicos que refuerzan el significado. Luego, trabaja en pequeños grupos para crear una nube de palabras con las palabras y las imágenes que habéis recopilado, y compartidlas con el resto de la clase.

  Por ejemplo: *En el texto C, las palabras y los conceptos claves son "turismo", "lugares menos promocionados", "aventureros", "romper barreras", "verdadera cultura", etc.*

- **Variante:** Los textos siempre tienen una estructura y formato específicos que cambian si decides usar información del mismo tipo, pero presentándola de otra manera.

  Por ejemplo: *Transformar una infografía sobre los beneficios de viajar en una entrada de blog sobre una reciente estancia en un país extranjero, con ejemplos de sus beneficios, o un correo electrónico informal sobre el turismo alternativo en un discurso oral.*

En grupos, intentad transformar alguno de los textos que habéis visto en esta unidad utilizando otro formato. Es importante tener en cuenta el tipo de vocabulario, registro y estructura a la hora de realizar esos cambios.

Aquí tenéis algunas sugerencias de otros formatos:

- Texto A: La Ruta de la Yerba Mate → diario

- Texto B: Asturias: hórreos, paneras y cabazos → *videoblog*

- Texto C: Los curiosos "cicerones" → entrada de blog

- Texto D: Los beneficios de viajar → discurso

- Texto E: Proyecto Studio → entrevista

Tipos de textos

A Correo electrónico

Un correo electrónico puede ser formal o informal. En los **correos formales** se usaría **usted(es)**, mientras que en los **correos informales** se usaría **tú** o **vosotros/as**.

Tanto los correos formales como los informales deben de incluir los siguientes **elementos**:

- **Para:** destinatario, persona a la que va dirigido el correo
- **De:** emisor o remitente, persona que escribe el correo
- **Asunto:** breve descripción del tema que trata el correo
- **Fecha:** día y hora del correo
- **Saludo inicial**
- **Despedida final.**

Aquí tienes diferentes expresiones y frases que podrías utilizar en la **introducción** de un correo.

Correo informal	Correo formal
Querido/a ...:	Estimado/a/os/as señor(a)(es) (as):
Hola ...:	Estimado/a ...:
Perdona que no te haya escrito antes, pero ...	Me llamo/Soy ... y le(s) escribo para ...
Hoy por fin, tengo tiempo para ...	Me dirijo a usted(es) para ...
Espero que estés bien y que ...	

Aquí tienes diferentes expresiones y frases que podrías utilizar en la **despedida**.

Correo informal	Correo formal
Bueno, que se me está haciendo tarde y tengo que ...	Atentamente
Te tengo que dejar ...	Cordialmente
¡Hasta pronto!	Reciba mis más sinceros saludos
Un abrazo/Un saludo	Reciba un cordial/afectuoso saludo
Un beso/Besos	Un cordial saludo

1 Lee este ejemplo de correo electrónico informal e identifica los diferentes elementos que lo forman:

- el destinatario
- el tema
- la fórmula usada en la introducción
- la despedida.

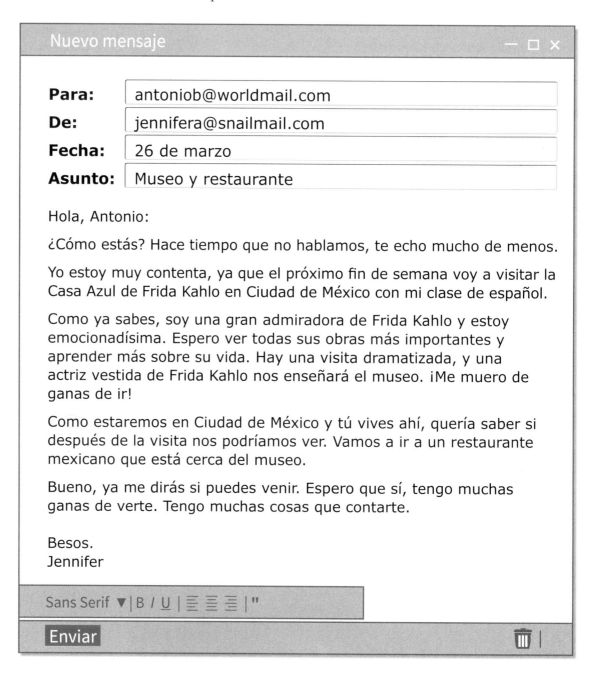

Nuevo mensaje — □ ×

Para: antoniob@worldmail.com

De: jennifera@snailmail.com

Fecha: 26 de marzo

Asunto: Museo y restaurante

Hola, Antonio:

¿Cómo estás? Hace tiempo que no hablamos, te echo mucho de menos.

Yo estoy muy contenta, ya que el próximo fin de semana voy a visitar la Casa Azul de Frida Kahlo en Ciudad de México con mi clase de español.

Como ya sabes, soy una gran admiradora de Frida Kahlo y estoy emocionadísima. Espero ver todas sus obras más importantes y aprender más sobre su vida. Hay una visita dramatizada, y una actriz vestida de Frida Kahlo nos enseñará el museo. ¡Me muero de ganas de ir!

Como estaremos en Ciudad de México y tú vives ahí, quería saber si después de la visita nos podríamos ver. Vamos a ir a un restaurante mexicano que está cerca del museo.

Bueno, ya me dirás si puedes venir. Espero que sí, tengo muchas ganas de verte. Tengo muchas cosas que contarte.

Besos.
Jennifer

Sans Serif ▼ | B / U | ☰ ☰ ☰ | "

Enviar 🗑 |

2 Ahora modifica el correo original para convertirlo en un correo formal. Quizás también tengas que modificar un poco el tema.

B Entrada de diario

En una entrada de diario se deben de incluir los siguientes **elementos**:

- **Fecha**
- **Saludo inicial**
- **Despedida final**.

Contenido y tono:

- La narración, aunque incluya acontecimientos, también debería ser subjetiva e incluir opiniones, sensaciones y sentimientos personales.

- No solo se trata de contar los hechos que ocurren, sino también de explicar cómo te hacen sentir.

- El/La diarista suele dirigirse a su diario como si se tratara de un(a) amigo/a. A veces, incluso tiene nombre propio.

- El diario suele referirse a experiencias, sucesos y sentimientos cercanos en el tiempo.

- El registro debería ser informal y familiar.

Aquí tienes diferentes expresiones y frases que podrías utilizar en la **introducción** y en la **despedida** de una entrada de diario.

Introducción	Despedida
Querido diario:	Bueno, ya te contaré como continúa/acaba todo.
Tengo muchas ganas de contarte ...	Bueno, mañana más.
Perdona que haya estado tanto tiempo sin escribir, pero ...	Mañana continúo.
Hoy, por fin, tengo tiempo para ...	Bueno, se me está haciendo tarde y tengo que ...
Después de mucho tiempo, hoy he decidido escribir de nuevo.	Bueno, te tengo que dejar ...
	¡Hasta pronto!

Aquí tienes diferentes **expresiones verbales** que podrías usar para **expresar tus emociones**.

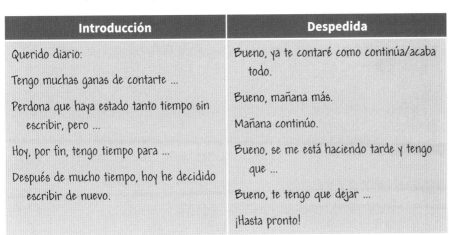

estar contento/a de/con	tener ganas de	estar emocionado/a con
preocuparse por/de	sorprender	dar miedo
dar la sensación de	sentirse solo/a	pena
hacer ilusión	contento/a	vergüenza
alegrarse de	triste	rabia

1   Lee los siguientes ejemplos de entradas de diario. ¿Qué elementos característicos de este tipo de texto puedes encontrar en cada entrada?

a

18 de octubre

Querido diario:

Mañana empieza el viaje que llevamos preparando durante mucho tiempo.

La casa parece otra, vacía, sin vida. El servicio de mudanzas se llevó todo ayer. Es una sensación rara ver todo metido en cajas: mi ropa, mis libros, mis cosas ... Todos los recuerdos empaquetados y rumbo a otra casa, a otro país. Cuando vi cómo transportaban todo al camión, sentí ganas de llorar, de decirles que no, que me lo devolvieran todo, que no se lo llevaran.

Por otro lado, también sentí una sensación nueva, de anticipación, de aventura. Pensar que nos dirigimos a un lugar nuevo, completamente diferente me emociona y me aterra al mismo tiempo.

Me alegra saber, que tú, querido diario, me acompañarás en esta nueva etapa de mi vida.

Hasta mañana.
Lola

b

12 de noviembre

Querido diario:

Siento mucho haberte tenido un poco abandonado. Mi nueva vida es una locura. Acostumbrarme a tantas cosas nuevas es agotador.

*Casa nueva, ciudad nueva, amigos nuevos, escuela nueva ...
A veces pienso que el día no tiene suficientes horas para poder aprender tantas cosas nuevas. Pero, bueno, estoy contenta.*

En la escuela ya he hecho algunos amigos. Mi vecina, Ana, también está en mi clase de matemáticas y nos entendemos bien, me ha ayudado mucho a integrarme en la escuela. No siempre es fácil ser la nueva. Creo que llegaremos a ser grandes amigas.

Me gustan mis clases y mis profesores, aunque el ritmo es más rápido que en mi antigua escuela.

Estoy deseando que lleguen mis cosas para que mi habitación no esté tan vacía y resulte tan impersonal.

Bueno, te tengo que dejar, mamá me está llamando para ir a cenar. Espero tener un poco más de tiempo para ti.

Hasta mañana.
Lola

2 Lee la siguiente entrada de un diario y reescríbelo para que refleje las características de este tipo de texto.

> Hola diario:
>
> El año pasado fui de vacaciones a Argentina. Me quedé con una familia de Buenos Aires. Hice muchos amigos y tuve la oportunidad de hablar español.
>
> Por las mañanas me levantaba, desayunaba comida argentina y después iba a la academia donde asistía a clases de español. Allí aprendíamos gramática, hablábamos y también hacíamos actividades de escritura.
>
> Por la tarde íbamos de excursión a visitar diferentes lugares turísticos.
>
> Después de las excursiones volvíamos a casa con la familia. Entonces les contaba cuáles habían sido mis experiencias ese día. Cenábamos comida típica y después veíamos un poco la televisión en español.
>
> No me acostaba muy tarde porque al día siguiente tenía que madrugar.
>
> Tamara

3 ¿Entrada de diario, correo electrónico o ambas cosas? De las siguientes características mencionadas abajo, decide cuáles podrían aplicarse a un correo electrónico, cuáles a un diario y cuáles a los dos tipos de texto. Completa la tabla.

		Diario	Correo	Los dos
a	Tiene la fecha.			
b	Se usan una variedad de tiempos.			
c	Generalmente, habla de sentimientos.			
d	Incluye acontecimientos y sensaciones.			
e	Por lo general, es coloquial e íntimo.			
f	Incluye destinatario.			
g	Presenta hechos objetivos.			
h	Puede ser formal o informal.			
i	Incluye un saludo y una despedida.			

Actividades orales generales

A Bailes tradicionales

1 ¿Qué ves en la foto **a**? Descríbela brevemente.

2 ¿Cómo se llama este baile? ¿De dónde es típico?

3 ¿Qué título le pondrías a esta foto?

4 ¿De qué manera es importante el baile en nuestras culturas o en nuestras vidas?

5 ¿Qué beneficios (personales, para la salud, la comunidad, etc.) puede tener bailar?

B Perspectivas de México

1 Observa las fotos **b–e** y describe los diferentes aspectos culturales que puedes reconocer sobre México.

2 ¿Cuáles de estos aspectos te resultan más familiares? ¿Por qué crees que es así? Habla con un(a) compañero/a.

3 ¿Crees que algunas imágenes pueden fomentar los estereotipos? ¿De qué manera?

4 ¿Quién crees que es responsable de la difusión de estos estereotipos?

Comprensión auditiva

5 Crear una situación de juego de rol entre el empleado de una oficina de turismo y un viajero que ha venido para buscar o pedir información.

6 Tras escuchar la canción "Mediterráneo" de Los Rebeldes, una banda española de rock de los años 80, realizad las siguientes actividades.

a Iniciad un debate sobre los diferentes objetivos que pueden tener unas vacaciones y comparad los beneficios de viajar simplemente a la playa con los beneficios de un viaje que incluye playa y elementos culturales.

b Debatid también la manera en la que han cambiado los viajes y las expectativas de los turistas y viajeros en los últimos años.

7 Tras visionar la película *Frida* protagonizada por la actriz mexicana Salma Hayek, realizad las siguientes actividades.

a Realizad un debate sobre las circunstancias personales que llevaron a Frida a ser la gran artista que fue. Primero analizad los factores que contribuyeron a su éxito artístico, y después debatidlos. Aquí tenéis algunas sugerencias:
- ¿Habría sido Frida Kahlo una gran artista si no hubiera tenido el accidente que la obligó a guardar cama durante un largo periodo de tiempo?
- ¿Y si hubiera tenido una relación diferente con su marido?

b Analizad y debatid las tradiciones y los aspectos culturales que aparecen en la película, comparándolos con los de vuestra propia cultura, por ejemplo:
- comidas
- bebidas
- monumentos
- comportamientos, etc.

8 Tras escuchar la canción "Un año más" de Mecano, un grupo de pop español muy famoso en los años 80, realizad las siguientes actividades.

a Hablad sobre la manera en que se celebra el Año Nuevo en diferentes países o culturas.

b ¿Conocéis otros años nuevos que no empiecen en enero? ¿Cuáles son? Comparadlos.

Literatura

Texto 1

1. Antes de leer, escribe una breve biografía del escritor Ramón Gómez de la Serna, incluyendo los acontecimientos más representativos de su vida. Accede a la siguiente página web para leer información sobre quién fue y qué hizo:

   www.escritores.org/biografias/222-ramon-gomez-de-la-serna

2. Ramón Gómez de la Serna es muy famoso por sus greguerías. Las greguerías son textos breves en prosa, que generalmente constan de una sola frase, y que expresan, de forma original, pensamientos filosóficos, humorísticos, pragmáticos, líricos, etc.

   Ramón Gómez de la Serna definió una greguería como:

   Humor + Metáfora = Greguería

   Aquí tienes algunas greguerías. Léelas y debate con un(a) compañero/a cuál es su significado.

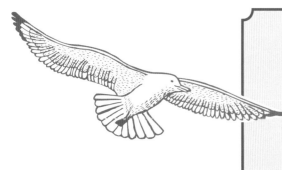

> **a** El mar sólo ve viajar: él no ha viajado nunca.
>
>
>
> **b** Las gaviotas nacieron de los pañuelos que dicen ¡adiós! en los puertos.
>
>
>
> **c** Dormir la siesta es morir de día.
>
>
>
> **d** El libro es el salvavidas de la soledad.
>
>
>
> **e** Son más largas las calles de noche que de día.
>
>
>
> **f** El reloj del capitán de barco cuenta las olas.
>
>
>
> **g** Los tranvías tienden a raptar a la señora que sube, dejando a pie a su marido.
>
>
>
> **h** El escritor quiere escribir su mentira y escribe su verdad.
>
>
>
> **i** Al inventarse el cine las nubes paradas en las fotografías comenzaron a andar.
>
>
>
> **j** Cuando asomados a la ventanilla echa a andar el tren robamos adioses que no eran para nosotros.

3 ¿Cuál de estas greguerías te ha gustado más? ¿Por qué? Habla con un(a) compañero/a y después, compartid vuestras opiniones con el resto de la clase.

4 Las siguientes greguerías están desordenadas. Une las dos partes de cada greguería correctamente.

1 El vapor …	**a** es el broche de las tapias.
2 La lagartija …	**b** es la cinta que se pone la naturaleza después de haberse lavado la cabeza.
3 La leche …	**c** es como un pájaro herido de muerte.
4 Un papel en el viento …	**d** se suelta el pelo en las cascadas.
5 El agua …	**e** es el fantasma del agua.
6 El arco iris …	**f** es el jabón dentro del agua
7 El más pequeño ferrocarril del mundo …	**g** es la oruga.
8 El pez más difícil de pescar …	**h** es una grúa que come hierba.
9 La jirafa …	**i** es el agua vestida de novia.

5 Inventa un final para las siguientes greguerías. Después, puedes leer las greguerías originales completas en una antología o en Internet.

a El poeta se alimenta con …
b La timidez es como …
c En el fondo de los pozos suenan …
d Diccionario quiere decir …
e El Nilo es el río de …

6 Ahora escribe tus propias greguerías tomando como modelo los diferentes ejemplos que acabas de leer o de completar. Se trata de encontrar una imagen original para describir un objeto o suceso cotidiano.

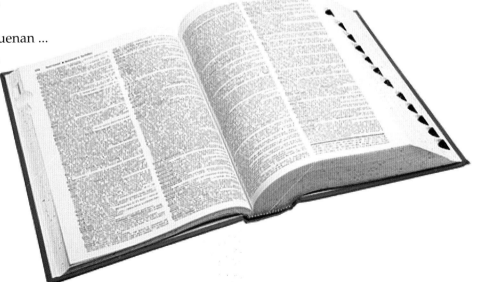

Texto 2

1. Gúrbez es un español **cuya ilusión** más importante en los últimos tiempos es pasar una temporadita en Guiriland. Para ello se ha preparado **concienzudamente**: durante unos años ha estudiado guiriñés en la Academia Normaplús, en la que, bajo la apariencia de una enseñanza comunicativa, **ha hecho acopio de** todas las reglas estructurales de la lengua meta y, de vez en cuando, ha participado en conversaciones libres sobre distintos temas. Gúrbez, hombre muy responsable, está muy ilusionado con poner en práctica todos sus conocimientos durante los pocos días que durará su estancia. De Guiriland hay muy poca información, apenas una *Guía del Trotalands* y algunos folletos superficiales recogidos en varias agencias de viajes. A través de esa información, y de algunos comentarios que, **de pasada**, se hicieron en las clases, sabe que los horarios de las tiendas y de las comidas son distintos a los de los españoles, sabe qué platos son los más típicos, qué moneda manejan – el *guílar* –, y también qué monumentos, museos, teatros, restaurantes, bares y salas de fiesta no debe perderse.

2. Cuando Gúrbez se traslada a Guiriland se da cuenta de que tiene bastante fluidez, de que entiende una buena parte de lo que le dicen y de que él, a su vez, se hace entender. Sin embargo, Gúrbez tiene muchos problemas: se siente incomprendido en ocasiones, en otras se siente irritado, a veces se siente ridículo y muchas veces maltratado.

3. (...) Cuando le presentan a alguien duda continuamente sobre cuál es el nombre y cuál es el apellido: Cármenez Mar Montejo Womanes o Mar Víctorez Riejo Manes. Le parece un auténtico lío y más con esa manía de que todos se llaman Mar en algún momento/posición de su nombre. Eso sin hablar de que él se precipita a dar besos a las mujeres cuando ellas le dan palmaditas en la espalda, mientras se alejan de la fogosidad de Gúrbez.

4. Comprar es una auténtica pesadilla. Tarda días en descubrir las patatas, porque las venden envueltas por unidades en papel de distintos colores. No logró encontrar ajos en ninguna parte y tuvo que realizar varios itinerarios completos al supermercado hasta localizar el aceite, que estaba junto al caviar y en botellas de 100 m/l.

5. Y comer es toda una aventura. En Guiriland hay un orden preestablecido: de primero se toma una fruta; de segundo, una sopa; de tercero, un té, y de cuarto, carne o pescado. A Gúrbez le parece un orden irracional e, incluso, malsano (...).

6. (...) Un día acude a una cena en casa de unas personas que acaba de conocer y lleva una espléndida docena de rosas a la anfitriona, que, sin embargo, casi no le agradece el detalle, pone mala cara y, francamente conmocionada, empieza desesperadamente a colocar las rosas en floreros distintos poniéndolas de tres en tres. *¡Qué desagradecida!*, piensa Gúrbez. *¡Qué agorero!*, piensa la anfitriona.

7. Otro día va a casa de un conocido, que vive en el piso 23 del edificio más alto de Guiritown, a recoger unos libros. En el ascensor entra con un señor desconocido que, en cuanto se cierran las puertas, lo saluda efusivamente dándole un fuerte abrazo y le pregunta por su familia y por su estado de salud. Gúrbez se siente amenazado por tanta cercanía e intimidad y, además, no quiere explicarle nada personal a esa persona que nunca volverá a ver. Lo suyo es hablar del tiempo, en el caso de que haya que hablar. A su vez, el desconocido piensa que nunca se había encontrado a nadie tan hosco, distante y frío. (...)

8. Casi a punto de volver a España, un compañero de pensión le enseña la foto de su hijo recién nacido. Gúrbez le dice que es muy guapo. Su compañero lo niega absolutamente y sólo le encuentra defectos. Gúrbez cree que lo hace para que insista y sigue diciéndole lo bonitos que tiene los rasgos y lo hermoso que está, ante lo cual su compañero incrementa sus críticas. Gúrbez cree que estos guirilandeses no tienen ningún sentido de la paternidad, que son unos desapegados o unos tremendos hipócritas. El padre de la criatura lo considera un inconsciente, un descastado y un solemne pesado, y maldice el momento en que se le ocurrió enseñarle la foto de su querido bebé.

"Gúrbez en Guiriland", Lourdes Miquel (texto adaptado)
Carabela n° 45

1   Contesta a las siguientes preguntas brevemente. Según los **párrafos 1 y 2** de "Gúrbez en Guiriland"…

   a   ¿cuál es la nacionalidad de Gúrbez?
   b   ¿qué palabra describe el tipo de preparación que ha tenido Gúrbez para su viaje?
   c   ¿qué lengua ha estado estudiando Gúrbez?
   d   ¿qué adjetivo describe la actitud de Gúrbez ante el trabajo?
   e   ¿qué dos diferencias hay entre España y Guiriland?
   f   ¿cuál es el nivel de Gúrbez en la lengua que ha estudiado?
   g   ¿qué cuatro adjetivos describen cómo se siente Gúrbez en Guiriland?

2   Basándote en los **párrafos 1 y 2**, indica si estas frases son **Verdaderas** o **Falsas**. Escribe las **palabras del texto** que justifican tu respuesta.

   a   Gúrbez está emocionado con su viaje.   **V   F**
   b   Gúrbez se quedará en Guiriland mucho tiempo.   **V   F**
   c   Guiriland no es un país muy conocido y no hay mucha
       información detallada sobre él.   **V   F**
   d   Gúrbez está informado sobre varios aspectos culturales que
       debe conocer cuando esté en el país.   **V   F**

3   Basándote en los **párrafos 1 y 2**, elige la definición que más se acerca a las palabras en negrita del texto.

   a   … es un español **cuya ilusión** más importante
       i   cuyo deseo
       ii   cuya ansiedad
       iii cuya alegría
   b   … se ha preparado **concienzudamente**
       i   sin interés
       ii   a fondo
       iii básicamente
   C   … **ha hecho acopio de** todas las reglas
       i   ha reunido
       ii   ha enseñado
       iii ha desarrollado
   d   … de algunos comentarios que, **de pasada**, se hicieron en las clases
       i   extensamente
       ii   con interés
       iii superficialmente

4   Basándote en los **párrafos 3 y 4**, completa las frases con palabras del texto.

   a   Gúrbez piensa que los nombres y apellidos son _____.
   b   A modo de saludo, las mujeres dan _____ a Gúrbez.
   c   Ir de compras se convierte en _____ para Gúrbez.
   d   Las patatas no se venden por kilos, sino que se venden _____.

5 Basándote en los **párrafos 5 y 6**, indica las **palabras del texto** que significan:

   a para empezar: _____

   b ilógico: _____

   c poco saludable: _____

   d maravilloso: _____

   e dar las gracias: _____

   f realmente: _____

   g poner: _____

6 Basándote en el **párrafo 6**, explica las reacciones opuestas que tienen Gúrbez y la anfitriona en el episodio de las flores.

7 Basándote en los **párrafos 7 y 8**, completa las frases de la primera columna con la información correcta de la segunda columna. Sobran **tres** proposiciones.

1 El conocido de Gúrbez …	**a** vive en un piso alto.
	b tiene un hijo feo.
	c Gúrbez se encontró con un conocido.
2 En el ascensor, …	**d** Gúrbez prefiere hablar del tiempo.
	e espera una reacción diferente ante la foto de su hijo.
3 El compañero de pensión …	**f** quiere recoger unos libros.

8 Basándote en el **párrafo 8**:

   a ¿Qué **dos** palabras expresan la opinión de Gúrbez sobre las habilidades paternales de los guirilandeses?

   b ¿Qué **dos** palabras usa Gúrbez para referirse al hijo de su compañero?

9 Basándote en el texto, ¿a qué se refieren las siguientes palabras?

En la frase …	la palabra …	se refiere a …
a Gúrbez es un español **cuya** ilusión … (párrafo 1)	cuya	
b Para **ello** se ha preparado … (párrafo 1)	ello	
c … hasta localizar el aceite, **que** estaba junto al caviar … (párrafo 5)	que	
d … en floreros distintos poniéndo**las** de tres en tres … (párrafo 6)	las	
e … le enseña la foto de **su** hijo … (párrafo 9)	su	
f Su compañero **lo** niega … (párrafo 9)	lo	

3 INGENIO HUMANO A
EL ARTE, UNA FORMA DE VIVIR

Objetivos:

- Hablar de diferentes manifestaciones artísticas
- Conocer a varios artistas del mundo hispanohablante
- Hablar de pintura, literatura, arte tradicional e ilustración
- Debatir sobre si las artes nos ayudan a entender el mundo
- Aprender de las diferentes culturas a través del arte

Para entrar en materia

1   Observa las imágenes que presentan la unidad. Descríbelas y anota vocabulario relacionado con ellas. Las palabras y expresiones a continuación te pueden ayudar.

| manifestaciones artísticas | arte abstracto/ moderno/antiguo | obra impresionista/surrealista/ realista/abstracta |

baile/danza   escultura   bellas artes   pintura   fotografía

cine   cuadro   obra   literatura   poesía   cómics

Habilidades de investigación ATL

¿Sabes cuál es el "séptimo arte"? ¿Y el "noveno arte"?

¿Por qué se llaman así? Busca información sobre la numeración de las artes.

¿Qué arte añadirías a la lista?

Lengua

Ser y estar

Complete las frases siguientes con el verbo **ser** o **estar** en presente de indicativo.

a   Isabel Coixet _____ una directora de cine española muy famosa.

b   El Museo Mural Diego Rivera, donde se puede admirar "Sueño de una tarde dominical en la Alameda Central", _____ en obras.

c   A mi prima le _____ gustando mucho el libro de Gabriel García Márquez.

d   Las estatuas de Puerto Vallarta, México, _____ del artista Alejandro Colunga.

e   La exposición del fotógrafo Francesc Català Roca en el museo Reina Sofía de Madrid _____ muy popular.

f   _____ enferma pero no me perdería por nada el espectáculo de flamenco en el tablao El Cardenal.

2　**a**　Lee las siguientes frases y marca las que se refieren a ti o las frases con las que estés de acuerdo.

1.　☑ Nunca voy a museos.

2.　☐ No entiendo el arte moderno.

3.　☐ La publicidad es una forma de arte.

4.　☐ Me gustaría ser artista.

5.　☐ El cine comercial no puede ser considerado arte.

6.　☐ Alguna de mis fotografías podría ser considerada arte.

7.　☐ Prefiero ir a los museos solo/a.

8.　☐ El baile es más ejercicio que arte.

9.　☐ El *ballet* es el baile más artístico.

10.　☐ No tengo mucho talento artístico.

11.　☐ El arte del mundo hispanohablante me interesa mucho.

12.　☐ El arte me enseña a comprender mejor el mundo.

13.　☐ Me gusta leer libros en clase.

14.　☐ Prefiero escuchar audiolibros que leer.

15.　☐ Sin la música no podría vivir.

16.　☐ Estoy obsesionado/a por un artista.

17.　☐ El arte debería ser gratis.

18.　☐ Me interesan la música y los bailes tradicionales de mi región.

19.　☐ El arte es un negocio.

20.　☐ _____

（Escribe una frase sobre tu obra de arte favorita.)

21.　☐ _____

（Escribe una frase con tu opinión sobre un(a) artista.)

22.　☐ _____

（Escribe una frase sobre una obra (novela, pintura, canción) de un artista hispanohablante que te guste.)

b　En parejas, comentad vuestras respuestas. ¿Hay algo de tu compañero/a que te haya sorprendido?

¡A BAILAR!

Antes de leer

Comprensión auditiva

1 Lee las siguientes características. ¿Con cuáles te identificas? Escribe un párrafo en presente de indicativo explicando con qué características te identificas y después coméntalas con tus compañeros.

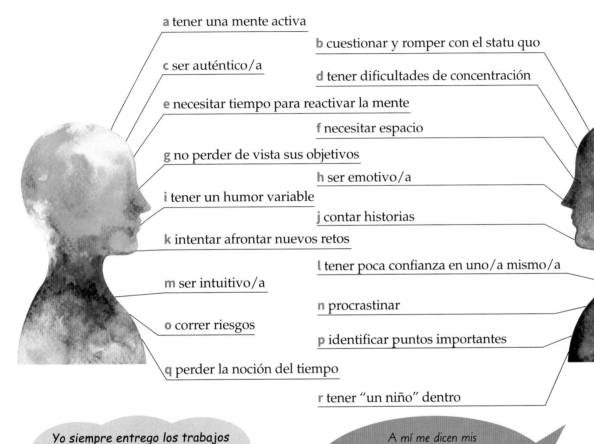

a tener una mente activa

b cuestionar y romper con el statu quo

c ser auténtico/a

d tener dificultades de concentración

e necesitar tiempo para reactivar la mente

f necesitar espacio

g no perder de vista sus objetivos

h ser emotivo/a

i tener un humor variable

j contar historias

k intentar afrontar nuevos retos

l tener poca confianza en uno/a mismo/a

m ser intuitivo/a

n procrastinar

o correr riesgos

p identificar puntos importantes

q perder la noción del tiempo

r tener "un niño" dentro

Yo siempre entrego los trabajos tarde. Me viene la inspiración en el último minuto. No me gusta hacer ningún proyecto sin pensarlo bien antes o informarme bien sobre el tema.

A mí me dicen mis padres que no voy a crecer nunca, que siempre me porto como un niño. Además, si estoy haciendo algo, pierdo la noción del tiempo y me olvido de comer, de beber y de descansar.

Habilidades de investigación **ATL**

¿Eres una persona creativa?

- Según algunos estudios, las características mencionadas en la Actividad 1 son típicas de las personas creativas. ¿Estás de acuerdo?

- Busca información sobre estos estudios y su fiabilidad.

- Investiga sobre la personalidad de varios artistas y comprueba si coinciden con esta descripción.

- Entrevista a algún artista local o estudiante de arte de tu colegio y pregúntale si está de acuerdo con esta caracterización.

2 Vas a leer tres anuncios sobre la cueca, el flamenco, la bachata y la salsa. ¿Sabes qué son? ¿De dónde son típicos? ¿Qué características tienen?

TEXTO A

1 Apúntate a nuestras nuevas clases a partir del sábado 1 de septiembre

Salsa iniciación
16:00 a 18:00 hrs
Prof: Gonzalo Vicuña

Salsa intermedio
19:00 a 21:00 hrs
Prof: Gonzalo Vicuña

Salsa avanzado
19:00 a 21:00 hrs
Prof: Carolina Hernández

Bachata
18:00 a 19:00 hrs
Prof: Paco Ibáñez

Precio por cuatro clases:
Salsa $15 000
Bachata $13 000
Salsa + bachata $25 000

Salsa dance studio, Litoral 292, San Antonio

2 En mayo, ¡ven a bailar

Flamenco
con Claudia García Muñoz!

Nivel básico - intermedio
Sábado 12 y Domingo 13 de 11,00 a 13,00 horas

Nivel avanzado
Sábado 19 y Domingo 20 de 18,00 a 20,00 horas

Taller completo: 50 €
Dos talleres: 80 €
Clase suelta: 30 €

C/ San Franciso Solano 15B, Córdoba
Tel. 957 31 08 82 50 - info@claudiagmunoz.es
www.claudiagmunoz.es

3 Inscríbete

CURSO DE CUECA PARA TODOS
con Laura Jiménez

¡Ven a divertirte y aprende nuestra hermosa danza nacional!

Horario:
Nivel 1
Miércoles 19:00 a 20:00 hrs
Nivel 2
Miércoles 20:00 a 21:00 hrs

Valor del curso:
$6 000 por persona
$10 000 por pareja

Te esperamos en el GIMNASIO MUNICIPAL PADRE PIO

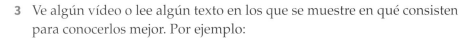
3 Ve algún vídeo o lee algún texto en los que se muestre en qué consisten para conocerlos mejor. Por ejemplo:

https://www.youtube.com/watch?v=q-U2iPyORTU
https://www.youtube.com/watch?v=38qgFXlWyBo

Después de leer

4 **a** Lee la información de siguiente tabla y marca la casilla o las casillas correcta(s) según lo que dicen los anuncios.

	Anuncio 1	Anuncio 2	Anuncio 3	Ninguno
a No es necesario pagar por algunas clases.				
b Se ofrecen cursos para todas las edades.				
c Hay clases de varios niveles.				
d Hay clases toda la semana y el fin de semana.				
e Para saber más, puedes llamar por teléfono.				
f Para saber más, puedes visitar la página web.				
g Para obtener más información, puedes enviar un correo electrónico.				
h Se ofrecen menos de dos días de clase.				

b Comenta tus respuestas con tus compañeros.

c Añade **cuatro** frases sobre los anuncios. Compártelas con tus compañeros para que te digan a qué anuncio(s) se refieren.

Actividades de expresión oral y escrita

1 Imagina que vives en un país hispanohablante. Investiga sobre un baile tradicional de una región poco conocida de ese país y toma notas de la información que has encontrado. Después, realiza las siguientes actividades:

a Crea un póster para ofrecer cursos de ese baile.

b Crea un anuncio de radio para promocionar esos cursos.

c Cuelga tu póster en la clase y escucha los anuncios. Decide qué dos cursos te interesan más y coméntalo con tus compañeros (podéis crear una situación de juego de rol). Juntos, elegid los dos cursos que se van a ofrecer finalmente porque tienen mayor número de alumnos.

2 En grupos, cread un juego de rol en la siguiente situación: cada estudiante ha asistido a uno de los cursos de baile. Os encontráis por la calle y comentáis vuestras experiencias. Intentad convencer al resto de compañeros de que se unan a las clases el próximo curso.

3 Imagina que has asistido a uno de los cursos de baile de salsa, flamenco o cueca de los anuncios. Te ha gustado mucho la experiencia y te gustaría animar a más personas a que asistieran utilizando una forma de comunicación escrita.

a ¿Qué tipo de texto elegirías? ¿Por qué? Escríbelo.

b ¿Coincide con los tipos de texto escogidos por tus compañeros?

Habilidades de investigación

Investiga sobre qué cursos de música o bailes tradicionales se ofrecen en tu ciudad.

- ¿Son cursos de tradiciones originarias de tu país?

- ¿Hay cursos de música o baile de culturas de otros países?

- ¿A quién van dirigidos los cursos?

- ¿Cómo se anuncian?

FANTÁSTICOS AUTORES

Antes de leer

1   Laura Gallego es una de las autoras españolas de literatura juvenil más conocidas y populares. Vas a leer lo que ella cuenta sobre sí misma en la biografía de su página web. Antes de leerla, contesta a las siguientes preguntas y comenta las respuestas con tus compañeros.

a   ¿Te gusta leer?

b   ¿Cuándo lees?

c   ¿Qué lees, aparte de lo que lees en clase?

d   ¿Compras alguna revista de forma regular? ¿Cuál(es)?

e   ¿Lees la prensa todos los días?

f   ¿Lees mucho en español? ¿Qué has leído últimamente? ¿Te gustó?

g   ¿Cuáles son algunos de tus libros favoritos? ¿De qué tratan?

h   ¿Vuelves a leer algún libro que te haya gustado?

i   ¿Qué ingredientes tiene que tener para ti la novela perfecta?

j   ¿Para qué sirve leer? Enumera una serie de beneficios de la lectura.

k   ¿Qué tipo de libro te gustaría leer en español?

l   ¿Te gusta escribir? ¿Qué tipo de textos escribes (por ejemplo: poemas, cuentos, novelas, obras de teatro, guiones, etc.)? ¿Algo de lo que escribes en las redes sociales es de carácter literario?

2   Ahora escribe tus respuestas a las preguntas anteriores en forma de párrafo o resumen. Aquí tienes un ejemplo de respuesta que puedes usar como modelo.

A mí me gusta mucho leer. Mi madre asegura que leo desde bebé, péro ¡creo que exagera un poco! Leo siempre que tengo un momento libre, y de todo: libros, revistas en la sala de espera del médico, el periódico del colegio, etc. Prefiero las novelas porque son entretenidas y me hacen viajar sin tener que moverme de casa. Ya no miro el móvil en la cama – me siento mucho más relajado por la mañana cuando leo un libro antes de dormir. Mis libros favoritos son los de Terry Pratchett, pero también me encanta la serie Memorias de Idhún de Laura Gallego. No son demasiado difíciles de leer en español. Me interesaría leer más fantasía en español. Me voy a apuntar a un curso de escritura creativa – ¡tengo muchas ideas!

3   En la biografía de Laura Gallego se han borrado los títulos de las diferentes secciones. Mediante una lectura rápida, decide cuál de los siguientes títulos corresponde a cada sección. Atención: hay **dos** títulos que sobran.

a ¿Qué hago ahora?

b ¿Qué hago en mi tiempo libre?

c Películas favoritas:

d Videojuegos favoritos:

e ¿Qué piensa mi familia de mis novelas?

f Empecé a publicar ...

g ¿Qué voy a hacer en el futuro?

h ¿Quién soy?

i Cómics favoritos:

j Empecé a escribir ...

k Mis clásicos favoritos son ...

TEXTO B

Laura Gallego

INICIO   BIOGRAFÍA   NOTICIAS   PRÓXIMAMENTE   LIBROS   PROYECTOS   LECTURAS   PREGUNTAS   REDES SOCIALES   CONTACTO

Biografía
¿Quieres saber algo más sobre mí?

1. ....

Soy Laura Gallego, una autora española de literatura juvenil, especializada en temática fantástica. Estudié Filología Hispánica en la Universidad de Valencia y en 1999 gané el premio El Barco de Vapor con *Finis Mundi*, una novela ambientada en la Edad Media. Tres años después volví a obtener el mismo galardón con *La leyenda del Rey Errante*. Actualmente mi obra publicada comprende veintisiete novelas juveniles y algunos cuentos infantiles, con más de un millón de ejemplares vendidos sólo en España y traducciones a dieciséis idiomas, entre los que se encuentran el inglés, el francés, el alemán y el japonés. Mis obras más populares entre los jóvenes lectores son *Crónicas de la Torre*, *Dos velas para el diablo*, *Donde los árboles cantan*, *Alas de fuego*, *El Libro de los Portales* y, especialmente, la trilogía *Memorias de Idhún*. En 2011 recibí el Premio Cervantes Chico por el conjunto de toda mi obra, y en 2012 fui galardonada con el Premio Nacional de Literatura Infantil y Juvenil por mi novela *Donde los árboles cantan*.

2. ....

... a los 11 años. Mi amiga Miriam y yo decidimos escribir un libro de fantasía. Se llamaba *Zodiaccia, un mundo diferente*, y trataba de una niña que viajaba a una isla mágica donde todo tenía que ver con los horóscopos. Tardamos tres años en acabarlo y salió una cosa muy larga, de casi trescientas páginas. Ese libro nunca se publicó, pero yo ya sabía que quería ser escritora. Y desde entonces no he dejado de escribir, docenas de novelas, cientos de historias, miles de páginas.

3.

… a los 21 años. Después de acabar el bachillerato entré en la Universidad de Valencia, a estudiar Filología Hispánica para ser, en un futuro, profesora de literatura. Seguía escribiendo y enviando textos a editoriales y concursos, pero no publicaba nada. Hasta que escribí *Finis Mundi*, que fue el primer libro que publiqué. Era el libro número 14 que escribía; ninguno de los 13 anteriores había visto la luz, así que yo no tenía ninguna esperanza cuando lo envié al Premio Barco de Vapor (hacía ya varios años que participaba, pero no había suerte)… ¡pero resultó que gané el Premio!

Desde entonces he seguido escribiendo y publicando libros, y tengo la suerte de contar con un gran número de lectores que disfrutan con ellos. También acabé la carrera y realicé un doctorado, especializándome en literatura medieval y libros de caballerías; pero no llegué a ser profesora de literatura, ya que actualmente mi trabajo como escritora ocupa casi todo mi tiempo.

4.

Sigo escribiendo libros, la mayor parte de ellos de temática fantástica.

También me gusta responder personalmente a las cartas de mis lectores.

5.

Me encantaría seguir escribiendo mientras conserve energías, ilusión por mi trabajo y, naturalmente, tenga aún historias que contar. Mi intención es centrarme en la faceta más creativa de mi trabajo para seguir compartiendo con mis lectores las historias que me rondan por la cabeza, que, afortunadamente, no son pocas, al menos por el momento.

6.

Cien años de soledad, de Gabriel García Márquez; *El Quijote*, de Cervantes; *La vida es sueño*, de Calderón de la Barca y algunas de las grandes obras de Shakespeare, especialmente *Macbeth*. También me gustan mucho los clásicos de aventuras del siglo XIX: Dumas, Verne, Arthur Conan Doyle (soy muy fan de Sherlock Holmes), Walter Scott …

7.

El viaje de Chihiro, *Dentro del Laberinto*, *La princesa prometida*… También me gustan mucho *Mulán* y *Piratas del Caribe* (me encanta el personaje de Jack Sparrow).

8.

Soy aficionada al manga; mis preferencias: *Ranma ½*, *Gunnm (Alita, ángel de combate)*, *Monster*, *Inu Yasha*, *20th Century Boys*, *Detective Conan*, *Death Note*, *Bakuman* …

9.

Todos los de la saga de *Final Fantasy*, pero en especial el IX. También me gustan otros como el *Warcraft* y el *Zelda*. En general me gustan casi todos los de rol, incluyendo títulos como *Kingdom Hearts*, *Dragon Quest* o *Dark Chronicle*. ¡Y estoy enganchada a los enigmas del Profesor Layton!

fuente: **www.lauragallego.com/biografia**

Después de leer

4 Basándote en el texto, completa las frases escogiendo la opción correcta en cada caso. Después, indica las **palabras del texto** que justifican tu respuesta.

a Las obras de Laura Gallego …
   i   incluyen poesía
   ii son casi siempre realistas
   iii son un éxito también en el extranjero.

b Laura Gallego escribió su primer libro …
   i   con una amiga
   ii para un concurso
   iii como deberes del colegio.

c Su novela *Finis Mundi* …
   i   fue la decimocuarta que publicó
   ii recibió un galardón literario
   iii la escribió cuando trabajaba de profesora.

d Laura dice que se siente …
   i   afortunada de tener tantos lectores
   ii decepcionada por no haber terminado su doctorado
   iii con ganas de trabajar como profesora.

e En la sección 5, Laura dice que …
   i   necesita un descanso de la escritura
   ii a veces es difícil encontrar inspiración para crear historias
   iii tiene bastantes ideas para futuras obras.

f Laura dice que es "adicta" a …
   i   las películas de piratas
   ii un videojuego
   iii un cómic.

5 Escribe **tres palabras o expresiones** del texto que no conocías. ¿Coinciden con las palabras escogidas por tus compañeros? Intenta utilizar esas palabras en las siguientes actividades de esta sección.

Habilidades de investigación

- Laura Gallego menciona varias novelas y películas. ¿Se llaman igual en tu lengua?

- Busca los títulos originales y la traducción a varias lenguas. ¿Hay diferencias?

- ¿Por qué crees que existen esas diferencias?

- ¿Por qué algunos títulos no se traducen literalmente a otras lenguas?

Actividades de expresión oral y escrita

1   Comenta las siguientes preguntas con un(a) compañero/a. Después, compartid vuestras respuestas con el resto de la clase.

   a   ¿Qué tipo de persona crees que es Laura Gallego? ¿Por qué?
   b   ¿Te gustaría conocerla? ¿Qué le preguntarías?
   c   Si ya has leído alguno de sus libros, ¿te ha gustado? ¿Por qué (no)? Si nunca has leído un libro suyo, ¿te gustaría hacerlo? ¿Por qué (no)?
   d   ¿Qué información sobre Laura Gallego podemos encontrar en su página web, de acuerdo con el texto de su biografía?
   e   ¿Por qué sabemos que esta biografía de Laura procede de una página web? ¿Qué elementos hacen que sea obvio?

2   Busca información sobre las novelas de Laura Gallego en diferentes fuentes, por ejemplo: en su página web, en otras páginas de venta de libros, en la biblioteca de tu colegio, en las redes sociales, etc. Elige la novela que más te interese y haz una breve presentación explicando:

   • qué obra has elegido
   • de qué trata
   • por qué la has elegido.

3   Escribe tu biografía tomando el texto de Laura Gallego como modelo. Puedes publicarla en tu blog o red social.

¿Qué representación tienen los libros extranjeros en tu ciudad/pueblo?

• En parejas, averiguad si los libros de Laura Gallego han sido traducidos a tu lengua.

• ¿Se pueden encontrar en idioma original o traducidos en las librerías o bibliotecas de tu ciudad/pueblo?

• ¿Qué otros libros de autores del mundo hispanohablante se pueden encontrar en tu ciudad/pueblo?

• Diseñad un proyecto para fomentar la lectura de libros extranjeros, particularmente libros españoles o Latinoamericanos, en la biblioteca de tu ciudad/pueblo.

Habilidades de investigación

Investiga las causas de la popularidad de la literatura fantástica y qué autores son los más representativos de este género literario.

LÍNEA Y COLOR

Antes de leer

1 **a** ¿A qué se dedica un ilustrador? Completa la descripción de esta profesión con las siguientes palabras. Atención: Hay **dos** palabras que sobran.

Comprensión auditiva

atractivo	instrucciones	objeto	folletos
escultura	profesionales	contextos	imágenes

Los ilustradores realizan dibujos, **a** _____, pinturas, etc. para que un producto (que puede ser un **b** _____ o un texto, por ejemplo, un texto informativo, un póster…) sea más **c** _____ o más comprensible.

Las ilustraciones se utilizan en muchos **d** _____, por ejemplo:

- portadas de libros o discos
- páginas web
- material informativo
- **e** _____
- publicidad
- manuales de **f** _____
- libros infantiles.

---

b ¿Te gustaría ser ilustrador? ¿Por qué (no)?

c ¿Conoces algún ilustrador famoso? ¿Qué tipo de ilustraciones realiza?

El español de …

¿Es la palabra "arte" masculina o femenina? Completa las siguientes frases con el artículo definido o indefinido correcto: **el / la / los / las / un / una**.

a _____ arte es una forma de expresión fundamental del ser humano.

b .art es el primer dominio de internet dedicado a _____ artes.

c _____ bellas artes incluyen la pintura, la escultura, la música, el baile y el drama.

d Remedios Varo fue _____ artista surrealista.

e Pablo Picasso fue uno de _____ artistas que crearon el cubismo.

f Oswaldo Guayasamín fue _____ artista ecuatoriano de ascendencia quechua.

http://www.almamagazine.com/colores-primarios-jovenes-ilustradores-latinoamericanos-649

Colores primarios: Jóvenes ilustradores latinoamericanos

1. Latinoamérica ha enseñado, con los años, que cada uno de los países que la integran puede ser una fuente de arte, talento y belleza. Y la ilustración es uno de los más brillantes ejemplos de una creatividad que crece y se desarrolla, ganando premios y conquistando mercados. En medio de las omnipresentes dificultades que atraviesa el continente, muchos ilustradores encontraron la forma y el espacio para plasmar aquellas siluetas e ideas, que por las noches se les transforman en sueños tecnicolor. *Alma Magazine* seleccionó a algunos de los más interesantes ilustradores latinos actuales, todos jóvenes de entre 20 y 30 años, y les preguntó por las raíces de sus dibujos, por el pasado y el futuro de una profesión que no deja de crecer.

CATALINA ESTRADA

2. **Catalina Estrada, colombiana, crea mundos plenos de estallidos de luz y color.** Nació en Medellín, la segunda ciudad más grande de Colombia. Recuerda su infancia en el campo, entre la calidez de su familia y el vigor de la naturaleza, siempre alrededor. Ya en la Universidad, se graduó con honores en diseño gráfico. Viajó a París un año después, para estudiar el idioma y luego se mudó a Barcelona, España. Allí estudió Bellas Artes en la Escuela de Artes Llotja. Las oportunidades fueron cada vez más grandes: trabajó en grandes proyectos, publicó con la editorial alemana Die Gestalten Verlag y la revista *Computer Arts*, entre otras. Ha presentado sus trabajos en galerías de Seattle, está preparando un mural en México, tarjetas virtuales, la portada de un libro para *Der Spiegel* y una exposición en España. Es profesora de ilustración.

3. **Diseño latino:** "Creo que en América Latina hay un talento increíble, una de las marcas propias que identifico en ella es la pasión en las imágenes y el amor por el color."

4. **Entrar al mundo:** "En estos momentos, gracias a Internet las diferencias se han ido reduciendo. Gracias a esto, quedan en manos de cada uno las oportunidades de mostrar su trabajo en otros países, de encontrar proyectos interesantes para colaborar."

5. **Influencias:** "Mi abuelo coleccionaba cajas de tabaco, mi abuela coleccionaba estampillas, mi madre tiene un uso y sentido del color que nunca vi en otra persona: cada pared de su casa está pintada de un color diferente. Mi padre es un observador de pajaritos. Los jardines de mi casa en Colombia, los árboles, las montañas, la naturaleza, los animales, el arte latinoamericano, el amor, la gente linda, la música. Todo esto ha influido enormemente en mi trabajo."

6. **Nuevas tecnologías:** "No sé si se habrá perdido algo con ellas, yo más bien miro lo que se ha ganado. Para mí es un privilegio poder trabajar en proyectos de ilustración desde cualquier lugar donde me encuentre. Mi herramienta principal en este momento es mi ordenador. Otra de las ventajas es la agilidad en el momento de manipular las imágenes, hacer cambios de color, de escala,…"

7. **Características de su trabajo:** "Color, brillo, luz, destellos, ornamentos, naturaleza."

fuente: **www.almamagazine.com**

Después de leer

2   Basándote en el texto, decide si las siguientes frases son **Verdaderas** o **Falsas**. Justifica tu respuesta señalando las **palabras del texto** que correspondan.

a	Catalina se crio en un ambiente urbano.	V	F
b	Antes de vivir en Barcelona, vivió en París.	V	F
c	Catalina se dedica a la enseñanza.	V	F
d	Catalina piensa que el arte latinoamericano se caracteriza por el color.	V	F
e	Catalina piensa que las nuevas tecnologías ayudan a que su trabajo se conozca en otros países.	V	F
f	La madre de Catalina es coleccionista, como su abuelo.	V	F
g	La vivienda colombiana de Catalina carece de zonas verdes.	V	F
h	Catalina necesita su ordenador para trabajar.	V	F
i	La obra de Carolina se caracteriza por ser minimalista.	V	F

3   Basándote en el texto, ¿a qué se refieren las siguientes palabras?

En la frase …	la palabra …	se refiere a …
a … los países que **la** integran … (párrafo 1)	la	
b … y **les** preguntó por las raíces … (párrafo 1)	les	
c **Allí** estudió Bellas Artes … (párrafo 2)	Allí	
d … la revista *Computer Arts*, entre **otras**. (párrafo 2)	otras	
e … una de las marcas propias que identifico en **ella** es … (párrafo 3)	ella	
f Gracias a **esto**, quedan en … (párrafo 4)	esto	
g … cada pared de **su** casa … (párrafo 5)	su	
h … algo con **ellas** … (párrafo 6)	ellas	

4 En parejas, leed cada uno/a un texto (el texto C2 sobre Carla Torres, o el texto C3 sobre Jorge Alderete). Después, seguid los pasos detallados a continuación.

a Escribid cada uno/a una lista de **seis** frases verdaderas, falsas o con información que no se menciona sobre el texto que habéis leído.

Nombre del artista: _____	Verdadero	Falso	No se menciona
1			
2			
3			
4			
5			
6			

b Escribid cada uno/a **diez** preguntas sobre el texto que habéis leído, utilizando las partículas interrogativas indicadas a continuación. En una hoja aparte o en el texto, señalad dónde se encuentra la respuesta a esas preguntas.

Preguntas sobre el texto:

1. ¿Quién ....?

2. ¿Cómo ....?

3. ¿Para qué ....?

4. ¿De qué manera ....?

5. ¿Por qué ....?

6. ¿Qué ....?

7. ¿Cuáles son ....?

8. ¿En qué ....?

9. ¿Cómo era ....?

10. ¿Dónde ....?

c Después, leed cada uno/a el otro texto y contestad de forma oral o escrita a las actividades creadas por vuestro/a compañero/a.

CARLA TORRES

Los seres de otro mundo, según la imaginación de la ecuatoriana Carla Torres.

Es ecuatoriana y dice que fue la ilustración la que comenzó con ella. En la escuela de diseño descubrió que le gustaba experimentar y hacer de sus diseños algo más orgánico. De a poco surgieron oportunidades. Una mención de honor ganada en un concurso le abrió muchas puertas y la decidió a dedicarse a la ilustración. Comenzó al ilustrar cuentos para niños, y 　　5 a colaborar con editoriales y revistas de Ecuador. Con ganas de aprender más, continuó estudiando en Barcelona, Colombia y Nueva York, ciudad donde ahora radica. Desde entonces, su trabajo ha sido expuesto en varias galerías de arte en Nueva York e internacionalmente, y ha ganado varios premios de ilustración.

Diseño latino: "Uno muchas veces se puede servir de la riqueza visual latinoamericana 　　10 –que de una u otra forma le viene en la sangre– para expresarse. Pero no es una regla; creo que como artistas tenemos la libertad de expresarnos como sintamos que lo debemos hacer. Hay muchos artistas (no solo latinos) que se inspiran en la cultura de Latinoamérica y se alimentan de sus colores, imágenes, tipografías, símbolos. Si hay una marca, esa debería ser una que te defina como Fulano de Tal –ilustrador– seas de donde fueres." 　　15

Entrar al mundo: "Como casi todo en Latinoamérica, la ilustración está en vías de desarrollo. Ahora ya se está tomando más en serio el trabajo del ilustrador. Ya no somos los que hacemos esos 'dibujitos bonitos'; se nos considera como lo que somos, artistas comerciales. La ilustración es un tema bien interesante porque está justo en el medio del arte y la comunicación. Nos desenvolvemos entre la creatividad, la comunicación y los 　　20 medios artísticos. En cuanto a Latinoamérica, por estar en vías de desarrollo, está todo por hacer… Solo es cuestión de ponerse manos a la obra."

Influencias: "¡Uy! Yo me influencio de casi todo lo que veo. En ese sentido soy bien ecléctica. Me alimento mucho del arte, del cine, del diseño, de la gente y del entorno."

Nuevas tecnologías: "Creo que el principal beneficio que ha traído la tecnología es el 　　25 ahorro de tiempo. La computadora es una herramienta muy ágil que te permite hacer las cosas más rápido. Si te equivocas en algo se arregla fácil aplastando 'control Z'; si te equivocas pintando no se puede hacer 'Undo' así de fácil. Las tecnologías digitales son una herramienta más del ilustrador. Es él quien decide qué herramienta utilizar según el caso. A mí me gustan más los medios tradicionales, porque me gusta la experiencia de 　　30 pintar, el contacto con el material, preparar y mezclar los colores, ensuciarme las manos y mancharme la ropa. Me gusta parir mis ilustraciones, y esa experiencia, ese contacto, nunca te lo va a dar la computadora."

Características de su trabajo: "No sé si tengo un estilo. Me gusta creer que no, porque eso me da la libertad de seguir explorando sin encasillarme. He tenido varios comentarios 　　35 de gente que me dice que les gusta mucho la fantasía que tienen mis ilustraciones, que parece que hubieran salido de otro mundo. Esa idea me parece súper bonita, personajes y escenarios que vienen de visita desde quién sabe qué otro mundo."

TEXTO C3

 http://www.almamagazine.com/colores-primarios-jovenes-ilustradores-latinoamericanos-649

JORGE ALDERETE

El argentino Jorge Alderete transforma su entorno cotidiano en ilustraciones.

Dicen que es uno de los ilustradores más apreciados de toda Latinoamérica. Jorge es de Argentina y dibuja desde que tiene memoria. Lo vio como una profesión cuando comenzaba a estudiar Diseño y Comunicación Visual en la Universidad Nacional de La Plata, de su país. Antes de terminar la carrera ya publicaba sus ilustraciones en diferentes medios 5 de Latinoamérica. Amplió su carrera e incursionó en la animación independiente, haciendo trabajos para MTV Latinoamérica y Japón; para Nickelodeon, canal Fox y canal Once de México, entre otros. Fue jurado de los premios 2001 de animación de MTV, y en la categoría "diseño" en el One Show 2004, en Nueva York. Es cofundador del sello discográfico Isotonic Records, especializado en rock instrumental. Desde hace poco tiempo es copropietario 10 de Kong – la primera tienda-galería *low brow* de México – junto a Quique Ollervides, Clarisa Moura y Cha. Su trabajo ha sido reseñado en publicaciones alrededor del mundo: el prestigioso libro *Illustration Now* de Taschen, en varios libros de Die Gestalten Verlag e *Iconography 2: Life* de IDN, entre otros.

Diseño latino: "Es algo complicado hoy en día hacer esa distinción. Trato de no hacerla, 15 prefiero verlo en términos de buena o mala ilustración, sin hacer distinciones sobre su origen. En lo particular, me gusta incluir en mi trabajo cosas relacionadas con mi entorno, y al vivir en Ciudad de México es inevitable que alguna iconografía decididamente latina se deje ver. No sé qué ocurriría con mi trabajo si el entorno donde lo hago fuese otro, no necesariamente latino." 20

Entrar al mundo: "Una de las ventajas de vivir en Latinoamérica, para mí, es que el lugar te mantiene vivo, despierto. A veces es a costa de pasar por una gran crisis económica o situaciones sociopolíticas no muy favorables, pero de alguna manera tu entorno no te permite dormirte, y eso, creativamente hablando, es ganancia. Por otro lado, la supuesta falta de desarrollo en mi profesión también genera que haya muchas cosas aún por 25 hacerse, lo que no puedo dejar de ver como algo positivo. Hay muchas diferencias, pero no en cuanto a la calidad del trabajo. Pasa más bien por el lado legal o económico de la profesión, temas relacionados con derechos de autor, tabuladores en el medio editorial, que están mejor o más desarrollados en los países centrales."

Influencias: "Mis influencias más claras vienen del cómic. Siempre fui un lector de cómics, 30 desde chico, en mi casa, hubo cómics. Luego tengo muchas influencias del cine, las películas de horror y ciencia ficción de los años 50, de la música, la lucha libre, del lugar donde vivo y un largo etcétera."

Nuevas tecnologías: "Quizá se haya perdido un poco el valor plástico de una obra, pero creo que se ganó más. Hoy es más fácil mostrar tu trabajo a todo el mundo, conocer el trabajo de 35 otros colegas de cualquier parte del planeta, relacionarte con iguales más allá de tu ubicación geográfica. Es muy interesante ver por momentos que un ilustrador en Suiza, Tailandia o Sudáfrica tiene muchas más cosas en común con uno de lo que podríamos pensar."

Características de su trabajo: "Gráficamente quizá se trate del uso de la línea y del color, pero me gusta pensar que también es una forma de ver determinados temas, cierto humor 40 con el que veo las cosas. En realidad no me gusta detenerme demasiado a analizarlo o razonarlo, quizá por temor a que pierda alguna frescura, ¡si es que la tiene!"

fuente: **www.almamagazine.com**

5 **a** Relaciona las siguientes ilustraciones con el artista que crees que la ha realizado: Carla Torres, Jorge Alderete y Catalina Estrada.

b Explica tu decisión basándote en lo que dicen los textos sobre cada ilustrador.

Artista: _____

Artista: _____

Artista: _____

6 Describe una de las imágenes a un(a) compañero/a. Elige palabras clave para describir la imagen que has elegido y díselas una por una. ¿Cuántas palabras necesita para adivinar de qué imagen se trata?

Actividades de expresión oral y escrita

1 Aquí tienes una lista de profesiones que puedes realizar si estudias Bellas Artes. Sigue los pasos detallados a continuación:

   a Primero, comprueba que entiendes todas las palabras de la lista. Utiliza un diccionario en caso necesario.

   b Después, marca las **cinco** profesiones que más te interesan y las **cinco** que menos.

   c Finalmente, anota los aspectos positivos y negativos de las profesiones que has elegido.

Profesión	Me interesa	No me interesa	Aspectos positivos/ negativos de esta profesión
anticuario/a			
arqueólogo/a			
ceramista			
comisario/a de exposiciones			
creativo/a de videojuegos			
crítico/a			
decorador(a)			
dibujante de prensa			
diseñador(a) gráfico/audiovisual			
diseñador(a) publicitario/a			
educador(a)			
escaparatista			
fotógrafo/a			
ilustrador(a)			
restaurador(a)			
subastador(a)			

   d Ahora comenta tus respuestas con un(a) compañero/a.

> A mí me encantaría trabajar de restaurador. Me gusta pintar y me gusta la historia del arte. Además, si te dedicas a esta profesión puedes trabajar tanto en espacios cerrados como al aire libre en lugares espectaculares, por ejemplo, puedes estar restaurando una pirámide maya en medio de la selva.

> Pues yo lo odiaría, porque para ser restaurador se necesita mucha paciencia a mí me gusta variar en el trabajo. Yo preferiría ser fotógrafa de prensa, cada día trabajando en una noticia diferente.

Habilidades de investigación (ATL)

Investiga sobre los ilustradores jóvenes más renombrados de tu país.

- ¿Tienen puntos en común en sus obras?

- ¿Reflejan aspectos culturales de tu país?

2 Haz una encuesta en la clase de las profesiones elegidas y prepara un póster presentando los datos obtenidos.

VIVIR PARA PINTAR

Antes de leer

Comprensión auditiva

1   Lita Cabellut es una pintora española poco conocida dentro del país, pero sus cuadros son muy populares en el extranjero.

   a   Mira alguno de sus cuadros a continuación o en la siguiente página web. ¿Te gustan? ¿Por qué (no)?
www.operagallery.com/lita-cabellut

   b   ¿Qué palabras te sugieren?

   c   Comenta tus impresiones con tus compañeros.

Coco nr. 48

Impulse 04

2   ¿Conoces muchas palabras relacionadas con la pintura? Aquí tienes algunas palabras incompletas y sus definiciones. En grupos y con un diccionario, ¿quién es más rápido completando las palabras con las letras correctas?

1   Se utiliza para pintar. Es un instrumento que consiste en un palo largo con un conjunto de pelos o cerdas en uno de los extremos, donde se pone la pintura:
P _ _ _ _ L

2   Tipo de pintura en el que los colores se diluyen en agua:
A _ _ _ R _ L _

3   Pintura que generalmente se pone en un marco y se coloca en la pared:
C _ _ _ R _

4   Pintura que representa una persona:
RE _ _ _ TO

5   Pintura que representa una imagen del artista que la pinta:
AU _ _ _ _ _ E _ RA _ _

6   Tela o material sobre el que se pinta un cuadro. También puede utilizarse como sinónimo de cuadro:
L _ _ _ Z _

7   Objeto en el que se ponen y mezclan las pinturas que se van a utilizar:
P _ L _ T _

8   Tipo de pintura elaborada con aceites vegetales o animales:
Ó _ _ _ _

9   Cuadro que se considera uno de los mejores de la historia de la pintura:
OB _ _ M _ _ ST _ _

10   Objeto que sirve como soporte donde el artista coloca los lienzos para pintar:
CA _ _ LL _ T _

3   Ahora haz una lectura rápida del texto D y señala las palabras de la actividad anterior que aparezcan.

4   Estas imágenes y comentarios corresponden al texto que vas a leer. Relaciona cada comentario con la imagen correspondiente. Atención: hay **dos** comentarios que sobran.

a Cabellut, en el salón de su casa-estudio en La Haya.

b Los aerosoles de colores que Cabellut usa en sus obras.

c Cabellut, en su estudio, dirigiendo la colocación de uno de los lienzos

d Cabellut con uno de sus modelos.

e Cabellut durante el proceso de pintar un lienzo.

Lita Cabellut, la conquista del mercado del arte

Afincada en Holanda, la pintora española contemporánea más **cotizada** del mundo es casi una desconocida en su país. Hasta los 12 años no sabía leer ni escribir. **Era pura calle**. Su vida cambió cuando sus padres adoptivos la llevaron al Museo del Prado de Madrid.

1. "Mamá, yo voy a ser artista", le dijo Lita Cabellut a los 13 años a su madre adoptiva. Fue frente a *Las tres gracias*, el famoso cuadro de Rubens colgado en el Museo del Prado. No dijo que quisiera serlo. Lo dio por hecho. […] Empezó en serio a los 19 años en la Rietveld Academie de Ámsterdam, donde llegó becada, pero la primera lección, la que nunca se olvida, se la dio un anciano pintor de El Masnou, en Barcelona. Un hombre que no le dejaba borrar y le obligaba a **pensarlo bien** antes de dibujar el primer trazo.

2. "Si supiera lo mucho que aprendí de él", asegura ella ahora, a los 55 años, después de haber entrado en la lista de los artistas contemporáneos más cotizados del mundo. Entre 2014 y 2015, su nombre apareció en el puesto número 333 de un total de 500. Por delante de ella solo había dos españoles, **dos pesos pesados**: Juan Muñoz y Miquel Barceló. Dice que para su viejo pintor de pueblo "debió de ser una tortura enseñarme, porque era una niña difícil de controlar que no quería perder un minuto".

3. Una niña gitana nacida en Sariñena (Huesca) y criada por su abuela en Barcelona, donde **vagó** hasta ser adoptada a los 13 años por una familia **pudiente**. "Es una biografía **tremenda**, pero me da pena que se explote el lado sensacionalista de la madre que me abandona. Soy mucho más que una huérfana. Soy la madre de David, Arjan, Luciano y Marta. Una luchadora en un medio masculino. Una poeta original. Una artista. Aunque mi pasado de niña de la calle haya sido muy útil para entender la vida", asevera rodeada de belleza en su casa-estudio de La Haya.

4. Los mundos que se inventaba cuando dejaba **el domicilio** de la abuela […] eran su forma de escapar de la realidad y su trayectoria le ha permitido acercarse "a lo más cruel y a lo más suave sin miedo y sin juzgar a nadie". Eso y la suerte de que "unos desconocidos tuvieran la ética de creer en mí y ayudarme". Se refiere a sus padres adoptivos, que la llevaron al Museo del Prado. "**Cuando tienes que sobrevivir no puedes crecer**, y sin mi madre adoptiva no me hubiera desarrollado." ¿Qué le contestó al oír que ya se veía artista? "Que si estudiaba, porque no sabía leer ni escribir con 12 años, me pondría un profesor de pintura".

5. Se levanta y cruza un patio sobre el que llueve con monotonía y entra en el estudio. Un lugar **amplio** y luminoso, con el suelo cubierto de frenéticas salpicaduras que recuerdan el esfuerzo físico con el que aborda sus lienzos […].

6. [E]scribe con su equipo unos ensayos que le ayudan a componer en su cabeza los cuadros. A continuación, llama a sus modelos. "Tengo un grupo de personas que vienen a mi taller; los visto, los coloco de forma adecuada y los fotografío. Cada serie, como la dedicada a la diseñadora Coco Chanel o a la pintora Frida Kahlo, incluye lienzos de gran **formato**. Por eso tengo dos **ayudantes**, un joven colombiano y otro polaco, que preparan colores, pinceles y paletas, y mueven mi caballete gigante".

7. [Lita Cabellut] **lamenta** ser poco conocida en su **tierra** a pesar de haber expuesto en Nueva York, Dubái, Londres, París, Venecia, Singapur o Hong Kong. En agosto de 2017 presentará en Pesaro (Italia) la ópera de Rossini *El asedio de Corinto* con la compañía teatral La Fura dels Baus. En octubre, sendas muestras, en Barcelona y en A Coruña, pueden contribuir, dice, a que España le dé "por fin **el beso que desearía**".

fuente: **www.elpais.com/elpais/eps.html**

Después de leer

5 ¿Qué frase de cada par es la verdadera, de acuerdo con lo que se dice en el texto? Escribe las **palabras del texto** que justifican tu respuesta.

Entradilla

a Lita Cabellut aprendió a leer a una edad muy temprana.

b Lita Cabellut tuvo una experiencia importante en un museo.

Párrafo 1

a Lita se fue a vivir a Holanda porque le ofrecieron un trabajo.

b Un profesor de Lita le prohibía borrar lo que dibujaba.

Párrafo 2

a Lita era la tercera artista española que más vendía en 2015.

b Lita fue una alumna dócil de niña.

Párrafo 3

a Lita está orgullosa de su abuela.

b Lita cree que su pasado le ayuda a entender muchas cosas.

Párrafo 4

a Lita cree que su madre adoptiva debería haberla apoyado más.

b De pequeña, Lita tenía una gran imaginación.

Párrafo 5

a El estudio de Lita carece de luz.

b Lita pinta de una forma muy física.

Párrafo 6

a Lita saca fotos de sus modelos antes de comenzar a pintar.

b Sus dos ayudantes son sus dos hijos.

Párrafo 7

a Lita va a realizar exposiciones de sus obras en España.

b Lita va a tener su primera exposición en Hong Kong.

6 Basándote en las ideas del texto, busca **las palabras del texto** que significan:

a tamaño: _____

b espacioso: _____

c deplora: _____

d país: _____

e asistente: _____

f terrible: _____

g la casa: _____

h residente: _____

i reflexionar: _____

j deseada: _____

k deambuló: _____

l rica: _____

7 a Este texto es un artículo de prensa. ¿Cuál es su función? Elige la descripción correcta.

  i Contar un hecho ocurrido a una artista.
  ii Promocionar los cuadros de la artista.
  iii Informar sobre una artista poco conocida.
  iv Describir las dificultades que pasan los artistas.

  b ¿Qué características típicas de un artículo puedes ver en el texto?

8 ¿Qué crees que significan las siguientes frases del texto? Escribe un pequeña definición. Después, compara tu texto con los de otros compañeros. ¿Coinciden vuestras definiciones?

  a "Era pura calle" (entradilla)
  b "dos pesos pesados" (párrafo 2)
  c "Cuando tienes que sobrevivir no puedes crecer" (párrafo 4)
  d "el beso que desearía" (párrafo 7)

9 Observa estas frases del texto. ¿Qué tipo de oraciones son? ¿Qué tiempos verbales son los verbos en **negrita**?

  a "Si **supiera** lo mucho que aprendí de él."
  b "… sin mi madre adoptiva no me **hubiera desarrollado**."
  c "… si estudiaba, […] me **pondría** un profesor de pintura."

10 Lee las siguientes frases y subraya los verbos:

a Si yo fuera Lita Cabellut, saldría en la televisión para promocionar mis cuadros en España.

b Si Lita Cabellut no hubiera sido adoptada, quizás no habría podido ir a clases de pintura.

c Si Lita Cabellut no hubiera conseguido una beca para ir a Holanda, quizás ahora no sería conocida.

d Si hay una exposición de Lita Cabellut en mi pueblo, iré a verla.

e Si Lita se encontrara a su antiguo maestro de pintura, le daría las gracias por todo lo que aprendió con él.

f Si Lita Cabellut no hubiera aprendido a escribir, su madre adoptiva no le hubiera permitido ir a clases de pintura.

Actividades de expresión oral y escrita

1 Si fueras periodista, ¿qué te gustaría preguntarle a Lita Cabellut? Piensa en tres preguntas y escríbelas. Compara tus preguntas con las de tus compañeros y seleccionad las diez mejores. Después, buscad información sobre Lita Cabellut para intentar encontrar las respuestas a esas preguntas.

2 Busca más información sobre Lita Cabellut. Escoge una de sus obras para describir en clase. Explica a tus compañeros por qué la has escogido.

3   Va a haber una exposición retrospectiva de Lita Cabellut en vuestra ciudad. En grupos, haced las siguientes actividades:

- Grupo 1: escenificad la rueda de prensa con Lita.
- Grupo 2: cread un póster en el que anunciáis la exposición de Lita Cabellut y presentadlo al resto de la clase.
- Grupo 3: escribid un discurso para presentar a Lita en un acto público de homenaje.
- Grupo 4: escribid la noticia de prensa en la que se cuenta lo que va a suceder (la exposición y el homenaje a la artista).

4   Completa las siguientes frases como quieras, teniendo en cuenta la estructura necesaria. Luego compara tus frases con las de tus compañeros.

a   Si yo conociera a Lita Cabellut, _____.

b   Iría a ver los cuadros de Lita Cabellut si _____.

c   Si yo hubiera tenido la infancia de Lita, _____.

d   Si yo fuera un(a) artista muy cotizado/a, _____.

e   Si Lita fuera más conocida en España, _____.

Lengua

Las oraciones de relativo

Las oraciones de relativo permiten aportar información adicional o más precisa acerca de un sustantivo o pronombre.

- Están formadas por: sustantivo + **que** o **cuyo(s)/a(s)**

  por ejemplo: *¿Puedes devolverme el libro **que** te presté?*

  *Han descubierto un libro **cuyo** idioma nadie puede descifrar.*

- También se puede añadir una preposición antes del relativo. La estructura tendría la siguiente forma: substantivo + **preposición** + artículo definido + **que**

  por ejemplo: *He comprado un libro **sobre** el **que** leí buenas críticas en la prensa.*

Completa las siguientes frases con un relativo o una preposición y un relativo.

1   Lita conoció a un viejo pintor _____ aprendió mucho.

2   La pintura _____ título es *Coco nr. 48* representa a una elegante mujer sentada.

3   Su taller es el lugar _____ Lita se siente más a gusto.

4   Lita tiene modelos _____ vienen a su taller para posar para ella.

5   Lita fue criada por sus padres adoptivos _____ quiere mucho.

Comprensión Conceptual

Reflexiona sobre estas preguntas señalando la opción u opciones más adecuadas. Comenta tus elecciones con tus compañeros para comprobar si las respuestas son las mismas:

- ¿Qué **receptores** pueden tener los textos A, B, C y D que has trabajado en esta unidad? ¿Coincides con tus compañeros? ¿Qué elementos sirven para determinar esos posibles destinatarios (edad, sexo, etc.)? ¿Qué elementos de estilo y registro los determinan? ¿Qué deberíamos cambiar si el destinatario fuera diferente? Por ejemplo, niños o adolescentes, en lugar de adultos, etc. ¿Habría más elementos visuales, aparecería más información de algún aspecto importante para ese tramo de edad?

  Por ejemplo: *Si el texto de la página web de Laura Gallego estuviera destinado a lectores adultos o a los padres de sus lectores, podría haber más referencias a los temas más profundos de sus obras y al estilo literario que tiene. Quizás no se mencionarían cosas como los videojuegos que le gustan y se hablaría de los beneficios de la lectura de novela fantástica de forma algo más persuasiva.*

- Elige uno de los textos estudiados e imagina un **contexto**, es decir, un lugar o una situación en los que pueda aparecer el texto. Comparte tus ideas con el resto de la clase.

  Por ejemplo: *Los anuncios de las clases de baile podrían aparecer en la página web del gobierno local de la ciudad en la sección de "Qué hacer en …". También podrían transformarse en anuncios de radio …*

- ¿Cuál es el objetivo o **propósito** de los textos? Por ejemplo, podemos decir que el texto B pretende crear una especie de acercamiento entre la autora Laura Gallego y sus lectores, para que la conozcan mejor y vean cómo ha llegado a ser escritora. ¿Y para el resto de los textos? Comparte tus ideas con el resto de la clase.

- **Significado:** La selección de vocabulario es muy importante a la hora de producir un efecto en el lector. Recopila campos léxicos para cada uno de los textos de esta unidad, estudiando las palabras específicas que dan a cada texto su significado global, así como los conceptos asociados y los elementos icónicos que refuerzan el significado. Luego, trabaja en pequeños grupos para crear una nube de palabras con las palabras y las imágenes que habéis recopilado, y compartidlas con el resto de la clase.

  Por ejemplo: *En el texto D, las palabras y los conceptos claves están relacionadas con los campos léxico del arte ("cuadro", "pincel", "trazos", "museo", "borrar", etc.) y de la familia ("huérfana", "adoptar", "abuela", "criar", "abandonar", etc.).*

- **Variante:** Los textos siempre tienen una estructura y formato específicos que cambian si decides usar información del mismo tipo, pero presentándola de otra manera.

  Por ejemplo: *Transformar el artículo sobre Lita Cabellut en una entrevista directa, realizada por un(a) periodista argentino/a, para un programa de televisión para jóvenes.*

En grupos, intentad transformar alguno de los textos que habéis visto en esta unidad utilizando otro formato. Es importante tener en cuenta el tipo de vocabulario, registro y estructura a la hora de realizar esos cambios.

Aquí tenéis algunas sugerencias de otros formatos:

- Texto A: Anuncio de clases de flamenco → anuncio de clases de flamenco para adolescentes

- Texto B: Biografía de Laura Gallego en su página web → reseña

- Texto C: Colores primarios: Jóvenes ilustradores latinoamericanos → exposición oral

- Texto D: Lita Cabellut, la conquista del mercado del arte → entrada de blog

Tipos de textos

A Partes de un libro

1 En un libro como una novela, por ejemplo, hay varias partes diferenciadas, aparte del texto de la novela. ¿Qué partes te vienen a la mente? Une cada definición con la(s) palabra(s) correcta(s).

1 portada (o cubierta frontal)	**a**	breve resumen de datos biográficos del autor y lista de sus demás obras; a veces va en la parte interior de la solapa, en las primeras/últimas páginas o en la contraportada
2 contraportada (o cubierta posterior)	**b**	página reservada a una cita proveniente de un poema, un discurso, una novela u otro y que ha inspirado el autor/la autora
3 título	**c**	hojas en blanco o decoradas que unen las páginas del libro con su portada; es la parte interior de la portada y de la contraportada
4 página de derechos	**d**	edición más barata del libro; generalmente en formato más pequeño, con tapa blanda y papel de pero calidad
5 biografía y bibliografía del autor	**e**	parte exterior delantera del libro, en que aparecen el título, el nombre del autor / de la autora, alguna imagen y a veces el de la editorial o de la colección.
6 lomo	**f**	nombre de la(s) persona(s) a la(s) que el autor dedica el libro; suele aparecer en las primeras páginas, antes del principio de la obra
7 dedicatoria	**g**	nombre de la obra literaria
8 páginas de guarda o guardas	**h**	página donde figuran datos técnicos sobre la obra, como su año de publicación, su número de edición, el nombre del traductor / de la traductora si se trata de una obra traducida, los derechos de autor, etc.
9 epígrafe	**i**	edición del libro en un formato cuidado, con buenos materiales y que generalmente cuesta más caro
10 libro de tapa dura	**j**	forma parte de la cubierta y es el lado opuesto al corte de las hojas donde se pegan o cosen los pliegos; en él figuran el título de la obra, el nombre del autor / de la autora y el de la editorial
11 edición de bolsillo	**k**	parte exterior trasera del libro en la que aparecen un resumen del libro, citas significativas y/o críticas positivas (de otro/a autor(a) o de algún(a) critico/a literario/a)
12 agradecimientos	**l**	página en la que el autor / la autora nombra a las personas que le han ayudado y les da las gracias; se encuentra generalmente al final de la obra

2 Aquí tienes imágenes de la novela *Persona normal* de Benito Taibo.
¿Qué elementos puedes identificar?

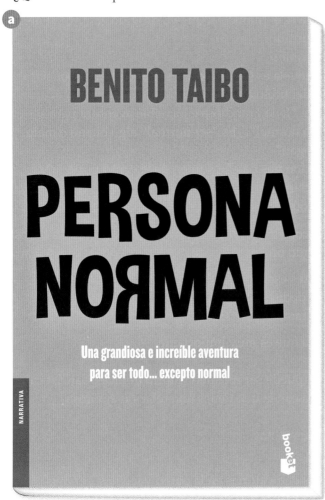

c

Para Maricarmen Mahojo, por su inmensa, inagotable generosidad

Para Mely y todos los amigos que han hecho de esta vida, lo que debería ser siempre, una extraordinaria aventura

d

¿Cómo podrías ser feliz estando con alguien que insiste en tratarte como a un ser humano normal?

Oscar Wilde

En los momentos de crisis, sólo la imaginación es más importante que el conocimiento

Albert Einstein

3 Lee el texto de la portada y de la contraportada y contesta a las siguientes preguntas.

a ¿Cuál crees que es el público al que va dirigido el libro? ¿Por qué?

b ¿Quién es el narrador?

c ¿Quién es Sebastián?

d ¿Qué tipo de novela es (fantástica, realista, de terror, policiaca…)?

e ¿Por qué la R del título está al revés?

f El eslogan dice: "Una grandiosa e increíble aventura para ser todo… excepto normal". ¿Es "ser normal" algo bueno o malo, según este eslogan?

g ¿Qué información nos da el resumen de la contraportada? ¿Sabemos exactamente lo que va a pasar en la novela?

h ¿En qué tiempo(s) verbal(es) está escrito el resumen?

4 Crea la portada y contraportada en español de alguno de tus libros favoritos, incluyendo una cita intrigante, un resumen y un eslogan.

5 a Imagina que eres escritor y vas a publicar tu primer libro. ¿A quién se lo dedicarías? ¿Qué les dirías? Escribe la dedicatoria para:

- una persona que es muy importante
- un amigo
- un político (puede ser una dedicatoria irónica o sarcástica)
- una persona con la que tienes una relación amorosa
- un animal
- alguno de tus ídolos
- un lugar especial

b Pegad vuestras dedicatorias en la pared y leedlas. ¿Podéis adivinar quién las ha escrito?

B Ficha técnica de una obra de arte

1 Completa la siguiente lista que contiene vocabulario relacionado con el arte:

a **Movimientos artísticos:** cubismo, expresionismo, arte abstracto, _____

b **Tipos de composición:** retrato, paisaje, escena costumbrista, _____

c **Uso del color:** colores cálidos, blanco y negro, tonos grises, _____

d **Localización:** al fondo, a la derecha, _____

e **Vocabulario subjetivo (qué representa lo que sentimos):** belleza, pobreza, tranquilidad, _____

2 Escoge tres obras de arte famosas y escribe una descripción de lo que se ve en cada una. Pon las obras de arte que has escogido en la pared y mezcla tus descripciones con las de otros compañeros. Unid cada descripción con la obra correcta.

3   En las páginas web o en los folletos de los museos, suele aparecer una
    descripción de las obras de arte más importantes de sus colecciones.
    Estos textos son breves resúmenes que introducen al artista y a la obra
    (pintura, escultura, etc.). Aquí tienes un ejemplo de una obra del Museo
    de Bellas Artes de Asturias. Une cada definición con la parte correcta.

    a   Contexto de la obra
    b   Breve nota sobre el artista
    c   Imagen del cuadro que se describe
    d   Descripción objetiva del cuadro
    e   Descripción subjetiva del cuadro
    f   Información técnica
    g   Título de la obra y nombre del autor
    h   Asturias en la época de Piñole

1.

2. *Recogiendo la manzana*
        Nicanor Piñole (Gijón, 1878–1978)

3. Fecha de ejecución: 1922
        Técnica: Óleo sobre lienzo
        Medidas: 150 x 206 cm
        Procedencia: Diputación Provincial

4. Nicanor Piñole (Gijón, 1878–1978) siempre contó con un
        ámbito propio en la exposición permanente del Museo de
        Bellas Artes de Asturias gracias al interés demostrado por
        la Diputación Provincial en la década de los años sesenta,
        cuando ésta acogía en precario al museo de pinturas en su
        propia sede administrativa.

5. *Recogiendo la manzana* es obra imprescindible en el catálogo
        del artista y se relaciona directamente con *Primavera* (1925),

pintura recientemente depositada por el Museo Nacional Centro de Arte Reina Sofía en el museo monográfico que el Ayuntamiento de Gijón habilitó frente a la casa que había habitado junto a la familia Prendes. Allí se custodian, entre varios miles de dibujos, hasta un total de catorce apuntes y bocetos con que Piñole abordó desde 1919 la preparación de este monumental lienzo. Su intención era presentar la pieza al concurso más importante del momento, la Exposición Nacional de Bellas Artes (1922), donde sin embargo no consiguió el premio esperado. No obstante, y dada su relevancia, este trabajo tuvo un amplio recorrido expositivo.

6. La escena tiene lugar al final del verano y, como sucede en tantos cuadros costumbristas del autor gijonés, se sitúa en un contexto geográfico específico: Carreño. Es, pues, un paisaje familiar, la empinada pomarada de la Quinta de Chor, finca en que pasaron sus veranos los Prendes y que nuestro artista escogió como pretexto plástico desde principios del siglo XX.

   En la pintura, de gran formato, se desarrolla el momento en que, a plena luz del día, un grupo de vecinos colaboran voluntariamente para completar las duras tareas de la recogida de la manzana. Un amplio número de hombres, mujeres y niños, incluidos los sobrinos de Nicanor, se afanan en recolectar y transportar el preciado fruto para que este pueda ser depositado en el lagar y comenzar así el proceso de transformación de este en sidra natural. Al fondo, bajo un cielo poblado de nubes, se observa una característica casa mariñana.

7. Es un retazo enormemente simbólico de la limitada y austera vida campesina asturiana que Piñole pinta con rico y vitalista colorido, especialmente evidente en los árboles cargados de fruto y en el vestuario de las figuras que protagonizan el cuadro.

8. La obra se materializa en un momento de gran vitalidad cultural en Asturias, que en lo pictórico ya contaba con un incipiente circuito artístico. Existían algunas galerías comerciales e incluso se habían celebrado notables exposiciones de arte contemporáneo en edificios públicos (1916, 1918 y 1921). Además, poco después, la comunidad artística asturiana se presentaría al unísono por vez primera en Madrid gracias al impulso del crítico José Francés y con el patrocinio del diario republicano Heraldo de Madrid.

Habilidades de investigación

Busca en las páginas web de museos de España o Latinoamérica las descripciones de alguna de sus obras más famosas. ¿Coinciden con esta en estilo y organización? ¿En qué se parecen y en qué se diferencian?

¿Te parece fácil de entender la descripción? ¿Por qué (no)?

Compara estas descripciones con las de los museos de tu país. ¿Se parecen? Explícalo.

4   Cread un museo virtual del mundo hispanohablante. Seguid los
     siguientes pasos:

   a   En pequeños grupos, seleccionad cinco obras de arte del mundo
       hispanohablante (cuadros, esculturas, fotografías, piezas
       arqueológicas, arte popular, etc.) que consideráis significativas.
   b   Escribid una breve descripción de cada obra.
   c   Analizad las obras de arte seleccionadas y distribuidlas en diferentes
       categorías, como si fueran las salas virtuales del museo (arte clásico,
       arte precolombino, arte moderno, escultura, pintura, cerámica …).
   d   Cread una página web virtual y realizad un folleto con las
       "estrellas de la colección".

Actividades orales generales

1   Escoge **una** de las fotos y responde a las siguientes preguntas.

   a   ¿Qué ves en la foto? Descríbela brevemente.
   b   ¿Qué título le pondrías a esta foto?
   c   ¿De qué tema relacionado con el arte trata la foto?
   d   ¿Te gusta la foto? ¿Por qué (no)?

2   Responde a las preguntas que aparecen debajo de cada imagen.

   a   ¿Eres una persona creativa? ¿Qué te gusta hacer?
   b   ¿Crees que es importante ser creativo?
       ¿Por qué?
   c   ¿Por qué es importante fomentar la creatividad
       en los colegios?
   d   ¿Todo el mundo puede ser creativo? ¿Qué sientes
       cuando otras personas comentan sobre las cosas
       que creas?

   e   ¿Has escuchado música mexicana? ¿Dónde?
       ¿Qué te parece?
   f   ¿En qué momentos o lugares es normal ver
       bandas de mariachis en México?
   g   ¿Qué canciones tradicionales de tu cultura te
       gustan? ¿De qué tratan? ¿En qué ocasiones se
       cantan?
   h   ¿Por qué crees que se debe conservar y proteger
       la música tradicional de los pueblos?

i   En la imagen se ve artesanía popular mexicana: ¿qué podemos conocer de la cultura mexicana a través de lo que se ve en la foto?

j   ¿Por qué los turistas compran este tipo de objetos, aparte de para tener un recuerdo de sus vacaciones?

k   ¿Qué objetos de artesanía tradicional hay en tu casa? ¿Qué objeto tradicional del mundo hispanohablante te gustaría tener?

l   ¿Crees que este tipo de tiendas fomenta los estereotipos de un lugar?

m   ¿Qué sabes de Picasso? ¿Y de este cuadro?

n   ¿Por qué es importante el *Guernica*?

o   ¿Crees que las buenas obras de arte tienen que tener un mensaje universal?

p   ¿Crees que el arte debe tener una función social?

q   ¿Qué obras de arte te han impactado? ¿Por qué?

r   El arte urbano, ¿es vandalismo o arte?

s   ¿Es el arte urbano siempre arte político?

t   ¿Crees que el edificio de la imagen sería más bonito si no estuviera pintado?

u   ¿Por qué muchos artistas urbanos esconden su identidad?

v   ¿Qué piensas de la popularidad de artistas como Banksy?

Literatura

Texto 1

1 *El túnel* es una novela corta muy conocida del escritor argentino
Ernesto Sábato. El narrador y protagonista, Juan Pablo Castel, es
un pintor que, desde la cárcel, cuenta los motivos que le llevaron a
asesinar a su amante, María Iribarne, con la que estaba obsesionado.
Lee este fragmento de la novela y contesta a las siguientes preguntas.

   a ¿En qué persona crees que está narrada la novela?

   b ¿Qué tipo de historia crees que va a ser?

   c ¿Cómo crees que puede ser el final?

[…] En el Salón de Primavera de 1946 presenté un cuadro **a** _____ *Maternidad.*
Era por el estilo de muchos otros anteriores: como dicen los críticos en su insoportable
dialecto, era sólido, estaba bien arquitecturado. Tenía, en fin, los **b** _____ que
esos charlatanes encontraban siempre en mis telas, incluyendo "cierta cosa profundamente
intelectual". Pero arriba, a la izquierda, a través de una ventanita, se veía una escena pequeña   5
y remota: una playa solitaria y una mujer que miraba el mar. Era una mujer que miraba como
esperando algo, quizá algún llamado apagado y distante. La escena sugería, en mi opinión,
una soledad ansiosa y absoluta.

Nadie se fijó en esta escena; pasaban la mirada por encima, como por algo secundario,
probablemente decorativo. Con excepción de una sola persona, nadie pareció **c** _____   10
que esa escena constituía algo esencial. Fue el día de la inauguración. Una muchacha
desconocida estuvo mucho tiempo delante de mi cuadro sin dar importancia, en apariencia, a
la gran mujer en primer plano, la mujer que miraba jugar al niño. En cambio, miró fijamente
la escena de la ventana y mientras lo hacía tuve la seguridad de que estaba aislada del mundo
entero; no vio ni oyó a la gente que pasaba o se detenía frente a mi tela.   15

La observé todo el tiempo con ansiedad. Después desapareció en la multitud, mientras yo
vacilaba entre un miedo invencible y un angustioso deseo de llamarla. ¿Miedo de qué? Quizá,
algo así como miedo de jugar todo el dinero de que se dispone en la vida a un solo número. Sin
embargo, cuando desapareció, me sentí irritado, **d** _____, pensando que podría no
verla más, perdida entre los millones de habitantes anónimos de Buenos Aires.   20

Esa noche volví a casa nervioso, descontento, **e** _____ .

Hasta que se clausuró el salón, fui todos los días y me colocaba suficientemente cerca para
reconocer a las personas que se detenían frente a mi cuadro. Pero no volvió a aparecer. Durante
los meses que siguieron, sólo pensé en ella, en la posibilidad de volver a verla.

Y, en cierto modo, sólo pinté para ella. Fue como si la pequeña escena de la ventana   25
empezara a crecer y a invadir toda la tela y toda mi obra.

El túnel, Ernesto Sábato

2 En el texto faltan algunas palabras. Decide cuál es la palabra correcta, según el sentido del texto.

    a llamado / inspirado / especializado

    b vicios / defectos / atributos

    c querer / comprender / aclarar

    d contento / infeliz / afortunado

    e triste / esperanzado / enfermo

3 Pon las frases que resumen el texto en el orden correcto.

    a Una muchacha (María) mira el cuadro con atención.

    b Una muchacha (María) se empieza a convertir en una obsesión para Castel.

    c Castel pasa mucho tiempo observando a la gente que va a ver su cuadro.

    d Castel describe el ambiente de la exposición y uno de sus cuadros.

    e Castel se siente frustrado y ansioso porque la mujer se ha ido.

4 En los **párrafos 1 y 2**, ¿cómo te imaginas el cuadro que describe Castel? Selecciona las frases donde aparece la descripción del cuadro y haz un dibujo de cómo crees que sería el cuadro.

5 Anota las palabras, expresiones o frases en el fragmento que …

    a muestran la mala opinión que tiene Castel sobre los críticos.

    b muestran que la muchacha (María) está ensimismada con el cuadro de Castel.

    c muestran que Castel comienza a interesarse por la muchacha.

    d muestran que la muchacha puede ser la nueva musa de Castel.

6 ¿Te apetece continuar leyendo la novela? ¿Por qué (no)? Comparte tus impresiones con tus compañeros.

Para reflexionar y debatir

1 Busca información sobre Ernesto Sábato y prepara una infografía sobre su vida, su contexto social e histórico y su obra.

2 Imagina que eres el psicólogo de Castel. Escribe un informe en el que describes su estado mental (por ejemplo: su obsesión por la muchacha, su visión del arte, etc.) y explicas qué se puede hacer al respecto para evitar que empeore.

3 ¿Crees que los artistas son por lo general obsesivos? ¿Por qué crees que existe el estereotipo del artista "torturado"? Prepara una explicación para contársela al resto de la clase.

4 Escribe la entrada del diario de la muchacha del día que fue a la exposición.

Texto 2

1   Vas a leer un extracto de la novela *Persona normal* de Benito Taibo.
    En el siguiente extracto, el narrador de la novela, que está a punto
    de cumplir 13 años, reflexiona sobre el poder de la lectura. Estas son
    algunas de sus opiniones ¿Estás de acuerdo con ellas? Coméntalo con
    un(a) compañero/a.

    a   En mi escuela casi nadie lee (excepto los libros de la escuela).
    b   *El diario de Ana Frank* es tristísimo y, al mismo tiempo, te da valor,
        fuerza, esperanza.
    c   Los libros no sirven para hacerte profesionista o ingeniero o
        médico.
    d   Los libros sirven para hacerte mejor persona.
    e   El libro es uno de mis mejores amigos.
    f   No es lo mismo leer por placer que leer los libros de la escuela.

CUMPLEAÑOS NÚMERO 13

[…] En mi escuela casi nadie lee. Bueno, miento. Leen los libros de
la escuela. Los de historia de México, geografía, inglés y ¡puajjj!,
matemáticas… Y yo, en cambio, y gracias al tío Paco, he leído, sobre todo
desde que murieron mis padres, ya veinte libros.

Los mejores: *Sandokán y los tigres de la Malasia* y *El corsario negro*, de   5
Salgari; *La vuelta al mundo en ochenta días* y *De la Tierra a la Luna*, de Julio
Verne; *El conde de Montecristo* y *Los tres mosqueteros*, de Alejandro Dumas.
Ahora mismo estoy leyendo *El diario de Ana Frank*, que obviamente es de
Ana Frank. Trata sobre una niña judía que cuenta cómo ella y otras siete
personas se ocultan en la Ámsterdam de los nazis. No tengo que decir   10
quiénes eran los nazis y las barbaridades que hicieron, porque todo el
mundo lo sabe, o debería saberlo. Es tristísimo y, al mismo tiempo, como
que te da valor, fuerza, esperanza. Curiosamente, el diario que le regalaron
para que escribiera, se lo dieron a los ¡trece años! ¿No son demasiadas
casualidades?   15

No es lo mismo que leer los libros de la escuela. Y, sin embargo, aprendes,
de otra manera pero aprendes. Es más divertido. Soy de los pocos en mi
salón que saben dónde está Malasia, si no es que el único. El tío Paco
dice siempre que esos libros, lo que hacen en ti es crear una «educación
sentimental». No sirven para hacerte profesionista o ingeniero o médico.   20
Sirven para hacerte mejor persona. Para que seas lo que quieras ser, pero
humano. Y humano es el que piensa por sí mismo, el que se enoja ante las
injusticias, el que celebra que se salve el niño en la inundación, el que cree
firmemente en lo que cree, el que tiene sueños, el que puede enamorarse
perdidamente, a pesar de no tener ni siquiera, todavía, trece años.   25

Dice el tío Paco cosas maravillosas sobre los libros, y lo apunté exactamente como lo dijo para no olvidarlo nunca: «*Tabla para el náufrago, escudo para el bueno y horca para el ruin, paraguas para el sol y la lluvia, capote de torero, ladrillo que hace paredes que hace casas que hace ciudades que hace mundos. El libro es jardín que se puede llevar en el bolsillo, nave espacial que viaja en la mochila, arma para enfrentar las mejores batallas y afrentar a los peores enemigos, semilla de libertad, pañuelo para las lágrimas. El libro es cama mullida y cama de clavos, el libro te obliga a pensar, a sonreír, a llorar, a enojarte ante lo injusto y aplaudir la venganza de los justos. El libro es comida, techo, asiento, ropa que me arropa, boca que besa mi boca. Lugar que contiene al universo*».   30

    35

Me gusta lo que dice y me gusta cómo lo dice. El libro es uno de mis dos mejores amigos. El otro, por supuesto, es el tío Paco.

Persona normal, Benito Taibo

2 Contesta a las preguntas y comenta tus respuestas con los compañeros.

a ¿Cómo sabemos que al narrador no le gustan las matemáticas?

b ¿De dónde crees que es el narrador? ¿Por qué?

c ¿Qué sabemos de la familia del narrador?

d ¿Por qué dice el narrador "Curiosamente, el diario que le regalaron para que escribiera, se lo dieron a los ¡trece años! ¿No son demasiadas casualidades?"?

e ¿En qué formato parece estar escrita la novela *Persona normal*?

f ¿Cómo sabemos que el narrador tiene más conocimientos de cultura general que sus compañeros de clase?

3 Así se define al ser humano en el texto:

"el que piensa por sí mismo, el que se enoja ante las injusticias, el que celebra que se salve el niño en la inundación, el que cree firmemente en lo que cree, el que tiene sueños, el que pue de enamorarse perdidamente, a pesar de no tener ni siquiera, todavía, trece años."

Busca un adjetivo o varios para cada aspecto de la definición de "humano".

Por ejemplo: *"el que piensa por sí mismo": independiente, reflexivo*

a el que piensa por sí mismo

b el que se enoja ante las injusticias

c el que celebra que se salve el niño en la inundación

d el que cree firmemente en lo que cree

e el que tiene sueños

f el que puede enamorarse perdidamente

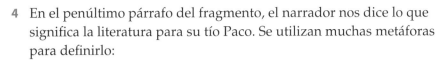

4   En el penúltimo párrafo del fragmento, el narrador nos dice lo que
     significa la literatura para su tío Paco. Se utilizan muchas metáforas
     para definirlo:

- tabla para el náufrago
- escudo para el bueno y horca para el ruin
- paraguas para el sol y la lluvia
- capote de torero
- ladrillo que hace paredes que hace casas que hace ciudades que
  hace mundos
- jardín que se puede llevar en el bolsillo
- nave espacial que viaja en la mochila
- arma para enfrentar las mejores batallas y afrentar a los peores enemigos
- semilla de libertad
- pañuelo para las lágrimas
- cama mullida y cama de clavos
- comida
- techo
- asiento
- ropa que me arropa
- boca que besa mi boca
- lugar que contiene al universo

a   En grupos y con ayuda del diccionario, comentad el significado de
     las metáforas.
b   Escoge cinco metáforas y dibuja cada una. Enseña tus dibujos a tus
     compañeros. ¿Pueden adivinar de qué metáfora se trata?

5   Piensa una metáfora para expresar lo que significa la literatura para ti
     (puede ser una frase humorística) y dibuja tu metáfora. Tu profesor(a)
     recogerá los dibujos y los pegará en la pared. ¿Pueden adivinar tus
     compañeros de qué metáfora se trata?

Para reflexionar y debatir

1   En pequeños grupos, diseñad y cread un póster para fomentar la
     lectura utilizando algunas de las metáforas que se mencionan en el
     extracto de *Persona normal*. Presentad el póster al resto de la clase y
     elegid el/los que va(n) a colgarse en la pared.

2   Averigua más sobre la novela *Persona normal*. ¿Hay otros libros del
     autor con los mismos personajes?

4 ORGANIZACIÓN SOCIAL
VIVIR EN COMUNIDAD

Objetivos

• Explorar cuál es el papel del individuo en la comunidad

• Investigar qué papel juegan el lenguaje y la lengua en la sociedad

Para entrar en materia

- ¿Cómo te relacionas con tu entorno más cercano de amigos, vecinos, familia, compañeros de estudios, etc.?

- ¿Qué tipo de actividades realizas con ellos?

- ¿Eres solidario con ellos? ¿Y con la sociedad en general?

- ¿Es importante la lengua como seña de identidad?

- ¿Qué importancia tiene la lengua para la comunicación?

1   Observa las imágenes que presentan la unidad. ¿Qué ideas te transmiten sobre estas personas como miembros de la comunidad? Con ayuda de un(a) compañero/a, elige una de las fotos y piensa en qué contexto puede darse esa situación. Comenta qué ves en la foto, qué hacen esas personas, dónde puede suceder la acción, etc.

Por ejemplo: *En esta imagen se ve a un grupo de personas que recogen basura para limpiar un parque. Puede ser una actividad de voluntariado …*

Lengua

Diccionario sobre solidaridad

- Para realizar la actividad 1, revisa y amplia el vocabulario temático relacionado con aspectos como la solidaridad, las actividades comunitarias, etc.

- Recopila un pequeño glosario relacionado con el tema de la solidaridad. Intenta incluir la mayor cantidad de vocabulario posible. La clase puede crear un documento virtual para compartirlo entre todos y colaborar en la construcción de este diccionario.

- Realiza los ejercicios de contextualización propuestos para ampliar tu lista de palabras. ¿Conoces el género de las mismas? ¿Con qué adjetivos se pueden relacionar? Incluye en el diccionario otra columna con esos adjetivos.

Por ejemplo:

Conceptos/palabras	Adjetivos relacionados
el voluntariado	útil, humano/a, generoso/a

2   ¿Con qué proyectos comunitarios o escolares relacionas estas imágenes? Comparte con tus compañeros ideas relacionadas con tu entorno o con otra información sobre este tema. El resto de la clase puede hacer preguntas, por ejemplo: ¿cuándo tiene lugar?, ¿en qué consiste?, ¿te interesa?, etc.

Por ejemplo: *En mi barrio hay un proyecto para limpiar los parques, …*

3 Siempre se ha dicho que los grupos tienen más poder que un individuo solo. En pequeños grupos, reflexionad sobre las ventajas de crear un grupo de acción y también sobre los problemas que puede haber. Anotad todo ello en una tabla. Después, poned en común vuestras ideas en la clase. ¿Reconocéis algunos de los atributos del perfil del estudiante del IB en ellos?

Ventajas	Problemas
más creatividad, …	debates entre los miembros del grupo, …

4 Realiza este test y después comparte los resultados con tus compañeros. ¿Qué conclusiones sacáis entre todos? ¿De qué maneras se puede fomentar la solidaridad?

Con este test, podrás entender si necesitas trabajar el valor de la solidaridad contigo mismo.

- Contesta cada pregunta con lo primero que te venga a la mente.
- Sé lo más honesto que puedas contigo mismo.

¿Eres solidario?

¿Si de trabajo en equipo se trata, con cuál expresión te identificas?

- Si quieres algo bien hecho, hazlo tú mismo.
- La unión hace la fuerza.
- El que ayuda a otros, se ayuda a sí mismo.
- Divide y vencerás.

¿Qué refrán definiría a un solidario?

- Haz el bien sin mirar a quién.
- Muchos pocos hacen mucho.
- Mucho ayuda el que no estorba.
- Si no puedes, no repartas.

En una fiesta tú …

- llegas temprano para ayudar y te vas tarde para recoger
- preguntas si alguien necesita algo
- llegas tarde y te vas temprano
- no te gustan las fiestas.

¿Cuál te parece el animal más solidario?

- El delfín
- El perro
- El lobo
- El perezoso

Ante un desastre natural, tú …

- te enteras antes que todos, eres voluntario permanente
- organizas una colecta
- compartes imágenes en Facebook para invitar a otros a unirse a la causa
- piensas que "no por mucho madrugar, amanece más temprano".

¿Cuál de estas historias habla de la solidaridad?

- "El callejón de la melancolía"
- "El gato con botas"
- "El flautista de Hamelín"
- "La cigarra y la hormiga"

De estos personajes, ¿cuál crees que es más solidario?

- El cerdito que construye su casa de piedra
- La Celestina
- Momo
- Ricardo III

¿Cuál crees que es el trabajo más solidario?

- Profesor
- Rescatista
- Zapatero
- Monarca

Cuando escuchas la palabra "solidaridad", piensas en …

- unión
- esfuerzo
- problemas
- correr muy lejos

Para ti, ¿cuál sería el símbolo de la solidaridad?

- Dos manos formando un corazón.
- Muchas manos formando un círculo.
- No necesita símbolo.
- Un letrero de "No acercarse".

Lengua

Los adverbios

Los adverbios son palabras invariables que pueden modificar a un **verbo**, un *adjetivo* u otro **adverbio**.

Por ejemplo: *Llueve* <u>*mucho*</u>.

Tu casa es <u>muy</u> *grande*.

Vivo <u>bastante</u> *lejos de mi trabajo.*

Existen diferentes tipos de adverbios:

- de lugar: aquí, allí, arriba, abajo, cerca, lejos, …
- de tiempo: antes, después, temprano, tarde, …
- de modo: bien, mal, mejor, peor, así, como, …
- de afirmación/negación: sí, no, también, tampoco, claro, …

etc.

El adverbio de modo puede formarse añadiendo la terminación –**mente** a la forma femenina de un adjetivo: rápida → rápidamente.

Busca los adverbios en los resultados del test.

RESULTADOS

Mayoría de ● – Tu foto podría ilustrar la solidaridad: Eres una persona que entiende cabalmente el sentido del trabajo en equipo. Este valor es para ti una forma de vida, siempre estás ahí para quien te necesita, das lo mejor de ti y sumas tu esfuerzo al de los demás. Son personas como tú las que, unidas, propician el crecimiento y hacen los lazos que nos unen como sociedad, más fuertes. En términos generales, ayudas para vivir.

Mayoría de ■ – "Ni tanto que queme al santo, ni tanto que no lo alumbre:** Si ocurre algún desastre natural, sueles ser de las personas que organizan colectas, se ofrecen como voluntarias incluso de sol a sol … luego te vas a dormir. Vives para ayudar, pero una causa a la vez.

Mayoría de ▲ – **Voluntariamente a fuerza:** Si alguien necesita ayuda, la obtendrá de ti siempre y cuando te la pida, ¡al que no habla, tú no lo oyes! Podría decirse de ti que "eres cumplidor", llevarás un par de litros de agua para los damnificados … siempre y cuando vayan a recogerlos a tu trabajo o salón de clases.

Lo tuyo, no es ayudar … Si tú no te beneficias directamente de lo que sea, es muy probable que no hayas probado aún las mieles del trabajo en equipo y creas que "solidaridad" sea algún tipo de apoyo gubernamental. Un buen comienzo puede ser preguntar en tu casa si puedes ayudar a alguien.

- Únete a la plática sobre el valor del mes de septiembre: la Solidaridad, en las redes sociales de Fundación Televisa en @fundtelevisa, facebook.com/fundaciontelevisa.tieneselvalor y facebook.com/FundacionTelevisa

DEL VERTEDERO A LA ORQUESTA

Antes de leer

1   ¿Qué te sugiere el título del texto que vas a leer a continuación? ¿De qué crees que va a tratar? Coméntalo con tus compañeros.

2   Piensa en qué te sugieren las siguientes palabras. Después, intenta definirlas con tus propias palabras.

reciclaje   música   creatividad   orquesta   basura

Por ejemplo: *"Reciclaje" es un proceso que consiste en transformar cosas que ya no son útiles para obtener nuevos productos; por ejemplo, las latas de bebidas se pueden convertir en una bicicleta.*

3   ¿Conoces la historia de esta orquesta de objetos reciclados? Lee el texto para saber más sobre esta iniciativa y después realiza las actividades propuestas.

TEXTO A

Sinfonía de basura: La Orquesta de Instrumentos Reciclados

El mundo les envió basura y ellos le devolvieron música. Esta es la historia de cómo un pueblo pobre, que vivía literalmente junto a un vertedero en Paraguay, logró formar una orquesta de instrumentos reciclados y elaborados con la basura en la que vivían. Ahora viajan por el mundo
5   **inspirando con sus melodías.**

Alrededor del vertedero de Cateura, en Paraguay, **viven 25 000 familias**. Es una zona complicada. Las personas no sólo viven literalmente junto a la basura y en estado de pobreza, sino que también hay tráfico de drogas y delincuencia. Pero un grupo de personas logró sobreponerse a esta situación y usar la creatividad para sacarle provecho
10   a esta situación.

Favio Chávez es un trabajador social y profesor de música. En 2006 comenzó a trabajar en el vertedero de Cateura como técnico, pero su pasión por la música lo llevaba todos los fines de semana al pequeño pueblo de Carapeguá, a dirigir una orquesta juvenil.

Un día llevó a su grupo a tocar a Cateura, y todos los llamados "gancheros", es decir
15   **los recolectores de basura, le preguntaron si podía enseñarles música a sus niños**, que pasaban las tardes jugando entre la basura mientras esperaban a que terminara su jornada de trabajo.

No tenían recursos para darles violines y otros instrumentos a los niños, por lo que comenzaron a **experimentar con restos de basura**. Con ayuda de algunos padres, fue
20 capaz de reconstruir instrumentos, usando otros materiales que fueron recolectando.

Así en 2006 Chávez creó **"La Orquesta de Instrumentos Reciclados"**, al descubrir que sí era posible elaborar instrumentos musicales que se acercaran al sonido de los instrumentos tradicionales.

Todo es sacado de la basura. Hay instrumentos compuestos por tapas de botellas,
25 latas de comida, bowls de aluminio y tenedores. También saxofones hechos con tuberías, monedas y cucharas y bidones de gasolina transformados en contrabajo.

Esta orquesta está formada por 30 niños, la mayoría de ellos con padres que trabajan justamente de recolectores de basura y han aprendido a tocar canciones de Beethoven y Mozart, los Beatles y también la cumbia colombiana o el bossa-nova
30 brasileño.

Pero Chávez tiene un objetivo que va más allá de la música, ya que cree que **la mentalidad necesaria para aprender a tocar un instrumento puede ser aplicada por sus alumnos para que salgan de la pobreza.**

"La mayoría les dice a sus hijos que un violín no puede alimentarlos", dijo a
35 *The Guardian*, Jorge Ríos, un reciclador de 35 años que tiene a sus dos hijas en la orquesta. "Pero gracias a ese violín mis hijos han visto nuevos países. Tienen una oportunidad de tener un mejor futuro."

Rocío Riveros, de 15 años, aseguró a Associated Press que le tomó un año aprender a tocar su **flauta que está hecha de latas**. "Ahora no puedo vivir sin esta orquesta",
40 comentó, en un concierto exclusivo donde el grupo hasta tocó "My Way" de Frank Sinatra.

La experiencia incluso inspiró **el documental *Landfill Harmonic*** (o la filarmónica del basurero), que justamente retrata la vida en este asentamiento y en la orquesta. Este documental está siendo realizado por Graham Townsley, quien ha dirigido varios documentales para la *National Geographic* y **será lanzado en 2014**.

45 La orquesta también **involucró a distintos personajes de la comunidad de Cateura**. Por ejemplo y según dice el documental, un reciclador del barrio terminó recolectando piezas para la orquesta. "No pensaba que yo iba a hacer instrumentos como estos y me siento demasiado feliz cuando estoy viendo a un niño que está tocando un violín reciclado", cuenta en la sinopsis de la película.

50 Los jóvenes de la "La Orquesta de Instrumentos Reciclados de Cateura" han mostrado su talento en Brasil, Panamá y Colombia y también en algunas ciudades de Estados Unidos y también Europa.

"El mundo nos envía basura. Nosotros le devolvemos música", asegura en la sinopsis Chávez. El documental se estrenará el 2014, pero en Internet ya hay varios videos con
55 algunos fragmentos de lo que será esta película, que ya ha inspirado a muchas personas.

fuente: **www.eldefinido.cl**

Después de leer

4   Basándote en el texto, contesta a las siguientes preguntas brevemente.

   a   ¿Dónde está Cateura?

   b   ¿Cuántas familias viven en sus alrededores?

   c   ¿Qué problemas sociales hacen que la situación de Cateura sea complicada?

   d   ¿Cuáles son las dos profesiones de Favio Chávez?

   e   ¿Quién animó a Chávez a enseñar música a los niños?

   f   ¿En qué año se formó la orquesta?

   g   ¿Qué objetos sirven para crear un saxofón? ¿Y un contrabajo?

   h   ¿Cuantos niños forman parte de la orquesta?

   i   ¿Quién es el director del documental sobre esta orquesta?

   j   ¿Qué significa el eslogan del documental: "El mundo nos manda basura; nosotros le devolvemos música"? Piensa en otras formas de expresar esa idea. ¿Coincides con tus compañeros?

5   Trabaja con el siguiente vocabulario del texto. Busca un sinónimo para cada palabra. Utiliza un diccionario si es necesario.

   a   vertedero: _____

   b   sobreponerse: _____

   c   sacar provecho: _____

   d   recursos: _____

   e   recolectar: _____

   f   transformar: _____

   g   elaborar: _____

6   En el texto aparecen varias opiniones de los protagonistas de esta noticia. Relaciona las siguientes frases con la persona correcta. ¡Cuidado! Hay **dos** frases que sobran.

| 1 Favio Chávez | 2 Jorge Ríos | 3 Rocío Riveros | 4 Un reciclador del barrio |

a   *La música y las habilidades necesarias para tocar un instrumento pueden servir para que la gente abandone la pobreza.*

b   *La música puede ofrecer un mejor futuro.*

c   *Se siente feliz al ver a los niños tocando sus instrumentos y haciendo música.*

d   *Tocar un instrumento puede contribuir a que los niños viajen y conozcan mundo.*

e   *Los principios de la orquesta fueron complicados.*

f   *Un aspecto muy importante en la orquesta es conocer un repertorio amplio de música clásica.*

g   *La orquesta es muy importante para esta joven.*

h   *El sonido de los instrumentos reciclados se parece al de los instrumentos musicales normales.*

Actividades de expresión oral y escrita

1   Investiga más sobre la Orquesta de Instrumentos Reciclados de
    Cateura y prepara un póster o una presentación virtual para la clase
    con información sobre este tema. Puedes incluir fotos, vídeos e ideas
    que ayuden a comprender mejor el proyecto. ¿Hay algunas frases
    que te parezcan especialmente interesantes? No olvides incluirlas y
    explicar a la clase por qué las consideras importantes.

2   Escribe un correo electrónico a un amigo comentando el artículo que
    acabas de leer. Ten en cuenta los siguientes aspectos.

    •   ¿En qué consiste el proyecto de la orquesta?
    •   ¿Qué sabes de sus orígenes?
    •   ¿Cuál es tu opinión personal?

3   Imagina que la Orquesta de Instrumentos Reciclados de Cateura va
    a dar un concierto en tu ciudad. Crea un póster para promocionar su
    próxima visita. Utiliza imágenes y distintos tipos de letra atractivas.
    Busca un eslogan e incluye toda la información sobre el lugar donde
    se celebrará el concierto.

4   Imagina que tienes la oportunidad de entrevistar a Favio Chávez o
    a un miembro de la orquesta. Piensa en todas las preguntas que te
    gustaría incluir en la entrevista. Ponlas en común con el resto de la
    clase para crear un banco de preguntas.

5   Observa estas fotos sobre la Orquesta de Instrumentos Reciclados y haz
    una descripción de todo aquello que ves en una de ellas, por ejemplo:

    •   detalles sobre el lugar que se muestra en la imagen
    •   detalles sobre las personas que aparecen
    •   qué hacen esas personas
    •   qué relación tiene esa imagen con la noticia que has leído sobre
        esta orquesta, etc.

    Después, piensa en un título para cada foto.

6 Busca información de otras actividades relacionadas con proyectos de reciclaje solidario (por ejemplo: la Sachetera, Tecbian, ...) y preséntalos a la clase.

7 Tu clase ha decidido participar en un concurso al mejor proyecto de reciclaje solidario. Trabajad en grupos para desarrollar vuestro proyecto. Utilizad una presentación de PowerPoint o Prezi para presentar vuestra iniciativa teniendo en cuenta los siguientes aspectos.

- ¿Qué producto o productos vais a reciclar?
- ¿En qué nuevo producto se va(n) a convertir?
- ¿Cómo vais a desarrollar la recogida de los objetos?
- ¿Cómo vais a desarrollar la colaboración de vuestro colegio o comunidad?

8 ¿Tienes algún objeto reciclado? Contesta a las siguientes preguntas.

a ¿Cómo es?
b ¿Para qué lo utilizas?
c ¿Cómo lo hiciste o por qué lo compraste?
d ¿Cuándo lo hiciste o lo compraste?
e ¿Dónde lo hiciste o lo compraste?

Puedes traer ese objeto a clase y enseñárselo a tus compañeros, o bien puedes subir una foto a la plataforma virtual de la clase con una pequeña descripción. Entre todos, decidid qué objetos son los más originales, los más útiles, etc.

JÓVENES COMPROMETIDOS

Antes de leer

1   La siguiente tabla contiene vocabulario relacionado con el texto que vas a leer. Complétala con las palabras correspondientes.

Sustantivo	Adjetivo	Verbo
		participar
(el) compromiso		
	reivindicativo/a	
(la) transformación		
		erradicar
		celebrar
(la) reducción		

2   En el texto que vas a leer, un grupo de jóvenes solidarios propone una serie de reivindicaciones en el Manifiesto "Juventud Comprometida". ¿Cuáles pueden ser algunas de esas reivindicaciones?

En grupos, pensad en posibles ideas relacionadas con los siguientes temas. Después, comprobad vuestras respuestas con el texto. ¿En qué aspectos coincidís?

trabajo   pobreza   alimentos   organizaciones

desigualdades   educación   consumo

3   Completa las frases con la información adecuada de la segunda columna. Después, comprueba tus respuestas con el texto.

1 Los y las jóvenes participantes proceden ...

a   como agentes de cambio y transformación.

2 Se quieren manifestar ...

b   a tomar parte del cambio en su barrio, ciudad o comunidad.

3 Ambicionan poner fin ...

c   de los productores locales y sostenibles.

4 Según ellos, una manera de eliminar la pobreza es ...

d   a la pobreza, el hambre y la desigualdad.

5 Les parece importante apoyar ...

e   en el que todos y todas puedan acceder al agua potable.

6 Han decidido favorecer el desarrollo ...

f   a organizaciones solidarias que aporten recursos de primera necesidad.

7 Luchan por un mundo ...

g   de entidades locales.

8 Animan a la gente ...

h   creando comunidades sostenibles.

Comprensión auditiva

4   Observa la foto que aparece en el texto a continuación y comenta las siguientes preguntas con tus compañeros.

a   ¿Qué tipo de personas se ven en la imagen?

b   ¿Qué están haciendo?

c   ¿Qué relación puede tener esta foto con la palabra "manifiesto"?

TEXTO B

MANIFIESTO "JUVENTUD COMPROMETIDA", EN EL DÍA INTERNACIONAL PARA LA ERRADICACIÓN DE LA POBREZA

ELVIRA ALIAGA GONZÁLEZ-ALBO

Ayer, 16 de octubre, se celebró en Madrid el Foro Fundación Esplai Ciudadanía Comprometida, una jornada en la que participaron 150 jóvenes procedentes de entidades locales de toda España y que son voluntarios y voluntarias de nuestros proyectos.

5   En el marco del Foro16 los y las jóvenes participantes elaboraron y leyeron el **Manifiesto "Juventud Comprometida"**, con el que se unen a las reivindicaciones de este 17 de octubre, Día Internacional para la Erradicación de la Pobreza.

MANIFIESTO "JUVENTUD COMPROMETIDA"

Hoy, 16 de octubre, en el marco del Foro Fundación Esplai Ciudadanía Comprometida, nosotros y nosotras, jóvenes participantes en diversos proyectos de voluntariado y acción social, procedentes de distintos territorios de toda España, queremos alzar la voz frente a las desigualdades y así manifestarnos como agentes de cambio y transformación. 10

Por nuestro espíritu comprometido y con el afán de construir una sociedad más justa, nosotros y nosotras NOS MOVEMOS:

- Para poner fin a la pobreza con comunidades sostenibles, con una población activa que invierte en el empleo, la vivienda, la salud y la educación, basada en la cooperación. 15
- Para poner fin a la pobreza promoviendo el trabajo de toda la población y el crecimiento económico de esta.
- Para poner fin a la pobreza y concienciar de que hay alimentos para toda la población.
- Por el hambre cero, colaborando en recogidas de alimentos en zonas públicas, huertos ecológicos colectivos, mercadillos solidarios y comidas solidarias. 20
- Para dar apoyo a organizaciones solidarias que aporten recursos de primera necesidad a las personas más necesitadas.
- Por la reducción de las desigualdades, porque todos y todas nacemos libres e iguales.
- Por una educación en valores que asegure una sociedad inclusiva y una convivencia igualitaria. 25
- Por la educación de calidad, para garantizar el futuro de los y las jóvenes.
- Para poner fin a la desigualdad de género en todas sus formas y en todo el mundo, y empoderar a todas las mujeres y niñas y crear así una sociedad igualitaria.
- Para pensar de forma sostenible y que sea una acción mundial.
- Para compartir conocimientos y aprender de nuevas experiencias. 30
- Para salvar los bosques.
- Para tener una dieta variada, sana y equilibrada.
- Por un mundo en el que todos y todas puedan acceder al agua potable, y por que nos comprometamos a usar el agua de forma responsable.
- Para conservar y utilizar de forma correcta los recursos marinos para el desarrollo sostenible. 35
- Por la producción y el consumo responsable, favoreciendo el desarrollo de los productores locales y sostenibles, dándoles prioridad ante los beneficios de las grandes empresas.
- Por una energía sostenible que transforme vidas. 40

Queremos compartir estos retos y haceros partícipes del compromiso por una sociedad más justa e igualitaria.

Os animamos a participar y a tomar parte del cambio en vuestros barrios, ciudades y comunidades.

Nosotras y nosotros somos el motor del cambio, es decir, el motor del mundo. 45

fuente: **fundacionesplai.org**

Después de leer

5   ¿Con qué vocabulario está relacionado el texto? Elige las **veinte** palabras más importantes para comentarlas después con la clase.

6   Completa la siguiente ficha con la información más relevante sobre el texto.

a   ¿Cuándo se celebró este encuentro?

b   ¿Dónde se celebró?

c   ¿Cuántos jóvenes participaron?

d   ¿De dónde procedían estos jóvenes?

e   ¿Qué quieren conseguir con este manifiesto?

f   ¿Por qué es importante el 17 de octubre?

g   ¿Cómo quieren que sean las comunidades sostenibles?

h   ¿Cómo se puede conseguir el hambre cero?

i   ¿Qué desean para la educación?

j   ¿Cómo debe ser la dieta?

k   ¿Qué se puede hacer por el medio ambiente?

Lengua

Preposiciones

• En este texto has podido ver que se utilizan muchas preposiciones. ¿Te acuerdas de todas? Elabora una lista para repasarlas.

• Piensa en las preposiciones que más problemas pueden presentar, por ejemplo **por**, **para**, **a**, **de**, **en**, y repasa su uso.

Actividades de expresión oral y escrita

1   Consultad otros manifiestos de otros colectivos (jóvenes, mujeres, niños, personas mayores, etc.) y compartid vuestros descubrimientos: países, tipo de colectivo, reivindicaciones, etc.

2   Escribid vuestro propio manifiesto de la clase sobre algún aspecto importante para vosotros, por ejemplo: contra la pobreza, por la solidaridad, para una sociedad igualitaria, etc. También se puede dividir la clase en grupos y crear distintos manifiestos sobre varios temas. Exponedlos después en la clase y comprobad si habéis coincidido en algo.

3   Investiga sobre actividades realizadas durante el Día Internacional para la Erradicación de la Pobreza en distintos países y comunidades. Busca información sobre los siguientes aspectos.

   - ¿Qué actividades se han realizado?
   - ¿Quién las ha hecho?
   - ¿Cómo se han presentado en las redes sociales y los medios de comunicación?

4   Escribe una carta o un correo electrónico expresando tu opinión después de leer el Manifiesto "Juventud Comprometida". Explica si estás de acuerdo o no, qué puedes hacer para contribuir al cambio, etc.

5   Utilizad una foto para hablar del tema de la solidaridad con otros compañeros. Comentad las siguientes preguntas.

   a   ¿Qué veis en la foto?
   b   ¿A qué gesto, relacionado con el tema de la solidaridad, se puede referir?
   c   ¿Qué opináis de esta iniciativa?

6   El siguiente póster ilustra los Objetivos de Desarrollo Sostenible de la ONU (la Organización de las Naciones Unidas). Léelos y haz las actividades a continuación.

a   Comenta en la clase algunos de los aspectos más importantes e interesantes de uno de ellos.

b   ¿Haces algo para cumplir estos objetivos de forma individual?

c   ¿Qué más podrías hacer como parte de una comunidad o un colectivo?

d   Piensa en qué ocurre en tu ciudad/pueblo o en otras localidades del mundo hispano que conozcas. En grupos, proponed ideas para que estos diecisiete objetivos se cumplan.

fuente: **www.un.org**

7   Elegid uno de los vídeos que aparecen en la página web de Objetivos de Desarrollo Sostenible de la ONU. Visionadlo en clase y después comentadlo entre todos.

www.un.org/sustainabledevelopment/es/videos

a   ¿Qué información conocíais ya?

b   ¿Hay algo que os llame la atención?

c   ¿Qué os parece la noticia?

¿CON O SIN TILDE?

Antes de leer

1 Observa las fotos que acompañan estas actividades y contesta a las
siguientes preguntas.

    a   ¿Qué te sugieren estas imágenes?

    b   ¿Qué relación tienen con el título del texto?

    c   ¿Qué significan las palabras "cruzados" y "cruzada"?

2 En pequeños grupos, que cada estudiante elija una palabra en español:
la que más le guste, la que más le moleste, la que le produzca alegría,
la última que haya aprendido, etc. Escribid las palabras en una lista y
después comparadlas con los compañeros de vuestro grupo. Explicad
por qué habéis elegido cada palabra. ¿Se repite alguna?

3 ¿Crees que lengua y cultura son dos conceptos independientes? En
pequeños grupos, buscad razones a favor o en contra de esta idea.
¿Qué conclusiones se pueden sacar de las ideas de la clase?

4   a   Los jóvenes siempre están innovando en la lengua. ¿Te parece bien
el uso de la jerga coloquial de los jóvenes? Argumenta tus opiniones.

    b   ¿Conoces palabras del argot juvenil español de los distintos países
de habla española? En grupos, buscad el significado y procedencia
de estas palabras. ¿Podéis añadir más?

	Significado	Procedencia
molar (mucho)		
tener buena onda		
curro		
chamba		
plata		
boliche		
estar al loro		
papear		

5   Averigua qué son la Agencia Efe y la RAE haciendo una búsqueda en Internet. Visita el blogspot que se menciona en el texto, la página de la Fundéu (la Fundación del Español Urgente), e investiga qué otras academias de la lengua española existen en otros países.

6   Relaciona las palabras de la primera columna con las palabras que tienen un significado similar en la segunda columna.

1 reivindicar		**a** enfadado
2 movida		**b** empeorar
3 tilde		**c** liderar
4 generar		**d** iniciativa
5 comandar		**e** acento gráfico
6 afrenta		**f** precisión
7 agravar		**g** producir
8 furtivamente		**h** reclamar
9 enojado		**i** secretamente
10 asentarse		**j** que no tiene
11 rigor		**k** establecerse
12 revuelo		**l** ofensa
13 carente		**m** conmoción

7   Las siguientes expresiones aparecen en el texto. Elige la definición correcta para cada expresión.

a   brillar por su ausencia
    i   no aparecer
    ii   brillar incluso cuando no está
    iii destacar todo el tiempo

b   trata de sacar una sonrisa
    i   está sonriendo siempre
    ii   intenta hacer que sonría
    iii casi nunca sonríe

c   poner más uso de razón
    i   ser irracional
    ii   razonar
    iii ser obstinado/a

d   tener como blanco
    i   ser limpio/a
    ii   tener como ayuda
    iii tener como objetivo

TEXTO C

Los "cruzados ortográficos" reivindican el uso de la tilde en las calles.

Un grupo de jóvenes latinoamericanos ha iniciado una "cruzada" por la reinserción del acento gráfico en la vía pública, donde señalan su ausencia con un toque de buen humor y rebeldía ante la incorrección ortográfica en las calles.

La movida nació en junio pasado en México, por iniciativa del joven vasco Pablo   5
Zulaica Parra, y pronto se extendió a Perú y Argentina, donde se multiplican las
"intervenciones" en todo tipo de carteles donde las tildes brillan por su ausencia.

Apenas detectan la falta, estos "cruzados ortográficos" pegan un acento de papel
visible en el que además se explica la regla ortográfica violada.

Cada acto de reivindicación gramatical es fotografiado y las imágenes se suben a   10
los diversos blogs de la iniciativa "Acentos perdidos", donde además se generan
interesantes debates sobre el español, una iniciativa que también suma adeptos a
través de la red social Facebook.

"El principal objetivo es que la gente tome conciencia de la importancia de usar bien
nuestra lengua", dijo a la agencia Efe Rodrigo Maidana, un estudiante de Economía   15
de la ciudad argentina de La Plata que comanda la iniciativa en su país.

Como regla, estos jóvenes solicitan autorización para pegar las tildes siempre que
sea posible, pero si se trata de anuncios comerciales o políticos lo hacen sin permiso
pues "semejante afrenta, con tantos ojos responsables de ese mensaje, merece ser
visiblemente señalada", dijo a Efe Zulaica, redactor publicitario que vive en México.   20

Falta de educación, desinterés y malas costumbres son algunas de las razones que estos jóvenes descubren para el abandono progresivo de las tildes, agravado por una no muy buena ortografía entre los publicitarios.

Las mayúsculas, por ejemplo, son candidatas usuales a la ausencia de tilde, y por argumentos históricos, como que las máquinas de escribir no permitían su acentuación y que a los impresores se les salían los tipos de la tilde de los rótulos, se asentó la falsa norma de que las mayúsculas no llevan acento gráfico. 25

A diferencia de otras "intervenciones urbanas" como los grafiti o los esténciles (técnicas decorativas con plantillas), estos chicos no actúan furtivamente.

"Es bueno que la gente te vea e intercambiar opiniones. La gente principalmente se sorprende. Esta cruzada no trata de hacer enojar a nadie, al contrario, trata de sacar una sonrisa y de ayudar a mejorar el uso de nuestra lengua", dijo Maidana, de 18 años. 30

Según Zulaica, de 27 años, el proyecto "tiene un componente lúdico muy importante" y "es una 'desacademización' de lo académico, como un vandalismo suave que conserva todo el rigor en el fondo. Gusta a grafiteros y a editores y lingüistas. Además, tiene un punto de activismo que nos hace sentir como ciudadanos cuya voz sí puede oírse". 35

Para los dubitativos, los blogs de "Acentos perdidos", http://acentosperdidos.blogspot.com, tienen un enlace a la *Ortografía de la Lengua Española* de la Real Academia Española (RAE). 40

Aún así, estos defensores de la tilde no tienen nada de dogmáticos y hasta se muestran comprensivos con el colombiano Gabriel García Márquez, que en 1997, en el primer Congreso Internacional de la Lengua, celebrado en México, sugirió poner "más uso de razón" en los acentos escritos como parte de su polémica propuesta para "jubilar la ortografía", que tanto revuelo generó. 45

"García Márquez emitió una opinión que debe respetarse, porque sinceramente a todos nos gustaría una lengua más sencilla, como la que él pide", señaló Maidana, hijo de periodistas y que asegura que "desde chiquito" siempre tuvo "un gran interés por la ortografía".

Como parte de esta iniciativa, la joven peruana Lorena Flores Agüero ha creado el "tildetón", una salida planificada para pegar acentos en las calles que ya se organizó en México y Perú y que próximamente se hará en Argentina. 50

"Acentos perdidos" también organiza "cruzadas puntuales" a favor de la acentuación; la primera se hizo en Lima y tuvo como blanco al logotipo carente de acento gráfico del grupo español Telefónica, al que acusan de ser "uno de los mayores irresponsables en el uso de la tilde". 55

fuente: **www.fundeu.es (Agencia Efe)**

Después de leer

8 Explica con otras palabras el significado de las siguientes expresiones dentro del contexto del artículo. Después, trabajad en grupo y comparad las definiciones que habéis escrito. ¿Coincidís?

  a cruzados ortográficos
  b intervenciones urbanas
  c grafitero
  d jubilar la ortografía

9 En el texto aparecen los siguientes nombres. Explica por qué son importantes cada uno de ellos y por qué se mencionan en el texto.

  a Pablo Zulaica Parra
  b Rodrigo Maidana
  c Gabriel García Márquez
  d Lorena Flores Agüero

10 Basándote en el texto, indica si estas frases son **Verdaderas** o **Falsas**. Escribe las **palabras del texto** que justifican tu respuesta. Corrige las frases falsas y compara tus respuestas con un(a) compañero/a.

Falta una tilde y hay un error en este mensaje callejero. ¿Lo puedes corregir?

a La iniciativa nació en Perú y se extendió a otros países.	V	F
b Pablo Zulaica Parra ha sido el creador de esta "cruzada".	V	F
c Los jóvenes de "acentos perdidos" simplemente pegan un acento de papel en los carteles donde se infringe la norma ortográfica.	V	F
d No suelen utilizar mucho las nuevas tecnologías en sus campañas.	V	F
e Suelen pedir permiso a las empresas de los carteles implicados a la hora de llevar a cabo su iniciativa de pegar acentos.	V	F
f El desinterés es uno de los principales motivos de la desaparición de las tildes.	V	F
g No es necesario acentuar las letras mayúsculas.	V	F
h La iniciativa es dogmática y seria.	V	F

Actividades de expresión oral y escrita

1 Resume las ideas más importantes del texto en 150 palabras.

2 Intenta promocionar esta iniciativa a través de las redes sociales escribiendo un mensaje de blog. Ten en cuenta los siguientes aspectos.

- ¿En qué consiste esta iniciativa?
- ¿Qué te parece?
- ¿Cómo se puede implantar en otras comunidades?

3   a   ¿Te parecen bien las iniciativas que proponen estos jóvenes? ¿Y el hecho de pegar los acentos en lugares públicos? ¿Por qué?

      b   ¿Se te ocurren otras campañas relacionadas con los idiomas? Comparte tus ideas con el resto de la clase. ¿Qué iniciativa es la más original?

4   ¿Qué importancia tienen en el éxito de estas campañas las nuevas tecnologías y las redes sociales? ¿Pueden las nuevas tecnologías beneficiar o perjudicar la expansión de un idioma? Coméntalo en clase con tus compañeros y entre todos redactad algunas conclusiones.

5   En muchos países se realizan listas de las palabras del año para elegir una en concreto al final ese año. Para ello, se tiene en cuenta el uso de esas palabras en las noticias de actualidad, en los medios de comunicación y su extensión al uso generalizado. A veces son palabras nuevas, otras son palabras recuperadas o palabras adoptadas de otros idiomas.

      a   ¿Conocéis las palabras en español más destacadas del año o de años anteriores? La Fundéu siempre elabora esta lista. Buscadla y después comentadla entre todos en la clase.

      b   ¿Qué palabra os gusta más? ¿Conocíais alguna?

      c   Haced una lista de las **diez palabras en español** que más os han interesado este año. En el siguiente enlace tenéis un ejemplo:

        www.fundeu.es/noticia/las-doce-candidatas-a-palabra-del-ano-2016-de-fundeu-bbva/

6   ¿Puede convertirse el español en la única lengua del planeta? Dividid la clase en dos grupos: un grupo defenderá que el español puede convertirse en la lengua común de todos los habitantes del mundo, mientras que el otro grupo defenderá una postura diferente. Antes de empezar el debate, pensad en el mayor número de argumentos y ejemplos posibles que ayuden a sustentar vuestra postura.

7   Preparad una grabación en forma de podcast en la que el tema central será "El lenguaje de los jóvenes". Trabajad en parejas y elegid un subtema relacionado con el tema central. Podéis hacerlo en forma de entrevista, debate, comentario personal, etc.

8   ¿Es importante preservar las lenguas? En la actualidad hay muchas que están en peligro de extinción. Leed este poema escrito por Miguel León Portilla, un historiador y filósofo mexicano. Después, en pequeños grupos, comentad vuestra opinión sobre el poema.

Cuando muere una lengua

Cuando muere una lengua
las cosas divinas,
estrellas, sol y luna;
las cosas humanas,
pensar y sentir,
no se reflejan ya
en ese espejo.

Cuando muere una lengua
todo lo que hay en el mundo,
mares y ríos,
animales y plantas,
ni se piensan, ni pronuncian
con atisbos y sonidos
que no existen ya.

Cuando muere una lengua
entonces se cierra
a todos los pueblos del mundo
una ventana, una puerta,
un asomarse
de modo distinto
a cuanto es ser y vida en la tierra.

Cuando muere una lengua,
sus palabras de amor,
entonación de dolor y querencia,
tal vez viejos cantos,
relatos, discursos, plegarias,
nadie, cual fueron,
alcanzará a repetir.

Cuando muere una lengua,
ya muchas han muerto
y muchas pueden morir.
Espejos para siempre quebrados,
sombra de voces
para siempre acalladas:
la humanidad se empobrece.

Miguel León-Portilla

9   Utilizad el poema como punto de partida para hacer una presentación
    sobre un idioma que esté en peligro de extinción, por ejemplo: el teco,
    el kiliwia, el totonaco, el zoque, etc., u otra lengua de vuestra elección.
    Hablad sobre los siguientes aspectos:

    •   la historia de ese idioma
    •   quiénes y cuántos son sus hablantes
    •   qué se está haciendo para recuperarlo.

10 Una respuesta crítica. Lee la siguiente **cita** y escribe tu opinión personal en un texto de 150–250 palabras. Demuestra tu competencia intercultural comparando las actitudes y situaciones, similares o diferentes, sobre este tema en la cultura que estudias y en la tuya.

"Las lenguas se mueren cuando se dejan de hablar en la vida diaria. Al morir una lengua lo que se pierde es más que un particular sistema de comunicación entre un grupo de personas: con ella se extingue también una forma única de ver la vida, de pensarla, de reflexionar sobre lo que es el universo y la naturaleza. Por eso deberíamos considerarlas patrimonio cultural, procurar que florezcan para aprender a ver la vida también como la ven ellas, enriquecernos de otra forma."

fuente: **www.sepiensa.org.mx**

11 Imagina que eres el reportero del periódico de tu colegio y te han pedido que entrevistes a una de las personas que se mencionan en el texto. Redacta la **entrevista**. Deberás tratar los siguientes puntos:

- cómo y por qué empezó la iniciativa
- el tipo de iniciativa que propone
- comentar alguna anécdota en alguna de sus "cruzadas"
- qué le parece el progreso de su iniciativa
- otras ideas.

12 Elige una de las siguientes opciones relacionadas con el tema del español y su entorno. Escribe un **texto** explicando tu opinión personal sobre esa opción. Para ello, investiga y recoge textos y recursos sobre el tema que has elegido, además de aportar tu visión personal.

- El spanglish no es una lengua.
- El argot juvenil es una forma de expresión de la juventud.
- ¿Existe el imperialismo lingüístico?
- Es necesario reconocer y proteger las lenguas minoritarias y así fomentar la diversidad.

El español y la solidaridad

- ¿Cómo podéis relacionar el español y la solidaridad?

- Pensad en alguna iniciativa que pueda servir para unir ambos aspectos, por ejemplo:

  - dar clases de español a personas extranjeras desempleadas o con pocos recursos

  - participar en un intercambio de idiomas con una persona que habla otra lengua

  - dar a conocer aspectos de las culturas de los países hispanos mediante una exposición, etc.

VIVIENDAS INTERGENERACIONALES

Antes de leer

1   ¿Cómo crees que sería vivir en un edificio con muchos pisos y distintas familias? ¿Y si fuera un edificio o una urbanización multigeneracional?

En grupos, comentad los siguientes aspectos sobre ambas opciones.

- ¿Cómo sería?
- ¿Qué ventajas tiene?
- ¿Qué problemas podría haber?

Comprensión auditiva

2   Relaciona las palabras de la primera columna con las palabras que tienen un significado similar en la segunda columna.

1	estar situado en un lugar	a	dotado
2	moderno	b	asequible
3	económico	c	contar con
4	aproximarse	d	ubicarse
5	sin hijos	e	destinadas
6	conservar	f	atender
7	equipado	g	mantener
8	asignadas	h	vanguardista
9	cuidar	i	rondar
10	tener	j	sin cargas familiares

3   Completa las frases de la primera columna con la información más adecuada de la segunda columna.

1	Las viviendas intergeneracionales están …	a	no es demasiado caro.
2	El alquiler del piso …	b	con todo lo necesario para la vida moderna.
3	Tenemos un huerto urbano …	c	supera los 80 años ha aumentado considerablemente.
4	Los apartamentos están equipados …	d	situadas en el centro de la ciudad.
5	El barrio cuenta con numerosos servicios …	e	es de 60 metros cuadrados.
6	Últimamente la población de mayores que …	f	para jóvenes y mayores.
7	Los centros de día acogen …	g	en el que plantamos verduras de temporada.
8	La superficie media de las terrazas …	h	a mayores que necesitan ayuda.

TEXTO D

http://www.diarioinformacion.com/alicante/2008/10/22/plaza-america-primer-edificio-espana-

Plaza de América es el primer edificio de España de pisos para mayores y jóvenes.

Las 72 viviendas que se entregan en noviembre son las primeras de un programa con dos proyectos más en la antigua Lonja Mercado y Catedrático Soler.

El Patronato Municipal de la Vivienda tiene a punto la inminente entrega de las primeras 72 viviendas intergeneracionales con servicios comunes ubicadas en el vanguardista edificio municipal de la Plaza de América de Alicante, que también da cabida a un centro de día para mayores, un centro de salud y un aparcamiento público en rotación.

Se trata del primer edificio de España en el que podrán vivir de alquiler a precios muy   5
asequibles personas mayores no dependientes y jóvenes que se comprometen por contrato a dedicar horas a trabajos comunitarios y a convivir con sus vecinos de más edad.

Este proyecto se integra en el programa de viviendas intergeneracionales y servicios de proximidad, que también contempla la construcción a partir de enero próximo de otro edificio de esta naturaleza con centro comunitario en la avenida del Catedrático   10
Soler, en Benalúa, y más a medio plazo de un tercero en la antigua Lonja del Mercado, en el centro tradicional. La inversión total de las tres actuaciones ronda los 50 millones de euros con una superficie construida de 59 000 metros cuadrados.

El próximo 15 de noviembre es la fecha inicialmente prevista para entregar las viviendas de protección pública en régimen de alquiler de la Plaza de América, que serán   15
ocupadas en un 80% por personas mayores – en su mayoría con más de 80 años – y el 20% restante por jóvenes de 18 a 35 años sin cargas familiares. El proceso de selección y el sorteo posterior ya se han efectuado. "Hemos comprobado que en los últimos años ha crecido considerablemente la población mayor de 80 años", explicó Asunción Sánchez Zaplana, concejala de Asuntos Sociales, "y somos partidarios de que estos   20
mayores no dependientes mantengan su autonomía el mayor tiempo posible; y si es en compañía de jóvenes, mejor, para que exista convivencia y enriquecimiento mutuo."

Las viviendas tienen una superficie media de 40 metros cuadrados y el alquiler más caro asciende a 179 euros mensuales. Todas están dotadas de aire acondicionado para frío y calor, cocinas completamente equipadas de electrodomésticos, ventilación   25
cruzada y baños con todos los accesorios necesarios para personas mayores.

Pero, además de la convivencia intergeneracional en viviendas perfectamente equipadas, los tres edificios aportarán servicios y recursos a sus respectivos barrios de influencia. Los tres cuentan con centro de día para mayores, que en el caso de Plaza de América comenzará con 40 plazas para llegar hasta las 65, "siempre destinadas a   30
los mayores más desfavorecidos, que suelen vivir solos y su familia apenas les puede atender", explicó Sánchez Zaplana. Este edificio, que ocupa una manzana completa con más de 2100 metros cuadrados, también cuenta con un centro de salud de atención primaria y una terraza-jardín en la que está previsto un huerto urbano.

J.E. Munera

Después de leer

4 En parejas, resumid las ideas más importantes del texto en un máximo de 150 palabras. Después, comparad vuestras ideas con el resto de la clase. ¿Coincidís?

5 Comenta algunas de las cifras que se mencionan en el artículo y qué significan.

6 ¿Qué opinas de la idea de que las generaciones de jóvenes y mayores compartan espacios como centros sociales, bloques de apartamentos, etc.?

7 ¿Qué ventajas tienen las relaciones intergeneracionales? ¿De qué se pueden beneficiar los jóvenes de los mayores y a la inversa? Habla con un(a) compañero/a y después comentad vuestras opiniones con el resto de la clase.

8 ¿Qué tipo de instalaciones tendría un edificio en el que jóvenes y mayores pudieran compartir espacios?

9 Piensa en algunas actividades que podrían realizar las dos generaciones juntas.

10 a ¿Qué te parece esta iniciativa de las viviendas intergeneracionales? Piensa en otras posibles soluciones para que las relaciones intergeneracionales puedan incorporarse a esta sociedad.

   b Busca información interesante sobre el "cohousing" y las viviendas colaborativas o multigeneracionales y tráela a la clase para compartirla con tus compañeros.

11 En pequeños grupos, comentad las siguientes preguntas. Después, comparad vuestras respuestas del resto de la clase.

   a ¿Qué tipo de tareas podrían hacer los jóvenes para ayudar a los mayores, y los mayores para ayudar a los jóvenes?

   b ¿Qué otros grupos podrían integrarse a la iniciativa, por ejemplo: niños, adultos, personas con discapacidades, etc.?

Preguntas de reflexión

- ¿De qué maneras podemos ser una parte activa de la comunidad?

- ¿Es la solidaridad un hábito adquirido?

- ¿Qué importancia tiene la lengua como determinante de nuestra identidad social?

Habilidades sociales

Durante la realización de las actividades de esta unidad y a través de los temas y aspectos que se han tratado, has conocido distintas iniciativas de carácter solidario. Piensa en tres o cuatro ideas que pueden mejorar la interacción y colaboración entre compañeros. Entre todos, podéis crear una lista de buenas prácticas.

Por ejemplo: *Escuchar todas las opiniones.*

Comprensión Conceptual

Reflexiona sobre estas preguntas señalando la opción u opciones más adecuadas. Comenta tus elecciones con tus compañeros para comprobar si las respuestas son las mismas:

- ¿Qué **receptores** pueden tener los textos A, B, C y D que has trabajado en esta unidad? ¿Coincides con tus compañeros? ¿Qué elementos sirven para determinar esos posibles destinatarios (edad, sexo, etc.)? ¿Qué elementos de estilo y registro los determinan? ¿Qué deberíamos cambiar si el destinatario fuera diferente? Por ejemplo, niños o adolescentes, en lugar de adultos, etc. ¿Habría más elementos visuales, aparecería más información de algún aspecto importante para ese tramo de edad?

  Por ejemplo: *Si el texto sobre la Orquesta de Instrumentos Reciclados estuviera destinado a jóvenes de 12–16 años, podría haber más referencias a los jóvenes que componen la orquesta.*

- Elige uno de los textos estudiados e imagina un **contexto**, es decir, un lugar o una situación en los que pueda aparecer el texto. Comparte tus ideas con el resto de la clase.

  Por ejemplo: *El texto sobre las viviendas multigeneracionales podría aparecer en un periódico local. También se podría transformar en una noticia de interés nacional o podría aparecer en la página de sociedad, …*

- ¿Cuál es el objetivo o **propósito** de los textos? Por ejemplo, el texto C podemos decir que da a conocer la iniciativa de "Acentos Perdidos". También muestra la concienciación sobre la corrección lingüística que tienen algunos jóvenes y su preocupación por el uso apropiado del idioma. ¿Y para el resto de los textos? Comparte tus ideas con el resto de la clase.

- **Significado:** La selección de vocabulario es muy importante a la hora de producir un efecto en el lector. Recopila campos léxicos para cada uno de los textos de esta unidad, estudiando las palabras específicas que dan a cada texto su significado global, así como los conceptos asociados y los elementos icónicos que refuerzan el significado. Luego, trabaja en pequeños grupos para crear una nube de palabras con las palabras y las imágenes que habéis recopilado, y compartidlas con el resto de la clase.

  Por ejemplo: *En el texto A, las palabras y los conceptos claves son "música", "basura", "instrumentos reciclados", "orquesta", "oportunidad", "mejor futuro", etc.*

- **Variante:** Los textos siempre tienen una estructura y formato específicos que cambian si decides usar información del mismo tipo, pero presentándola de otra manera.

  Por ejemplo: *Transformar un folleto sobre los beneficios del deporte para la salud en un discurso oral, dirigido a profesores y estudiantes, para la celebración de la semana del deporte en tu instituto.*

En grupos, intentad transformar alguno de los textos que habéis visto en esta unidad utilizando otro formato. Es importante tener en cuenta el tipo de vocabulario, registro y estructura a la hora de realizar esos cambios.

Aquí tenéis algunas sugerencias de otros formatos:

- Texto A: Sinfonía de basura: La Orquesta De Instrumentos Reclicados → podcast

- Texto B: Manifiesto "Juventud Comprometida" → folleto

- Texto C: Los "cruzados ortográficos" reivindican el uso de la tilde en las calles → entrevista

- Texto D: Plaza de América es el primer edificio de España de pisos para mayores y jóvenes → artículo de opinión

Tipos de textos

A Reseña

1 ¿Sabes qué es una reseña? Lee las siguientes descripciones y elige la opción más adecuada.

a Texto escrito que tiene entidad propia y se publica junto a otros textos en un periódico, en una revista o en un libro. La perspectiva de su autor puede ser neutral o subjetiva.

b Resumen y un comentario valorativo sobre una obra literaria, de arte o científica. Su autor recomienda o desaconseja lo que ha visto, leído u oído a sus lectores u oyentes, según el soporte.

c Conversación que un periodista mantiene con una persona y que está basada en una serie de preguntas o afirmaciones que plantea el periodista y sobre las que su interlocutor(a) da su respuesta o su opinión.

2 ¿Qué elementos se pueden encontrar en una reseña? Señala todos los que te parezcan apropiados de esta lista.

- el nombre del/de la autor(a)/artista
- el título de la obra
- informaciones biográficas sobre el/la autor(a) de la reseña
- informaciones biográficas sobre el/la autor(a)/artista
- un resumen de la obra o informaciones importantes sobre la obra
- detalles sobre el final de la obra si es una novela o una película
- un comentario valorativo de la obra, con referencias a obras anteriores del/de la autor(a)/artista
- críticas ofensivas.

3 A menudo las reseñas empiezan con un resumen de la obra que analizan. Como recordarás, en el texto A leíste sobre la Orquesta de Instrumentos Reciclados de Cateura y el documental que inspiró, titulado *Landfill Harmonic*. A continuación vas a leer la sinopsis de este documental. Completa el texto con las palabras siguientes.

| guía | viral | catapulta | resistencia | testimonio | extraño | desastre natural |

| llenos | esperanza | escenarios | transformador | pasos | basura | paraguayo |

"Landfill Harmonic" sigue los **a** _____ de la Orquesta de Instrumentos Reciclados de Cateura, un grupo musical **b** _____ que toca instrumentos hechos en su totalidad de **c** _____ .

Cuando su historia se vuelve **d** _____ en los medios, la orquesta se **e** _____ hacia el foco de atención del mundo. Con la **f** _____ de su director musical, deben navegar por un mundo **g** _____ para ellos, de grandes **h** _____ y conciertos completamente **i** _____ .

Pero cuando un **j** _____ devasta su comunidad, la orquesta ofrece una fuente de **k** _____ para su gente. El documental es un **l** _____ del poder **m** _____ de la música y la **n** _____ del espíritu humano.

---

4 Analiza la siguiente reseña sobre el documental *Landfill Harmonic* y después indica qué ideas y expresiones importantes destacan. Algunas ya están señaladas en **negrita**.

La película *Landfill Harmonic* ganó el premio de la audiencia

Tras conmover a más de tres millones de internautas que vieron su *teaser* en YouTube en los dos últimos años, el documental estadounidense *Landfill Harmonic* ("La armonía del vertedero"), **se estrenó con muchas expectativas** en la 28 edición del festival de cine SXSW (South by Southwest), celebrado en Austin, Texas (Estados Unidos), del 13 al 21 de marzo. La película, que cuenta con producción de la paraguaya Alejandra Amarilla, narra la historia de la Orquesta de Instrumentos Reciclados de Cateura.

Como era de esperar, la producción dirigida por Brad Allgood y Graham Townsley **cautivó al público del festival** tanto en su debut en el Alamo Ritz, el pasado 18 de marzo, como en sus funciones del 20 y 21 de marzo. **"Inspiradora" y "emotiva"** fueron las principales impresiones compartidas en redes sociales. El sábado pasado, *Landfill Harmonic* **acabó ganando el premio de la audiencia de su sección, denominada "24 Beats Per Second"** y dedicada a películas relacionadas con la música.

El estreno del documental se hizo en presencia del director de la Orquesta de Instrumentos Reciclados de Cateura, Favio Chávez, y de seis de sus miembros, que tocaron algunas piezas tras las proyecciones. Asimismo, se realizaron presentaciones sorpresa en la calle y en auditorios de Austin como parte de la difusión del documental.

Por otra parte, ayer los artistas paraguayos respondieron vía Skype a consultas del público del New York International Children's Film Festival, donde también se estrenó la película el sábado pasado.

La siguiente proyección de *Landfill Harmonic* será este miércoles a las 18:30 en el Environmental Film Festival organizado en la capital estadounidense. Los tickets son gratuitos y se pueden reservar para la función en la National Academy of Sciences, en Washington, DC.

fuente: **www.lanacion.com.py**

5 **a** Las siguientes reseñas se refieren a películas, música y libros populares en los últimos años. Léelas y completa la tabla con palabras y expresiones que transmitan ideas positivas o negativas en cada reseña.

	Ideas positivas	Ideas negativas
Los momentos – Julieta Venegas		
Medianeras – Gustavo Tareto		
El viajero del siglo – Andrés Neuman		

b Asimismo, verás que en estos textos aparecen muchos adjetivos. ¿Los conoces? Utiliza un diccionario para comprobar el significado en caso necesario.

https://elpais.com/cultura/2013/03/07/actualidad/ac3792860_506347.html

Los momentos

Julieta Venegas

ELOI VÁZQUEZ

....

Los momentos, el sexto álbum de Julieta Venegas (si no contamos su estupendo *MTV Unplugged*) viene a interrumpir la trilogía optimista inaugurada por la mexicana en *Sí* (2003), coincidiendo con una explosión comercial en nuestro país cuya estela parece haberse atenuado por causas ajenas a su arte. Su anterior *Otra cosa* no tuvo la repercusión de *Limón y sal* pero continúa siendo, discutiblemente, su mejor disco.

A pesar del optimismo y el alivio ante un cambio deseado que desprende "Hoy", el inicio del álbum, y de su producción electrónica y amable, *Los momentos* viene con el ceño fruncido. La esperanza y la pasión han sido sustituidas por el desencanto y la pereza. Los cambios provocados por la madurez ya no son un reto ilusionante.

Género: Pop

Título: *Los momentos*

Sello: Sony

Puntuación: 3.5

Aunque la mayor novedad de *Los momentos* no se encuentra en la temática de sus letras, sino en su sonido, más electrónico y amateur. Su característico acordeón prácticamente desaparece y deja paso a los sintetizadores en buena parte del disco. Casi cerrando el disco, "Los Momentos", la historia de ruptura en clave de tango que da título al disco, nos devuelve a la Julieta más básica y nos descubre que, en realidad, la hemos echado un poquito de menos.

fuente: **elpais.com**

http://www.elespectadorimaginario.com/medianeras/

Medianeras

Gustavo Taretto

Argentina-España-Alemania

....

Medianeras es una película algo fallida pero estimulante, vital y necesaria dentro de un panorama cinematográfico tan diverso y variado como lo es el del cine argentino actual, al que sabe integrarse con legítimas herramientas cinematográficas y con una visión particular del mundo. Es una película que logra universalizar el alcance de su mirada, sin excluir o dejar de lado a nadie …

Medianeras se posiciona del lado de otras películas argentinas recientes que también supieron edificar sólidos micromundos personales en fuerte consonancia con la realidad, como *El hombre de al lado* o *Los Marziano*.

fuente: **www.elespectadorimaginario.com**

http://www.elcultural.com/revista/letras/El-viajero-del-siglo/25610

El viajero del siglo

Andrés Neuman

Alfaguara. 544 páginas, 22 euros

Premio Alfaguara

JOAQUÍN MARCO

....

Si nos atenemos a las fechas indicadas como inicio y término de esta novela, Andrés Neuman (Buenos Aires, 1977) la comenzó cuando contaba 26 años y la terminó casi cinco años y medio más tarde. Mientras, publicó su tercera novela, *Una vez Argentina* (2003), el libro de relatos *Alumbramiento* (2006), otro de aforismos y microrrelatos, *El equilibrista* (2005), y reunió varios libros de poesía en *Década. Poesía 1997–2007* (2008), además de colaborar habitualmente en la prensa.

Andrés Neuman

El viajero del siglo es una novela ambiciosa, excesiva, compleja, histórica, de amores, y situada en Alemania, en la imaginaria ciudad de Wandernburgo, aunque podría muy bien trasladarse a nuestro tiempo. Sus primeras líneas, la descripción de la llegada del viajero a la que será una mágica ciudad, recuerdan a las imágenes del filme de Polanski *El jovencito Frankenstein*. El narrador ha elegido época y ambiente, cierto sentido del humor, un deliberado misterio y el lenguaje evocador, sin abandonar modernidad y efectos poéticos.

fuente: **www.elcultural.com**

6   ¿Cuál es tu libro, artista o película favorito? Busca algunas reseñas que traten sobre ellos para compartirlas con tus compañeros. ¿Qué ideas y vocabulario son importantes para comprender esas reseñas?

7   Escribe una reseña sobre un programa, un libro o una película que hayas visto recientemente y que te haya gustado. Anima a tus compañeros a verlo o leerlo. Entre todos, incluid vuestras reseñas en una wiki de la clase o haced pósteres para la clase de manera que los demás compañeros puedan dejar sus comentarios.

B Diario de viaje

1   ¿Has leído o escrito alguna vez un diario de viaje? ¿Qué características tienen? Busca algunos ejemplos en Internet o en la biblioteca de tu colegio (en revistas de viaje, libros de viajes, etc.) y compártelos con tus compañeros. También puedes consultar algunos relatos de viaje históricos (desde Cristóbal Colón a Javier Reverte) ya que muchos viajeros, periodistas y escritores han cultivado este género.

2   Los blogs de viaje son una forma creativa para compartir experiencias de viaje ya que en ellos se puede incorporar vídeos, imágenes y narrativa. ¿Por qué no visitas algún blog de viaje y seleccionas un lugar descrito por estos viajeros de la era digital? ¿Qué elementos hacen estos blogs de viajes atractivos? Comparte tus opiniones con el resto de la clase.

Ejemplos:

*   Aniko: www.viajandoporahi.com

*   Nelson Mochilero: www.youtube.com/user/mochilerostv

*   Mariel de viaje: www.marieldeviaje.com

*   Paco Nadal: www.elpais.com/agr/paco_nadal/a

Habilidades de pensamiento

*   En esta unidad has visto distintos aspectos relacionados con el papel de los seres humanos como parte de la sociedad y la importancia de la solidaridad comunitaria y comprometida.

*   Piensa en algunas de las citas o frases que te hayan impactado o motivado más a lo largo de esta unidad y compártelas con el resto de la clase. Busca otras frases que te sirvan para reflexionar sobre este tema en otras fuentes.

*   ¿Cómo definiríais la palabra "solidaridad"? Se puede crear una definición formada por todas las ideas de la clase.

3   ¿Te animas a escribir algunas entradas para tu diario o blog de viaje? Puedes esperar a realizar un viaje o también recordar alguno que ya hayas realizado, y luego exponer tu creación en clase. Antes de empezar, relaciona estas recomendaciones con la explicación que le corresponde.

1 _____

Para que tu diario realmente capture el ambiente de tu viaje, es mejor escribir cuando viajes porque puede ser difícil recordar los detalles principales luego.

Escribe la fecha en cada entrada y anota las actividades, los lugares de interés y las sensaciones que inmediatamente te vengan a la mente.

2 _____

Si planeas compartir tu diario con los demás, considera los detalles que planees incluir o dejar de lado. Quizás no creas que es necesario anotar la dirección de un restaurante que te haya gustado para preservar tu recuerdo, pero a un(a) amigo/a le podría parecer útil esa información. Por otro lado, es posible que haya detalles personales que no quieras compartir con familiares y amigos, por lo que es mejor omitirlos. Saber cuál es tu público objetivo puede ayudarte a usar el estilo y tono adecuados.

3 _____

Por lo general, es más fácil escribir entradas si tienes un tema en el cual concentrarte. Piensa en todas las cosas que hayas visto o hecho un día determinado, y fíjate si es un tema recurrente que pueda ayudarte a darle forma a tu entrada.

Si te cuesta identificar un tema para una entrada, empieza formulándote algunas preguntas básicas, como "¿Qué me hizo sonreír el día de hoy?", "¿Qué me sorprendió hoy?" o "¿Qué aprendí hoy?". Anota las respuestas y verás que un tema empezará a surgir.

4 _____

No te concentres solo en lo que veas en el diario. Una entrada convincente también capturará tu sentido del oído, olfato, gusto y tacto durante tus viajes. Ningún detalle es muy insignificante, porque todos te ayudan a recordar tu viaje los siguientes años. Por consiguiente, describe el aroma de las flores en la mesa de la cafetería en la que almuerces o la sensación de la brisa cuando te relajes en la playa.

a   Encuentra un tema
b   Agrega algunos bosquejos
c   Recopila recuerdos
d   Escribe tus entradas durante el viaje

e   Saca fotos
f   Involucra todos tus sentidos
g   Determina para quién vas a escribir
h   Describe a las personas

5 _____

Es probable que vayas a conocer muchas personas interesantes durante el viaje, así que asegúrate de incluirlas en las entradas del diario. Ya sea un compañero de viaje con el que pases toda una tarde relajante o un taxista que te lleve a algún lugar, piensa en cómo lucían, hablaban y, principalmente, cómo te hicieron sentir, e inclúyelo en la entrada.

6 _____

Desde el inicio de tu viaje, empieza a recopilar objetos que te ayuden a registrar tu viaje. Las tarjetas de embarque, tarjetas postales, entradas, tarjetas de negocios de los restaurantes y hoteles, cartas y servilletas de restaurantes, recortes de periódicos locales, etiquetas de comidas y bebidas típicas, y recibos de tus compras; todos estos elementos pueden mantener vivos tus recuerdos en el diario.

7 _____

Ningún viaje está completo sin fotos que te ayuden a recordar lo que hayas visto o hecho, y tu diario se beneficiará con los recordatorios visuales del viaje. Las cámaras digitales hacen que te sea más fácil conseguir fotos de calidad porque puedes borrar las que no te gustan. Toma fotos de los paisajes y también retratos para darle variedad a tu diario.

8 _____

Aunque las fotos son ideales para capturar lo que has visto o hecho en el viaje, dibujar algunos lugares de interés puede ayudarte a concentrarte en los detalles que podrías pasar por alto. Usa lápices de colores, bolígrafos o acuarelas para incluir algún material gráfico personal entre tus entradas.

fuente: **es.wikihow.com/hacer-un-diario-de-viajes**

Actividades orales generales

Una causa

1 ¿Sabes qué es la microfinanciación colectiva? En las siguientes páginas web se presentan varios proyectos que para realizarse, necesitan financiación mediante pequeñas donaciones.

Lee la información sobre estos proyectos en Internet y elige el que más te interese. Después, comenta tu elección con el resto de los compañeros contestando a las siguientes preguntas.

a ¿Por qué has elegido ese proyecto?

b ¿Qué características tiene?

c ¿Se podría realizar en otro lugar?

- microdonaciones.hazloposible.org/proyectos/?precon=3
- www.migranodearena.org/es/personas
- www.teaming.net

2 Elige uno de los siguientes casos y contesta a las preguntas a continuación.

Lola tiene una pequeña librería en Cáceres, España. Su negocio no genera demasiados beneficios, así que solo tiene un empleado. El local tiene un sótano amplio pero sin renovar, donde se podrían organizar eventos.

Marcos es un ingeniero de Santiago de Chile al que le encanta el deporte. Con sus ahorros, ha creado un prototipo de zapatillas de deporte aptas para todo tipo de superficie. Las primeras pruebas han sido prometedoras.

a ¿Para qué podría servir la microfinanciación colectiva a Lola o a Marcos?

b ¿Qué proyectos podría plantear Lola? ¿Y Marcos?

c ¿Qué medios puede emplear para difundir su campaña?

d ¿Qué tipo de público podría estar interesado en su proyecto?

e Elabora la campaña para la página web o Facebook que se podría plantear para el caso que has elegido.

3 ¿Tienes una idea brillante? En grupos, cread un proyecto de microfinanciación colectiva y presentadlo al resto de la clase. ¿Qué proyecto es el más original? ¿El más viable? ¿El más arriesgado?

Grupos solidarios

1 Lee la siguiente información sobre diferentes proyectos solidarios y comenta qué es lo que más te gusta de cada uno.

Proyecto A

Taller "Lápices de color carne" – Asociación de Jóvenes Solidarios

AJS organizó talleres "lápices color carne" entre alumnos de 5º y 6º del CEIP "Zorrilla Monroy" de Arenas de San Pedro, dentro de proyecto "Youth raising awareness". El objetivo de este proyecto "ha sido reflexionar sobre la multiculturalidad y la interculturalidad, cómo se crean los estereotipos y cómo afectan a nuestras convivencias, saber las razones que hacen que la gente decida migrar y sobre todo, desarrollar iniciativas propias para contribuir a una convivencia intercultural en nuestra comunidad". Los talleres han sido impartidos por jóvenes entre 14 y 17 años, junto con los voluntarios europeos de AJS.

fuente: **ajovenes.wordpress.com**

Proyecto B

Grupo de Jóvenes Solidarios de Argentina

Somos un gupo de jóvenes que trabaja asistiendo en distintas necesidades a la sociedad en general. A través de proyectos y donaciones espontáneas, ayudamos a la Escuela nº 1146 de la localidad de Quimilí, departamento Juan Felipe Ibarra, provincia de Santiago del Estero. La misma cuenta con 27 alumnos que cursan el nivel primario. La institución carece de luz, agua y la zona es rural. La mayoría de los chicos caminan no menos de 4 km para asistir a clase. En nuestra última visita, instalamos un panel que, por la gran exposición solar, les permite iluminar las aulas. Las necesidades de la comunidad son muchas: alimentos, ropa, útiles escolares, utensilios de cocina. Nuestro principal objetivo es facilitar el trabajo de los maestros y motivar a los niños para que asistan a la Escuela, ya que la comunidad vive del trabajo en el campo con escasos recursos.

fuente: **www.idealist.org/es**

Proyecto C

La Silla Roja

La Red Solidaria de Jóvenes (RSJ) es un programa de participación juvenil dirigido a adolescentes de entre 12 y 18 años. Los chicos y chicas se apuntan voluntariamente a grupos solidarios que, acompañados por un educador o educadora, dinamizan acciones de sensibilización, trabajo comunitario o movilización social en el centro y en su entorno.

De esta forma, a través de la formación, la reflexión y la realización de acciones solidarias, desarrollan valores y actitudes solidarias, experimentan que el cambio social es posible, mejoran su desarrollo cognitivo, emocional, moral y social y adquieren capacidades básicas para el ejercicio de una ciudadanía global.

fuente: **www.lasillaroja.org**

2 a Pensad en otras ideas para un proyecto solidario dentro de vuestra comunidad, colegio, ciudad/ pueblo o país. También podéis elegir distintos países hispanohablantes y presentar un mapa de proyectos entre toda la clase.

b En grupos, preparad una presentación de vuestro proyecto. Podéis utilizar diferentes formatos:

- un vídeo
- un blog
- un folleto
- una página de Facebook, etc.

c Al final de cada presentación, realizad algunas preguntas para conocer mejor el proyecto de vuestros compañeros.

d Al final de todas las presentaciones, elegid entre todos:

- el proyecto más original
- el proyecto más fácil de realizar
- el proyecto más útil.

Si queréis conocer otros proyectos, consultad las siguientes páginas web:

- multimedia.caixabank.es/lacaixa/ondemand/obrasocial/interactivo/revista_el_alma_no_cambia/alma20/es/index.html
- www.voyconvos.org
- www.dandolelavuelta.com/proyecto-solidario-peru
- www.americasolidaria.org/pais/peru

Habilidades de comunicación   (ATL)

- Los debates, los seminarios socráticos, las presentaciones, etc., te dan la oportunidad de dialogar e intercambiar ideas con tus compañeros.

- En otra lengua también sirven para preparar y estructurar tus intervenciones, ya que tienes que usar estructuras en los turnos de palabra, para manisfestar acuerdo o desacuerdo, etc.

- Como práctica inicial, antes de comenzar un debate o un intercambio oral interactivo, recopila todas las estructuras que vas a necesitar para realizarlo.

Por ejemplo: *Creo que tienes razón, pero …*
Yo quisiera añadir que …
No estoy del todo de acuerdo contigo porque …, etc.

Todos unidos por una lengua

¿Recuerdas el objetivo de la iniciativa "Acentos Perdidos" que se presentaba en el texto C: *Los «cruzados ortográficos» reivindican el uso de la tilde en las calles*?

Comenta con tus compañeros las siguientes preguntas relacionadas con este tema.

1   ¿Crees que es importante escribir correctamente? Habla con un(a) compañero/a y comparad vuestras opiniones.

2   ¿Conoces todas las reglas ortográficas de tu lengua materna? ¿Qué es lo más difícil para ti: las mayúsculas, los signos de puntuación, etc.? Comenta tus respuestas en la clase. ¿Coincidís?

3   ¿Cómo resuelves y mejoras tus errores ortográficos? Habla con un(a) compañero/a y comparad vuestras ideas.

    Por ejemplo: *Yo suelo escribir las palabras difíciles en mi libro de vocabulario para repasarlas de vez en cuando o intento escribir una frase para visualizar una palabra y acordarme de su forma correcta.*

4   ¿Crees que los jóvenes de hoy en día se preocupan por la corrección gramatical? ¿Por qué (no)?

5   ¿Cómo te sientes cuando encuentras una falta de ortografía? ¿Cuál es tu reacción? ¿Consideras que se trata de una falta de respeto hacia el idioma?

6   Estas son otras estrategias o iniciativas que se pueden poner en práctica para fomentar el uso del español:

    • una tarde de cine
    • un club de lectura
    • clases de español a alumnos de cursos de primaria
    • clases de refuerzo de español.

    Pensad en otras posibles iniciativas. Presentadlas al resto del colegio y organizadlas a lo largo del curso.

Literatura

1. ¿Conoces a Ernesto "Che" Guevara? ¿Qué datos puedes comentar sobre este personaje?

2. ¿Qué sabes de su vida como médico y viajero? Investiga sobre esta etapa en la vida del autor y comenta los aspectos más interesantes.

3. Vas a leer un fragmento de una parte de uno de los viajes de Ernesto junto a su amigo Alberto. Los dos amigos viajaban en una motocicleta, "la Poderosa". Antes de leer el texto, busca información sobre Bariloche.

   - qué es
   - dónde está
   - cómo es
   - qué hay allí, etc.

Habilidades de investigación (ATL)

En esta unidad has tenido la oportunidad de conocer y consultar varios folletos y anuncios. Revísalos de nuevo y considera cómo puedes ampliar tu colección de folletos haciendo búsquedas en Internet (cómo decides los que son válidos, cómo reconoces las fuentes a la hora de citarlos y de presentarlos en la clase).

---

4. ¿Cómo imaginas que sería un viaje en moto a través de distintas zonas y países de Latinoamérica como el que hicieron Ernesto y Alberto? ¿Qué harían, cómo se organizarían? Comenta tus ideas con otros compañeros y después lee el fragmento sobre su visita a Bariloche.

5. Completa los campos semánticos **naturaleza** y **viajes**, con las palabras relacionadas. Elige también las palabras que puedan pertenecer a **los dos**. Añade otras palabras que puedan relacionarse con estos campos.

bosque · mochila · bagaje · kilómetros · camino · orilla

albergue · ruta · manta · acampar · motocicleta · lagos

montaña · región · carpa de montaña · casita de caminero

Naturaleza	Viajes	Los dos

POR EL CAMINO DE LOS SIETE LAGOS

DECIDIMOS IR A BARILOCHE por la ruta denominada de los siete lagos, pues éste es el número de ellos que bordea antes de llegar a la ciudad. Y siempre con el paso tranquilo de la Poderosa hicimos los primeros kilómetros sin tener otro disgusto que accidentes mecánicos de menor importancia hasta que, acosados por la noche, hicimos el viejo cuento del   5 farol roto en una caída para dormir en la casita del caminero, "rebusque" útil porque el frío se sintió esa noche con inusitada aspereza. Tan fuerte era el "tornillo" que pronto cayó un visitante a pedir alguna manta prestada, restada, porque él y su mujer acampaban en la orilla del lago y se estaban helando. Fuimos a tomar unos mates en compañía de la estoica pareja   10 que en una carpa de montaña y con el escaso bagaje que cupiera en sus mochilas vivían en los lagos desde un tiempo atrás. Nos acomplejaron.

Reiniciamos la marcha bordeando lagos de diferentes tamaños, rodeados de bosques antiquísimos; el perfume de la naturaleza nos acariciaba las fosas nasales; pero ocurre un hecho curioso: se produce un empalagamiento de   15 lago y bosque y casita solitaria con jardín cuidado. […]

Al final, llegamos a la punta norte del lago Nahuel Huapi y dormimos en su orilla, contentos y ahitos después del asado enorme que habíamos consumido. Pero al reiniciar la marcha, notamos una pinchadura en la rueda trasera y allí se inició una tediosa lucha con la cámara: cada vez que   20 emparchábamos mordíamos en otro lado la goma, hasta acabar los parches y obligarnos a esperar la noche en el sitio en que amaneciéramos. Un casero austríaco que había sido corredor de motos en su juventud, luchando entre sus deseos de ayudar a colegas en desgracia y su miedo a la patrona, nos dio albergue en un galpón abandonado. En su media lengua nos contó que   25 por la región había un tigre chileno.

Diarios de motocicleta, Ernesto Guevara

6   Elige las **cinco** frases correctas según el texto.

   a   El camino a Bariloche tiene varios lagos.
   b   La Poderosa iba rápidamente por las carreteras.
   c   El viaje no tuvo dificultades.
   d   Se hizo de noche durante el trayecto.
   e   Ernesto y Alberto fingieron un accidente.
   f   Conocieron a otro viajero que se desplazaba en moto.
   g   Una noche se quedaron a dormir junto a un lago.
   h   A Ernesto le gusta mucho el paisaje y la naturaleza.
   i   Los dos amigos se quedaron a dormir en casa de un turista austríaco.

7   Haz una lista con las palabras nuevas que aparecen en este fragmento. Utiliza el diccionario para buscar una definición para cada palabra.

8   Elige **cuatro** palabras del fragmento y escribe **tres definiciones** para cada palabra: **dos definiciones falsas** y **una verdadera**. Después, coméntalas en la clase y el resto de los compañeros elegirán la opción correcta.

   Por ejemplo: *Bordear significa:*

      a   viajar a la frontera.

      b   dibujar una línea o borde alrededor de alguna cosa, por ejemplo, una casa, un jardín.

      c   ir cerca del borde u orilla de algo.

      (Solución: opción c)

9   Busca en el fragmento información, palabras y frases que indiquen cómo se siente Ernesto en este viaje. Compara tus respuestas con el resto de la clase.

10   ¿Te ha gustado el fragmento? ¿Por qué? Sigue leyendo el diario de Ernesto para disfrutar con su interesante viaje. También puedes ver la película con el mismo título basada en este libro, en la que el actor mexicano Gael García Bernal interpreta el papel de Ernesto Guevara.

Para escribir

1   ¿Cómo te imaginas que fue el encuentro entre Ernesto, Alberto y la pareja que acampaba en los lagos y con la que tomaron unos mates? En parejas, escribid una conversación entre los cuatro personajes.

2   ¿Has hecho alguna vez un viaje en moto, en bici, en coche o en tren a otro lugar, o a otro pueblo/ciudad? Cuenta parte de ese trayecto en forma de diario de viaje, como lo hace Ernesto. Incluye lo que has visto, lo que has sentido, tus impresiones, etc. Puedes contar también un viaje imaginario.

3   ¿Te gusta ir de acampada? ¿Has ido de acampada alguna vez? ¿Qué preparativos tuviste que realizar? Por ejemplo: cosas que llevaste, planes para el viaje, etc. ¿Cómo fue la experiencia? Comenta con tus compañeros tu experiencia. Escribe preguntas para hacérselas al resto de la clase sobre viajes y acampadas.

4   Los viajes de Ernesto y Alberto sirvieron para que los dos amigos vieran muchas partes del mundo y conocieran a gente de diferentes lugares. Escribe una carta en la que Alberto o Ernesto comenten qué han sentido, qué han visto y qué han aprendido de esos viajes.

5   Parte de las expediciones de Ernesto y Alberto tenían una misión social, ya que los dos amigos estaban estudiando medicina. Escribe un pequeño artículo sobre la visita de Ernesto y Alfredo a Bariloche.

6   Escribe una reseña de la película *Diarios de motocicleta*. Elige algunos aspectos concretos y coméntalos brevemente:

- los personajes
- las imágenes
- la trama
- algunas escenas interesantes.

Habilidades de autogestión

- Piensa en cómo puedes mejorar de un modo más efectivo tus habilidades de escritura o de audición en español.

- Comparte algunas sugerencias con tus compañeros.

5 COMPARTIR EL PLANETA
VIVIR EN ARMONÍA EN NUESTRO PLANETA

Objetivos

- Reflexionar sobre los aspectos medioambientales y sociales que presentan retos para el planeta
- Explorar diferentes iniciativas para superar esos retos
- Reflexionar sobre los problemas y oportunidades que implican los cambios en los entornos rurales y urbanos

Para entrar en materia

1 En parejas o individualmente, completad estas frases relacionadas con el medioambiente con las siguientes palabras.

deforestación   emisiones   diversidad   capa de ozono

energías renovables   contaminación   cambios climáticos

transgénicos   combustibles fósiles   malgastar   sostenible

a Los expertos aseguran que una vida más _____ nos proporcionaría una vida más sana.

b Muchas personas no tienen acceso al agua potable, por eso no deberíamos _____ el agua.

c Es muy importante encontrar alternativas a los _____ para frenar el calentamiento global.

d Muchos animales están en peligro de extinción y esto hace peligrar la _____ de nuestras especies.

e La _____ nos protege de las radiaciones solares.

f Todavía no sabemos cuáles son los efectos de los alimentos y productos _____ para la salud.

g La _____ del aire y del agua mata a millones de personas cada año.

h Los _____ podrían ser responsables de la fuerza de los huracanes, de la propagación de enfermedades y del derretimiento de los glaciares, entre otras cosas.

i La _____ hace desaparecer los hábitats de los animales.

j Los países deberían ponerse de acuerdo sobre la reducción de las _____ de monóxido de carbono a la atmósfera.

k Las _____ nos proporcionan una fuente de energía limpia y barata.

2 En la siguiente tabla aparecen palabras utilizadas en las frases de la Actividad 1. Complétala con palabras de la misma familia. En parejas o individualmente, añadid **diez** palabras más relacionadas con el cuidado de nuestro planeta.

Sustantivos	Adjetivos	Verbos
	sostenible	
deforestación		
emisión		
diversidad		
calentamiento		
	renovable	
		malgastar

Comprensión auditiva

3 Una de las medidas más importantes para salvar el medioambiente es el reciclaje. Contesta al siguiente cuestionario sobre reciclaje y después compara tus resultados con los de un(a) compañero/a. ¿En qué se parecen vuestros hábitos? ¿En qué se diferencian?

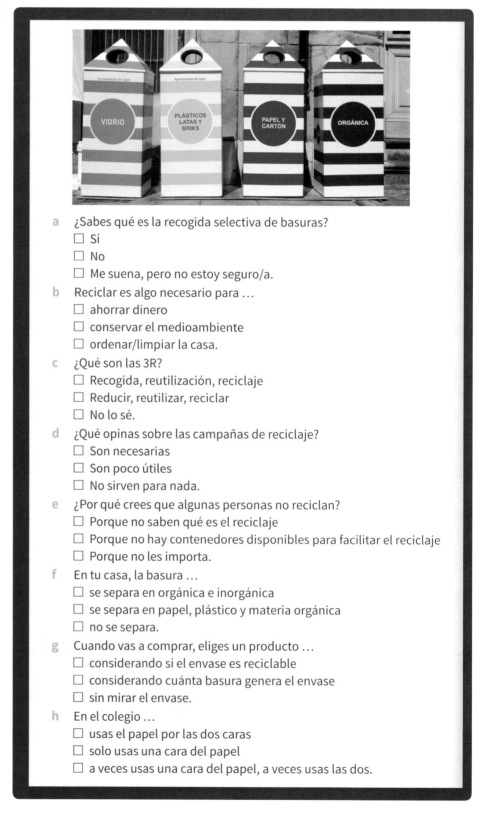

a   ¿Sabes qué es la recogida selectiva de basuras?
  ☐ Sí
  ☐ No
  ☐ Me suena, pero no estoy seguro/a.

b   Reciclar es algo necesario para …
  ☐ ahorrar dinero
  ☐ conservar el medioambiente
  ☐ ordenar/limpiar la casa.

c   ¿Qué son las 3R?
  ☐ Recogida, reutilización, reciclaje
  ☐ Reducir, reutilizar, reciclar
  ☐ No lo sé.

d   ¿Qué opinas sobre las campañas de reciclaje?
  ☐ Son necesarias
  ☐ Son poco útiles
  ☐ No sirven para nada.

e   ¿Por qué crees que algunas personas no reciclan?
  ☐ Porque no saben qué es el reciclaje
  ☐ Porque no hay contenedores disponibles para facilitar el reciclaje
  ☐ Porque no les importa.

f   En tu casa, la basura …
  ☐ se separa en orgánica e inorgánica
  ☐ se separa en papel, plástico y materia orgánica
  ☐ no se separa.

g   Cuando vas a comprar, eliges un producto …
  ☐ considerando si el envase es reciclable
  ☐ considerando cuánta basura genera el envase
  ☐ sin mirar el envase.

h   En el colegio …
  ☐ usas el papel por las dos caras
  ☐ solo usas una cara del papel
  ☐ a veces usas una cara del papel, a veces usas las dos.

ECOURBANIZACIÓN

Antes de leer

1 Observa el póster y comenta con un(a) compañero/a las siguientes preguntas:

   a ¿Cuál es el objetivo de este póster?

   b ¿A quién crees que está dirigido?

   c ¿Qué materiales se pueden reciclar?

   d ¿Cómo podrían reutilizarse esos materiales?

   e ¿Crees que faltan otros materiales que podrían reciclarse y reutilizarse? Escribe una lista de esos materiales y sus posibles usos.

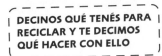

DECINOS QUÉ TENÉS PARA RECICLAR Y TE DECIMOS QUÉ HACER CON ELLO

¿Qué es el reciclaje?
El reciclaje es el tratamiento de materiales usados o desperdicios para que puedan ser nuevamente utilizados o ayuden a fabricar nuevos productos.

¿Qué es el medioambiente?
El medioambiente es el conjunto de circunstancias o factores físicos y biológicos que rodean a los seres vivos e influyen en su desarrollo y comportamiento.

VIDRIO — El botellero se encarga de ellos

PAPEL Y CARTÓN — Consultá al cartonero de tu barrio para saber cuándo sacarlos.

RESIDUOS ORGÁNICOS — Podés separar los residuos orgánicos para fabricar compost en tu jardín.

PLÁSTICO Y LATAS — Consultá al reciclador urbano de tu barrio para saber cuándo sacarlos.

Muchos lugares donde se venden productos electrónicos reciben las pilas para ser recicladas.

¿Cómo se recicla en la comunidad en la que vives? (CAS)

- En parejas, investigad sobre las posibilidades de organizar un grupo de CAS para contribuir a la mejora del reciclaje de basuras en vuestra comunidad o ciudad.

- Organizad actividades para informar y concienciar a los ciudadanos del impacto positivo que tiene reciclar.

- Diseñad un proyecto participativo para facilitar la recogida de residuos reciclables.

2 En parejas, leed la información de la infografía en la siguiente página y debatid qué pasos ya seguís para tener una vida ecológica.

   a Explicad de qué manera implementáis esos pasos.

   b Comentad qué pasos no seguís, pero os gustaría introducir en vuestras vidas para ayudar al planeta.

   c Al final de vuestro debate, escribid un breve informe para compartirlo después con la clase haciendo una presentación informal de 2–3 minutos de duración.

Incluid también una reflexión de hasta qué punto sois personas que cuidan el medioambiente. No tenéis que hablar sobre todos los pasos de la infografía, podéis concentraros en quince o veinte de ellos.

Comprensión auditiva

36 gestos para una vida más ecológica

Apaga la luz y desconecta los aparatos inactivos

Aprovecha la luz natural

Dúchate en lugar de bañarte

Baja la calefacción y ponte un jersey

Escribe por las dos caras de la hoja de papel

Compra bolsas reutilizables

No imprimas tus correos electrónicos

Recolecta agua de lluvia

Trabaja desde casa siempre que puedas

Prescinde de recipientes de plástico

Recicla

Cultiva tu proprio huerto

Recarga los cartuchos de tu impresora

Come menos carne

Comparte coche

Haz ejercicio

Apoya el comercio justo

Mide tu huella de carbono

Haz tu propio compost

Viaja en bici o en transporte público

Compra productos orgánicos

Comprueba el aislamiento de tu vivienda

Infórmate sobre ecología

Sustituye tus bombillas clásicas por unas de bajo consumo

Cierra el grifo mientras te cepillas los dientes

Descongela regularmente tu congelador

Lleva tu propia taza de café/té al trabajo

Haz un uso razonable del climatizador

Conserva los frascos originales y rellénalos

Elige productos locales y de temporada.

Usa el lavaplatos (y sólo cuando está lleno)

Viste ropa de segunda mano

Arregla tus aparatos estropeados para que duren más

Compra a granel

Cuida la naturaleza

Consume de manera responsable

TEXTO A

CIUDADES

En América Latina y el Caribe, 80% de la población vive en ciudades. El proceso de urbanización ha contribuido al desarrollo económico y social de la región. Al mismo tiempo, las metrópolis son reflejo de la pobreza y la desigualdad que aún persisten, así como escenario de la lucha por frenar la degradación del medio ambiente. La CEPAL señala que el modelo de desarrollo de cada ciudad debe asegurar su sostenibilidad económica, social y ambiental.

CONFIGURACIÓN DE LAS METRÓPOLIS

Una de las formas más relevantes de urbanización en la región es la concentración de personas y actividades económicas en metrópolis con **gran superficie** y **baja densidad de población**.

Se produce una especialización de los espacios que contribuye a la segregación socioeconómica:

» **Centros económicos y administrativos** llenos de vida durante el día y vacíos por la noche.

» **Barrios residenciales** en la periferia diferenciados por estrato social.

» **Centros comerciales** que reemplazan a los espacios públicos.

» **Clubes privados** donde se desarrollan actividades deportivas.

Consecuencias:
- Pérdida de la vida de barrio y deterioro de la cohesión social.
- Aumento de costos de gestión de la ciudad debido a su creciente extensión
- Cambio del uso del suelo que genera presión sobre los ecosistemas

ENERGÍA

Entre 1980 y 2005, América del Sur triplicó su consumo energético. Este se concentra en las urbes.
Los dos quintiles de más alto ingreso en América Latina realizan la mayor parte del gasto total en energía.

VIVIENDA

La demanda de vivienda aumenta proporcionalmente más que la población debido al incremento de los ingresos y a la tendencia a formar hogares de menor tamaño.

CONTAMINACIÓN ATMOSFÉRICA

Se genera principalmente en los procesos que implican combustión, tanto en industrias como en automóviles y calefacciones residenciales.

Cada año puede provocar en la región:

13.000 defunciones por cáncer de pulmón.

93.000 defunciones por enfermedades cardiopulmonares.

AGUA Y SANEAMIENTO

Entre 1990 y 2015, en la región:

 El uso de fuentes mejoradas de abastecimiento de agua potable ha aumentado de **84,9%** a **94,6%**

 El uso de instalaciones de saneamiento mejoradas ha aumentado de **67,3%** a **83,1%**.

 La mayoría de las personas sin acceso a agua potable se concentra en zonas periurbanas

 Se tratan en promedio solo entre **20** y **30%** de las aguas servidas recolectadas

SEGURIDAD ALIMENTARIA

 Las familias pobres gastan hasta 40% de sus ingresos en alimentos

La agricultura urbana es un medio para reducir la pobreza y detener la expansión de la superficie urbana

TRANSPORTE

En América Latina hay 30 vehículos a motor por cada 100 personas. Su uso creciente causa severos problemas de **congestión** y **contaminación**.

RESIDUOS SÓLIDOS

Aproximadamente **45%** de los residuos sólidos generados en la región no reciben una disposición final adecuada.

El porcentaje de residuos reciclados en plantas sigue siendo casi inexistente y el sector informal lidera por el momento esta actividad.

Fuente: División de Desarrollo Sostenible y Asentamientos Humanos - http://www.cepal.org/es/areas-de-trabajo/desarrollo-sostenible-y-asentamientos-humanos

Preguntas de reflexión

- ¿Es posible vivir sin generar basura?

- ¿Qué tendrías que cambiar en tu vida para reducir tu huella ecológica? ¿Qué habría que cambiar en tu comunidad? ¿Y a nivel global?

- ¿De qué manera se puede garantizar que todas nuestras acciones tengan un impacto positivo en el medioambiente?

Después de leer

3 Busca en el **primer párrafo al lado del título** un sinónimo de las siguientes palabras:

a habitar _____   e miseria _____

b urbe _____   f avance _____

c zona _____   g garantizar _____

d asimismo _____

4 Basándote en el párrafo titulado "Configuración de las metrópolis", indicas si estas frases son **Verdaderas** o **Falsas**. Escribe las **palabras del texto** que justifican tu respuesta.

a La actividad económica tiene prioridad sobre el espacio común. **V F**

b El centro de las ciudades tiene actividad constante las
24 horas del día.   **V F**

c La organización del espacio provoca discriminación.   **V F**

d Este tipo de organización no presenta ningún problema
para el medioambiente.   **V F**

5 En la infografía aparecen varias cifras. Relaciona las siguientes con la información del texto a la que se refieren:

1 80   a Número de muertes provocadas por enfermedades de pulmón y corazón.

2 40   b Porcentaje de la población que dispone de agua limpia en la actualidad.

3 30   c Porcentaje de dinero que las familias dedican a la adquisición de comida.

4 93 000   d Porcentaje de habitantes que vive en núcleos urbanos.

5 94,6   e Número de vehículos motorizados por cada cien habitantes.

6 Basándote en el texto, elige los datos correspondientes a cada aspecto de las ciudades:

energía   vivienda   contaminación atmosférica

a Todos los años provoca muertes por diferentes enfermedades.

b Las familias son cada vez más pequeñas.

c En las ciudades se produce un elevado consumo de este servicio.

d Las familias tienen más poder adquisitivo.

e Los automóviles son una de las causas de este problema.

f En 25 años el consumo se hizo tres veces mayor.

Actividades de expresión oral y escrita

1   Cread una situación de juego de rol en vuestra ciudad, en la que han pedido la colaboración de los ciudadanos para mejorar la vida en la comunidad. Cada estudiante elige el papel de un ciudadano diferente, por ejemplo:

  • un padre/una madre con niños pequeños
  • un/a adolescente al/a la que le gusta el deporte
  • un/a empresario/a
  • el alcalde, etc.

2   Escribe una redacción para tu clase de geografía sobre la situación en la que se encuentran algunas ciudades del mundo hispanohablante. Usa la información que te proporciona la infografía.

3   Eres un ciudadano preocupado por los problemas de tu ciudad. Basándote en la información de la infografía, escríbele una carta al alcalde pidiéndole soluciones.

4   Imagina que eres el candidato a alcalde de una ciudad que tiene los problemas presentados en la infografía. Escribe el discurso que darás proponiendo los cambios que realizarías para mejorar la ciudad si fueras elegido.

Lengua

El condicional

• El condicional se forma añadiendo las terminaciones correspondientes al infinitivo:

	cantar	comer	vivir
yo	cantaría	comería	viviría
tú	cantarías	comerías	viviría
él/ella/usted	cantaría	comería	vivirías
nosotros/as	cantaríamos	comeríamos	viviríamos
vosotros/as	cantaríais	comeríais	viviríais
ellos/as/ustedes	cantarían	comerían	vivirían

• Los verbos irregulares en el condicional son los mismos que los verbos irregulares en el futuro. Aquí tienes algunos:

decir	**diría**	querer	**querría**
haber	**habría**	saber	**sabría**
hacer	**haría**	salir	**saldría**
poder	**podría**	tener	**tendría**
poner	**pondría**	venir	**vendría**

• El condicional se usa para:

1 expresar hipótesis:
*Si fuese rico, **compraría** una mansión.*

2 dar consejos, expresar deseos y pedir algo de manera formal:
*En tu lugar, **llevaría** paraguas.*
***Me gustaría** estar en la playa.*
*¿Me **dejarías** salir con mis amigos mañana?*

NATURALEZA Y ASFALTO

Antes de leer

Comprensión auditiva

1   En parejas, escribid una definición para los siguientes conceptos:

   a   un estilo de vida sostenible
   b   una comunidad sostenible.

   Después, compartid vuestras definiciones con otra pareja y comparad los aspectos similares y diferentes que presentan.

TEXTO B

http://blogs.elespectador.com/actualidad/ciudad-sostenible/queremos-ciudades-sostenibles

Queremos ciudades sostenibles

Jen Valentino

1.   En los últimos años la manera en que se diseñan y construyen ciudades se ha basado fundamentalmente en los malos hábitos de explotación de recursos naturales generando impactos ambientales muy fuertes.

2.   Ante esta situación y ante el inminente cambio climático, **es necesario que cambiemos el paradigma de *Ciudad Moderna***, en el que las ciudades le dan la espalda al medio natural y los recursos naturales son solo vistos para satisfacer las necesidades de una creciente industrialización y urbanización.

3.   Al cambiar ese paradigma de *Ciudad Moderna* y ante el surgimiento del discurso del Desarrollo Sustentable, es necesario que la población civil, la academia y el estado conozcan y se involucren en los nuevos conceptos de **Sostenibilidad Urbana, Ciudad Sostenible y Ecourbanismo**; caracterizados porque cada uno de nosotros empecemos a entender la manera de relacionarnos entre un sistema construido (Ciudad) y un sistema natural (Medioambiente); y que en su relación **entendamos que todos somos parte de un ECOsistema.**

4. Por esta razón he compilado algunas de las características de lo que significa diseñar, planificar y construir Ciudades Sostenibles. Algunas de ellas son:

1 Participación ciudadana en la construcción colectiva de una ciudad.

2 Ciudad compacta mediante el crecimiento vertical evitando el crecimiento horizontal de la ciudad, ya que puede invadir zonas rurales y áreas protegidas de ecosistemas estratégicos.

3 Incentivar la Agricultura Urbana y la creación de reservas campesinas alrededor de las ciudades.

4 Crear espacios públicos: parques, plazas, zonas verdes y peatonalización de vías, teniendo en cuenta a todos los ciudadanos y mostrando especial interés en los que tienen problemas físicos (ancianos, enfermos, mujeres embarazas, niños, etc.).

5 Incentivo y uso de transporte no motorizado, como la bicicleta, e implementación del uso masivo y eficaz del transporte público.

6 Uso de energías renovables tanto en el transporte como en el alumbrado público.

7 Manejo adecuado de residuos (reducir el consumo, reciclar, reutilizar, recuperar).

8 Reutilización de aguas lluvias para la creación de sistemas de riego.

9 Reutilización de materiales constructivos y utilización de materias primas locales.

10 Construcción de edificaciones basadas en las condiciones climáticas del entorno, sistemas de ahorro de energía y agua y aprovechamiento de luz natural.

5. Es importante que las personas que **habitamos** las **ciudades** empecemos a conocer las **iniciativas** de sostenibilidad urbana; nos apropiemos de nuestros territorios; construyamos la ciudad que queremos; **apoyemos** a los **líderes** ambientales y sociales y exijamos a los alcaldes, dirigentes y empresarios esa ciudad **armónica** con la naturaleza. Aquella que satisfaga nuestras necesidades, sin comprometer las **necesidades** de las **generaciones** futuras.

fuente: **blogs.elespectador.com/actualidad/ciudad-sostenible**

Después de leer

2 Busca en el **párrafo 1** un sinónimo de las siguientes palabras:

a forma _____

b fundamentarse _____

c costumbre _____

d huella _____

e duro _____

3 Elige la terminación correcta para las siguientes frases:

a La finalidad principal de este texto es …

i informar sobre los problemas de las ciudades modernas

ii educar sobre la sostenibilidad

iii convencer de la necesidad de ciudades sostenibles

iv hablar de las ciudades del futuro.

b El tono de este texto es …

i popular

ii serio

iii informal

iv irónico.

Preguntas de reflexión

Hemos visto cómo se pueden construir ciudades con menor impacto negativo en el medioambiente. ¿Qué sectores de la población tienen que intervenir para conseguir este cambio?

4 Basándote en los **párrafos 2, 3 y 4**, contesta a las siguientes preguntas brevemente.

a ¿Qué **dos** acciones impactan negativamente en el medioambiente? (párrafo 2)

b ¿Qué **tres** entidades tienen que ponerse de acuerdo para llevar a cabo con éxito el proyecto de una ciudad sostenible? (párrafo 3)

c ¿Qué **tres** procesos forman parte de la creación de una ciudad? (párrafo 4)

5 Basándote en la información de las **características 1–4 de la lista**, elige las **tres** frases correctas.

a La contribución de la población al desarrollo de las ciudades es crucial.

b El crecimiento de una ciudad hacia arriba limita los impactos negativos en el medioambiente.

c Una ciudad no se puede expandir sin invadir zonas rurales y perjudicar al medioambiente.

d Los huertos urbanos son innecesarios.

e La proximidad de los productos agrarios garantiza la seguridad alimentaria en las ciudades.

6 Basándote en la información de las **características 5–10 de la lista**, completa las frases escogiendo la opción correcta en cada caso.

a El uso del transporte público debe ser …
   i totalmente gratuito
   ii incentivado por los dirigentes de los países
   iii complementario al uso de vehículos sin motor.

b Las energías renovables …
   i deben usarse en diferentes ámbitos
   ii no son importantes para el transporte público
   iii deben usarse en todos los edificios públicos.

c El clima de la ciudad …
   i facilita la construcción de edificios
   ii debe tenerse en cuenta a la hora de construir los edificios
   iii no permite ahorrar energía.

7 Completa el siguiente fragmento con las palabras en negrita del **párrafo 5**.

Los ciudadanos que en la actualidad **a** _____ este planeta tenemos el deber de diseñar **b** _____ donde nuestros hijos puedan vivir en contacto con la naturaleza.

Es importante que también tengamos una mente abierta a las innovaciones y que **c** _____ nuevas **d** _____, aunque no siempre podamos ver los impactos positivos de las mismas.

Por otra parte, nuestros **e** _____ tienen la responsabilidad de facilitarnos una vida **f** _____ con el medio natural, a la vez que proporcionarnos servicios que cubran nuestras **g** _____. Si todo esto se cumple, las **h** _____ venideras heredarán un futuro mejor.

Actividades de expresión oral y escrita

1   Después de leer la lista de las características de las ciudades sostenibles, en parejas o individualmente, decidid qué características se están implementando ya en vuestra ciudad o comunidad. Identificad las que todavía no existen y qué hace falta para que se implementen. Finalmente, compartid vuestras conclusiones con la clase.

2   En Latinoamérica hay muchas ciudades que están dando pasos hacia un modo de vida sostenible. Investiga sobre las ciudades que han implementado medidas para mejorar la vida de sus ciudadanos y que son más sustentables. Prepara una presentación de 3–4 minutos sobre una de ellas.

3   En parejas, después de leer los **Textos A y B**, haced un juego de rol. Primero, escribid una entrevista sobre los problemas que tienen las ciudades de América Latina y el Caribe y las posibles soluciones, y después, grabadla. Un(a) estudiante será el/la periodista y el otro/la otra, el/la experto/a en sostenibilidad que estudia la situación de las ciudades para dar solución a sus problemas.

4   En pequeños grupos, escribid un proyecto para convertir vuestra escuela en un espacio de vida sostenible. Primero, buscad información sobre los distintos temas que queréis tratar en el proyecto. Después, seguid los pasos detallados a continuación:

    a   Escribid una definición del concepto de escuela sostenible.
    b   Elaborad una lista de las necesidades que existen en vuestra escuela en la actualidad.
    c   Decidid las acciones que se van a realizar.
    d   Decidid quiénes son los responsables de realizar estas acciones (estudiantes, profesores, administradores, etc.).
    e   Decidid qué recursos son necesarios y cómo se conseguirán.
    f   Pensad en las posibles dificultades que puede haber y en cómo resolverlas.
    g   Escribid las conclusiones sobre el proyecto, valorando sus ventajas e inconvenientes.

Finalmente, preparad una presentación de al menos cuatro minutos para compartirla con la clase. Cada grupo defiende su proyecto y los demás estudiantes hacen preguntas al respecto. Cuando hayáis realizado todas las presentaciones, la clase elegirá el proyecto que considere más apropiado para su escuela.

Lengua

Los verbos de cambio

Verbo	Explicación	Uso	Ejemplos
hacerse	Cambio voluntario, generalmente como resultado de un proceso	• ideología/ religión • profesión • edad • condición socio-económica	• *Muchas personas **se hacen budistas** hoy en día.* • *Mi amigo Pablo **se ha hecho actor**.* • *Mi abuela **se está haciendo mayor** y está perdiendo la memoria.* • *Empezó cantando en la calle y **se hizo famoso** después de unos años.*
volverse	Cambio involuntario profundo y duradero, generalmente de carácter negativo	• adjetivos de carácter	• *Los profesores **se han vuelto muy estrictos**.* • *Desde que es rico **se ha vuelto muy arrogante**.*
ponerse	Cambio involuntario y momentáneo	• aspecto • salud • estado de ánimo	• *Hace tiempo que Roberto no practica deporte y **se ha puesto muy gordo**.* • *Durante el invierno Javier **se puso enfermo** tres veces.* • *Mi amiga **se puso muy contenta** con la nota de español.*
quedarse	Cambio imprevisto que puede ser permanente o duradero, generalmente negativo	• condición física • condición familiar • estado de ánimo	• *Tuvo un accidente y **se quedó ciego**.* • *Mi vecina **se quedó sin padres** muy joven.* • ***Nos quedamos impresionados** con su nivel de español.*
llegar a ser	Cambio que implica la participación activa del sujeto y es el resultado de un proceso largo y difícil	• sustantivos • adjetivos • profesiones	• *Gracias a su trabajo, **ha llegado a ser millonario**.* • *Ruiz Zafón **ha llegado a ser un escritor muy conocido**.*
convertirse en transformarse en	Cambio radical	• adjetivos • sustantivos	• *Tras todos sus problemas, Raquel **se ha convertido en una persona amargada**.* • *El mago **ha convertido un pañuelo en paloma**.* • *El agua **se convierte en hielo** a 0 grados.*

A continuación tienes varias expresiones con verbos de cambio:

- **hacerse amigo/a de** = iniciar una relación de amistad con alguien

  Gabriel García Márquez se hizo amigo de Álvaro Mutis en México.

- **hacerse de oro** = hacerse rico/a

  Con Facebook, Mark Zuckerberg se hizo de oro.

- **hacerse mayor** = envejecer

  Mi abuelo ya no puede viajar tanto porque se está haciendo mayor.

- **ponerse como un tomate** = ponerse colorado/a porque se siente vergüenza

  Juan se pone como un tomate siempre que alguien le dice un piropo.

- **ponerse como una fiera** = enfadarse mucho

  Me pongo como una fiera si alguien me cuenta el final de una novela que me está gustando.

- **ponerse morado/a** = comer mucho

  No quiero cenar nada. ¡Me he puesto morado de embutido antes!

- **quedarse boquiabierto/a** = sorprenderse mucho por algo

  Nos quedamos boquiabiertos al ver la nueva casa de Itzel.

- **quedarse de piedra** = sorprenderse mucho por algo

  Cuando anuncié la noticia a Luis, se quedó de piedra.

- **quedarse en blanco** = no poder recordar nada, por ejemplo, en un examen

  Cuando el profesor me hizo la pregunta, me quedé en blanco.

- **quedarse en los huesos** = perder mucho peso

  Carmen está a régimen y se ha quedado en los huesos.

- **volverse loco/a** = perder la mente, el juicio o entendimiento

  La reina Juana I de Castilla se volvió loca tras pasar más de cuarenta años encerrada.

5   a   Antes de leer la viñeta sobre los beneficios de la bicicleta, haz una lista de todos los beneficios que, en tu opinión, puede aportar una bici.

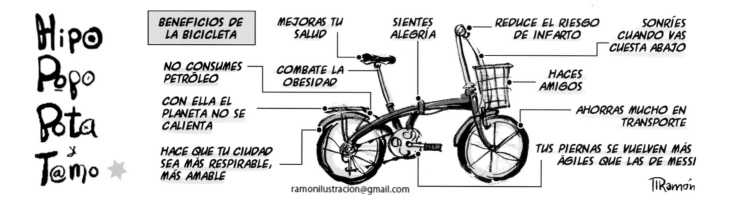

b   Después de leer la viñeta, clasifica los beneficios de la bicicleta mencionados en las siguientes categorías.

Salud	Bienestar	Medio-ambiente	Economía

c   Finalmente, compara los beneficios de tu lista con los de la viñeta y contesta a las siguientes preguntas.
  • ¿Imaginabas que la bicicleta podría tener tantos beneficios?
  • ¿En qué beneficios coincides?
  • ¿Cuáles son diferentes?
  • ¿Cuáles te han sorprendido?
  • ¿Hay algún beneficio con el que no estés de acuerdo?

6   Elabora una encuesta de al menos **diez** preguntas para conocer la opinión de las personas de tu comunidad sobre la introducción de medidas que reduzcan el uso de vehículos privados y que promuevan el uso de transporte alternativo. Dichas medidas ahorrarán dinero y tendrán otros beneficios adicionales.

7   Eres el director de la revista de tu colegio. Escribe un artículo animando a los estudiantes a usar la bicicleta en sus vidas diarias.

8   Diseña un póster similar a la viñeta anterior usando otro objeto u otra acción que puede aportar diferentes beneficios. Después, haz un vídeo para promocionar esos beneficios.

TURISMO ACTIVO Y COMPROMETIDO

Antes de leer

1 a En parejas, reflexionad sobre los conceptos de "turista" y "viajero" y completad la tabla con vuestras ideas.

	Turista	Viajero
Definición		
Características		
Impacto económico		
Impacto social		
Impacto medioambiental		

b ¿Qué conclusiones podéis sacar al analizar las ideas que habéis escrito?

2 Vas a leer un texto titulado "Turismo solidario", ¿qué crees que es el turismo solidario? Escribe una lista de las características que, en tu opinión, tiene este tipo de turismo.

TEXTO C

Turismo solidario

1. En los últimos años, el turismo se ha convertido en una de las principales actividades del ser humano en su tiempo libre, además de ser el motor económico de muchos países. Puedes hacer turismo ecológico, turismo rural, turismo gastronómico, turismo cultural, turismo etnológico … y, ¿por qué no?, turismo solidario.

2. El turismo solidario es otra forma de entender el ocio, otra manera de viajar. Una forma más activa y comprometida de conocer diferentes lugares y culturas colaborando a su desarrollo y respetando los recursos, tanto naturales como humanos. Los que lo han probado hablan de la experiencia como inolvidable y enriquecedora.

3. Cada vez son más las agencias de viajes especializadas, las fundaciones o las ONG que se suman a esta iniciativa. La Asociación para la Integración y Progreso de las Culturas, PANDORA, entiende el turismo solidario como "todas las experiencias que aportan a los destinos y a su población local una distribución equitativa de los recursos, a la vez que se produce un aprendizaje mutuo mediante el intercambio cultural entre las comunidades de acogida y los viajeros solidarios."

4. Se trata de una filosofía de viaje basada en el respeto, el conocimiento mutuo, la colaboración ... Esta mezcla entre turismo y solidaridad hace que podamos hablar de turismo solidario desde dos puntos de vista: el del viajero que lo entiende como una oportunidad de conocer el mundo de una manera más responsable; y el de las ONG que lo consideran una herramienta muy potente de cooperación. Para PANDORA, esta dimensión es evidente por diferentes motivos, entre otros: es un tipo de turismo desarrollado según principios de justicia social y económica, respetando totalmente el medioambiente y las culturas en que se desarrolla; este tipo de turismo recoge la centralidad de la comunidad local y su derecho a ser protagonista en el desarrollo turístico sostenible y socialmente responsable de su propio territorio; se establece una nueva relación entre la comunidad y sus visitantes desde una perspectiva intercultural; opera fortaleciendo la positiva interacción entre la industria del turismo, la comunidad local y los viajeros; se caracteriza por una articulación antes, durante y después del viaje; ha de ser entendido como una herramienta de mejora económica y de intercambio cultural con las comunidades de acogida; un porcentaje de los beneficios generados se distribuye para las comunidades participantes; se basa en el intercambio cultural y en determinadas ocasiones en la participación en acciones concretas, realizado de manera respetuosa y enriquecedora para ambas partes; y permite conocer, mediante la experimentación, las realidades de los países visitados.

5. En definitiva, ¿por qué elegir el turismo solidario? En la Asociación PANDORA lo tienen muy claro: "porque forma parte de una manera de estar en el mundo, de relativizar nuestra presencia y de aportarla a la mejora de las condiciones de vida de los que menos tienen. Viajando de esta manera se aprende, se enseña y, lo más importante, se comparte."

Normas del viajero responsable

Un turismo responsable implica un viajero consciente de su actuación. Éstas son algunas pautas:

- Empatiza con el entorno. Ponte en la situación de las personas con las que te relacionas y comprende mejor sus reacciones ante tu presencia.
- Aprende de lo que ves para poder adaptarte al nuevo entorno. Viajar es la mejor experiencia de aprendizaje.
- Impacta positivamente en el entorno con tu presencia, favoreciendo el comercio justo y el enriquecimiento local y reduce al máximo tu huella ecológica y cultural.
- Respeta las costumbres locales en el modo de vestir y comportarte públicamente.
- Demuestra paciencia y comprensión ante situaciones que le resultan extrañas o absurdas según sus estándares.
- Reconoce la importancia de la dignidad de ambas partes, locales y extranjeros.
- Ayuda a proteger los ecosistemas naturales, respetando la fauna y la flora local, y no contaminando.
- Educa y enseña también, especialmente a los niños, a que el viajero no es un regalo andante.
- Compra exclusivamente artículos que no perjudiquen los ecosistemas locales, y que no estén prohibidos.

*fuente: **www.cje.org***

Después de leer

3 Basándote en los **párrafos 1, 2 y 3**, contesta a la siguientes preguntas brevemente.

    a ¿Qué **dos** objetivos tiene el turismo en la actualidad?

    b Cita **seis** tipos diferentes de turismo.

    c Cita **dos** adjetivos que describan el turismo solidario.

    d ¿Qué **dos** cosas respeta el turismo solidario?

    e ¿Qué organización mencionada en el texto ofrece viajes solidarios?

4 Basándote en los **párrafos 2 y 3**, elige la terminación correcta para las siguientes frases:

    a El turismo solidario …

        i es una forma de viajar basada en el respeto por los recursos del lugar visitado

        ii es una iniciativa de la asociación PANDORA

        iii es un tipo de turismo innovador.

    b Todos los que han hecho turismo solidario …

        i se niegan a repetir esta experiencia

        ii coinciden en que es una experiencia muy positiva

        iii han pasado por agencias especiales.

    c Los viajeros y las comunidades de acogida …

        i tienen recursos equitativos

        ii participan en un intercambio cultural que enriquece a ambas partes

        iii reparten sus recursos en porciones iguales.

5 Busca en el **párrafo 4** un sinónimo de las siguientes palabras:

    a perspectiva _____

    b forma _____

    c importante _____

    d completamente _____

    e funciona _____

    f repartirse _____

    g las dos _____

    h dar la oportunidad _____

6 Basándote en el texto, indica si estas frases son **Verdaderas** o **Falsas**. Escribe las **palabras del texto** que justifican tu respuesta.

    a Este tipo de turismo hace énfasis en la ayuda a las comunidades menos favorecidas.   V F

    b El turismo solidario ofrece oportunidades de una experiencia de intercambio cultural.   V F

    c Todos los beneficios revierten en el lugar visitado.   V F

7 Basándote en el **párrafo 5**, ¿qué **tres** objetivos se pueden alcanzar con este tipo de turismo?

Preguntas de reflexión

- ¿Qué características piensas que debe de tener un viajero o turista responsable?

- ¿Cómo pueden los viajes solidarios ayudar a promocionar un país o una región?

8 Busca en la sección "Normas del viajero responsable" las palabras o expresiones que corresponden a las siguientes definiciones:

a adquirir conocimientos

b ser una buena influencia

c señal o marca que se deja al pasar por un lugar

d hábitos de un grupo de personas

e conjunto de plantas y animales de un lugar.

Actividades de expresión oral y escrita

1 En grupos de dos o tres, escenificad mediante un juego de rol una de las siguientes situaciones en las que os encontráis durante vuestras vacaciones de verano. Cada estudiante escoge una opción diferente ante la situación.

Situación 1

El guía os ha llevado a un parque nacional y estáis en medio de la sabana, donde es posible encontrar fauna salvaje.

Tenéis **dos** opciones:

a Hacer un safari fotográfico que no supone ningún daño para los animales o las plantas de la zona.

b Participar en un verdadero safari y cazar algún animal. Esta actividad está prohibida si no se tienen los permisos necesarios, pero el guía os asegura que esto no supone ningún problema si se pagan 1000 euros a la policía local.

Situación 2

Durante una excursión a un parque nacional, llegáis a una playa maravillosa que está llena de conchas con formas y colores espectaculares. Podrían ser un gran recuerdo de este viaje.

Tenéis **tres** opciones:

a Cogéis todas las conchas que podéis meter en vuestra bolsa.

b Cogéis solo una concha cada uno. Os parece un buen compromiso.

c Observáis las conchas y sacáis fotos, pero no os lleváis ninguna.

Situación 3

En el viaje veis un grupo de niños que se están bañando en un río. Os parece una escena muy exótica y digna de una foto de *National Geographic*.

Tenéis **tres** opciones:

a Os acercáis sin mostrar ningún respeto y les sacáis fotos.

b Usáis un teleobjetivo para sacar una foto desde lejos.

c Os alejáis para no molestarles.

Situación 4

Se os acercan unos vendedores de *souvenirs* y os ofrecen unas figuras. Os aseguran que son antigüedades encontradas en un templo cercano, y de hecho, parecen reales.

Tenéis **dos** opciones:

a Las compráis porque el precio es bueno y son un bonito recuerdo del viaje, además de tener valor artístico y económico.

b No las compráis porque pensáis que haciéndolo, contribuís al expolio del patrimonio cultural del país.

2 En el texto se citan las normas del viajero responsable. Escribe una lista de normas similar para un viajero cultural, gastronómico o rural.

3 Imagina que acabas de volver de un viaje solidario. Escribe un artículo para el periódico de tu colegio contando tus experiencias. Explica lo que hiciste y también de qué manera este viaje te ha enriquecido cultural y personalmente.

4 Eres un representante de "Turismo con conciencia", una organización que intenta que los turistas viajen concienciados de que pueden tener un impacto negativo en los lugares que visitan si no reflexionan sobre sus acciones. Están preocupados, no solo por la contaminación medioambiental, sino también por la contaminación cultural. Escribe un discurso que vas a dar en un colegio para concienciar a los estudiantes del turismo responsable.

5 Como sabes, los turistas suelen visitar museos. Observa la viñeta y describe lo que ves.

Contesta a las siguientes preguntas:

a ¿Qué te parece la situación que presenta esta viñeta?
b ¿Crees que el mensaje es demasiado alarmista? ¿Por qué?
c ¿Qué crees que están pensando estos turistas?

6 Utiliza la viñeta anterior como estímulo para realizar una de las siguientes tareas:

a Escribe una entrada de un diario/blog desde el punto de vista de uno de los turistas. Describe sus sentimientos después de hacer esta visita.
b Imagina que dos turistas de la viñeta tienen una conversación acerca de lo que están viendo. Escribe el diálogo que mantienen al respecto.

ABUELAS SOLARES

Antes de leer

1 Vas a leer un texto titulado "Abuelas que iluminan". Comenta las siguientes preguntas con un(a) compañero/a:

a ¿Qué te sugiere este título?

b Cuando piensas en la palabra "abuela", ¿qué tipo de persona te imaginas? Haz una descripción lo más detallada posible teniendo en cuenta diferentes aspectos, por ejemplo:

- apariencia
- personalidad
- gustos
- ocupaciones
- opiniones
- tiempo libre, etc.

c Después de leer el texto, repasa tu concepto de abuela y, con un(a) compañero/a, debatid si ha cambiado.

TEXTO D

Abuelas que iluminan

Adriana Bravo, Estado de Oaxaca

1. **San Francisco Ixhuatán, Oax.–** Cachimbo es una región situada en el municipio de San Francisco Ixhuatán, el cual tiene 149 habitantes y no posee acceso a servicios básicos, como luz y agua, entre otros.

2. Sin embargo, en un compromiso compartido de empresas como En el Green Power México, el Gobierno de la India, la organización no gubernamental Melendre y el Colegio Barefoot en India, emprendieron un proyecto de valor compartido, en el que eligieron a cuatro mujeres de la comunidad de Cachimbo para que se profesionalizaran en la India y pudieran implementar proyectos de energía solar en su comunidad.

3. La formación se realiza a través de gestos, sonidos y colores para posibilitar la comunicación efectiva, ya que no comparten el mismo idioma. Al final de la capacitación, las mujeres regresan a sus pueblos de origen, en los que desarrollan sus actividades y capacitan a otras mujeres, también exportando el modelo a las aldeas vecinas.

4. Se dota de herramientas básicas y profesionales a las abuelas de alguna comunidad y así se contribuye al desarrollo autónomo del territorio.

5. Se eligen a las abuelas, porque son personas que tienen arraigo en la comunidad y van a regresar a poner en práctica lo que aprendieron, mientras que los jóvenes es difícil que regresen a la comunidad.

6. Es así como Norma Guerra, mujer valiente de la comunidad de Cachimbo, en Oaxaca, sin conocimientos técnicos ni de idioma, viajó a la India, con gran empeño y con el propósito de traer luz a su comunidad, se convirtió en una de las primeras ingenieras solares mexicanas. Electrificó con sus compañeras, con las que emprendió la travesía, a 100 hogares de Cachimbo y ranchos aledaños a la comunidad e incluso han empezado a electrificar otros lugares en Chiapas.

7. El propósito del proyecto ha sido la prosperidad de los pueblos más pobres en el mundo y es aquí en donde el avance no está en manos de los profesionistas del mundo, sino en las de los habitantes de la propia comunidad, ya que es en ellos, en quienes se debe empezar el aprendizaje en beneficio de su propia gente.

8. Gracias al exitoso programa internacional "Las Abuelas Solares", miles de mujeres de todo el mundo que no cuentan con luz han podido participar en la electrificación de su propia población.

fuente: **www.diarioecooss.com**

Después de leer

2 Basándote en los **párrafos 1, 2 y 3**, completa las frases de la primera columna con la información más adecuada de la segunda columna. Sobran tres proposiciones.

1 Los ciudadanos de Cachimbo …

a comparten sus conocimientos solamente en su comunidad.

b se han puesto de acuerdo para ayudar en proyectos de desarrollo.

2 Cuatro organizaciones …

c supone una gran dificultad para entenderse.

d ayudan con la instalación de los paneles solares.

3 El idioma …

e transmiten sus conocimientos a gente fuera de su comunidad.

4 Las mujeres que participan en el programa …

f no disponen de comodidades básicas.

g no es realmente un obstáculo para la comunicación.

3 Basándote en los **párrafos 4 y 5**, contesta a las siguientes preguntas brevemente.

   a ¿Cuál es el objetivo de proporcionar estos conocimientos a las abuelas?

   b ¿Por qué motivo se elige a abuelas y no a otros miembros de la comunidad?

4 Basándote los **párrafos 6, 7 y 8**, indica si estas frases son **Verdaderas** o **Falsas**. Escribe las **palabras del texto** que justifican tu respuesta.

   a El único reto que tuvieron fue la lengua.   **V   F**

   b Norma Guerra fue una de las pioneras de este proyecto.   **V   F**

   c Las comunidades deben tomar la iniciativa para desarrollarse. **V   F**

   d El programa no ha tenido mucho éxito de momento.   **V   F**

5 Basándote en el texto, ¿a qué se refieren las siguientes palabras?:

En la frase ...	la(s) palabra(s) ...	se refiere(n) a ...
a ... **el cual** tiene 149 habitantes ... (párrafo 1)	el cual	
b ... luz y agua, entre **otros** ... (párrafo 1)	otros	
c ... en **los que** desarrollan sus actividades ... (párrafo 3)	los que	
d ... electrificó con **sus** compañeras ... (párrafo 6)	sus	

Actividades de expresión oral y escrita

1 Comenta las siguientes preguntas con un(a) compañero/a. Después, debatid vuestras respuestas con el resto de la clase.

   a En el texto se menciona el hecho de que se eligen a las abuelas porque tienen más arraigo en su comunidad que los jóvenes, ¿estás de acuerdo con esta idea?

   b ¿Qué se podría hacer para que los jóvenes permanecieran en sus comunidades?

   c ¿Qué beneficios traería a la comunidad retener a esos jóvenes?

   d ¿Qué beneficios tiene para la comunidad que esos jóvenes se vayan a otros lugares?

   e ¿Crees que este es un fenómeno aislado o algo generalizado en el mundo? Haced una pequeña investigación y compartid vuestros resultados con la clase.

2   Investiga sobre algún proyecto de colaboración entre comunidades o países similar al de "Abuelas que iluminan". Prepara una presentación de 3–4 minutos y después compártela con la clase.

3   En parejas o pequeños grupos, representad un diálogo entre los miembros de una familia que antes no disponía de electricidad en casa y ahora sí. Incluid información sobre cómo ha cambiado vuestra vida y también expresad que os sentís muy agradecidos a las abuelas.

4   Imagina que eres Norma Guerra, una de las abuelas que viajó a la India. Escribe una entrada de tu diario contando cómo es un día en tu vida en la India. Habla de los siguientes aspectos:

  • las costumbres diferentes
  • cómo te relacionas con las personas de la India
  • qué sentimientos te producen las experiencias en este país.

5   Imagina que eres una de las abuelas del artículo. Escribe una carta a tu casa contando tus experiencias y todo lo que estás aprendiendo.

6   Tras volver a casa, las abuelas han implementado lo que han aprendido y han transmitido su conocimiento al resto de la comunidad. Imagina que eres un ciudadano de esta comunidad y escribe un discurso de agradecimiento a las abuelas por parte del resto de los ciudadanos.

EL AGUA DE LOS ANDES

Antes de leer

1 Vas a leer un artículo sobre la importancia del acceso al agua. Comenta las siguientes preguntas con un(a) compañero/a:

a ¿Cuánta gente en el mundo carece de acceso al agua limpia?

b ¿Crees que el problema es la distribución o la escasez del agua?

c ¿Eres tú parte del problema?

d ¿Cómo se podría ayudar a las comunidades que no tienen agua?

e ¿Puedes imaginarte un día sin agua? Describe como sería ese día.

https://elpais.com/elpais/2016/09/08/planeta_futuro/1473330136_648475.html

TEXTO E

En busca de agua segura en las alturas andinas

Una tecnología milenaria como la alfarería puede ayudar a solucionar los problemas de acceso a agua potable en los Andes ecuatorianos. Se usan filtros de cerámica

JAIME GIMÉNEZ
Gusniag (Ecuador)

1. Viven en el país con más ríos por kilómetro cuadrado del planeta, pero tienen problemas para acceder al agua. A más de 3 000 metros de altura, muchas comunidades rurales de los Andes ecuatorianos luchan a diario para regar sus campos y dar de beber agua limpia a sus hijos. En la comunidad de Gusniag, 54 familias han conseguido llevar el líquido vital desde una vertiente subterránea hasta sus casas. Mediante tuberías y depósitos instalados por los propios habitantes, esta pequeña aldea ha sido capaz de acceder por sí misma al agua, que procede del glaciar del volcán Chimborazo. A pesar de la hazaña, todavía queda un importante escollo por rebasar: la purificación del agua. Ahí es donde entran los filtros de cerámica, unos sencillos recipientes con forma de maceta capaces de eliminar las bacterias que originan enfermedades como la diarrea, la segunda causa de mortalidad infantil en el mundo.

2. Inventados en Guatemala en los años ochenta, su secreto está en la porosidad de la pieza, que se consigue al mezclar la arcilla con materia orgánica como cáscara de arroz o granos de café antes de la cocción. Al pasar el agua a través de ellos, los filtros retienen bacterias y parásitos, purificando así el recurso hídrico a una escala familiar.

3. Los filtros de cerámica, que pueden dar agua limpia a una familia entera durante tres años, son fáciles de fabricar, aunque requieren de un horno adecuado y un buen conocimiento del arte de la alfarería. Esta tecnología tiene la ventaja de ser barata, al usar materiales de fácil acceso y de producción local, pero también requiere un control de calidad estricto para que no sea perjudicial. Los parámetros de eficacia deben estar bien controlados. Lo ideal es que los filtros entren en el mercado local, y microempresas los produzcan y comercialicen a una escala semiindustrial en el mercado local, de forma sostenible y con un volumen de producción que permita implementar controles de calidad que aseguren su eficiencia. Esto es preferible a que las ONG los regalen, ya que entonces sería más difícil que la gente se apropiase de ellos.

fuente: **www.elpais.com**

Después de leer

2   Basándote en el **párrafo 1**, contesta a las siguientes preguntas brevemente.

   a   ¿Qué contradicciones se presentan en este párrafo?

   b   ¿Qué **dos** recursos han usado en la comunidad de Gusniag para tener acceso al agua en sus casas?

   c   ¿Qué dificultad no han resuelto todavía?

   d   ¿Cuál es una posible solución al problema?

   e   ¿Qué enfermedad es una de las más mortales en la infancia?

3   Busca en el **párrafo 2** un sinónimo de las siguientes palabras:

   a   crear _____   d   parar _____

   b   clave _____   e   limpiar_____

   c   juntar _____

4   Basándote en el **párrafo 3**, elige la terminación correcta para las siguientes frases:

   a   Los filtros …

      i   pueden ser usados por toda la comunidad durante tres años

      ii   pueden proporcionar agua potable a una familia tres años en total

      iii   pueden proporcionar agua limpia indefinidamente.

   b   Para fabricar los filtros …

      i   se necesitan conocimientos tecnológicos específicos

      ii   se usa una técnica sencilla

      iii   se necesita un proceso muy caro.

   c   La fabricación y la comercialización de los filtros …

      i   deben hacerse a pequeña escala en las comunidades que los usan

      ii   deben organizarlas las ONG

      iii   deben estar a cargo del gobierno del país que los necesita.

Actividades de expresión oral y escrita

1   En parejas, elegid un servicio básico al que estáis acostumbrados, por ejemplo: la educación, el alcantarillado, la recogida de basuras, etc. Imaginad como sería vuestra vida sin él. Después, comentad vuestras ideas con el resto de la clase.

2   a   En pequeños grupos, haced alguna sugerencia para llevar los servicios básicos de los que disfrutáis en vuestra vida diaria a comunidades donde no los tienen. Después, poned en común vuestras sugerencias en la clase. Elegid qué sugerencia es la más útil, la menos viable, la más original, etc.

   b   Finalmente, elaborad un póster ilustrando vuestra sugerencia para colgarlo en las paredes de la clase.

3   Imagina que eres un miembro de la comunidad ecuatoriana que ahora tiene acceso al agua. Escribe una entrada de tu diario describiendo cómo es un día en tu vida desde que tienes acceso al agua potable.

Comprensión Conceptual

Reflexiona sobre estas preguntas señalando la opción u opciones más adecuadas. Comenta tus elecciones con tus compañeros para comprobar si las respuestas son las mismas:

• ¿Qué **receptores** pueden tener los textos A, B, C y D que has trabajado en esta unidad? ¿Coincides con tus compañeros? ¿Qué elementos sirven para determinar esos posibles destinatarios (edad, sexo, etc.)? ¿Qué elementos de estilo y registro los determinan? ¿Qué deberíamos cambiar si el destinatario fuera diferente? Por ejemplo, niños o adolescentes, en lugar de adultos, etc. ¿Habría más elementos visuales, aparecería más información de algún aspecto importante para ese tramo de edad?

Por ejemplo: *Si la infografía titulada "Ciudades" estuviera destinada a jóvenes de 12–16 años, se podría convertir en una entrada de blog.*

• Elige uno de los textos estudiados e imagina un **contexto**, es decir, un lugar o una situación en los que pueda aparecer el texto. Comparte tus ideas con el resto de la clase.

Por ejemplo: *El texto sobre las abuelas que iluminan podría aparecer en las comunidades vecinas en forma de poster para animar a otras personas a participar en iniciativas similares.*

• ¿Cuál es el objetivo o **propósito** de los textos? Por ejemplo, podemos decir que el texto A da a conocer diferentes aspectos de las ciudades y como los cambios que se han producido ha afectado a la población. ¿Y para el resto de los textos? Comparte tus ideas con el resto de la clase.

• **Significado:** La selección de vocabulario es muy importante a la hora de producir un efecto en el lector. Recopila campos léxicos para cada uno de los textos de esta unidad, estudiando las palabras específicas que dan a cada texto su significado global, así como los conceptos asociados y los elementos icónicos que refuerzan el significado. Luego, trabaja en pequeños grupos para crear una nube de palabras con las palabras y las imágenes que habéis recopilado, y compartidlas con el resto de la clase.

Por ejemplo: *En el texto C, las palabras y los conceptos claves son "turismo", "ocio", "inolvidable y enriquecedora", "cooperación", "nueva relación", "intercultural", etc.*

• **Variante:** Los textos siempre tienen una estructura y formato específicos que cambian si decides usar información del mismo tipo, pero presentándola de otra manera.

Por ejemplo: *Transformar una infografía sobre el desarrollo sostenible de las ciudades en un artículo de opinión describiendo las iniciativas de ciudades que lideran la sostenibilidad urbana, o una entrada de blog sobre un ejemplo de ciudad sostenible.*

En grupos, intentad transformar alguno de los textos que habéis visto en esta unidad utilizando otro formato. Es importante tener en cuenta el tipo de vocabulario, registro y estructura a la hora de realizar esos cambios.

Aquí tenéis algunas sugerencias de otros formatos:

- Texto A: Ciudades → artículo de opinión

- Texto B: Queremos ciudades sostenibles → videoblog

- Texto C: Turismo solidario → folleto

- Texto D: Abuelas que iluminan → diario

- Texto E: En busca de agua segura en las alturas andinas → entrevista

Tipos de textos

A Ensayo o redacción

Un ensayo o redacción generalmente incluye los siguientes elementos y características:

- Un título que resume el tema y el contenido del ensayo.
- Está dividido en tres partes bien diferenciadas: **introducción**, **desarrollo** y **conclusión**.
- Tiene que aparecer un análisis del tema.
- El registro suele ser neutro y tiene un objetivo informativo.
- Pueden aparecer fotos.

Aquí tienes algunos **conectores** que podrías utilizar en un ensayo o redacción:

En primer/segundo lugar ...

Para empezar ...

Por una parte ... Por otra ...

Puesto que ...

Además ...

Sin embargo ...

Por el contrario ...

Por lo tanto ...

Por ejemplo ...

En consecuencia ...

En resumen ...

Para terminar/En conclusión ...

1 Elige uno de los siguientes temas y escribe un párrafo para resumir las ideas que desarrollarías en tu ensayo o redacción. Organízalo utilizando por lo menos cuatro de los conectores que acabas de ver.

- Las pruebas de cosméticos en animales
- La diferencia salarial de género
- El posible fin del libro impreso
- La lucha contra las noticias falsas

Por ejemplo: *Los animales en peligro de extinción*

*El orangután de Sumatra es uno de los animales que se encuentran en la lista roja de animales en peligro de extinción de la Unión Internacional para la Conservación de la Naturaleza (UICN). **Para empezar**, la destrucción del bosque ha reducido el área donde viven y comen. **Además**, el comercio ilegal de estos primates es bastante común. **Sin embargo**, existen grupos y ONG dedicados a la protección del orangután, así como programas educativos para las comunidades locales. **En resumen**, la conservación del orangután de Sumatra depende directamente de la preservación de su hábitat natural y de la lucha contra la caza furtiva.*

189

2   Lee el siguiente ejemplo de redacción e identifica las diferentes partes que lo forman:

- la introducción
- el desarrollo del tema
- la conclusión.

Cuidado del medioambiente

En nuestros días el cuidado del medioambiente es un compromiso de todos los seres humanos, ya que las maravillas que nos ofrece la naturaleza son indispensables para poder sobrevivir.

El medioambiente es todo aquello que nos rodea, los árboles, las aves, el aire, el agua, las personas, etc. Para que las plantas y animales sigan viviendo en nuestro planeta, es importante conservar y cuidar su medio.   5

El ambiente se contamina tirando basura, usando pesticidas, detergentes y aerosoles, y también debido a las industrias que arrojan humo en la atmósfera, al usar el automóvil, al talar árboles o quemar basura. Con esta actitud negativa, se contaminan el aire, el suelo y el agua.

La contaminación ambiental actualmente se ha convertido en un problema muy grave para la sociedad. Pero ¿qué es la contaminación? Es la presencia en el ambiente de cualquier agente   10 químico, físico o biológico en lugares, formas y concentraciones tales que resultan nocivos para la salud, la seguridad o el bienestar de la población y de la vida animal o vegetal. Incluso se considera contaminación aquella que impide el uso o goce de los lugares de recreación.

Para atenuar el deterioro ambiental, hay mucho que cambiar en la vida cotidiana de manera personal y colectiva. En México y en el mundo se están tomando medidas para preservar el ambiente con la   15 finalidad de conservar las especies animales y vegetales, y otros recursos como el agua, el suelo y el clima. Así mismo, se han creado leyes para proteger el equilibrio ecológico y el ambiente, que tienen por objeto propiciar el desarrollo sustentable y establecer las bases para:

i   Garantizar el derecho de toda persona a vivir en un medioambiente adecuado para su desarrollo, salud y bienestar.   20

ii   La preservación, la restauración y el mejoramiento del ambiente.

iii La preservación y la protección de la biodiversidad, así como el establecimiento de las ANP y su administración.

iv   La prevención y el control de la contaminación del aire, del agua y del suelo.

Si realmente se pretende salvar el planeta, es hora de tomar cartas en el asunto. No solo se trata   25
de crear leyes, sino que es necesario ejecutarlas de manera personal y colectiva, o de lo contrario la
cantidad de gases en la atmósfera seguirá aumentando y las consecuencias son muy graves: los polos
se derriten, aumenta el nivel del mar, el mar se calienta, se altera el equilibrio de plantas y animales, se
producen incendios y hay más enfermedades.

Los recursos naturales para poder sobrevivir se encuentran amenazados y muchos de ellos están   30
en peligro de agotarse como el agua. Del mismo modo, las plantas y animales están en peligro de
extinción.

Es importante tomar acciones para cuidar el medioambiente como concientizar al público en general
por medio de pláticas, realizar campañas, elaborar volantes, carteles, folletos o formar grupos de
protección del medioambiente.   35

En Huauchinango, Pue., se está llevando a cabo un proyecto que consiste en la separación de basura
en orgánica, reciclables y misceláneos. En un principio fue un poco difícil, ya que la gente no estaba
acostumbrada a separar la basura. En la actualidad todavía hay resistencia en algunas colonias, pero
para ello, se están llevando a cabo algunas acciones para concientizar a la gente: reparten volantes de
cómo se debe separar la basura, colocan carteles y realizan difusión por la radio.   40

Estamos a tiempo de salvar el planeta. El cuidado del medioambiente es tarea de todos, sin importar
la edad, el sexo, la religión o la clase social. Unidos lo lograremos, si en realidad queremos un mundo
mejor para que las futuras generaciones no sufran las consecuencias de nuestros actos.

fuente: **www.cuidadocontambiente.blogspot.com.es**

B Discurso o conferencia

Aunque en realidad el discurso o conferencia puede considerarse un texto para ser expuesto o leído, se supone que primero se ha escrito.

El discurso o conferencia presenta los siguientes elementos y características:

- Un saludo al público.

- Una presentación de quién es el ponente o conferenciante, es decir, la persona va a dar ese discurso, y de por qué va a hacerlo.

- Una presentación del tema.

- Se usa un lenguaje subjetivo.

- Debe ser convincente.

- Se dirige al público directamente, por ejemplo: *Como ustedes saben …, Como ya habéis oído en los medios de comunicación …,* etc.

- Puede ser formal o informal, dependiendo del tipo de público.

- Una despedida final.

Aquí tienes diferentes frases que podrías utilizar en la introducción y en la despedida de un discurso o conferencia:

Introducción	Despedida
Buenos días padres, profesores y compañeros …	Por último, me gustaría decirles que …
Buenas tardes, señoras y señores …	Y me gustaría terminar con …
Buenos días a todos …	Me gustaría agradecerles su atención y …
Estoy aquí como representante de … para hablar sobre …	Muchas gracias por su atención.
Soy … y estoy trabajando en un proyecto sobre …	Ahora si queréis, podéis hacerme alguna pregunta …
He venido porque me gustaría hablaros sobre …	Aquí os dejo algunos folletos sobre el tema por si queréis más información.
Gracias por la invitación …	Si quieren más información sobre el tema, no duden en contactarme en la dirección que aparece en el folleto, y que les dejaré sobre la mesa de la entrada.
Gracias por darme la oportunidad de compartir …	
Hoy quiero hablarles de …	

1   Lee las siguientes frases y escoge todas las opciones que correspondan.

   a   Los discursos sirven generalmente para …
      i   persuadir
      ii   narrar
      iii aconsejar
      iv   exponer un problema
      v   dar soluciones a un problema.

   b   Los discursos comienzan con …
      i   una introducción
      ii   una presentación del ponente o conferenciante
      iii una introducción del tema a tratar
      iv   un saludo.

   c   Los discursos siempre deben …
      i   dirigirse directamente a la audiencia
      ii   ser formales
      iii ser informales
      iv   adaptar su registro a la audiencia.

2   Lee el siguiente ejemplo de discurso o conferencia. ¿Qué elementos característicos de este tipo de texto puedes encontrar?

La contaminación ambiental del aire

Buenos días, profesor Francisco Martínez Saldaña y compañeros presentes.

Reciban mis más cordiales saludos.

Les hablaré acerca de uno de los problemas más críticos que está afectando a nuestro planeta: la contaminación ambiental, 5

especialmente de nuestro aire. Hablamos del aire que todos respiramos a diario, por lo que es un tema que a todos nos debe interesar. 10

Nuestro planeta ya no es el mismo, ha ido cambiando mucho en las últimas décadas a consecuencia de la actividad humana.

Existen diversos factores que provocan la contaminación de nuestro aire. Uno de ellos lo encontramos en la reciente industrialización de numerosos países en desarrollo. Esta ha favorecido la actividad económica y ha creado nuevos puestos de trabajo en estos 15 países, pero al mismo tiempo contribuye a la contaminación del planeta, pues las fábricas e industrias, producen óxidos de nitrógeno, dióxido de azufre y silicatos que afectan directamente a la capa de ozono.

Además, hay que tener en cuenta que, según la Organización de las Naciones Unidas (ONU) en un estudio de 2011, somos ya cerca de 7000 millones de habitantes en el 20 mundo. Aproximadamente una sexta parte posee un automóvil que emite dióxido de carbono producido por la combustión incompleta en los motores. No todos los vehículos se encuentran en buen estado, y los que no lo están despiden mayor número de contaminantes que afectan directamente a nuestra salud. El resultado es que la contaminación ambiental se está convirtiendo en un problema verdaderamente alarmante. 25

Como acabo de mencionar, la industria y el transporte son las dos principales fuentes de la contaminación de nuestro aire. Una vez arrojados los contaminantes a la atmósfera, se mezclan con otros compuestos para formar contaminantes de igual o mayor toxicidad. Estos incluyen gases como el ozono y el dióxido de nitrógeno, que pueden causar enfermedades como el cáncer, malformaciones congénitas, daños cerebrales y trastornos 30 en el sistema nervioso.

Pero el aire contaminado no solo está afectando a nuestra salud.

Así como nos perjudica a nosotros, también se ve afectada la flora y la fauna del mundo, además de la capa de ozono que nos protege de los rayos UV y de otras reacciones nocivas para la salud. 35

Existen muchas formas de contribuir a reducir la contaminación de nuestro aire como:

- Reducir el uso del automóvil y, si lo utilizamos, evitar circular a altas velocidades.

- No sobrellenar el tanque de la gasolina.

- Siempre mantener en buen estado el vehículo.

- Participar en los programas como *el hoy no circula*, la verificación vehicular o el cambio de convertidor catalítico.

40

Sí se puede hacer un aporte significativo a la purificación de nuestro aire y está en nuestras manos.

Es tiempo de que comencemos a hacer algo, no solo por nosotros, sino por nuestro planeta, que es nuestro hogar. Es el lugar donde habitamos millones de seres, el lugar que durante mucho tiempo nos ha dado las herramientas necesarias para sobrevivir, muchas de las cuales hemos desaprovechado y peor aún, hemos desperdiciado.

45

Es tiempo de que reflexionemos sobre nuestra vida, pero no solo una vida individual, sino sobre el bienestar de todo el planeta. Solo así podremos respirar tranquilos.

¡Gracias!

50

fuente: **www.lunacchazc.wordpress.com**

Habilidades de pensamiento ATL

En esta unidad, hemos estudiado el impacto negativo de los hombres en la naturaleza y hemos visto posibles soluciones o iniciativas para reducirlo.

¿Conoces a una persona que haya luchado por el medioambiente o una iniciativa para proteger la naturaleza? ¿Han oído hablar de ella tus compañeros?

3 ¿Ensayo/redacción o discurso/conferencia? De las siguientes características mencionadas abajo, decide cuáles podrían aplicarse a un ensayo o redacción y cuáles a un discurso o conferencia.

	Ensayo	Discurso
a Tiene un título.		
b Se dirige directamente a la audiencia.		
c Puede ser formal o informal.		
d Incluye un saludo y una presentación.		
e Está compuesto de tres partes.		
f Su objetivo es convencer.		
g Se usa un lenguaje subjetivo.		
h Su objetivo es informar.		
i Incluye una despedida.		

Actividades orales generales

Tecnología y medioambiente

1 ¿Qué ves en la foto **a**? Descríbela brevemente.

2 La foto presenta dos tipos de tecnología. ¿Qué diferencias y similitudes tienen estas dos energías?

3 ¿Has visto este tipo de tecnología en la vida real alguna vez? ¿Qué impresión te produjo?

4 ¿Qué impacto tiene esta tecnología en tu vida?

5 ¿Qué factores pueden contribuir al desarrollo de esta tecnología?

6 ¿Hay algún factor que puede contribuir a que no se desarrolle esta tecnología?

7 ¿Qué ves en la foto **b**? Descríbela brevemente.

8 ¿En quién o en qué puede tener un impacto lo que ves en la foto?

9 ¿De qué manera tiene un impacto en tu propia vida lo que ocurre en la foto?

10 ¿Qué se puede hacer para cambiar esta situación?

11 ¿Qué factores pueden contribuir a que no cambie esta situación?

Conciencia ecológica

1   ¿Qué ves en la foto **c**? Descríbela brevemente.

2   ¿De dónde crees que procede esa basura?

3   ¿Quién es el responsable o quiénes comparten la responsabilidad de esta situación?

4   ¿Qué pasaría si estos jóvenes no estuvieran tan implicados y nadie recogiera esa basura?

5   ¿Qué importancia tiene la educación para concienciar a la gente de este problema?

6   ¿Qué ves en la foto **d**? Descríbela brevemente.

7   ¿Qué impacto positivo puede tener este tipo de construcción para los siguientes grupos de personas?

   • Personas que viven en uno de estos edificios
   • La gente que pasa por la calle y ve el edificio desde afuera
   • La ciudad en general

8   ¿Crees que podrías hacer algo similar en tu propia casa? ¿Qué hábitos tendrías que cambiar o incluir para poder hacerlo?

9   ¿Crees que es realista pensar que todos podemos vivir en este tipo de edificio? ¿Por qué?

Turismo sostenible

1 ¿Qué ves en la foto **e**? Descríbela brevemente.

2 ¿Puede el turismo poner en peligro las ciudades? ¿De qué manera?

3 ¿Qué puede hacerse para controlar el impacto negativo del turismo en masa?

4 ¿Qué tipo de turista eres tú?

5 ¿Cómo controlas tu impacto en los lugares que visitas?

6 Debate con un(a) compañero/a cómo será el mundo en un futuro cercano cuando se introduzcan los siguientes cambios.

   a En 2018 los coches sin conductor estarán disponibles para el público general.

   b Cualquier estudiante puede usar los materiales disponibles en Khan Academy gratuitamente.

   c El año pasado se instalaron un récord de dispositivos solares en el mundo.

   d Hay compañías que están desarrollando dispositivos que funcionarán con los teléfonos móviles, y que podrán tomar muestras de sangre y hacer un escáner de la retina.

   e El precio de las impresoras 3D se ha reducido dramáticamente de 18 000 dólares a 400 en 10 años.

7 a Después de escuchar la canción "¿Dónde jugarán los niños?" de Maná, un famoso grupo mexicano de pop rock, iniciad un debate sobre las agresiones que está sufriendo el medioambiente utilizando las siguientes preguntas:

      • ¿Qué cambios se han producido en el medioambiente desde la infancia del abuelo hasta la actualidad?

      • ¿Quién es el responsable de estos cambios?

      • ¿Qué fenómenos naturales se han producido según la canción?

      • ¿Cómo crees que es el tono de la canción?

Habilidades de comunicación

A lo largo del curso, hemos desarrollado estrategias para una comunicación verbal y escrita eficiente. ¿Cómo podríamos usar estos conocimientos para cuidar el medioambiente? Dividid la clase en dos grupos: un grupo se dedica a la comunicación verbal, el otro a la comunicación escrita.

b Considerando que esta canción se escribió hace más de 20 años, ¿crees que ha cambiado algo respecto a la actitud de la gente o a las políticas de los gobiernos para proteger el medioambiente? Comenta tus ideas en la clase.

c En casa, pregunta a tus padres o a tus abuelos qué diferencias ven ellos en la naturaleza y en el medioambiente cuando eran niños y en la actualidad. Comparte sus respuestas con la clase.

8 Tras visualizar las siguientes películas, iniciad un debate sobre diferentes aspectos destacados en cada una de ellas:

a *El olivo* (2016), Icíar Bollaín.

Reflexionad sobre:
- la simbología del olivo en la película
- lo que une al olivo y al abuelo
- los cambios generacionales y sus implicaciones
- las relaciones entre diferentes generaciones de una familia (padres e hijos, abuelos y nietos).

b *El bosque animado, sentirás su magia* (2001), Ángel de la Cruz y Manolo Gómez.

Analizad los siguientes aspectos:
- los diferentes personajes que aparecen: sus características, su personalidad y su importancia en el desarrollo de la historia
- las perspectivas y actitudes que tienen los hombres y los animales de la película ante el medioambiente
- los diferentes problemas del medioambiente que plantea la película y las actitudes de los diferentes personajes ante estas situaciones.

Literatura

Hamburgo a la vista

Kengah, la gaviota de
plumas de color plata,
hundió varias veces la
cabeza, hasta que unos
destellos de luz llegaron
a sus pupilas cubiertas de
petróleo. La mancha viscosa,
la peste negra, le pegaba
las alas al cuerpo, así que
empezó a mover las patas
con la esperanza de nadar rápido y salir del centro de la marea negra.

5

10

Con todos los músculos acalambrados por el esfuerzo alcanzó por fin
el límite de la mancha de petróleo y el fresco contacto con el agua limpia.
Cuando, a fuerza de parpadear y hundir la cabeza consiguió limpiarse
los ojos, miró al cielo, no vio más que algunas nubes que se interponían
entre el mar y la inmensidad de la bóveda celeste. Sus compañeras de la
bandada del Faro de la Arena Roja volarían ya lejos, muy lejos.

15

Era la ley. Ella también había visto a otras gaviotas sorprendidas por
las mortíferas mareas negras y, pese a los deseos de bajar a brindarles
una ayuda tan inútil como imposible, se había alejado, respetando la
ley que prohíbe presenciar la muerte de las compañeras.

20

Con las alas inmovilizadas, pegadas al cuerpo, las gaviotas eran
presas fáciles para los grandes peces, o morían lentamente, asfixiadas por
el petróleo que, metiéndose entre las plumas, les tapaba todos los poros.

Esa era la suerte que le esperaba, y deseó desaparecer pronto entre
las fauces de un gran pez.

25

La mancha negra. La peste negra. Mientras esperaba el fatal
desenlace, Kengah maldijo a los humanos.

—Pero no a todos. No debo ser injusta —graznó débilmente.

Muchas veces, desde la altura vio cómo grandes barcos petroleros
aprovechaban los días de niebla costera para alejarse mar adentro a
lavar sus tanques. Arrojaban al mar miles de litros de una sustancia
espesa y pestilente que era arrastrada por las olas. Pero también vio
que a veces unas pequeñas embarcaciones se acercaban a los barcos
petroleros y les impedían el vaciado de los tanques. Por desgracia
aquellas naves adornadas con los colores del arco iris no llegaban
siempre a tiempo a impedir el envenenamiento de los mares.

30

35

Kengah pasó las horas más largas de su vida posada sobre el agua, preguntándose aterrada si acaso le esperaba la más terrible de las
40   muertes; peor que ser devorada por un pez, peor que sufrir la angustia de la asfixia, era morir de hambre.

Desesperada ante la idea de una muerte lenta, se agitó entera y con asombro comprobó que el petróleo no le había pegado las alas al cuerpo. Tenía las plumas impregnadas de aquella sustancia espesa,
45   pero por lo menos podía extenderlas.

—Tal vez tenga todavía una posibilidad de salir de aquí y, quién sabe si volando alto, muy alto, el sol derretirá el petróleo —graznó Kengah.

Hasta su memoria acudió una historia escuchada a una vieja gaviota
50   de las islas Frisias que hablaba de un humano llamado Ícaro, quien para cumplir con el sueño de volar se había confeccionado alas con plumas de águila, y había volado, alto, hasta muy cerca del sol, tanto que su calor derritió la cera con que había pegado las plumas y cayó.

Historia de una gaviota y del gato que le enseñó a volar, Luis Sepúlveda

1   Contesta a las siguientes preguntas brevemente.

   a   ¿Qué clase de animal es Kengah?

   b   ¿Qué problema tiene?

   c   ¿Cuál es la causa de este problema?

   d   ¿Cómo llegó el petróleo al mar?

   e   ¿En qué consiste la ley de las gaviotas?

   f   ¿Quiénes son los responsables de esta desgracia según Kengah?

   g   ¿Hay algún motivo para mantener la esperanza en el mar según la gaviota?

   h   ¿Qué esperanza tiene Kengah en la situación en la que se encuentra?

2   Haz una lista de todas las expresiones que se refieren al vertido del petróleo en el mar.

   • *la mancha viscosa,*
   •

Para reflexionar y debatir

1 ¿Cómo crees que es la situación en la que se encuentra la gaviota?

2 ¿Crees que se salvará? ¿Por qué?

3 ¿Qué harías tú si fueras la gaviota?

4 a ¿Qué te parece la ley de las gaviotas?
   b ¿Crees que es un modo de actuar poco solidario?
   c ¿Hay alguna situación de tu vida diaria similar a la ley de las gaviotas? ¿De qué se trata?

5 ¿Crees que esta es una historia de esperanza o desesperanza? Explica por qué.

6 a Este fragmento forma parte del libro *Historia de una gaviota y el gato que le enseñó a volar*, del escritor chileno Luis Sepúlveda. También se ha hecho una película de animación de este libro. ¿Cuál crees que puede ser la relación del fragmento que has leído con el título del libro? En parejas, haced dos o tres hipótesis sobre esa relación.

   b Después, visita el siguiente enlace donde podrás ver el tráiler de la película de animación.

   www.youtube.com/watch?v=YgLo5XkHsWc

   ¿Entiendes ahora la relación entre el fragmento y el título del libro? ¿Cuál es la historia que hay detrás de la amistad del gato y la gaviota?

7 En el texto se habla del mito de Ícaro. Investiga sobre este mito y comparte los detalles con el resto de la clase. ¿Qué crees que se puede aprender de una historia así?

8 Escribe el final para la historia de la gaviota.

9 Escribe una carta desde la perspectiva de la gaviota a los humanos responsables del derrame de petróleo.

10 Escribe el artículo de la noticia sobre el derrame de petróleo descrito en el texto.

6 IDENTIDADES
¿QUIÉN SOY YO?

Objetivos

- Reflexionar sobre cómo expresamos nuestra identidad
- Comentar sobre cómo contribuyen la lengua y la cultura a conformar nuestra identidad

Para entrar en materia

> **identidad** Del lat. tardío *identĭtas, -ātis*, y este der. del lat. *idem* 'el mismo', 'lo mismo'.
>
> 1. f. Conjunto de rasgos propios de un individuo o de una colectividad que los caracterizan frente a los demás.
>
> 2. f. Conciencia que una persona tiene de ser ella misma y distinta a las demás.

Real Academia Española

fuente: www.rae.es

1   Piensa en cinco objetos que de alguna manera definen quién eres y dicen algo de tu identidad personal. Dibújalos en una hoja de papel. Tus compañeros tienen que preguntarte cosas sobre ellos y por qué son importantes para ti. Finalmente, tus compañeros te dicen cuál es, en opinión de cada uno, el objeto que más te representa y por qué. ¿Coincide con tu opinión?

2   En grupos, realizad un test de vocabulario contrarreloj. Mirad las fotos y escribid el vocabulario relacionado en el tiempo que marque vuestro/a profesor(a). ¿Qué grupo ha escrito más palabras?

3   ¿Crees que la nacionalidad, la cultura, las tradiciones, la ropa o la lengua que hablas determinan tu identidad o lo que piensas? ¿Por qué (no)? ¿Serías diferente si pertenecieras a otra cultura? ¿En qué aspectos? Piensa en un ejemplo concreto y cuéntaselo a tus compañeros.

4   Mira esta nube de palabras. ¿Con qué aspectos crees que se relaciona más tu forma de ser y de ver el mundo? ¿Qué aspectos definen tu identidad actual? Explica cómo te definen dando algunos ejemplos.

opiniones amigos género país creencias familia contacto con otras culturas forma de vestir tradiciones continente gustos aficiones ciudad/pueblo grupo de edad posición social vecindario gastronomía relaciones sentimentales trabajo lengua(s) estudios dinero personalidad región

LAS SEÑAS DE IDENTIDAD DE TAQUILE

Antes de leer

1   Estas fotos corresponden a un lugar del mundo hispanohablante. Basándote en ellas, elige la opción que te parece correcta. Después, compara tus respuestas con las de un(a) compañero/a.
El lugar de las fotos …

   a   i   está al lado del mar
        ii está en un lago.

   b   i   está en España
        ii está en México
        iii está en Perú.

   c   i   tiene instalaciones modernas
        ii carace de electricidad.

   d   i   tiene mucha población
        ii tiene poca población.

   e   i   es muy turístico
        ii es poco turístico.

   f   i   ha preservado sus tradiciones
        ii tiene muchos hoteles y muchas tiendas de recuerdos.

2   En parejas o pequeños grupos, decidid si estas frases son **Verdaderas** o **Falsas**, de acuerdo con lo que se puede deducir de las imágenes. Los habitantes de este lugar …

a	hablan un idioma diferente al español.	**V**	**F**
b	son muy reservados.	**V**	**F**
c	se dedican exclusivamente a la agricultura.	**V**	**F**
d	son conocidos por sus tejidos.	**V**	**F**
e	conducen coches.	**V**	**F**
f	viven en casas unifamiliares.	**V**	**F**
g	visten de manera tradicional.	**V**	**F**
h	tienen muchos gatos y perros.	**V**	**F**

https://www.diariodelviajero.com/america/isla-de-taquile-durmiendo-en-casa-de-

Isla de Taquile: Durmiendo en casa de los isleños

Además de su impresionante entorno, lo que hace de la isla de Taquile un sitio especial es la hospitalidad de sus habitantes. Quienes decidan visitarla y pasar allí una noche se pueden hospedar en la casa de alguna familia, disfrutando de su cálido ambiente, por un precio muy bajo.

Taquile es una isla del lago Titicaca situada a 35 km de la ciudad peruana de Puno y a unos 4000 metros sobre el nivel del mar. A pesar de ser la isla más grande del lago, su extensión es de tan solo 6 kilómetros cuadrados.

Sus alrededor de 2000 habitantes, dedicados principalmente a los tejidos y la artesanía, constituyen un claro ejemplo de organización social basada en el trabajo colectivo. Su comunidad está llena de color y alegría y, a pesar de los 40 000 turistas que recibe anualmente, los taquileños se mantienen muy fieles a sus tradiciones. Este pueblo de habla quechua conserva aún sus rituales y vestimentas típicas. No existe en él la policía, porque no se cometen delitos, ni tampoco medios de transporte más allá de las piernas.

Este tipo de organización, basado en una cultura ancestral, ha influido en el hecho de que en Taquile no existan servicios turísticos tales como hoteles. Es por eso que algunos de los habitantes de la isla hospedan a los visitantes en sus casas, lo que cuesta unos 10 soles (cerca de 2,5 euros).

¿Cómo llegar hasta la isla? Hay que tomar una lancha en Puno, que tarda tres horas en alcanzar el rudimentario puerto taquileño, desde donde hay que subir más de 500 escalones para llegar al pueblo. Existe la opción de tomar un tour completo o de viajar en las embarcaciones que manejan los isleños, lo cual costaría alrededor de 20 soles (5 euros), incluyendo una visita a las islas flotantes de los Uros.

Si hacen un viaje por Perú o Bolivia, ya que el Titicaca se halla en la frontera entre ambos países, conocer este lugar podría ser una experiencia genial.

fuente: **www.diariodelviajero.com**

Isla de Taquile: opiniones de los visitantes

TEXTO A2

★ ★ ★ ★ ★ ★

Luisa
México
32 opiniones

Me gustó ver cómo los habitantes conservan sus tradiciones. Aprendí mucho sobre la ropa que llevan y lo que simboliza: por ejemplo, los hombres casados llevan un tipo de gorro, el cinturón es una especie de calendario también … En general, fue una visita interesante.

★ ★ ★ ★ ★ ★

Pedro
España
103 opiniones

Lo que más me gustó fueron las vistas espectaculares. Fuimos en un día soleado y el azul del lago era impresionante. En la isla en sí no hay mucho que ver. Estaba casi todo cerrado y lo único que se podía hacer era comprar los productos de artesanía que hay para los turistas.

★ ★ ★ ★ ★

Carla
EEUU
156 opiniones

Se tarda mucho en cruzar el lago para llegar a la isla y la visita me decepcionó un poco aunque, aun así, no me arrepiento de haber ido. Pensaba que iba a ser más auténtico todo, pero, por lo que vi, está muy orientado al turismo. Sorprende que en la isla no haya electricidad y que sigan viviendo allí sin esas comodidades. Los habitantes son agradables, pero no vimos a muchos.

★ ★ ★ ★ ★

Juan
Argentina
50 opiniones

En la isla, nos dijeron que siguen un código basado en antiguas leyes incas, y tienen como preceptos no robar, no mentir y, lo más sorprendente, no ser perezoso. Por eso no hay vehículos en la isla. Otra cosa que me pareció curiosa es que su ropa tradicional se basa en ropa tradicional catalana, por lo que los gorros y los cinturones se parecen a los que llevaban los campesinos en algunas partes de España.

Habilidades de investigación **ATL**

Investiga sobre el quechua y otras lenguas indígenas de América. Haz un póster lingüístico y escribe ejemplos de palabras o frases básicas en esas lenguas (por ejemplo, saludos).

★ ★ ★ ★ ★

Ana
Bolivia
97 opiniones

Para llegar al pueblo, hay que subir unas escaleras empinadas y, como está a tanta altura sobre el nivel del mar, no es adecuado para personas con problemas de movilidad. Dado que es un lugar tan turístico, creo que deberían mejorar las instalaciones para tener en cuenta a todo tipo de personas.

Después de leer

3 a En parejas, leed cada uno un texto (A1 o A2) y marcad la respuesta correcta a las frases de la actividad 2. Luego, comparad vuestras respuestas y completad la información que os falta.

b ¿Qué respuesta no aparece en ninguno de los dos textos? Preguntadle a vuestro/a profesor(a) para conocer la respuesta o buscad la en Internet.

4   Busca en el texto A1 **palabras o expresiones** que significan lo
    siguiente:

a   quedarse a dormir, alojarse: _____

b   aproximadamente: _____ y _____

c   en equipo, colaborando unos con otros: _____

d   felicidad, buen humor: _____

e   ropa, atuendos: _____

f   actos ilegales: _____

g   de origen remoto o antiguo, que se ha pasado de generación en
    generación: _____

h   barca pequeña: _____

i   que tiene las características elementales, simple: _____

j   peldaños, escaleras: _____

5   Relaciona cada persona con la frase correspondiente, según lo que
    dicen en el texto A2. Hay **cinco** frases que sobran.

Luisa
México

Pedro
España

Clara
EEUU

Juan
Argentina

Ana
Bolivia

a   Creo que la imagen de los habitantes de la isla no es totalmente real.

b   En Taquile puedes comprar objetos tradicionales de muchas partes del mundo, incluida ropa de Cataluña.

c   Es necesario adaptar algunas cosas en el pueblo para que sean accesibles a personas que no estén en buena forma.

d   Incluso si hace sol, me parece una pérdida de tiempo ir allí.

e   La vestimenta es una de las cosas que me pareció educativa de mi visita a Taquile.

f   Me dio la impresión de que no van muchos turistas a visitar Taquile, porque estuvimos solos durante la visita.

g   Me parece que el tipo de ropa que llevan los hombres y las mujeres es un tanto sexista.

h   Merece la pena principalmente por ver el lago, pero tiene que hacer buen tiempo.

i   No pude visitar bien el pueblo porque no me puedo mover con facilidad y hay muchísimos escalones para llegar hasta allí.

j   Si eres de Taquile y no te gusta trabajar, puedes tener problemas legales.

Actividades de expresión oral y escrita

1   Escribe un artículo sobre las ventajas y desventajas que tiene el turismo en la isla de Taquile, y sobre cómo vivir del turismo puede afectar a su identidad. Aquí tienes los pasos a seguir.

a   En grupos, haced una lista de aspectos en los siguientes apartados.

Problemas que tiene la isla sin turismo	Aspectos positivos de la vida en la isla sin el turismo

Problemas que puede causar la llegada de turistas	Ventajas de la llegada de turistas

b   Decidid qué aspectos de la lista están relacionados con la identidad de los habitantes de Taquile.

c   ¿Para qué sirven los conectores **a–i**? Conecta cada categoría con los conectores que le corresponden.

1	causa	a	Por un lado … Por otro lado … / Por una parte … Por otra …
2	consecuencia	b	Para empezar … Después … / En primer lugar … En segundo lugar …
3	orden	c	en otras palabras / en resumen / es decir / o sea
4	conclusión	d	Por lo tanto / En consecuencia / Por eso
5	adición	e	debido a / puesto que / como / porque
6	ejemplo	f	sin embargo / no obstante / por el contrario / en cambio
7	correlación	g	además / también
8	resumen / reformulación	h	por ejemplo / tal(es) como / como
9	contraste	i	Para terminar / En conclusión / Por último

d   Escribe el artículo para la revista del colegio. Organiza tus ideas de forma coherente, usa conectores para relacionar las ideas y haz que tu artículo tenga una introducción, un cuerpo y un cierre claros.

Habilidades de investigación

- Investiga más sobre los habitantes del lago Titicaca.
  - ¿Qué poblaciones viven en el lago?
  - ¿Cómo es la vida allí?
  - ¿A qué se dedican los habitantes de este lugar?
  - ¿En qué se parecen las distintas poblaciones?
  - ¿En qué se diferencian?
- Haz un póster o una infografía con tus descubrimientos.

2   Cread una situación de juego de rol entre miembros de la comunidad de Taquile para debatir sobre el futuro de la isla y la preservación de sus rasgos característicos. Seguid los pasos detallados a continuación.

a   En grupos, escoged cada uno un papel (si hay más de cuatro personas por grupo, cread nuevos papeles).

b   Añadid al menos **dos** argumentos más a la lista.

c   ¡A debatir! Al final del debate, tenéis que decidir **una iniciativa** con la que todas las partes estén de acuerdo.

1

Eres un(a) joven de Taquile:

- Estás harto/a de no poder conectarte a Internet.
- Quieres que el pueblo se modernice y crees que se puede hacer sin perder su identidad.
- No te gusta que vengan turistas y te saquen fotos como si fueras de otro planeta.
- Estás orgulloso de ser taquileño/a.
- Quieres conocer otras culturas.

2

Eres un(a) taquileño/a de 60 años:

- Toda tu vida te has dedicado a tejer.
- Crees que ser de Taquile es algo único, y tienes miedo de que las futuras generaciones pierdan las características que os hacen únicos.
- No te molestan los turistas porque solo vienen en determinados momentos o temporadas y el resto del tiempo nadie visita la isla.
- Te gusta vivir rodeado/a de la gente que conoces.

3

Eres el/la director(a) de una agencia de viajes:

- Quieres traer más turistas a Taquile.
- Crees que los habitantes de Taquile se han beneficiado del turismo, tanto económica como socialmente.
- Crees que Taquile ha conseguido que la UNESCO proteja su patrimonio gracias a su popularidad.
- Crees que la identidad de Taquile no está en peligro gracias al turismo.

4

Eres el/la representante de una ONG que apoya a los pueblos indígenas:

- Crees que el turismo está convirtiendo las islas del lago Titicaca en un "parque de atracciones".
- Crees que si solo se vive del turismo, se puede llegar a perder la identidad como pueblo.
- Crees que los taquileños deben buscar otras formas de ser sostenibles como comunidad.
- Crees que es importante preservar las tradiciones, siempre que respeten los derechos humanos.

Lengua

Más/Menos + que/de

- El comparativo se usa para contraponer características entre personas, cosas o lugares. El comparativo **más/menos** + nombre, adjetivo o adverbio + **que** es el de mayor uso.

  Por ejemplo: *La Isla de Taquile es **más** pequeña **que** Amantaní.*

- El comparativo **más/menos de** se usa en frases que indican una cantidad.

  Por ejemplo: *Taquile tiene poco **más de** dos mil habitantes.*

CONSERVAR LA IDENTIDAD CULTURAL

Antes de leer

1   Vas a leer un texto sobre la importancia de conservar las raíces culturales dentro de cada familia. Antes de leerlo, contesta a las siguientes preguntas y comenta las respuestas con tus compañeros.

a   ¿De dónde eres?

b   ¿De dónde es tu familia?

c   ¿Qué lengua o lenguas se hablan en tu familia?

d   ¿Has vivido siempre en esta ciudad/este pueblo? ¿En este país? ¿En esta región?

e   ¿Tienes tradiciones o comportamientos diferentes a los de la gente del lugar donde vives?

f   ¿Cómo contestarías a alguien que te pregunta "Quién eres"?

2   Une cada expresión o palabra con la palabra o expresión que significa lo contrario. Hay **dos** palabras o expresiones en cada columna que no tienen contrario: escribe una definición.

1	a fondo	a	debilitar
2	raíces	b	inseguridad
3	fortalecer	c	vergüenza
4	autoestima	d	antepasados
5	orgullo	e	superficialmente
6	bilingüe	f	lengua materna

3   a   ¿Haces las siguientes actividades con tu familia? Marca las que realizas y coméntalas con tus compañeros.

☐ Hablar en varias lenguas.

☐ Contar historias de familiares.

☐ Hablar de la infancia de tus padres, de tus abuelos.

☐ Mantener tradiciones familiares durante generaciones.

☐ Seguir tradiciones o celebraciones del lugar de origen familiar.

☐ Visitar museos y exposiciones sobre vuestra cultura o lugar de origen.

☐ Preparar comida típica del lugar o lugares de origen de vuestra familia.

☐ Hablar de lugares donde ha vivido tu familia.

☐ Ver fotos antiguas de la familia y comentarlas.

☐ Pertenecer a grupos con tradiciones parecidas.

b Escribe un párrafo contando las actividades que hacéis en tu familia y coméntalo con tus compañeros. ¿Os parecéis?

> Vivo en Alemania pero mi madre es española y mi padre es italiano. Mi madre y mi padre hablan en italiano entre ellos, porque mi padre no habla muy bien español. Mis abuelos italianos nos cuentan muchas historias de Sicilia, la isla donde nacieron, y siempre que vamos a su casa, comemos comida italiana. No vemos la tele en español o italiano, pero leemos libros y revistas. Yo me siento un poco alemana, un poco italiana y un poco española, dependiendo de dónde y con quién esté.

Lengua

El presente de indicativo

Repasa el presente de indicativo de los verbos regulares e irregulares para escribir tu párrafo. Ten a mano la tabla de conjugación del presente.

TEXTO B

Conecta a tus hijos con sus raíces y cultura

Comprensión auditiva

Psiquiatra de niños y adolescentes dice que para ello hay que enseñarles a los menores sus raíces culturales e historia familiar

Por: Patricia Prieto

5 El compartir con los hijos la historia de la familia, transmitirles el idioma materno e **inculcarles las costumbres culturales de los países de origen de los padres les ayuda a entender sus raíces** y a formar su propia identidad.

Así lo asegura el Dr. Juan Carlos Zuberbuhler, especialista en psiquiatría de niños y adolescentes. **"El compartir con los hijos la historia familiar trae beneficios tanto para ellos como para los padres"**, asegura el experto.

10 "Transmitir la historia de uno, como padre, es un ejercicio de unidad excelente que ayudará a fortalecer la identidad cultural y el orgullo de quien se es, algo que es muy importante para el niño y el adolescente", dice Zuberbuhler.

Y es que, cuando un menor se cría con una formación clara de la identidad cultural de sus padres y de él mismo, aprenderá no solo a valorar sus raíces sino también
15 a respetar las diferencias culturales de los otros. Otro beneficio fundamental que se logra es **la creación de unos cimientos fuertes en el desarrollo de su autoestima y seguridad en sí mismo**.

"Cuando un menor sabe muy bien quién es, se crean unos cimientos muy fuertes en el desarrollo de su autoestima que no se moverán cuando se le presente, tal vez, algún
20 caso de *bullying* por parte de algunos de sus compañeros de escuela o amigos de grupo", resalta el psiquiatra de niños y adolescentes.

El bilingüismo es otro de los grandes beneficios que trae el transmitir las raíces idiomáticas y culturales en los menores.

"¿Qué mejor beneficio para los hijos que el aprender el idioma de su papá o mamá (**si
25 es que estos provienen de diferentes países**) para que sean personas bilingües y biculturales?", apunta el galeno. "Esto les dará mayores oportunidades cuando sean ya todos unos adultos profesionales".

Otro beneficio importante cuando se promueve y conserva el bilingüismo y el biculturalismo es que los niños "aprenden no solo a valorar y admirar sus raíces sino
30 también a celebrar la diversidad".

En cuanto a los beneficios que recaen directamente en los padres, estos se centran básicamente en la edificación de una comunicación muy íntima y sensible con sus hijos, donde **los menores llegan a conocer a fondo las historias de superación de sus padres (si es que las hay) y, tras ellas, aprenden a valorar todo esfuerzo que**
35 **sus progenitores hacen** para que tengan una mejor vida y mayores oportunidades en su desarrollo como individuos y profesionales activos de la sociedad.

De acuerdo con el especialista, cuando un padre no se siente orgulloso de su historia e idioma materno, y le niega a los hijos la oportunidad de estar expuestos a sus raíces culturales ante la idea de querer que se asimilen con rapidez a la cultura del país donde
40 nacieron o se están criando, se les envía indirectamente un mensaje negativo (como, por ejemplo, que se sienten avergonzados de lo que son) que puede llegar a minimizar su autoestima, convirtiéndolos así en presas fáciles para el *bullying*.

Actividades que forman y unen

Para compartir la historia familiar y transmitir el idioma y las tradiciones culturales,
45 el Dr. Zuberbuhler recomienda:

- **Mantener en casa las costumbres que trajeron de sus países de origen.**
  Los niños son como esponjas; es decir, asimilan todo con rapidez y el hecho
  de hablar en casa el idioma materno no les va a suponer ningún problema para
  aprender la lengua del país donde nacieron o se crían.

50 - **Preparar las comidas de sus países natales y celebrar muy a conciencia las costumbres y tradiciones**, aprovechando cada oportunidad para contarle a los hijos cómo sus abuelitos se vestían para el festejo o qué preparaban y hacían.

- **Compartir con los menores toda anécdota o aventura vivida durante**
55 **la infancia.** "A los niños les encanta escuchar de voz de los adultos las historias sobre su infancia y adolescencia, así como las anécdotas sobre ellos mismos, sus abuelos, bisabuelos, tíos, tías, primos…", **resalta** el Dr. Zuberbuhler. "Toda historia familiar les ayudará a formar su identidad".

- **Conectarse con alguna agrupación de personas de su país de origen**
60 para festejar en comunidad alguna de las tradiciones culturales.

- **Llevar al menor a toda exhibición que los museos presenten** en relación a la historia, arte o cultura del país de donde uno es originario.

- **Compartir con el menor las fotos familiares de sus abuelos, bisabuelos u otros antepasados.** Hoy día, con las computadoras y los teléfonos
65 inteligentes se hace mucho más fácil tener copias de las fotos históricas de la familia.

fuente: **www.laopinion.com**

Después de leer

4 Ordena las ideas del texto en las siguientes categorías:

- Ideas que son más interesantes para ti
- Ideas que coinciden con lo que se hace en tu familia
- Ideas que ya sabías antes de leer el texto (las más obvias)

5 a En el texto aparecen tres sinónimos del verbo "decir" cuando se citan las palabras del doctor. ¿Puedes encontrarlos?

b Aunque esos tres verbos se pueden sustituir por "decir", tienen significados ligeramente diferentes. ¿Cuál de ellos significa…

   i llamar la atención sobre algo: _____

   ii afirmar la certeza de algo: _____

   iii insinuar un tema ligeramente: _____

c ¿Qué otros sinónimos de "decir" conoces? Marca los **ocho** verbos a continuación que podrían sustituir al verbo "decir" para transmitir las palabras de otros.

importar   señalar   concentrarse   afirmar   retener

constatar   declarar   expresar   manifestar   estudiar

sostener   investigar   enumerar   explicar   ordenar

6 a Para evitar las repeticiones de las mismas palabras en el texto, la autora del artículo ha utilizado varias formas de referirse al doctor Juan Carlos Zuberbuhler. ¿Cuáles son?

b Piensa en algunos personajes o lugares famosos del mundo hispano. ¿Cómo podrías referirte a ellos sin repetir su nombre todo el tiempo?

Por ejemplo: Pedro Almodóvar: *el famoso director de cine, el cineasta español, el realizador de la película* Volver

Barcelona: *la capital catalana, la ciudad de Gaudí*

Pregunta de reflexión

Este recurso se utiliza mucho en artículos de prensa en español para evitar repetir las mismas palabras, sobre todo en textos breves, pero a veces se abusa un poco y puede dar lugar a textos innecesariamente complicados.

¿Se utiliza igual en tu lengua materna? Busca artículos sobre el mismo tema en español y en tu lengua, y observa si se utilizan los mismos recursos para evitar las repeticiones de la misma palabra.

Lengua

Los pronombres de objeto directo e indirecto

Pronombres de objeto indirecto	singular	plural
1ª persona	me	nos
2ª persona	te	os
3ª persona	le*	les*

Pronombres de objeto directo	singular	plural
1ª persona	me	nos
2ª persona	te	os
3ª persona	lo/la	los/las

***le/les** cambia a **se** cuando se usa en una frase con el pronombre de objeto directo **lo/la** o **los/las**.

por ejemplo: *He prestado **mi bolígrafo** a Matilda.* → *Se **lo** he prestado.*

7　Mira el texto de nuevo y fíjate en las frases marcadas en morado. ¿A qué se refieren las siguientes palabras?

En la frase …	la(s) palabra(s) …	se refiere(n) a …
a … inculcarles las costumbres culturales de los países de origen de los padres **les** ayuda a entender sus raíces …	les	
b … beneficios tanto para **ellos** como para los padres …	ellos	
c … la creación de unos cimientos fuertes en el desarrollo de **su** autoestima y seguridad en **sí mismo**.	su, sí mismo	
d si es que **estos** provienen de diferentes países	estos	
e … tras **ellas**, aprenden a valorar todo esfuerzo que sus progenitores hacen …	ellas	

8　Vais a hacer un "museo de la identidad de la clase". Traed cada uno un objeto, una foto o una imagen de algo que os representa culturalmente y presentadlo al resto de la clase. Seguid los pasos detallados a continuación.

a　Pensad en algo que representa vuestra cultura, vuestra identidad cultural y que es muy importante en vuestra familia, por ejemplo:

- una tradición
- un objeto
- una persona de tu familia
- una canción
- un plato típico
- un juego
- una costumbre, etc.

b　Preparad una presentación explicando en qué consiste, de dónde viene, por qué es importante, qué significa para ti, etc.

c　Acompañad vuestra presentación de imágenes, objetos, notas, una instalación, etc.

d　Según organice el museo vuestro/a profesor(a), colocad vuestro objeto, imagen o instalación en algún lugar de la clase.

e　Por turnos, una parte de la clase se coloca al lado de sus "instalaciones" y explica su significado, mientras el resto visita el museo y escucha las presentaciones de cada objeto. Después, se cambian los papeles.

f　El/La profesor(a) prepara un "libro de visitas" donde cada alumno anota sus opiniones.

Habilidades de autogestión

- Decide si, al presentar tu objeto, persona, imagen … vas a utilizar "tú" o "usted" (o "vosotros" o "ustedes" si tienes varios visitantes a la vez) y prepara tu exposición teniendo en cuenta qué segunda persona vas a utilizar.

- Además, incluye saludos, despedidas y otros elementos de cortesía para que los visitantes se sientan cómodos y bienvenidos.

LA LENGUA Y LA IDENTIDAD

Antes de leer

1 En equipos, haced el siguiente cuestionario sobre la lengua española. ¿Qué equipo contesta a todas las preguntas en el menor tiempo posible? En caso de duda, preguntad a vuestro/a profesor(a) para que os dé alguna pista.

Comprensión auditiva

CURIOSIDADES DE LA LENGUA ESPAÑOLA

a ¿Qué anagramas puedes formar con las letras de **esponja**, **argentino** y **aeronáutico** respectivamente?

b Las palabras **hola**, **café**, **taza**, **limón** y **rubia** provienen del

_____.

c La palabra **izquierda** proviene del _____.

d ¿Existe la palabra **amigovio**? ¿Qué puede significar?

e ¿Qué palabra procede de una expresión latina que significa "los que comparten el mismo pan": **panadero**, **compañero** o **empanada**?

f ¿Qué palabra originalmente significaba "volver a pasar por el corazón"?

g ¿Qué palabra viene de la palabra francesa para "pierna"?

h El número en español que no contiene ni la letra **"e"** ni la letra **"o"** es

el número _____.

i ¿Qué característica común tienen las palabras **murciélago**, **educación** y **ayuntamiento**?

j ¿Cuántas palabras están recogidas en el Diccionario de la Lengua Española?

k ¿En África, Asia y la Antártida se habla español?

l ¿Qué característica tiene la palabra **reconocer**?

m Las palabras **coyote**, **cacao**, **aguacate** y **chocolate** vienen del

_____.

n ¿De cuántas formas diferentes se puede pronunciar la letra "x" en español de México? (Por ejemplo: **Oaxaca, taxi**, **xola**, **Xicalango**, **Tlaxcala**, **Xalapa.**)

---

2   Se dice de algunas palabras que son "intraducibles", es decir que no tienen un equivalente directo en otras lenguas. Hay que explicarlas, ya que no se pueden traducir usando una sola palabra. Aquí tienes algunas de estas palabras en español. Une cada palabra con su significado.

1	compadre/comadre	a	Comida que se toma a media tarde, para los niños en España suele ser un bocadillo.
2	concuñado/a	b	Tener frío casi siempre.
3	consuegro/a	c	Utilizar algo, por ejemplo, ropa o zapatos, por primera vez.
4	dar vergüenza ajena	d	Levantarse muy temprano.
5	dominguero/a	e	Se dice de las personas que son muy lentas o inexpertas al conducir.
6	estar desvelado/a	f	Sentirse mal, avergonzado/a, por lo que hacen otros.
7	estrenar	g	Vecino/a, amigo/a con el/la que se tiene gran confianza.
8	la merienda	h	El padre o la madre del marido de tu hija, o de la mujer de tu hijo.
9	la sobremesa	i	Marido o mujer del hermano de tu esposo/a.
10	madrugar	j	No poder dormirse.
11	ser friolero/a	k	Tiempo que se está a la mesa, charlando, después de comer.

3   Completa las frases usando las palabras de la actividad anterior.

a   Cada vez que veo a mi padre bailar en público me _____. Lo hace tan mal que no lo puedo ni mirar.

b   Tengo muchas ganas de que lleguen las vacaciones. Estoy harta de _____ todos los días para llegar a tiempo al trabajo.

c   A veces, ir de excursión por mi región el fin de semana es un rollo. Hay muchos _____ que no conocen la zona y causan muchos atascos.

d   No había visto esa chaqueta antes. ¿La has _____ hoy?

e   Lo que más me gusta de las vacaciones es que se puede hacer la _____ tranquilamente. Comemos, nos tomamos un café, y nos quedamos hablando un buen rato.

f   Cuando era pequeño y me pasaba las tardes en el parque, siempre llevaba la _____ en la mochila, normalmente un bocadillo de chorizo.

g   Me quedé _____ toda la noche pensando en lo que había pasado. Me levanté a ver la tele porque, por mucho que lo intenté, no me podía dormir.

h   Aunque haga cuarenta grados de temperatura, mi madre siempre se queja de que no lleva suficiente ropa. Es muy _____ .

i   Mi abuela y su vecina Ana son _____ desde hace muchos años. Lo saben todo la una de la otra.

4   Busca **las siguientes palabras o expresiones.**

   • Una palabra o expresión que te gusta mucho en español
   • Una palabra o expresión que es difícil de traducir a tu lengua

Escríbelas en trozos de papel o cartulina y ponlas en las paredes de la clase, de forma que estén a la vista de todos. Por turnos, una persona define sus palabras y el resto de la clase las intenta adivinar.

Pregunta de reflexión   TdC

Busca o piensa en otras palabras o conceptos difíciles de traducir del español a tu lengua o viceversa. ¿Qué información te dan sobre la cultura donde se habla esa lengua?

---

5   Mira las imágenes y haz una lista del vocabulario que te sugieran.

6   Aparte del español, ¿sabes qué otras lenguas se hablan en México? ¿Quiénes hablan esas lenguas y dónde? ¿Conoces alguna comida, palabra o tradición mexicana que no sea de origen europeo?

TEXTO C

Exposición fotográfica "Fiesta de Imágenes. El color de la identidad"

 Por: **Ada Sepúlveda**

1 El día de hoy fue inaugurada en la CDMX la exposición fotográfica, "Fiesta de imágenes. El color de la identidad". La muestra se encuentra ubicada en la Galería Abierta de las Rejas de Chapultepec, en la Ciudad de México, y en la cual se integran 58 fotografías; todas muestran la gran diversidad cultural y lingüística de México.

2 **Fiesta de Imágenes. El color de la identidad**
El objetivo de la exposición abierta al público es reconocer y valorar la gran riqueza y multiculturalidad de los pueblos de nuestro país, a través de fotografías que han logrado capturar la gran variedad y colorido cultural.

3 El subsecretario de Diversidad Cultural y Fomento a la Lectura de la Secretaría de Cultura Federal, Jorge Gutiérrez, en representación de la titular de la dependencia, María Cristina García Cepeda, indicó y destacó que la exposición constituye el patrimonio común de la humanidad y debe ser reconocida y consolidada en beneficio de las generaciones presentes y futuras.

4 **Objetivo de la exposición**
La exposición al aire libre forma parte de la conmemoración del "Día Mundial de la Diversidad Cultural para el Diálogo y el Desarrollo", proclamado por la Organización de las Naciones Unidas y que se celebra el 21 de mayo, así como el "Día Internacional de la Lengua Materna", celebrado el 21 de febrero.

5 Una exposición integrada por 58 fotografías que muestran rostros, costumbres, tradiciones y vida cotidiana que emanan de los pueblos originarios, así como elementos que se asocian al uso de sus lenguas y que de la misma forma buscan profundizar y sensibilizar al espectador a través de los sentimientos que transmiten las propias imágenes.

6 **Colaboradores**
Bajo la curaduría de Pedro Valtierra, la exposición cuenta con la participación de fotógrafos como Juan Pablo Almorín, Salvador Jaramillo, Bruno Pérez, Federico Vargas, Sergio Becerril, Iván Stephens, Elizabeth Ruiz, Rashide Frías y Alejandra Álvarez, entre otros, que lograrán comunicar su arte para el deleite del público, ya que la exposición se podrá apreciar de manera gratuita.

7 La exposición se podrá disfrutar a partir de hoy, hasta el 8 de junio del 2017, en la Galería Abierta de las Rejas de Chapultepec, en Paseo de la Reforma y Calzada Gandhi en la CDMX.

fuente: **www.mentepost.com**

Después de leer

7 Completa las frases con palabras o expresiones del texto.

   a   La exposición está compuesta por _____. (párrafo 1)

   b   Los pueblos de México se caracterizan por su riqueza cultural, variedad, multiculturalidad y _____. (párrafo 2)

   c   A Jorge Gutiérrez le gustaría que la exposición sea útil no solo para los que la vayan a ver ahora, sino también para _____. (párrafo 3)

   d   Si quieres ver las fotos, no necesitas entrar en ningún edificio, porque el evento es _____. (párrafo 4)

8 Busca en los párrafos 5–7 las palabras o expresiones que podrían sustituir a las siguientes:

   a   personas: _____   c   emociones: _____

   b   colaboración: _____   d   felicidad: _____

9 Elige la terminación correcta para la siguiente frase: Este artículo tiene como finalidad principal …

   a   convencernos de que merece la pena visitar las distintas regiones de México.

   b   promocionar las lenguas indígenas de México.

   c   dar a conocer fotógrafos mexicanos importantes.

   d   presentar un evento cultural que se puede visitar en México.

Actividades de expresión oral y escrita

1 Con la información que proporciona el texto, convertid el artículo en una entrevista o una noticia radiofónica. Si lo hacéis como si estuvierais en México, prestad atención a la segunda persona (¿usaríais "ustedes" o "vosotros"?). Aquí tenéis los pasos a seguir:

   a   Ordenad la información importante del texto de forma que esté clara para los radioyentes.

   b   Incluid saludos y despedidas (estáis hablando a los radioyentes).

   c   Incluid expresiones que demuestren entusiasmo y que animen a los oyentes a visitar la exposición.

   d   Sed persuasivos.

   e   Grabad el anuncio y escuchaos: ¿cómo lo han hecho los otros grupos?

2 Borja, Carmen y Pilar han visitado la exposición. Imagina el **comentario breve** que cada uno ha dejado en un foro de opiniones.

   a   A Borja no le ha gustado nada la exposición

   b   Carmen está entusiasmada con la exposición

   c   A Pilar le han gustado ciertos aspectos de la exposición, pero otros no.

Justifica cada opinión y, si puedes, da al menos un ejemplo.

ENTRE DOS CULTURAS

Comprensión auditiva

Antes de leer

1 Vas a leer una entrevista a Quan Zhou, la autora del cómic *Gazpacho agridulce*, que ha tenido mucho éxito en España. Comenta con tus compañeros las siguientes preguntas.

a ¿Qué nacionalidad te sugiere el nombre de la autora, Quan Zhou?

b ¿Qué es el gazpacho? ¿De dónde es típico? ¿Qué ingredientes lleva?

c ¿Qué te sugiere la palabra "agridulce"? ¿Qué comida es agridulce?

d ¿De dónde son las personas andaluzas?

e ¿Qué sabes de la Costa del Sol?

f Mira la portada del cómic, ¿de qué crees que trata?

Lee la **primera** parte de la entrevista y haz las actividades de comprensión a continuación.

Gazpacho agridulce, el cómic de la andaluza más china

Por: Esther L. Calderón

Hay tres cosas que definen a Quan (1989): 1. Nunca sale de casa sin pintarse los ojos. 2. Nació en un taxi, un lugar en ninguna parte. 3. Ha tenido que convertir a su madre en "Mama Zhou", un personaje de cómic, para poder digerirla con amor.

5

Estos tres **rasgos** han servido de motor para que la china más andaluza, la andaluza más china, haya traído a este mundo ambiguo *Gazpacho agridulce*, una novela gráfica sobre las aventuras (y desventuras) de la familia Zhou en su restaurante de la Costa del Sol. El libro tiene estructura de menú.

10

ENTRANTES

Ha sido una necesidad. Llena de espontaneidad, pero una necesidad. Así lo explica ella. Cuando alguien nace entre dos culturas y dos maneras de relacionarse con los sentimientos, o lo elabora para traducirse o se queda instalado para siempre en la confusión. Eso es lo que ha hecho "Juana", como la llaman a menudo los españoles, que "lo flipan" con que hable con acentazo del sur teniendo esos ojos. Ha sacado afuera en forma de viñetas los **choques** pequeñitos entre sus dos realidades, grietas que pueden convertirse en un abismo si no se les pone atención. Por ejemplo: querer Reyes Magos y no tener, ver la cara de extrañeza de tu madre porque prefieres los huevos con papas al arroz tres delicias, darte cuenta de que tu hermano es el favorito solo porque es varón o enamorarte de un gallego (tirando a precario) cuando todo tu entorno te busca novio chino … y rico.

15

20

25

De hecho, todo comenzó por ese lado, por el que comienza casi todo. Fue un día cualquiera hace un par de años. Estaba contando a sus **compañeros** a la hora de la comida, partida de risa (algunas cosas solo se desatascan con sentido del humor), que su madre quiso conocer a su primer novio español, pero luego no le había dirigido la palabra en toda la comida. La gente reía, ella también, pero todo tenía un regusto justo así, agridulce. Ahí fue cuando alguien dijo que debería dibujarlo. Que sí. Que todas esas escenas eran más que **anécdotas** íntimas. Con humor. Con dolor. Con todo. Y eso hizo, Quan Zhou. Se remangó y no paró de dibujar en ocho meses.

30

Habilidades de investigación ATL

- En el párrafo 3 aparecen las palabras "acentazo" y "pequeñitos". Investiga sobre los sufijos como **-ito/a**, **-azo/a**, **-on/a**, **-ote/a**, etc. en español. ¿Cómo se utilizan? ¿Para qué sirven?

- ¿Se usa el mismo mecanismo en tu lengua?

Después de leer

2   Basándote en el texto, ¿qué palabras en la columna de la derecha podrían sustituir a las palabras de la izquierda y mantener el mismo significado en el texto? Relaciónalas. Atención: estas palabras son polisémicas (es decir, tienen varios significados), así que decide cuál encaja en el texto.

1	rasgos (línea 10)	a	sorpresas
		b	parejas
2	choques (línea 20)	c	contrastes
		d	sucesos
3	compañeros (línea 27)	e	accidentes de tráfico
		f	historias
4	anécdotas (línea 32)	g	aspectos
		h	colegas

3   Completa las frases escogiendo la opción correcta en cada caso.

a   Esta primera parte sirve para …
   i   criticar el comportamiento de los españoles hacia los inmigrantes
   ii   contar la vida de la madre de la entrevistada
   iii introducir al personaje entrevistado
   iv   describir lo difícil que es ser una persona de ascendencia china en España.

b   A Quan Zhou …
   i   le gusta maquillarse
   ii   le salen gratis los viajes en taxi
   iii le gustaría dejar su trabajo en el restaurante
   iv   le molesta que no la consideren andaluza.

c   La expresión coloquial "lo flipan" (línea 13) significa que …
   i   les pone nerviosos
   ii   les produce sorpresa
   iii les molesta
   iv   les encanta.

d   Quan decidió crear su cómic …
   i   después de una pelea con su madre
   ii   porque tenía problemas para relacionarse
   iii después de una conversación en el trabajo
   iv   porque su novio la animó a hacerlo.

4 a ¿Qué quiere decir la siguiente frase del texto? Explícalo con tus propias palabras.

> "Cuando alguien nace entre dos culturas y dos maneras de relacionarse con los sentimientos, o lo elabora para traducirse o se queda instalado para siempre en la confusión."

b ¿Estás de acuerdo con la frase? ¿Por qué (no)? Discute con un(a) compañero/a.

5 En las líneas 15–17 se mencionan los Reyes Magos, los huevos con papas y el arroz tres delicias. ¿A qué tradiciones culturales o gastronómicas hacen referencia? Explica el contexto cultural que hay detrás.

Ahora lee la **segunda** parte de la entrevista.

PRIMER PLATO

1. ....
El orden de los factores no altera el producto; aunque, si hay que elegir, andaluza-china.

2. ....
Caótico y confuso al principio, enriquecedor después.

3. ....
Al principio sí, te sientes perdida, al ser la primera generación que crece en España, no tienes a nadie que te guíe en tu crisis de identidad, más bien tienes dos partes en continua lucha por llevarte a su terreno.

4. ....
Claro que sí, de hecho, lo menciono en los agradecimientos de la novela gráfica. Y lo describe muy bien Sagar Prakash Khatnani, un bloguero de origen indio que ha crecido en España: "El hijo de un emigrante es dadivoso y crítico con ambas culturas. En lo más hondo de su corazón comprende que **no hay país ni frontera, que la única patria del hombre es su mente. Uno es nacional de sí mismo, de su pensamiento: con él puede dibujar barreras o abrir puertas, crear puentes y establecer lazos de unión entre los pueblos o forjar barrotes y esposas.**"

SEGUNDO PLATO

5. ....

Las tradiciones españolas fueron difíciles porque nosotras lo veíamos como algo natural y ella, a veces, ni las conocía. Pasaba mucho en Navidad: mi madre decoraba el restaurante chino, pero no decorábamos la casa, y eso siendo niñas nos chocaba mucho, así que una vez mi hermana y yo compramos un miniárbol con la **paga**. Aunque nos gustaban mucho más los **belenes**, pero claro, no nos daba el presupuesto. [...]

6. El subtítulo del libro es "una autobiografía chino-andaluza". ¿Qué ha sido lo más difícil en ese sentido?

Cómo se lo iban a tomar los retratados, claro. Muchos son recuerdos **verídicos** y los hablé con mis hermanas. Me decían: "¡Oh, sí! Dibuja esto y lo otro y ¿te acuerdas de eso?". Pero no lo leyeron hasta que les pasé el libro terminado. Y les encantó, no pararon de reír. Mi hermano también dijo que le gustó mucho y que también se rio muchísimo. [...]

7. ....

Muy bien, aunque el que espere leer qué **telenovela** ven los chinos, qué comen, y demás **tópicos** ... se verá decepcionado. El libro sobre todo retrata nuestra relación familiar. También me ha pasado que muchas parejas mixtas entienden y disfrutan de lo que dibujo, se ven identificados. Una chica española cuyo novio es chino me dijo que, gracias al libro, comprendía mucho más a su **familia política** y que le abría mucho la mente. [...]

8. ....

Mejor incluso que la española. Me han escrito mucho en redes. Hay alguna crítica, pero la mayoría va por el lado positivo. Dicen que, aunque no venda ni un libro más (esperemos que no), habrá merecido la pena. Los chinos de segunda generación como yo me han dicho que ha sido la primera vez que se han sentido identificados y comprendidos. Y eso me parece muy importante. [...]

POSTRE

9. ¿Cómo lleva tu chico todo este *mix*?

Mi ambiente es puramente español en mi día a día, pero una vez fuimos a visitar a mi prima a Barcelona, y creo que le hizo mucha gracia que estuviéramos entre tanto chino, hablando en español (porque los chinos de segunda generación hablamos en español). Luego fue un poco *shock* para sus amigos españoles cuando vieron fotos entre tanto chino (risas).

10. ¿Qué es lo que más le sorprende de Mamá Zhou?

Aún no la conoce en persona, ya te contaré cuando ocurra el encuentro.

11. ....

¡Esperemos! Ya estoy **maquinando** lo próximo y tendrá que ver con la vida en la gran ciudad.

fuente: **www.divinity.es**

6 a ¿Entiendes el sentido general de esta cita, extraída del texto? En grupos, explicad qué quiere decir con vuestras propias palabras.

> "no hay país ni frontera, [...] la única patria del hombre es su mente. Uno es nacional de sí mismo, de su pensamiento: con él puede dibujar barreras o abrir puertas, crear puentes y establecer lazos de unión entre los pueblos o forjar barrotes y esposas"

b ¿Estás de acuerdo con lo que dice? Escribe tu opinión y justifícala en una hoja de papel. Leed todas las opiniones y pegadlas en un póster, agrupándolas según las coincidencias o diferencias. ¿Qué piensa la clase?

Habilidades de investigación

Busca información sobre Quan Zhou y su obra en Internet o en la biblioteca. Lee alguna de sus viñetas y comenta tus opiniones con los compañeros.

- ¿Por qué crees que se considera andaluza y china, más que española y china?
- ¿Qué diferencias culturales aparecen?
- ¿Crees que está bien usar el humor para hablar de sus familiares y conocidos? ¿Por qué?
- ¿Crees que exagera? ¿En qué?
- ¿Has tenido experiencias parecidas, por ejemplo, sentir que no perteneces a ningún lugar? ¿Qué has hecho para superarlo?

---

7 En la segunda parte de la entrevista, faltan algunas preguntas. Escoge las preguntas correctas de la lista. Hay **seis** preguntas que sobran.

a ¿Habrá segunda parte?
b ¿Por qué prefieres considerarte más china que andaluza?
c ¿Cómo es ser de dos sitios a la vez?
d ¿Quién te ha inspirado?
e ¿China-andaluza o andaluza-china?
f ¿Se parece a no ser de ninguna parte?
g ¿Qué tal lo han recibido los españoles?
h ¿Qué tradiciones españolas seguíais en tu casa?
i ¿Qué te dicen los españoles que han leído el libro?
j ¿Tienes más claro dónde estás tras este libro?
k ¿Qué es lo que más te preguntan en las entrevistas?
l Los choques culturales han sido fuertes. Cuéntame algunos que hayan sido difíciles de gestionar con tu madre …
m ¿Cuáles son tus planes?
n ¿Y la comunidad china lo ha acogido bien?

8 Basándote en la información del texto, indica si estas frases son **Verdaderas** o **Falsas** y escribe las **palabras del texto** que justifican tu respuesta.

   a   Ser de dos sitios a la vez a Quan siempre le ha parecido estupendo.   **V** **F**

   b   Escribir el libro le ha ayudado a tener más clara su identidad.   **V** **F**

   c   En casa de Quan siempre ponían un árbol de navidad.   **V** **F**

   d   La mayoría de las críticas al libro han sido negativas.   **V** **F**

   e   A las hermanas de Quan les hizo gracia el libro.   **V** **F**

   f   El libro de Quan se centra en la comunidad china en general, más que en su familia.   **V** **F**

   g   Algunas personas le han comentado a Quan el efecto positivo que ha tenido su libro.   **V** **F**

   h   La madre de Quan todavía no conoce al novio de esta.   **V** **F**

9   a   ¿Cuáles de las siguientes palabras o expresiones conoces? Busca las que no conoces y escribe una breve definición para cada una.

paga	verídicos	telenovela	maquinando
belenes	tópicos	familia política	

   b   Haz **tres** frases utilizando al menos una de las palabras o expresiones que acabas de ver en cada una. Escribe tus frases en una hoja de papel, dejando un espacio en blanco en lugar de cada palabra o expresión. Intercambia tu hoja con un(a) compañero/a. ¿Quién completa antes las frases?

10 ¿Por qué crees que las **diferentes secciones de la entrevista** tienen el título de "Entrantes", "Primer plato", "Segundo plato" y "Postre"?

Habilidades de investigación   **ATL**

Investiga sobre la vida de los hijos de inmigrantes en países como España.

- ¿Cómo es la vida de las segundas generaciones?

- ¿A qué problemas se enfrentan?

- ¿Cómo los solucionan?

- ¿Se parece su experiencia a la de Quan Zhou? Justifica tu respuesta.

Actividades de expresión oral y escrita

1   ¿Te apetecería leer el libro *Gazpacho agridulce*? ¿Por qué (no)?

2   Aquí tienes una viñeta de la página web de Quan Xhou. Contesta a las siguientes preguntas.

   a   ¿Dónde tiene lugar?

   b   ¿Quiénes son los personajes?

   c   ¿Qué pasa?

   d   ¿Dónde está el humor?

fuente: **www.gazpachoagridulce.tumblr.com**

3   ¿Te sientes creativo/a? Haz una viñeta al estilo de *Gazpacho agridulce* sobre algún choque cultural o generacional que hayas tenido.

Comprensión Conceptual

Reflexiona sobre estas preguntas señalando la opción u opciones más adecuadas. Comenta tus elecciones con tus compañeros para comprobar si las respuestas son las mismas:

- ¿Qué **receptores** pueden tener los textos A1, B, C y D que has trabajado en esta unidad? ¿Coincides con tus compañeros? ¿Qué elementos sirven para determinar esos posibles destinatarios (edad, sexo, etc.)? ¿Qué elementos de estilo y registro los determinan? ¿Qué deberíamos cambiar si el destinatario fuera diferente? Por ejemplo, niños o adolescentes, en lugar de adultos, etc. ¿Habría más elementos visuales, aparecería más información de algún aspecto importante para ese tramo de edad?

   Por ejemplo: *Si el artículo sobre la isla de Taquile estuviera destinado a niños pequeños, probablemente estaría dividido en secciones más cortas, con títulos en cada sección. Además, el vocabulario sería más simple y aparecerían expresiones con preguntas o exclamaciones para atrapar la atención de los lectores como "¿Sabías que en la isla de Taquile no hay hoteles?".*

- Elige uno de los textos estudiados e imagina un **contexto**, es decir, un lugar o una situación en los que pueda aparecer el texto. Comparte tus ideas con el resto de la clase.

   Por ejemplo: *El texto B podría aparecer en una revista dirigida a padres en la que se habla de la educación a los hijos, o en una página web con consejos sobre cómo educar a los hijos, en la sección sobre familias interculturales.*

- ¿Cuál es el objetivo o **propósito** de los textos? Por ejemplo, podemos decir que el texto D no solo pretende dar a conocer a la autora Quan Zhou y su cómic, sino que trata de visibilizar las experiencias de inmigrantes de segunda generación (descendientes de personas que inmigraron en el pasado y que nacieron en el país de acogida) para que el lector reflexione sobre el concepto de identidad "nacional", por ejemplo. ¿Y para el resto de los textos? Comparte tus ideas con el resto de la clase.

- **Significado:** La selección de vocabulario es muy importante a la hora de producir un efecto en el lector. Recopila campos léxicos para cada uno de los textos de esta unidad, estudiando las palabras específicas que dan a cada texto su significado global, así como los conceptos asociados y los elementos icónicos que refuerzan el significado. Luego, trabaja en pequeños grupos para crear una nube de palabras con las palabras y las imágenes que habéis recopilado, y compartidlas con el resto de la clase.

   Por ejemplo: *En el texto C, las palabras y los conceptos claves son "inaugurar", "exposición", "público", etc. (actividades culturales) y "costumbres", "tradiciones", "vida cotidiana", etc. (identidad).*

- **Variante:** Los textos siempre tienen una estructura y formato específicos que cambian si decides usar información del mismo tipo, pero presentándola de otra manera.

   Por ejemplo: *Transformar un artículo sobre una exposición fotográfica en una entrevista en la que un crítico de arte promociona la exposición.*

En grupos, intentad transformar alguno de los textos que habéis visto en esta unidad utilizando otro formato. Es importante tener en cuenta el tipo de vocabulario, registro y estructura a la hora de realizar esos cambios.

Aquí tenéis algunas sugerencias de otros formatos:

- Texto A: Isla de Taquile: Durmiendo en casa de los isleños → folleto

- Texto B: Conecta a tus hijos con sus raíces y cultura → conjunto de instrucciones

- Texto C: Exposición fotográfica "Fiesta de Imágenes. El color de la identidad" → entrada de diario

- Texto D: *Gazpacho agridulce*, el cómic de la andaluza más china → correo electrónico a un amigo recomendando que lea el cómic

Tipos de textos

A Entrevista

Hay diferentes tipos de entrevistas, pero en esta sección vamos a centrarnos en analizar sus características principales de forma general.

Cuando haces una entrevista, puede que sea grabada y transmitida de forma oral (por radio, televisión, Internet …) para que el público vea y escuche las palabras exactas de la persona entrevistada, o puede que sea publicada para ser leída (en una revista, un periódico, un blog, *online* o en papel).

1   a   Lee la información de las tablas A y B y marca qué opción es más adecuada en cada caso. Para ello, busca entrevistas tanto orales como escritas.

Tabla A

	Entrevista oral (radio, TV …)/diálogo	Entrevista escrita/publicada
1 fecha		
2 titulares, entradillas		
3 saludos al público		
4 nombre del periodista o entrevistador		
5 expresiones como "Esta noche tenemos con nosotros", "y esto es todo por hoy"		
6 expresiones como: "claro, jajaja", "pues, bueno, no sé …"		

Tabla B

	Entrevista directa/transcripción	Entrevista referida o indirecta
7 "Aprender lenguas te hace más tolerante", dijo Paloma Suárez.		
8 Paloma Suárez dijo: "Aprender lenguas te hace más tolerante."		
9 Entrevistador: Paloma, ¿por qué aprender lenguas es importante? Paloma: Creo que, aparte de que todo aprendizaje es bueno, te hace más tolerante.		
10 texto cohesionado, con introducción, cuerpo y cierre		
11 división pregunta – respuesta – pregunta – respuesta … en diferentes párrafos		
12 sinónimos del verbo "decir": afirmar, recalcar, expresar, comentar, manifestar, etc.		
13 Paloma Suárez expresó su convencimiento de que aprender lenguas nos hace más tolerantes.		
14 diferentes secciones		

   b   En grupos, discutid: ¿qué otro(s) aspecto(s) se puede(n) añadir? Después, compartid vuestras ideas con el resto de la clase.

2 Ahora lee las siguientes proposiciones y marca **"sí"**, **"no"** o **"depende"** en cada caso. Si tu respuesta es "depende", explica de qué depende.

a   introducir al entrevistado o el motivo de la entrevista

b   empezar directamente con las preguntas, sin introducción

c   incluir citas del entrevistado

d   narrar en primera persona (incluirse el periodista en la narración)

e   incluir fotos

f   titular creativo

g   titular simple: "Entrevista a …"

h   tratar al entrevistado de tú

i   tratar al entrevistado de usted

j   tratar a los entrevistados de vosotros

k   tratar a los entrevistados de ustedes

l   dirigirse a los lectores en singular

m   dirigirse a los lectores en plural

n   dirigirse a los lectores en registro formal

o   dirigirse a los lectores en registro informal

p   utilizar lenguaje vulgar (palabrotas, etc.)

q   escribir todo lo que dice el entrevistado, incluso si es lenguaje vulgar

Lengua

La puntuación

Presta atención a la puntuación cuando estás reproduciendo las palabras del/de la entrevistado/a.

- ¿Cuándo se usan las comillas (" ")?

- ¿Cuándo se usa la coma?

- ¿Cuándo se usan los dos puntos (:)?

- ¿Cuándo no se usan ni la coma ni los dos puntos?

- ¿Cuándo se usa la raya (—) o "Pregunta" – "Respuesta" para introducir las palabras del periodista y la persona entrevistada?

3 Busca entrevistas en periódicos en español. ¿Puedes encontrar ejemplos de todo lo que aparece en la tabla anterior?

4 Observa las siguientes entrevistas de prensa y marca los elementos que aparecen (a nivel de formato) y los elementos de registro (formal/ informal …) y estilo evidentes.

6 Magisterio

MIÉRCOLES, 3 DE JUNIO DE 2015

Entrevista

Marko Koskinen Fundador de la escuela democrática finlandesa "Phoenix School"

"El alumno aprende los contenidos básicos se le obligue a ello o no"

Marko Koskinen creó hace una década la primera escuela democrática de Finlandia. En la "Phoenix School" todo alumno tiene derecho a voto sin importar su edad y los chavales deciden su itinerario formativo.

Rodrigo Santodomingo
informacion@magisnet.com

De tono dulce e inofensivo, el finlandés Marko Koskinen defiende de los postulados de la escuela democrática con una candidez tan libre de artificios que hace pasar a su interlocutor como un cínico sin solución. Su propuesta educativa atribuye al alumno bondad intrínseca y pasión por el conocimiento. La labor de una escuela democrática no es, por lo tanto, otra que encauzar esa inmaculada predisposición al aprendizaje, la responsabilidad y el buen comportamiento. Hablamos con Koskinen durante una reciente visita a Madrid invitado por la Universidad Francisco de Vitoria.

■ **Pregunta. ¿Se lleva hasta las últimas consecuencias la libertad del alumno a la hora de decidir lo que quiere o no aprender?**

■ **Respuesta.** La idea de fondo es que el alumno no aprende si no quiere aprender, al menos hasta cierto punto. Así que nosotros centramos los esfuerzos en ayudar al alumno a encontrar la motivación para aprender, no en enseñar un currículum predeterminado. Hay contenidos básicos en Lengua o Matemáticas que el alumno debe conocer, y los va a adquirir se le obligue a ello o no. Pero la gran mayoría de los temarios que se enseñan en la escuela no será, con algunas excepciones, necesario en la vida del alumno.

■ **P. ¿No resulta algo ingenuo pretender que el alumno esté motivado en todo momento? Quizá hay un tipo de conocimiento no muy gratificante en las primeras fases de adquisición, aburrido incluso, que requiere de un cierto dominio para verle el sentido y apreciar lo aprendido.**

■ **R.** Mi experiencia me dice que suele ser al contrario. Pensemos en la música, el piano por ejemplo. Al principio resulta muy estimulante: uno aprende un par de canciones y suena genial. Pero llega el momento de practicar rutinas y mejorar la técnica, y entonces la cosa se pone aburrida. No obstante, si el alumno quiere realmente aprender, seguirá a pesar de las dificultades. Tenemos que desterrar la idea de que aprender es esencialmente una actividad aburrida, ya que nunca lo es si uno ve la importancia de lo que está aprendiendo, lo cual genera reacciones físicas de alegría.

■ **P. ¿Y el alumno percibe siempre la importancia de lo que está aprendiendo, incluso en edades muy tempranas?**

■ **R.** Desde luego que no si se le presenta la información en libros de texto, fuera de contex-

> "Aunque tiene muchas cosas positivas, hay algo de mito sobre el sistema finlandés"

> "Tenemos que desterrar la idea de que aprender es una actividad aburrida"

JORGE ZORRILLA

to, sin que él sepa el porqué de lo que está aprendiendo.

■ **P. ¿Subyace en su propuesta pedagógica una concepción del ser humano como esencialmente bueno, sin una dimensión negativa que explique manifestaciones de egoísmo, pereza, maldad hacia el prójimo, etc.?**

■ **R.** Pienso que la maldad en nosotros solo aflora como reacción, y que incluso cuando nos sentimos agredidos, nuestra intención primera no es hacer el mal, sino entender por qué se nos ha hecho daño.

■ **P. Imaginemos que un alumno llega un día a clase con pésima actitud, sin ganas de aprender, molestando a los demás… ¿Qué hacemos con él?**

■ **R.** Yo procuro darle, desde un enfoque psicológico, suficiente atención para que supere ese momento de pereza o mal comportamiento. Otras escuelas

democráticas tienen un enfoque más duro y establecen comités para lidiar con este tipo de situaciones. Evalúan cada caso e imponen sentencias: recoger basura durante una semana, este tipo de cosas.

■ **P. Las escuelas democráticas no establecen, a diferencia de los sistemas políticos así llamados, diferencias entre adultos y menores: todos gozan de los mismos derechos con independencia de su edad. ¿Qué consecuencias prácticas tiene conceder el mismo estatus en la toma de decisiones a un profesor y a un niño de 5 años?**

■ **R.** Las cosas surgen de forma más natural. Si un alumno de 5 años acude a una reunión escolar, lo probable es que no encuentre nada interesante y se vaya. En teoría tiene derecho, pero no lo ejerce. Sin embargo, si un día decide con sus amigos que quieren cambiar algo en la escuela, tiene la oportunidad de plantearlo y que se someta a votación.

■ **P. ¿Cómo resumiría la labor de un profesor en una escuela democrática?**

■ **R.** Varía mucho de una escuela a otra. "Summerhill School",

en Inglaterra, es un internado, y tiene cuidadores por una parte, y profesores por otra. El profesor se limita a impartir su materia de manera más o menos tradicional. En "Sudbury Valley School" (Massachusetts, Estados Unidos), sin embargo, el docente asume un rol más pasivo y no suele interferir en lo que los alumnos hacen. Simplemente está disponible cuando los estudiantes necesitan ayuda.

■ **P. ¿Cómo es la transición del alumno hacia instituciones educativas con una visión más reglada y convencional?**

■ **R.** La escuela que le comentaba en Massachusetts hizo un seguimiento de alumnos que habían finalizado la enseñanza obligatoria y comprobó, por ejemplo, que aquellos que habían ido a la universidad obtuvieron resultados mucho mejores que la media. Pienso que la explicación tiene que ver con el hecho de que ya estaban acostumbrados a ocuparse de sus propios asuntos y a ser responsables de su aprendizaje, y sobre todo con que tenían muy claro lo que querían hacer con su vida, ya que habían pasado muchos años reflexionando

sobre ello.

■ **P. Algunas escuelas democráticas han incorporado la meditación en su día a día, y casi todas miran a la enseñanza desde una perspectiva holística. ¿Piensa que nuestra faceta menos intelectual va a ir cobrando una importancia creciente en la Educación?**

■ **R.** Eso espero, ya que hasta ahora todo ha girado en torno a lo que ocurre en nuestra cabeza. Cada vez más escuelas ofrecen a sus alumnos sesiones de *mindfulness* (práctica no religiosa inspirada en la meditación budista, normalmente traducida como "atención plena"). Necesitamos desligarnos del conflicto que esconde todo pensamiento y vivir más en el presente.

■ **P. Sorprende que un finlandés se muestre crítico con el sistema educativo de su país. Todos hablan maravillas de su modelo de formación del profesorado, pero a usted le produjo una decepción.**

■ **R.** Me pareció básicamente repetitivo, sin ninguna intención emancipadora. Se hablaba de nuevos métodos pedagógicos pero nos los enseñaban a la antigua usanza. Al final opté por formarme en psicología educativa, donde sí encontré una mayor sintonía con mis ideas sobre cómo debe ser la Educación en el siglo XXI.

■ **P. ¿Hay algo de mito en torno a las bondades del sistema finlandés *per se*? Pocas veces se menciona que su país cuenta con condiciones ideales para el éxito: poca población, fuerte financiación pública, alto nivel sociocultural, bajos niveles de inmigración…**

■ **R.** De alguna forma sí, aunque hay muchas cosas positivas, sobre todo en cuanto a la apertura del currículum y la libertad del profesor a la hora de enseñar, así como respecto a la valoración social de la figura docente. He viajado por todo el mundo y mi conclusión es que ciertamente Finlandia cuenta con uno de los mejores sistemas educativos, aunque no el mejor, que en mi opinión se encuentra en Dinamarca, donde han llevado más lejos la idea de Educación personalizada y están más abiertos a la innovación.

fuente: **www.emaze.com**

a16 | EL COMERCIO sábado 3 de setiembre del 2011

Entrevista
ANAHÍ VÁSQUEZ DE VELASCO

Poeta y promotora cultural, junto con un colectivo de artistas y ciudadanos, convoca a una marcha masiva por el patrimonio, que se hará el lunes 31 de octubre por las calles de la capital

▶ EL COMERCIO EN CAMPAÑA. INICIATIVA 800-M

A marchar por nuestro patrimonio

JAVIER LIZARZABURU

Esto es fruto del hartazgo. Así lo condensa esta joven activista de la cultura, al hablar de la marcha que ha convocado. Es un hartazgo, indica, de ver cómo cada día se va destruyendo nuestro patrimonio, ante la indiferencia de autoridades y ciudadanía. Por eso, señala, ella y los grupos que organizan el acto quieren sensibilizar y hacer que tomemos conciencia que memoria e identidad son claves para nuestro desarrollo, como sociedad y como país.

Pero esto parece una batalla perdida de antemano. La cultura es la última rueda del coche.
Sí, pero nadie ha sentenciado que eso vaya a ser eterno. Puede ser que sea el comienzo del cambio.

¿Qué tipo de cambio?
El cambio volteará la cara hacia atrás y verá quiénes somos. Atrás hay un espejo muy profundo, donde están reflejados nuestros padres, nuestros abuelos, nuestros ancestros y todo lo que ellos soñaron y que lograron hacer.

Aquí ni las autoridades tienen sensibilidad para estos temas. Qué esperar del resto.
A las autoridades nosotros las elegimos, entonces hay que exigirles, negociar. Demostrarles lo importante que es nuestra memoria, nuestra identidad y que puede ser aprovechado desde una perspectiva de mercado.

Mira el Jirón de la Unión: ha sido completamente destrozado y a nadie le molesta.

FÉLIX INGARUCA

IMPACIENCIA. El rico legado patrimonial del país subsiste bajo amenaza cotidiana y no está protegido.

Qué es Iniciativa 800-M

Una propuesta para Lima lanzada por este Diario. Apunta a sensibilizar a empresarios, ciudadanos y autoridades en una visión de una Lima renovada. Busca la discusión y análisis de temas que estimulen una mirada diferente sobre la capital. Cree en el papel de la empresa privada para apoyar cambios. La iniciativa toma el nombre del costo que tuvo el Cristo del Pacífico, 800 mil dólares, y la variedad de proyectos que se pudieran financiar en la capital con la misma cantidad de dinero.

A nadie le molesta porque la única gente que va son los que transitan por ahí día tras día hace 30 años. Se han acostumbrado a ese espacio. No son los primeros limeños. Han conocido ese espacio así y lo han vulnerado de esa manera porque no lo amaron desde un inicio, porque no lo conocían.

¿Tú apoyarías un juicio histórico a los alcaldes de Lima?
Sí. Se lo merecerían. Además se merecerían una sanción, pero me enfoco más en la gente con la que me cruzo en la calle...

Pero a ellos una marcha no les significará nada.
Probablemente a todos no, pero a algunos sí. Esa es la esperanza que yo tengo. Esto es esperanza. La gente que hace cosas lo hace por esperanza.

¿Confías en que se puede cambiar?
Sí.

Confías, pero mira el ejemplo del Ministerio de Cultura, que permitió el Cristo del morro y que pintaran el ministerio mismo.
Nuestro país ahora mismo no vive con la conciencia de una cultura de miles de años. Eso se ha olvidado. Se nos destruyó, se nos hizo sentir mal, se nos hizo sentir menos y nos acostumbramos a eso. Ahora que somos libres estamos en la adolescencia. Hay mucho por reaprender y recordar.

LA FICHA

Ejemplos de patrimonio en riesgo en Lima

Edificios emblemáticos: Palais Concert, Teatro Colón, Cine Tauro.
Arquitectura prehispánica: complejo arqueológico Maranga, Puruchuco, huaca San Marcos.
Arquitectura civil: casonas del Centro Histórico.
Arquitectura local: parque Cuadros, Chorrillos.
Avenidas: Arequipa, Tacna, San Felipe.
Documentos: Archivo General de la Nación.
Arte y memoria: monumento a los desplazados, Villa María del Triunfo.

¿Qué pasa si el día de la marcha una ministra feliz los acompaña y dice que los apoya en todo?
Después hay que estar detrás, insistiendo, exigiendo.

¿Qué compromisos quieren conseguir de ella?
Yo quisiera pedirle que se tome en serio el cargo y piense que cultura es desarrollo. Que cultura no es arte solamente. Ella tiene que comprometerse con esa visión.

En México cultura se enmarca en una visión de desarrollo y por lo tanto es una prioridad de Estado.
En México funciona más porque han tenido un bombardeo tremendo de nacionalismo, de

sentirse ellos, y de fortalecer su identidad constantemente desde hace décadas. Tienen mucha más fuerza.

Pero hay una cosa esencial: protección necesita dinero. Y aquí no hay dinero para eso.
Lo que pasa es que hay que abrirle los ojos a la gente a partir del turismo, ya que vivimos en una sociedad bastante mercantilizada. Historia, cultura, pasado,

> ❝A las autoridades hay que exigirles, pedirles, negociar. Demostrarles lo importante que es nuestra memoria y nuestra identidad❞

identidad, pueden desarrollarse desde el punto de vista turístico. A partir de ahí es que van a empezar a hacer algo.

¿Qué opinas cuando te dicen que todo esto es muy romántico?
Sí. Es una lucha romántica. Pero todas las luchas son románticas. Todas las luchas son hechas con pasión, y después de que la pasión comienza a asentarse uno comienza a razonar. Uno comienza a armar su proyecto de sueño real. ∎

Los grupos que quieran inscribirse hacerlo en: avvzgestioncultural@yahoo.es

fuente: **El Comercio, Perú**

5 Aquí tenéis una serie de temas relacionados con la identidad. Entrevistad a alguien de la clase siguiendo estos pasos.

a En grupos, preparad una serie de preguntas relacionadas con el tema de la "identidad" para hacer en una entrevista. Utilizad los temas de la nube para elaborar preguntas sobre qué características definen lo que somos.

b Pensad en el registro de las preguntas: ¿formal o informal?

c Trabajad en parejas: entrevistador(a) y entrevistado/a. Podéis grabar la entrevista en vídeo.

d Una vez terminada la entrevista, redactad por parejas la entrevista para que se publique en el periódico del colegio. Seguid las normas de estilo de las entrevistas publicadas.

Actividades orales generales

Preservar las lenguas y culturas indígenas

1   Escoge **una** de las imágenes a, b o c y prepara una breve exposición
    mencionando:

    a   qué se muestra en la imagen (información objetiva)

    b   cómo se muestra y por qué (información subjetiva)

    c   de qué tema trata

    d   tu opinión personal.

2   Responde a las preguntas que aparecen debajo de cada imagen.

    a   ¿Perteneces o te gusta alguna tribu urbana en particular? ¿Cuál y
        por qué?

    b   Aparte de la forma de vestirse, ¿en qué se diferencian unos grupos
        de otros?

    c   ¿Crees que la forma en que te vistes representa cómo eres?

    d   ¿Hay alguna ropa que no llevarías nunca? ¿Por qué?

    e   ¿Crees que, si te vistes de determinada manera, la gente saca
        conclusiones sobre cómo eres? Explícalo dando algún ejemplo.

    f   ¿Tienes alguna ropa especial, que significa mucho para ti?

9 agosto

Día Internacional de los Pueblos Indígenas

En México (2015):

Hay **7.4 millones** de personas hablantes de lengua indígena (de 3 años y más de edad):

51% son mujeres y **49%**, hombres.

Representan **6.5%** de la población total.

45.3% de ellas tiene menos de **30 años de edad**.

46.9% de los hablantes de lengua indígena (15 años y más de edad) **es económicamente activo** (trabaja o busca trabajo).

Oaxaca es la entidad con el mayor porcentaje de hablantes de **lengua indígena** con **32 de cada 100 habitantes**.

Las tres lenguas indígenas con más hablantes son **náhuatl** (23.4%), **maya** (11.6%) y **tseltal** (7.5%).

Porcentaje de población de 3 a 14 años de edad que asiste a la escuela por grupos de edad y condición de habla de lengua indígena

Habla lengua indígena
64.4 — 92.7

No habla lengua indígena
63.7 — 96.7

■ 3 a 5 años ■ 6 a 14 años

Fuente: INEGI. *Encuesta Intercensal 2015.*

INEGI INSTITUTO NACIONAL DE ESTADÍSTICA Y GEOGRAFÍA

MUNDO EJECUTIVO

fuente: **www.inegi.org.mx**

g   ¿Te sorprende alguno de los datos de la infografía **b**?

h   ¿Qué sabes de las lenguas indígenas de México o del mundo hispanohablante?

i   ¿En qué situaciones crees que se utilizan las lenguas indígenas? ¿Y el español?

j   Si vivieras en Oaxaca, ¿aprenderías alguna lengua indígena? ¿Por qué?

k   ¿Es importante preservar las lenguas y culturas indígenas? ¿Por qué?

l   ¿Qué lenguas hablas?

m   Donde tú vives, ¿se hablan varias lenguas? ¿Hay una lengua oficial?

c

T&T CECITEL

¡Educación más accesible para Todos!

CURSO BÁSICO GRATUITO
QUECHUA

SEMIPRESENCIAL LIMA

¡VACANTES LIMITADAS!

Objetivo:
Fomentar en los participantes conocimientos del idioma quechua, enfatizando el plano oral y escrito a través de herramientas interactivas y módulos de aprendizaje que le permitan comunicarse en contextos quechuahablantes

Docente:
Ps. Luis Paucar Tomaylla - *Director de INAFORDEH*
Psicólogo Social, promotor de la interculturalidad y de la lengua quechua, con más de 50 mil personas capacitadas

Dirigido a:
Adultos, niños y todos los interesados

Modalidad:
Semipresencial / Virtual

EN MODALIDAD SEMIPRESENCIAL LIMA
INICIA EL SÁBADO 7 DE ENERO
HORARIOS:
Grupo 1: 9:30-11:00
Grupo 2: 11:00-12:30
Grupo 3 : 1pm-2:30pm
Grupo 4 : 2:30-4:00pm

Inscripciones
ABIERTAS
Llenar formulario de inscripción:
https://goo.gl/forms/JX4Xl4LH1VPeY4783

También pueden las web
www.tytcecitel.edu.pe / www.ciep.edu.pe

fuente: **www.tytcecitel.edu.pe**

n   ¿Qué sabes de la lengua quechua?

o   ¿A quién le puede interesar el anuncio **c**?

p   ¿Para qué profesiones crees que puede ser importante hablar quechua? ¿Por qué?

q   ¿Crees que es una buena idea que el curso sea gratis? ¿Por qué?

r   ¿No sería mejor que los hablantes de quechua hablaran español? ¿Por qué?

s   Di alguna razón por la que te gustaría apuntarte a este curso.

Literatura

Texto 1

1 Vas a leer varias **citas** sobre algunos de los temas vistos en esta unidad. Primero, sustituye la(s) palabra(s) marcada(s) en las siguientes frases por una palabra del recuadro.

porvenir	malgastar	seguridad	forjado
apertura	legítimo/a	esclavo/a	distintos/as

a Creo que el vivir en un lugar donde se hablan varias lenguas y conviven varias culturas ha **moldeado** mi personalidad.

b En México se hablan muchas lenguas indígenas **diferentes**.

c Es necesario tener una actitud de **comprensión, receptividad y tolerancia** hacia otras culturas.

d Para garantizar el **futuro** de las lenguas indígenas hay que protegerlas ahora.

e Parecía un contrato **de verdad**, pero no lo era.

f Se puede decir con **certeza** que no se puede aprender un idioma bien sin conocer la cultura del lugar donde se habla.

g Una cosa es defender tu cultura, pero no hay que ser **prisionero** de ella, ni defender tradiciones que discriminan o maltratan.

h Yo pensaba que iba a **perder** el tiempo aprendiendo otros idiomas, pero estaba totalmente equivocada. Cuantos más idiomas, mejor.

a "No soy de aquí, ni soy de allá, no tengo edad, ni porvenir, y ser feliz es mi color de identidad." ("No Soy de Aquí", canción de Facundo Cabral)

b "Tu tiempo es limitado, así que no lo malgastes viviendo la vida de otro." (Steve Jobs, impresario)

c "Patriotismo es tu convencimiento de que este país es superior a todos los demás porque tú naciste en él." (George Bernard Shaw, autor)

d "Mientras no seas capaz de mirar al pasado sin dolor, nunca te forjarás una nueva identidad y un destino diferente." (El valle de los lobos, Laura Gallego García)

e "Es precisamente el contacto y la apertura lo que va construyendo la cultura y la identidad de los pueblos." (Álvaro Siza, arquitecto)

f "Si la cultura es una casa, la lengua es la llave de la puerta principal, lo que te permite acceder a todas las habitaciones. Sin ella, (...), acabas desorientado, te conviertes en alguien sin un hogar, sin una identidad legítima." (Khaled Hosseini, autor)

g "Nadie puede ser esclavo de su identidad: cuando surge una posibilidad de cambio, hay que cambiar." (Elliot Gould, actor)

h "Un idioma distinto es una visión diferente de la vida." (Federico Fellini, director de cine)

2 ¿Qué cita or citas …

   a fomenta(n) el contacto entre diferentes culturas?

   b menciona(n) la relación entre las lenguas y formas de ver la vida?

   c critica(n) la creencia de que uno es mejor porque es de un lugar determinado?

   d dice(n) que hay que conocerse a uno mismo y de dónde viene?

   e afirma(n) que lo mejor es ser ciudadano del mundo, tener individualidad propia y ser uno mismo?

   Justifica tu respuesta.

3 **a** Escoge una cita que te guste y una que no te guste. Escríbelas en una hoja de papel grande, explicando por qué piensas eso, pero no escribas tu nombre. Cuelga tu póster en la pared de la clase.

   b Lee los pósteres de tus compañeros. ¿Adivinas quién los ha escrito?

   c ¿Cuáles son las citas más populares? ¿Te sorprende? ¿Por qué (no)?

Texto 2

1 Vas a leer un fragmento del cuento "Walimai", de Isabel Allende. Primero, mira las imágenes en esta página. ¿Qué vocabulario de la lista te sugieren? Escoge **cinco palabras** y explica a tus compañeros por qué las has elegido.

serpientes	lluvia
extranjero	cultura
selva	invasión
tribu	muerte
coches	vida
aldea	lucha
conquistar	resistir
Amazonas	modernizar
complejo	religión
belleza	explorador
peligro	integración
amor	desintegración
lengua	(pérdida de) identidad
comunicación	dioses
tecnología	salvaje

2 Lee el fragmento y a continuación decide cuál de los **tres resúmenes** es el correcto.

Walimai

El nombre que me dio mi padre es Walimai, que en la lengua de nuestros hermanos del norte quiere decir viento. Puedo contártelo, porque ahora eres como mi propia hija y tienes mi permiso para nombrarme, aunque sólo cuando estemos en familia. Se debe tener mucho cuidado con los nombres de las personas y de los seres vivos, porque al pronunciarlos se toca su corazón y entramos dentro de su fuerza vital. Así nos saludamos como parientes de sangre. No entiendo la facilidad de los extranjeros para llamarse unos a otros sin asomo de temor, lo cual no sólo es una falta de respeto, también puede ocasionar graves peligros. He notado que esas personas hablan con la mayor liviandad, sin tener en cuenta que hablar es también ser. El gesto y la palabra son el pensamiento del hombre. No se debe hablar en vano, eso le he enseñado a mis hijos, pero mis consejos no siempre se escuchan. Antiguamente los tabúes y las tradiciones eran respetados. Mis abuelos y los abuelos de mis abuelos recibieron de sus abuelos los conocimientos necesarios. Nada cambiaba para ellos. Un hombre con una buena enseñanza podía recordar cada una de las enseñanzas recibidas y así sabía cómo actuar en todo momento. Pero luego vinieron los extranjeros hablando contra la sabiduría de los ancianos y empujándonos fuera de nuestra tierra. Nos internamos cada vez más adentro de la selva, pero ellos siempre nos alcanzan, a veces tardan años, pero finalmente llegan de nuevo y entonces nosotros debemos destruir los sembrados, echarnos a la espalda los niños, atar los animales y partir. Así ha sido desde que me acuerdo: dejar todo y echar a correr como ratones y no como grandes guerreros y los dioses que poblaron este territorio en la antigüedad. Algunos jóvenes tienen curiosidad por los blancos y mientras nosotros viajamos hacia lo profundo del bosque para seguir viviendo como nuestros antepasados, otros emprenden el camino contrario. Consideramos a los que se van como si estuvieran muertos, porque muy pocos regresan y quienes lo hacen han cambiado tanto que no podemos reconocerlos como parientes.

Cuentos de Eva Luna, Isabel Allende

a En este fragmento, un conquistador del ejército español habla con una niña sobre las tribus que ha conocido en el Nuevo Mundo. Le habla de lo importante que es utilizar bien las palabras y de todo lo que ha aprendido de sus abuelos.

b *Un hombre le cuenta a una niña que los tiempos han cambiado debido a la influencia del hombre blanco. Se lamenta de que su pueblo tiene que huir si quiere conservar sus tradiciones.*

c Un padre le habla a su hija de la importancia de los nombres. Dice que los nombres no se deben utilizar sin permiso ni con extraños. Habla de la historia de su pueblo y de cómo los jóvenes se están integrando en la sociedad de los conquistadores, quienes les enseñan a modernizarse.

3   Completa las frases escogiendo la opción correcta en cada caso.

a   Walimai …
  i   es el nombre de la niña
  ii   es el nombre del padre del narrador
  iii   es el nombre del narrador.

b   Según Walimai, …
  i   los nombres de las personas son muy importantes
  ii   los extranjeros no tienen nombres bonitos
  iii   saludarse muestra falta de respeto.

c   Walimai dice que …
  i   en el pasado todo se aprendía de los familiares
  ii   los extranjeros aprendieron de los hombres de su tribu
  iii   su pueblo y los extranjeros convivían en paz en el pasado.

d   Algunos jóvenes de la tribu de Walimai …
  i   se quedan cuidando los animales mientras el resto de la tribu huye
  ii   deciden luchar contra los "blancos"
  iii   abandonan la tribu.

Para hablar y escribir

1   ¿Te ha gustado el fragmento? ¿Por qué (no)? Habla con un(a) compañero/a.

2   En el texto, se habla de forma idealizada de la vida en el pasado, y de los cambios que hacen que ahora no sea todo ideal. Piensa en algún cambio que ha habido en tu sociedad, en tu escuela, en tu vida o en tu pueblo y escribe un texto literario parecido en primera persona.

Para reflexionar y debatir

Aquí tienes algunas expresiones idiomáticas con la palabra **lengua**:

  - no tener pelos en la lengua
  - tener la lengua muy larga
  - tener algo en la punta de la lengua
  - morderse la lengua
  - comerle a alguien la lengua el gato
  - irse de la lengua

•   Busca un ejemplo de cada expresión en Internet y anota la frase en la que aparece.

•   Escribe lo que crees que significan esas expresiones y compara tus opiniones con las de tus compañeros.

•   Compruébalo con tu profesor(a) o el diccionario y haz un diálogo en el que utilices al menos tres de las expresiones.

7 EXPERIENCIAS
HISTORIA PARA EL FUTURO

Objetivos

- Explorar historias de vida y ritos de paso

- Comentar cambios sociales

- Reflexionar sobre aspectos relacionados con las costumbres y las tradiciones

- Investigar la temática de la migración

Para entrar en materia

¿Cómo afecta el pasado a nuestro presente y futuro?

¿De qué forma y por qué motivos se celebran y se marcan momentos importantes en la vida?

1   Observa las imágenes que presentan la unidad. ¿Qué momentos especiales, importantes o difíciles te sugieren? Por ejemplo: una fiesta, una reunión, un cumpleaños, una decisión, etc. Elige una imagen con un(a) compañero/a, e intentad anotar todo el vocabulario posible relacionado con la imagen seleccionada y su temática correspondiente. Después, comparad vuestra lista de vocabulario con el resto de la clase para comprobar qué palabras nuevas vais incorporando a vuestro vocabulario.

Por ejemplo: En esta imagen veo a una pareja que celebra su boda con muchos invitados. La foto es muy antigua …

2   ¿Con qué sentimientos relacionas estas imágenes? En parejas o pequeños grupos, haced una nube de palabras con todas las palabras recopiladas. Podéis dibujar una o utilizar un sitio web como www.nubedepalabras.es.

3   ¿Crees que ha habido muchos cambios en tu entorno: en tu ciudad/ pueblo, en tu colegio, en tu vida, etc.? Menciona alguno de esos cambios en la clase.

Por ejemplo: En 2005 no había un parque en esta zona …

4   En pequeños grupos, elegid un país de habla hispana y recoged información sobre su historia en Internet o en la biblioteca de vuestro colegio. Apuntad algunas fechas importantes o hechos interesantes. Cread un póster o un pequeño audio o vídeo, y después presentadlo al resto de la clase.

Por ejemplo: El 3 de julio de 1955 fue la primera vez que las mujeres votaron en unas elecciones federales.

Lengua

Los tiempos del pasado

En esta unidad vamos a hablar de acontecimientos que ya han ocurrido, por lo tanto, los tiempos del pasado van a ser importantes. ¿Recuerdas algunos de los tiempos del pasado? Por ejemplo:

- Pretérito indefinido: *Ayer **fui** al cine.*
- Pretérito imperfecto: *Cuando **era** pequeño, **practicaba** natación todos los fines de semana.*
- Pretérito perfecto: *Esta mañana **he visto** a Juan.*

A lo largo de esta unidad vamos a repasar estos tiempos.

5   Prepara una línea del tiempo con fechas que sean importantes para ti.
Elige cinco o seis momentos importantes, señálalos en un póster o en
una presentación virtual (Prezi, PowerPoint, PechaKucha) e ilústralos
con algunas imágenes. Después, haz una presentación de tu línea
del tiempo a tus compañeros. ¿Coincidís en algo? ¿En qué? ¿Has
descubierto algo nuevo sobre tus compañeros? ¿Qué es?

CAMBIOS SOCIALES

Antes de leer

1   Observa esta nube de palabras y señala las que se podría relacionar
con el concepto de cambio social. Después trabajad en grupos y
comprobad en qué palabras coincidís.

2   ¿Consideras que la sociedad ha cambiado mucho en los últimos
años? ¿En qué aspectos se nota (por ejemplo: economía, vivienda,
problemas medioambientales, salud, sociedad, etc.)? Coméntalo con
tus compañeros para hacer una lista común de la clase con todos los
aspectos comentados.

3 Observa esta tira cómica sobre diferentes cambios en la sociedad y comenta lo que más te llame la atención.

TEXTO A

243

Después de leer

4   Relaciona cada viñeta con uno o varios de estos temas:

- las costumbres
- las ambiciones de los jóvenes
- la lucha por la igualdad y la justicia
- los avances médicos y tecnológicos
- los efectos de la globalización.

5   En grupos, explicad el significado de alguna de las viñetas. ¿Creéis que estos dibujos pueden tener una aplicación universal? ¿Ha ocurrido lo mismo en vuestro país? Explicadlo utilizando algunos ejemplos.

6   Busca en los medios de comunicación (Internet, prensa, radio, televisión, etc.) una noticia de algún país hispano que esté relacionada con los temas y cambios presentados en las viñetas. Compártela con la clase.

7   ¿Qué otros aspectos han cambiado en la sociedad actual? En parejas, elegid tres temas y comentadlos. Podéis hablar sobre los temas a continuación u otros que sean relevantes:

- las relaciones entre los miembros de las familias
- la constitución de las familias
- las costumbres
- la economía de los países
- el comportamiento de los jóvenes
- los efectos de la globalización
- las nuevas tecnologías
- la conciencia medioambiental.

8   ¿Crees que el concepto de familia ha cambiado mucho en tu país? ¿Y en el resto del mundo? ¿Crees que han cambiado mucho las relaciones entre los miembros de las familias? Mediante ejemplos, compara lo que sabes de la generación de tus padres y la de tus abuelos con tu generación.

Habilidades de autogestión   **ATL**

Haz una lista de conectores y expresiones que puedes utilizar para expresar tu opinión y estructurar un texto oral o escrito. Por ejemplo:

para empezar	*finalmente*	*también*
en primer lugar	*por último*	*pero*
después	*además*	*así que*

Actividades de expresión oral y escrita

1   En parejas o en pequeños grupos, cread una infografía para mostrar algunos cambios sociales que se hayan producido en vuestro pueblo, vuestra ciudad o vuestro país, o en otro de vuestro interés. Estos cambios pueden estar relacionados con temas como: la juventud, el trabajo, las infraestructuras, los cambios en las costumbres, etc.

2   En parejas, buscad una viñeta sobre algún aspecto social de actualidad para presentarla al resto de la clase. En vuestra presentación haced referencia a:

   •   el tema que trata la viñeta
   •   la forma de representar ese tema
   •   las palabras más importantes que se utilizan.

3   Escribe una entrada de diario en la que expliques qué cambios ha habido en tu vida hasta ahora (desde tu infancia hasta el momento).

4   Prepara una entrevista para una persona mayor que tú con la intención de recoger información sobre su juventud, los cambios sociales que ha vivido, cómo recuerda su infancia, etc. Primero, elaborad en grupos las preguntas para esa entrevista. Después, elegid entre toda la clase las diez o doce preguntas más interesantes.

5   En grupos, buscad información sobre un aspecto de una de las viñetas del Texto A y cread un vídeo o un resumen a modo de presentación para compartirlo con el resto de la clase. Podéis añadir ideas recogidas de otros medios (periódicos, revistas, programas de televisión, etc).

6   Observa la infografía en la página siguiente y comenta con tus compañeros qué estadísticas te llaman más la atención. Después, busca información sobre la situación de algún país de habla hispana que te interese y compara lo que has encontrado con la información de la infografía.

7   En la infografía se menciona la celebración del Día Internacional de la Juventud. En grupos, pensad en algunas actividades que se podrían realizar en vuestro colegio para celebrar este día. Después, entre toda la clase, seleccionad las tres actividades más originales.

8   Muchos de los cambios del siglo pasado afectaron a las mujeres. En grupos, presentad uno de estos temas u otro que consideréis interesante para informar al resto de la clase.

   •   la mujer y el trabajo
   •   la mujer y la familia
   •   la mujer y los estereotipos femeninos
   •   la mujer y la educación
   •   la mujer y la sociedad
   •   la mujer y la representación política, etc.

   Después, estableced un turno de preguntas y terminad con un resumen de todo lo que habéis aprendido.

RETOS
DE LA JUVENTUD

Cada 12 de agosto se conmemora el Día Internacional de la juventud con el fin de implementar políticas que permitan mejorar sus condiciones y capacidades. Conoce su situación.

1,800
millones
de jóvenes
de entre 10
y 24 años
de edad

24.7%
de la
población
mundial

120
millones
alcanzan
la mayoría
de edad
cada año

9
de cada
10
viven
en países
menos
desarrollados

60%
en países
en
desarrollo
no estudia,
ni trabaja
o está empleado
de forma irregular

12%
de los migrantes
internacionales
son jóvenes
de 10 a 24 años

2
millones
entre los 10
y 19 años
viven
con VIH

1
de cada
3
niñas
contrae
matrimonio
antes de ser mayor
de edad

LOS RETOS
- Eliminar costumbres sociales que provocan discriminación
- Mayor acceso servicios de salud y educativos de calidad
- Mejorar la participación de las mujeres en las decisiones
- Mayor acceso a trabajos decentes
- Mejorar el compromiso respecto de la situación juvenil

ACCIONES DE LOS GOBIERNOS
- Invertir en capital humano y en fortalecimiento sus capacidades
- Aplicación de políticas en favor del empoderamiento de los jóvenes
- Garantizar sus derechos humanos

SABÍAS QUE...
La principal causa de mortalidad de las mujeres de 15 a 19 años en el mundo es el suicidio, lo que cuestiona las oportunidades que se brindan a este sector.

NTX NOTIMEX

Fuente: Informe "Estado de la población mundial 2015", UNFPA **Investigación y redacción:** Jennifer Rosado Martinez **Edición:** Mónica I. Fuentes Pacheco **Arte y Diseño:** Alberto Nava Consultoria

fuente: **www.alternativo.mx**

9 ¿Qué acontecimiento o persona representa para ti los mayores cambios en el terreno económico, cultural o social? Busca algo representativo dentro del mundo de habla hispana para informar al resto de la clase. Puede ser:

- la llegada del libro digital
- el papel de las ONG
- las nuevas sociedades multiculturales, etc.

Después, presenta tu elección en clase y, entre todos, elegid las más interesantes. Emplea tus dotes de persuasión y argumentación, dando opiniones personales sobre tu elección para convencer a tus compañeros.

10 Vania Bachur es una ilustradora mexicana. En esta viñeta hace un repaso de su vida, mostrando las diferencias entre cómo era en 2006 y cómo es en 2016. Lee la viñeta y después utiliza un listado para hacer un contraste de tus propios cambios. Compártelo con el resto de la clase. ¿Qué diferencias o similitudes hay entre tus compañeros y tú?

fuente: **Vania Bachur, Suupergirl**

Maddy y Roberto

Rogamos confirmación

Nos casamos...

¡¡y estáis invitados!!

20 de agosto de 2018

Sábado 13 de mayo
en la Iglesia de San Marcos
Salamanca

Os invitamos al bautizo de

JAIME

SRC en la tarjeta de confirmación

¡¡BELÉN CUMPLE 15 AÑOS!!

Mi primera

comunión

FIESTA DE QUINCEAÑERA

Antes de leer

1 Observa las imágenes y comenta con tus compañeros:

    a ¿Para qué celebraciones familiares son estas invitaciones?

    b ¿Estas celebraciones son iguales en tu país?

    c ¿Qué otras celebraciones familiares de tu cultura conoces?

    d ¿Y de los países de habla hispana?

    e ¿Hay diferencias? ¿Cuáles son?

2 **a** ¿Qué tipo de festejos celebras en tu familia? ¿Cuál te gusta más? ¿Por qué?

    b Describe la última celebración familiar a la que asististe. ¿Coincides con tus compañeros?

3 Las diferentes celebraciones a menudo tienen en común actos y costumbres. En parejas, elegid cuáles corresponden a la celebración de una boda, un bautizo, un cumpleaños o una fiesta de los 15 años.

Bautizo	Boda	Cumpleaños	Fiesta de quinceañera

- ponerse un vestido largo blanco
- lanzar el ramo
- llevar algo nuevo, algo viejo, algo prestado y algo azul
- cantar "Las Mañanitas"
- la pedida de mano
- mantear a la persona que cumple años
- bailar el vals
- romper una piñata
- llevar una corona y un vestido largo de princesa
- pedir un deseo
- mojar la cabeza con agua bautismal

- presentar las alianzas
- lanzar arroz
- regalar una muñeca
- ir de luna de miel
- tirar de las orejas
- dar un recordatorio
- brindar por alguien/algo
- ponerse una liga
- tener un ajuar
- cantar una canción a la persona que cumple años
- hacer una fiesta
- hacer un banquete
- enviar una invitación
- enviar una felicitación
- soplar las velas del pastel

4 **a** ¿Conoces otros actos o costumbres relacionados con estas celebraciones?

    b ¿Cómo se celebran en tu país estos festejos?

5 ¿Conoces las fiestas de quinceañeras? ¿Se celebran en tu país? ¿En qué consisten? Trabaja con un(a) compañero/a y comparad vuestros conocimientos. Después, ponedlos en común vuestros resultados con el resto de la clase.

6 Las siguientes frases sobre la tradición de las fiestas de los 15 años están desordenadas. Une el principio de cada frase de la primera columna con el final más adecuado de la segunda columna.

1 La celebración de los quince años de una mujer sirve …

2 En muchas culturas, al llegar a la edad de quince años, las jóvenes salían …

3 Una de las tradiciones dentro de esta celebración incluye el …

4 La quinceañera usa sandalias o zapatos planos para la celebración, pero después el papá le cambia ese calzado …

5 El color tradicional del vestido de la quinceañera es blanco o rosa, pero hoy en día …

6 También para esa noche, la quinceañera lleva …

a en la cabeza una corona o tiara.

b dejan que la joven escoja otro color para su vestido.

c por zapatos de tacón alto.

d de la familia y la escuela, y se preparaban para el matrimonio.

e para indicar la entrada a la vida adulta y la aceptación de responsabilidades de las mujeres.

f tirar una muñeca, del mismo modo que se tira la liga en una boda.

7 ¿Sabes qué significan las expresiones que aparecen a continuación? Elige la opción correcta en cada caso.

a con toda la pompa
  i con grandeza y solemnidad
  ii con sencillez y serenidad
  iii con dificultad económica

b ir a la carrera
  i hacer algo sin pensar
  ii hacer algo a toda prisa
  iii hacer algo de forma cuidadosa

c por todo lo alto
  i con pretensiones
  ii con poco gasto
  iii con mucho lujo y gasto

d tirar la casa por la ventana
  i gastar sin ningún tipo de control
  ii ser tacaño/a
  iii no querer malgastar el dinero

e decir por lo bajo
  i decir algo abiertamente
  ii decir de manera oculta
  iii decir sin pensar

Extravagantes fiestas de los 15 años

- Yailén celebra sus 15 años con toda la pompa.
- El matrimonio Sarduy ahorró durante 12 años para celebrar los 15 de su hija.
- Son pocos los cubanos que no ahorran para festejar a las quinceañeras.
- La tradición y la ilusión son más importantes que pasar limitaciones.

Y llegó el día. El matrimonio de Rogelio Sarduy y Maritza López, en la mañana del 30 de enero   5
se despertaron bien temprano para asegurar todos los detalles de la fiesta de 15 años de
Yailén, su única hija.

Nerviosos y satisfechos van a la carrera por toda La Habana. En una libretica tienen anotados
los asuntos pendientes. Ver si el hombre encargado de elaborar los *cakes* (tartas) ya los tiene
listos. E insistentemente llamar para confirmar la participación de un locutor de la televisión   10
contratado para ejercer como **maestro de ceremonia**.

Todo empezó 12 años atrás, cuando con paciencia asiática los padres comenzaron a guardar
en el bolsillo de un viejo **gabán** parte del dinero que le enviaban sus parientes al otro lado del
estrecho de la Florida.

"**Nos privamos** de muchas cosas, pero siempre **tuvimos en mente** hacerle una fiesta por   15
todo lo alto a nuestra hija. Valió la pena. Nos salió estudiosa y educada, se merece todo el
sacrificio que hemos hecho", comentan los felices padres a pocas horas de que su hija **arribe**
a la edad de la ilusión.

Es una tradición cubana que al cumplir 15 años, a las adolescentes les celebren una **fiesta
fastuosa** con coreografías, bailes con trajes largos y sesiones interminables de fotos y vídeos.   20

Después de leer

5 Resume las ideas más importantes del texto en un máximo de 150 palabras. Después, compara tu resumen con el de un(a) compañero/a. Finalmente, poned en común vuestras respuestas con el resto de la clase. ¿Coincidís?

6 Explica con tus propias palabras el significado de las siguientes frases del texto:

- "Inmigrar me permitió entender mucho más a la gente, a las colectividades."
- "No hay que acordarse de todas las cosas buenas de 'allá' porque si no uno se pone triste."
- "Todavía hablo con un acento pronunciado."
- "Ser inmigrante implica integrarse sin perder la historia y la personalidad."

7 En el texto, Eve habla de situaciones y sentimientos alegres y tristes de su vida en Buenos Aires. Búscalos en el texto y señala si corresponden a momentos de "felicidad" o de "tristeza". Después, compara tus respuestas con las de un(a) compañero/a.

a Felicidad: *encontrar de nuevo el amor, …*
b Tristeza: *dejar a la familia, …*

8 ¿Con qué otros sentimientos relacionas la experiencia de la migración (voluntaria o forzosa)? En grupos, cread una lista de palabras y compartirlas después en la clase.

9 ¿Qué ventajas tiene poder pertenecer a dos o más culturas según la autora del artículo? Habla con un(a) compañero/a sobre este tema y, después, comentad vuestras opiniones con el resto de la clase.

10 Eve habla de su iniciativa "Viví Francia en Buenos Aires". ¿Te parece interesante? ¿Conoces alguna iniciativa parecida en tu ciudad/pueblo? Organiza una semana de interculturalidad o realiza alguna actividad como, por ejemplo, un Modelo Naciones Unidas. Piensa en alguna iniciativa que sirva para integrar a distintas culturas.

- ¿Qué actividades tendría?
- ¿Cuántos días duraría?
- ¿Dónde se realizaría? etc.

Después preséntala en clase. Entre todos elegid los aspectos más interesantes de cada iniciativa para crear una entre toda la clase.

Para buscar ideas, puedes visitar la página de Internet de "Viví Francia en Buenos Aires": www.//vivifrancia.com.ar/bsas

Actividades de expresión oral y escrita

1   Escribe una carta a Eve para comentar lo que te ha gustado de su testimonio y compartir tu "maleta intercultural" explicando por ejemplo:

- si tienes familia procedente de otros país y culturas
- dónde vives ahora
- qué aspectos conoces de otras culturas, etc.

2   Crea un póster para anunciar una iniciativa como la de Eve (puedes retomar la iniciativa que has elaborado en la actividad 10).

3   El fenómeno migratorio. La emigración es un tema de máxima actualidad en todo el mundo y no siempre resulta tan positiva como en el caso de Eve.

En pequeños grupos, realizad una investigación sobre la emigración en un país de habla hispana y buscad noticias para comprobar cómo es la situación actual de los emigrantes. Después, haced un informe con toda la información recogida para presentarlo al resto de tus compañeros. Podéis incluir datos como:

- estadísticas
- lugares de procedencia de los emigrantes
- problemas a los que se enfrentan
- ayudas a su disposición
- testimonios de algunos emigrantes
- testimonios de personas que les ayudan
- cómo preservan su cultura original
- cómo se adaptan a la cultura receptora, etc.

4   Consulta la página web del Instituto Cervantes en el CVC (Centro Virtual Cervantes) titulada "Historias de debajo de la luna" y elige a uno de sus protagonistas. Haz un pequeño resumen de su vida y de la entrevista que aparecen en la página web. Después, comenta tu resumen con el resto de la clase.

www.cvc.cervantes.es/ensenanza/luna

5   Los cuentos que los protagonistas de "Historias de debajo de la luna" en la actividad 4 eligen también son muy interesantes. En grupos, leedlos en clase y señalad qué aspectos culturales aparecen.

Preguntas de reflexión

- ¿Qué podemos aprender de la historia?
- ¿Son necesarias las ceremonias y celebraciones?
- ¿Son importantes los cambios en la sociedad?
- ¿Qué consecuencias tiene la emigración para las personas migrantes? ¿Y para la sociedad que las acoge?
- ¿Es siempre beneficiosa la emigración?

6 ¿Conocéis algunas películas y canciones que tengan como tema la emigración?

Analizad algunas de ellas en clase. Aquí tenéis algunas sugerencias.

Canciones

- "Mojado", Ricardo Arjona
- "Pobre Juan", Maná
- "Papeles mojados", Chambao
- "Pal Norte", Calle 13
- "La jaula de oro", Los Tigres del Norte
- "Clandestino", Manu Chao
- "El emigrante", Celtas Cortos
- "Fíjate bien", Juanes

Películas

- *La jaula de oro*
- *La frontera infinita*
- *El viaje de Teo*
- *Flores de otro mundo*
- *14 kilómetros*
- *Balseros*
- *Un día sin mexicanos*
- *Un franco, 14 pesetas*
- *Retorno a Hansala*
- *El tren de la memoria*
- *Cosas que dejé en La Habana*
- *En tierra extraña*
- *María, llena eres de gracia*
- *Las mujeres de verdad tienen curvas*
- *Los sin nombre*
- *7 soles*
- *Norteado*
- *Los invisibles*
- *Perdiendo el norte*

7 Utiliza una foto para escribir una entrada de diario o un artículo. Después, comparte con tus compañeros el texto que has redactado. Aquí tienes algunas fotos como sugerencia que puedes utilizar.

LAS NUEVAS FAMILIAS

Antes de leer

1   Haz una lista de palabras relacionadas con el concepto de familia. Puedes incluir sus miembros, las actividades relacionadas con una familia, distintos tipos de familia, etc. Después, comparte tu lista con tus compañeros para comprobar qué palabras nuevas puedes aprender.

2   Comenta qué ideas te sugieren estos titulares. ¿Coincides con tus compañeros? ¿En qué aspectos?

- "En España, los jóvenes dejan el hogar familiar diez años después que los suecos."
- "Hoy, los adolescentes mandan."
- "Crece cada vez más el número de personas que decide mantenerse soltero."
- "Según un estudio, dos hijos es el número ideal."
- "Tan solo una de cada tres parejas en España se casa por la iglesia."

TEXTO D

Modelos de familias

"Debemos aprender a vernos como lo que somos, no como éramos hace 20 años"

1. **Familias urbanas y rurales, extensas** o **nucleares**, nacionales y extranjeras, de razas y nacionalidades diferentes, **pasadas por la iglesia** o sin papeles, **acomodadas** o **modestas**, de gays y lesbianas, monoparentales, de jóvenes que inician su andadura o mayores que **repiten**, familias que adoptan o acogen niños y niñas de países lejanos y futuro incierto. Clásicas y modernísimas. Están todas, o casi todas, y algunas de ellas, impensables hasta hace muy poco en España.

2. **La familia no está para nada en crisis;** más bien al contrario, se encuentra en una fase de apertura y expansión, producto de experiencias vitales compartidas, tiene una enorme vitalidad y es capaz de crear nuevos y variadísimos tipos de relaciones, desde micro hasta macrofamilias. Asistimos a un increíble desarrollo, casi **proliferación**, de la familia, pero las de ahora son muy distintas.

3. **El cambio,** reflexiona la socióloga Constanza Tobío, es similar al que antes han realizado otros países europeos de nuestro entorno, sólo que mucho más rápido y con mayor mezcla, lo que significa un paso más allá. "A la diversidad está **superpuesta** la inmigración de todo tipo, jóvenes, niños, los hijos de los inmigrantes que nacen aquí, las adopciones de niños extranjeros, los matrimonios entre distintas razas y nacionalidades … Estamos creando unos nuevos **tejidos sociales** enormemente novedosos e interesantes desde el punto de vista de la complejidad y variedad …"

4. **En el nuevo panorama** aparecen entremezcladas familias nucleares y numerosas sin que eso **presuponga** una etiqueta de modernidad o antigüedad, uno de los tópicos que quizá haya que empezar a **desterrar**. Abuelos, hijos, nietos, primos y hermanos se mezclan hoy con un estilo de vida poco convencional o tradicional. "Hay una vieja idea", dice Tobío, "de asociar la modernidad a pequeñas familias. Y es verdad que los que conviven son unidades cada vez más pequeñas de individuos, pero esos hogares están integrados, cada día más, en redes familiares que tienen relaciones estrechísimas y en las que se ejerce, igual que en otros momentos históricos, la solidaridad y la ayuda mutua. Hoy, las abuelas **se vuelcan** con el proyecto profesional y familiar de sus hijas, y cuidan a los nietos para que ellas puedan trabajar. Pero el segundo personaje principal, e interesantísimo, es el abuelo materno, que mantiene con los nietos un tipo de relación que no pudo tener con los hijos y con la que está aprendiendo mucho".

5. **¿Ha fracasado la familia nuclear** que tantas expectativas suscitó en los años setenta del pasado siglo? Hay, explican los expertos, dos modelos de familia nuclear: la basada en la división de roles, madre, padre, hijos (padre proveedor y madre cuidadora), y el modelo nórdico, en el que madre y padre trabajan, pero tienen una serie de apoyos estatales, servicios colectivos y permisos parentales, que generalmente disfruta la mujer. "A lo mejor, en España podemos ir a un modelo que, sin perder del todo las redes familiares, pueda tener muchos más recursos públicos y sociales que los actuales, apoyos a la conciliación y al cuidado de los niños y ancianos, un poco como el caso francés", dice Tobío.

6. **¿Están todas estas familias innovadoras** contempladas en las leyes? Los cambios sociales son siempre más rápidos que los legislativos, pero los importantes avances realizados por el Gobierno en los últimos tres años van en la línea de ampliar la protección social y jurídica de todas las familias (reconocimiento de nuevas formas familiares, mejora de prestaciones económicas, impulso de la conciliación familiar y laboral, aumento de los servicios de atención a los menores de tres años y a los mayores dependientes, reglamentos de familias numerosas …)

Malén Arnáez

fuente: **Texto adaptado de www.elpais.com**

Después de leer

3 Explica con otras palabras las siguientes palabras que aparecen en **negrita** en el texto.

a extensas: _____

b nucleares: _____

c pasadas por la iglesia: _____

d acomodadas: _____

e modestas: _____

f repiten: _____

g proliferación: _____

h superpuesta: _____

i tejidos sociales: _____

j presuponga: _____

k desterrar: _____

l se vuelcan: _____

4 Las frases que aparecen a continuación contienen información errónea. Busca en el texto la información correcta.

a El concepto de familia tiene cada vez más problemas.

b Se pueden determinar claramente los nuevos tipos de familia.

c España ha realizado un desarrollo en cuanto a las familias al mismo tiempo que el resto de Europa.

d La complejidad en el contexto familiar no es atractivo para la socióloga.

e El cambio que sufre España en cuanto al panorama familiar no está exento de problemas.

f Los abuelos han cambiado su función dentro de la familia, ya que están más separados de ellas.

g Los cambios sociales en España están más presentes que los recursos sociales y públicos.

h La legislación siempre se adelanta a los cambios sociales.

5 Escoge la opción que resume mejor algunas de las ideas expuestas en los siguientes párrafos del texto: **párrafos 1, 3, 4 y 5**.

a Párrafo 1

   i En la actualidad hay muchas familias modernas en España.

   ii Muchos de los modelos de familia actuales en España eran imposibles hace algunos años.

   iii El modelo tradicional de familia ha desaparecido en España.

b Párrafo 3

   i El cambio en España ha sucedido al mismo tiempo que en otros países europeos.

   ii El cambio en España ha sido muy diferente del resto de Europa.

   iii El cambio en España ha sido más rápido que en el resto de los países europeos.

c Párrafo 4

   i La idea de unir familia pequeña y modernidad es un estereotipo.

    ii Modernidad y familia pequeña son conceptos que siempre van unidos.

    iii El concepto de familia numerosa no está relacionado con modernidad.

d Párrafo 5

    i La familia nuclear está formada por padre, madre, abuelos e hijos.

    ii Ya no existe la familia nuclear.

    iii Hay dos tipos de familias nucleares.

Lengua

Las preposiciones y su uso

- Es importante recordar que las preposiciones sirven para relacionar elementos de una frase y que pueden tener diferentes significados:

  - origen
  - procedencia
  - destino
  - dirección
  - lugar
  - medio
  - punto de partida
  - punto de llegada
  - motivo, etc.

- Es importante fijarse y practicar el uso de determinados verbos y las preposiciones que estos rigen, así como los cambios que supone el uso de una preposición u otra. Aquí tienes algunos ejemplos:

creer en	**acordarse de**	**soñar con**
prepararse a / para	**fijarse en**	**debatir de**
contar con (alguien)	**contar a (alguien)**	**confiar en**
alegrarse de	**confundir con**	**renunciar a**

- Repasa también el uso de la **a** persona:

  Veré una exposición de Picasso mañana.

  *Veré **a** Juan mañana.*

- ¿Te acuerdas de todas las preposiciones que hay en español? Prepara una lista para recordarlas.

En cada una de las frases que aparecen a continuación faltan algunas preposiciones, ¿cuáles son?

Médicos del Mundo es una ONG que ha denunciado la situación precaria **1** _____ los gitanos. La ONG se refiere **2** _____ situaciones en las que los gitanos no tienen una vivienda digna. **3** _____ la entrevistadora, el cuadro sanitario de los gitanos es bastante desalentador. Los gitanos tienen derecho **4** _____ utilizar plenamente la red sanitaria. Existe un programa **5** _____ disminuir esos problemas de salud. **6** _____ la lista de prioridades, encontrar un hogar se encuentra **7** _____ las más importantes. Muchos gitanos están **8** _____ paso por España, ya que viajan hacia Portugal.

6   Explica qué significa para ti la frase que aparece al principio del artículo. Compara tus respuestas con el resto de la clase.

"Debemos aprender a vernos como lo que somos, no como éramos hace 20 años"

7   En el texto aparecen una serie de conceptos relacionados con la familia y su situación en la sociedad. Con ayuda de un diccionario y de Internet, define cada uno de estos conceptos.

a   apoyos estatales: _____
b   permisos parentales: _____
c   recursos públicos: _____
d   conciliación laboral: _____
e   prestaciones económicas: _____
f   mayores dependientes: _____

8   Retratos de familia. A continuación tienes una serie de citas de diferentes familias. Léelas y piensa a qué tipo de familia corresponde cada cita.

① **familia monoparental**   **②** **familia homoparental**   **③** **familia que adopta**   **④** **familia numerosa**

⑤ **familia rural**   **⑥** **familia urbana**   **⑦** **familia con distintas nacionalidades**

a   "Disfrutamos mucho todos viviendo cerca de la naturaleza. Mis dos hijos van a una escuela pequeña, cerca de casa, y podemos pasar mucho tiempo juntos."

b   "Al ser tantos, a veces me equivoco de nombre. Las comidas son una gran fiesta, ya que nos sentamos doce a la mesa."

c   "Mi marido llegó al país buscando trabajo. Nos conocimos y al cabo de cinco meses, ya nos casamos. Eva nació dos años después. En casa hablamos español y francés y eso es una ventaja para nuestra hija."

d   "Para mi hijo, no ha sido ningún problema adaptarse a la nueva situación: sabe que tiene dos papás y lo más importante para nosotros es que su educación sea lo más coherente y completa posible."

e   "Siempre tuve muy claro que deseaba tener un hijo, pero en mis planes no estaba el convivir con su padre."

f   "Siempre habíamos contemplado la idea de ampliar la familia, pero mi mujer no quería tener más hijos, así que lo más natural fue solicitar la adopción. Nuestra gran alegría fue conocer a Sohana. Mis hijas se llevan muy bien."

g   "Al principio nos costó bastante adaptarnos a la vida tan estresante de una ciudad, pero creemos que es lo mejor para nuestros hijos porque tienen más posibilidades que en un lugar más pequeño. Les encantan sus clases de música, visitar museos y asistir a talleres de cerámica los fines de semana."

9 Resume cada uno de los seis párrafos del texto utilizando una frase para cada párrafo. Después compara tus frases con las de otros compañeros. ¿Coincidís?

10 El texto habla de cómo los abuelos todavía tienen un papel muy importante en la vida familiar. En pequeños grupos, haced una lista de todo lo que se puede aprender de nuestros abuelos. Podéis incluir recuerdos familiares.

Por ejemplo: *Recuerdo las historias que contaba mi abuelo cuando era pequeño.*

11 Repasa los conectores del discurso. Completa este texto sobre el papel de los abuelos con los conectores del a continuación.

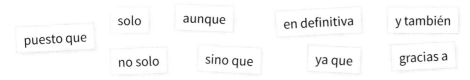

puesto que   solo   aunque   en definitiva   y también

no solo   sino que   ya que   gracias a

1 _____ la función de los abuelos, **2** _____ no constan en las estadísticas de empleo ni reciben el reconocimiento que merecen, muchos hogares pueden llegar a fin de mes.

3 _____ tenemos que pensar en todas las familias que sin la ayuda de un mayor no podrían trabajar fuera del hogar,

4 _____ no dispondrían de ese apoyo extra.

5 _____ suponen un refuerzo económico,

6 _____ constituyen una fuente de sabiduría,

7 _____ son un recurso de cuentos, juegos, adivinanzas,

8 _____ brindan tiempo para el diálogo, la ternura y el apoyo.

9 _____, suponen una parte importantísima de la sociedad actual.

Actividades de expresión oral y escrita

1 Cada vez hay más personas mayores que no viven con su familia natural. En la ciudad de Ciudad Real ha surgido una nueva iniciativa: "Adopta un abuelo". Imagina que eres el reportero del periódico de tu colegio y te han pedido que escribas un artículo de unas 250 palabras sobre esta original iniciativa. Debes tratar los siguientes puntos en tu artículo:

- en qué consiste la adopción (actividades, requisitos, etc.)
- los beneficios para las dos partes (el abuelo y la familia o persona que lo adopta)
- tu opinión personal sobre esta iniciativa.

2 Las relaciones entre padres e hijos no siempre son fáciles. Como parte de la celebración de la "Semana de la Familia" que se celebra este mes en tu colegio, te han propuesto que escribas un manual de instrucciones para mejorar las relaciones entre padres e hijos. Debes mencionar qué tipo de problemas suelen tener y dar consejos para que la convivencia pueda ser lo mejor posible para ambas partes.

3 Elige una de las siguientes opciones que tienen como tema central los cambios sociales. Escribe un folleto (u otro tipo de texto que te parezca más apropiado) para explicar algunas ideas, estadísticas, datos e iniciativas sobre la opción que has elegido. Para ello tendrás que investigar y recoger textos y recursos relacionados con esa opción.

- Cada vez hay más diferencias entre padres e hijos y la comunicación se hace más difícil.
- Las nuevas tecnologías han fomentado que los jóvenes sean personas cada vez más solitarias.
- Los mayores, en un mundo cada vez más fraccionado, necesitan de servicios ajenos a la familia para poder vivir en condiciones adecuadas.
- Los cambios en los modelos de familias favorecen las relaciones entre generaciones y entre culturas.

4 Escribe parte de una memoria social, reflexionando sobre algunos cambios de los que hayas sido testigo, por ejemplo:

- económicos (el mundo del trabajo, los diferentes tipos de industrias, etc.)
- culturales (el mundo de la gastronomía, el ocio, las aficiones, etc.)
- sociales (las formas de relacionarse, las tribus urbanas, etc.)

Recuerda repasar los usos de los tiempos del pasado para hablar de cómo ha cambiado todo ello.

Habilidades sociales

Piensa en los temas que has tratado en esta unidad y en su aplicación fuera de la clase de español:

- Hay algún aspecto que te ayude a entender mejor a las personas con las que te relacionas normalmente?
- ¿De qué manera podemos aplicar algunas ideas de la unidad para completar el perfil del estudiante del IB?

5   En clase, organizad un congreso titulado "Nuevos modelos de familia en el siglo XXI" en el que cada estudiante presente la situación de las nuevas familias. Trae un recorte de prensa y presenta esa noticia al resto de la clase. Después, entre todos, reflexionad sobre el tipo de familias representadas y sacad conclusiones sobre las características y los problemas que las definen.

6   Imaginad que sois reporteros de la radio de vuestro colegio y tenéis que investigar la situación de los mayores en distintos países/ciudades para hablar sobre ello en vuestro próximo programa de radio. En pequeños grupos, haced una presentación sobre un tema en particular. Después, todos juntos, estableced algunas conclusiones. Aquí tenéis algunos temas sobre los que podéis investigar.

   - Los mayores y las ayudas estatales
   - Los mayores y algunas enfermedades crónicas (Alzheimer, Parkinson, etc.)
   - Los mayores y su independencia
   - Los mayores y la tecnología (blogs de mayores y para mayores, redes sociales de mayores, etc.)
   - Los mayores y su representación en la tele, el cine, la publicidad
   - La función de los mayores como pilar de las nuevas familias
   - La nueva juventud de los mayores

Habilidades de autogestión ATL

- Piensa en cómo realizas la investigación de los temas que preparas para la clase español.

   - ¿Te haces un horario?
   - ¿Cuánto tiempo dedicas a esta tarea durante la semana?
   - ¿Cómo organizas y seleccionas la información?
   - ¿Tienes un lugar específico para ir guardando todo lo que encuentras (ficheros virtuales, carpetas, etc.?

- Comparte algunas ideas y sugerencias con tus compañeros.

Comunidad, patrimonio y memoria   CAS

- Escribe un informe (350–400 palabras) sobre un proyecto relacionado con una de estas opciones, aunque puedes utilizar otras que te parezcan interesantes.

   - La realización de un proyecto que ayude a estrechar los lazos entre las generaciones de una comunidad.
   - La creación de "El espacio de la memoria": un rincón en el que se recogerán testimonios, fotos, poemas, recortes de prensa, etc. sobre momentos históricos importantes en algunos países de habla hispana (España, Argentina, Chile, Guatemala, Nicaragua, El Salvador, Panamá, etc.). Puede ser sobre un momento histórico u otra idea que haga resaltar la cultura de ese país.
   - La presentación de un proyecto que tenga en cuenta a los emigrantes. Se pueden usar todo tipo de ideas, desde clases hasta ayuda práctica, etc.

- Incluye en el proyecto:

   - por qué es importante realizarlo
   - cuáles son sus objetivos
   - cómo se llevará a cabo.

7 Realiza una campaña informativa sobre algunos de los cambios sociales que se han producido en el mundo de los jóvenes en estos últimos veinte años. Elige una foto o un dibujo para ilustrar tu campaña y, después, haz una presentación individual de unos tres minutos. Finalmente, haced un debate en la clase sobre el tema: "La juventud actual y sus expectativas". Puedes centrar tu campaña en alguno de los siguientes aspectos o en otros que consideras interesantes:

- educación
- consumo
- relaciones personales y sociales
- sueños y aspiraciones.

También puedes consultar materiales como infografías y resultados de encuestas para completar tu tarea. Aquí tienes un ejemplo:

Fuentes: empleo.gob.mx / forbes.es

@erafbadia
www.erafbadia.blogspot.com

Comprensión Conceptual

Reflexiona sobre estas preguntas señalando la opción u opciones más adecuadas. Comenta con tus compañeros tus elecciones para comprobar si vuestras respuestas son las mismas.

- ¿Qué **receptores** pueden tener los textos A, B, C y D que has trabajado en esta unidad?

  ¿Coincides con tus compañeros? ¿Qué elementos sirven para determinar esos posibles destinatarios? Edad, sexo, etc.

  Por ejemplo: lectores de la página web de un periódico, personas interesadas en asuntos sociales, etc.

- Elige uno de los textos estudiados e imagina un **contexto**, es decir, un lugar, una situación en la que pueda aparecer ese texto. Comparte tus ideas con el resto de la clase.

  Por ejemplo: *El texto A puede aparecer en un periódico, …*

- ¿Cuál es el objetivo o **propósito** de los textos? Por ejemplo, podemos decir que el texto B da a conocer los cambios que están ocurriendo con respecto al núcleo familiar. ¿Y para el resto de los textos? Comparte tus ideas con el resto de la clase.

- **Significado:** La selección de vocabulario es muy importante a la hora de producir un efecto en el lector. Recopila campos léxicos para cada uno de los textos de esta unidad, estudiando las palabras específicas que dan a cada texto su significado global, así como los conceptos asociados y los elementos icónicos que refuerzan el significado. Luego, trabaja en pequeños grupos para crear una nube de palabras con las palabras y las imágenes que habéis recopilado, y compartidlas con el resto de la clase.

  Por ejemplo: *En el texto B, las palabras y los conceptos claves son "fiesta fastuosa", "se endeudan", "sacrificio", "tradición", "conmemorar", "negocio", etc.*

- **Variante:** Los textos siempre tienen una estructura y formato específicos que cambian si decidimos usar información del mismo tipo, pero presentándola de otra manera.

  Por ejemplo: transformar un artículo sobre cambios sociales en un discurso sobre ese tema para los estudiantes de nuestro colegio.

En grupos: intentad transformar alguno de los textos que habéis visto en esta unidad utilizando otro formato. Es importante tener en cuenta el tipo de vocabulario, el registro y la estructura a la hora de realizar esos cambios.

Aquí tenéis algunas sugerencias de otros formatos:

- Texto A: Algunos cambios de estos últimos 25 años → un cómic, eligiendo y ampliando algunas de las viñetas (podéis usar herramientas virtuales como Strip Generator, Pixton, Marvel o ToonDoo)

- Texto B: Extravagantes fiestas de los 15 años → un folleto informativo

- Texto C: Ser inmigrante, una historia que merece ser contada → una carta a un familiar en Francia

- Texto D: Modelos de familias → una infografía

Tipos de textos

A Artículo

1 ¿Qué elementos y partes caracterizan a los artículos periodísticos? Lee el siguiente texto y señala todos los que reconozcas.

Comprensión auditiva

- **Titular** – concentra el tema del artículo
- **Sobretitular o volada** – resalta el titular con frases de actualidad y se encuentra encima del titular
- **Subtitular o bajada** – ofrece datos importantes que complementan el titular y se ubica debajo de este
- **Antecedente** – suele ir delante de la narración de los hechos
- **Fotografías** – sirven para ilustrar el contenido de la noticia
- **Párrafos** – las ideas que presentan la historia en partes estructuradas
- **Cifras y datos** – ayudan a hacer la información más precisa
- **Citas** – ayudan también a hacer la información más precisa

http://www.elmundo.es/espana/2013/12/10/52a6ef4d61fd3d67268b456f.html

España pierde más de 100 000 habitantes por la emigración en la primera mitad del año

- **El pasado semestre se marcharon 259 227 personas y llegaron 134 312**

- **La cifra de los que se van aumenta un 10% y el número de los que vienen baja un 11%**

- **El número de extranjeros ha bajado un 4%, según las cifras del INE**

Olga R. Sanmartín, Madrid

Por tercer semestre consecutivo, España está perdiendo población. Los inmigrantes han dejado de venir de forma generalizada y cada vez son más los que se van, tanto extranjeros como españoles. Así que es inevitable que cada vez seamos menos. El número de habitantes disminuyó en 118 238 personas durante la primera mitad del año y, a 1 de julio de este año, se sitúa en 46 609 652 habitantes.

Lo dicen las Cifras de Población y la Estadística de Migraciones que el Instituto Nacional de Estadística (INE) acaba de publicar hoy, un aperitivo de cara al mastodóntico conglomerado de datos que ofrecerá el jueves, cuando revele los datos detallados del Censo de Población de Viviendas 2011.

5

En la estadística de hoy, el INE nos cuenta que la inmigración ha bajado en un 10
11% mientras que la emigración ha crecido un 10,7%. O, dicho de otra forma,
se han ido de España durante este semestre 259 227 personas y han venido
134 312. La diferencia entre uno y otro ofrece un saldo migratorio negativo:
124 915 habitantes menos para nuestros registros.

¿Y quiénes son los que se van? Fundamentalmente, extranjeros no nacionalizados. 15
Las cifras del INE no confirman, al menos por ahora, la existencia de una huida
masiva de ciudadanos españoles. De los 259 227 que han emigrado, 39 690 son
españoles (26 281 nacidos en España y 13 409 nacidos en el extranjero pero
nacionalizados españoles) y 219 537, la gran mayoría, son foráneos.

El INE recuerda que el número de extranjeros ha bajado un 4%, "sobre todo 20
debido a la emigración y a la adquisición de nacionalidad española", hasta situarse
en 4 870 487. Las nacionalidades que más habitantes han perdido son la colombiana,
la peruana, la boliviana, la ecuatoriana, la marroquí y la rumana.

fuente: **www.elmundo.es**

2 Aquí tienes otras características que son importantes a la hora de
escribir un artículo. Fíjate en el ejemplo anterior y responde a las
siguientes preguntas.

- ¿Aparece el autor? ¿Y la fecha?
- ¿Cómo son el vocabulario y las frases? ¿El texto es claro, conciso,
  tiene una sintaxis sencilla y un orden lógico?
- ¿En el contenido se responden a estas preguntas sobre la noticia?
  (A veces no todas las preguntas se incluyen.)
  ¿Qué?   **¿Quién?**   **¿Cómo?**
  ¿Cuándo?   **¿Dónde?**   **¿Por qué?**
- ¿Cómo se presenta el formato? ¿De forma clara y atractiva?
- ¿Las fotos tienen relación con el artículo? ¿Ayudan a su comprensión?

- En esta unidad has podido conocer y consultar varios textos relacionados con la historia personal. Repásalos de nuevo y considera cómo puedes ampliar tu colección de artículos haciendo búsquedas en Internet:

  - cómo decides los artículos que son válidos
  - cómo reconoces las fuentes a la hora de citarlos y presentarlos en la clase
  - qué elementos de contenido son importantes para preparar los distintos temas de esta unidad
  - de qué manera te pueden ayudar a la hora de preparar los distinto componentes del examen.

- Reflexiona también cómo implementas la política de probidad académica de tu colegio.

- Para mejorar estas habilidades, crea pequeños resúmenes de consejos para compartirlos con el resto de compañeros de clase.

3 Trabajad en pequeños grupos para recopilar distintos artículos sobre los temas vistos en esta unidad. Cada grupo puede elegir un tema: cambios sociales, ceremonias y ritos de paso y emigración. Después, presentad algunos de los artículos encontrados mediante resúmenes y titulares.

4 En grupos, examinad una misma noticia o tema mediante dos artículos. Vuestro profesor elegirá los artículos, o bien los elegirá la clase en común. Comentad qué diferencias aparecen en cada artículo en cuanto a:

- formato
- presentación
- contenido
- tipo de público
- elementos (titular, fotos, etc.)

¿Qué artículo es más atractivo? ¿Cuál es más convincente? ¿Cuál es más objetivo?

5 En grupos, elegid **dos** artículos y recortad los titulares y sus contenidos en trozos para mezclarlos. Otro grupo tiene que reconstruir esos dos artículos. ¿Os ha resultado fácil hacerlo? ¿Qué elementos os han ayudado a reconstruir los artículos? (Fijaos en el vocabulario y en los conectores usado en los artículos a la hora de realizar la actividad.)

B Cartas formales e informales

1 Observa los dos ejemplos de cartas en la página siguiente, y piensa en los elementos que caracterizan a las cartas formales y a las informales. Puedes buscar otros ejemplos en Internet para incluir más ideas.

Elementos	Carta formal	Carta informal
a Tipo de lenguaje usado		
b Estilo y formato		
c Relación entre emisor y receptor		
d Encabezamiento		
e Saludos		
f Forma de iniciar la carta		
g Contenido (cuerpo de la carta)		
h Despedida		
i Firma		

México D.F. a 19 de marzo

Secretaría de Inmigración:
C. Lic. John Smith MacWire

Estimado C. Lic. Smith MacWire:

Por la presente carta de recomendación, yo Icario Bélez Ugarte, doy con plena confianza mi recomendación y apoyo a la Sra. Malena Pérez Calderón, a quien conozco bien desde hace ya veinte años.

La Sra. Malena Pérez Calderón se identifica con su cédula de identidad (DNI) GPC 026845338 y aclaro que esta señora se dedica al trabajo de secretaria, profesión que lleva realizando desde hace quince años.

Es una persona digna de confianza, y honesta. Asimismo, es vecina del municipio de Coronas, en el estado de México.

Sírvanse tener esta información en consideración para poder conceder a la Sra. Malena Pérez Calderón el documento migratorio que requiere para realizar su trabajo en la unión americana.

Autorizo a la portadora para hacer uso de la presente carta para el fin arriba mencionado y para los fines que considere necesarios.

Atentamente,

I. Bélez Ugarte

Icario Bélez Ugarte

Valencia, 25 de febrero

Hola, Juan:

Me alegro mucho de saber que vas a visitar Valencia estas Fallas. ¡Te va a encantar el ambiente festivo de la ciudad! Esther y Víctor también van a venir, así que vamos a estar todo el grupo junto otra vez.

Como sabes, tengo un nuevo trabajo desde principios de año en el estudio de arquitectura Vallibrán. Me va muy bien. Ya he pedido cuatro días de vacaciones para cuando todos estéis aquí.

¿Sabes ya cuántos días te puedes quedar? Ya sabes que no hay problema para el alojamiento. Quédate todo el tiempo que quieras … Solo lo comento para avisar a mis padres.

Ponte en contacto conmigo antes del domingo y ya vemos cómo lo organizamos todo.

Un abrazo,

Raúl

2   ¿Carta formal o informal? ¿A qué tipo de carta corresponden los siguientes elementos? Señala la opción correcta.

	Carta formal	Carta informal
a Queridos Susan y Juan:		
b Me gustaría recibir información …		
c Estimados Sres.:		
d ¿Cómo te fue el examen?		
e Reciba un cordial saludo,		
f Un gran abrazo,		
g Me gustaría invitarte a mi fiesta de cumpleaños.		
h Acabo de volver de mis vacaciones …		
i Un beso,		
j Departamento de Lenguas, Universidad de Bogotá – Camino del Ensanche, 234 Bogotá		
k Barcelona, 12 de enero		
l Hola Pepe:		
m Muy Sres. míos:		
n Estimado Sr. Gordillo:		

3   Elige una de estas opciones para escribir una carta formal y otra informal. Después, poned en común en clase vuestras cartas para aprender más vocabulario.

a   Cartas formales:
  • Una carta a un colegio de un país hispano para pedir información sobre cursos de verano
  • Una carta al director de un periódico para comentar una noticia publicada en el periódico
  • Una carta a la oficina de turismo de un país hispano para pedir información sobre fiestas o rutas turísticas

b   Cartas informales:
  • Una carta a un(a) amigo/a para invitarlo/la a una fiesta
  • Una carta para describir qué hiciste el último verano
  • Una carta para explicar a un(a) amigo/a qué has aprendido sobre la cultura hispana en esta unidad

Actividades orales generales

1. En clase se va a celebrar un encuentro entre culturas titulado "Somos iguales, somos diferentes: nuestra tradición es nuestro patrimonio". Cada participante debe representar a un país en el ámbito de habla española. Vuestra misión es presentar un aspecto cultural de este país, relacionado con las ceremonias que se celebran (comuniones, bodas, etc.). Se trata de conocer y apreciar la diversidad, por lo que al final, entre toda la clase, hacéis un resumen de todos los aspectos nuevos que habéis aprendido.

2. Trae una noticia a clase relacionada con alguno de los temas vistos en la unidad y explícala al resto de tus compañeros. Después de escuchar todas las presentaciones, la clase realiza un resumen con todo lo aprendido.

3. Organizad un debate en clase titulado "¿Es importante el entorno familiar?", en el que se comenta el papel de la familia y aspectos que os relacionan con ella.

   - ¿Qué aprendéis de los mayores?
   - ¿Quién es la persona de la familia más importante para vosotros? ¿Por qué?
   - ¿Ha habido cambios recientes respecto al concepto de familia?, etc.

4. Muchas veces las canciones son una forma de hablar del pasado de una manera personal. Elegid una canción para presentarla al resto de la clase. Hablad de:

   - el intérprete y el título
   - el tema y su relación con el contexto histórico
   - vuestra opinión personal.

   Aquí tenéis algunas sugerencias, pero podéis incluir en esta lista otras canciones que os gusten:

   - "Pobre Juan", Maná
   - "Papa cuéntame", Ismael Serrano
   - "La muralla", Quilapayún
   - "Desapariciones", Rubén Blades
   - "Dinosaurios", Charly García.

5. En pequeños grupos, elegid un país de habla hispana para recopilar información sobre la migración humana (emigración e inmigración) y sus causas: pobreza, guerra, inestabilidad política, falta de oportunidades, huida de cerebros, razones familiares, etc. Realizad una presentación con datos, estadísticas y testimonios. Utilizad imágenes, partes de noticias, video clips, extractos audio, etc. Mientras un grupo hace su presentación, los demás grupos piensan en posibles preguntas que pueden hacerles después. Al final de todas las presentaciones, ¿qué conclusiones sacáis?

Habilidades de comunicación

- Reflexiona de qué manera se pueden mejorar los debates grupales de la clase.

  - ¿Qué papel puede tener cada estudiante?
  - ¿Qué tipo de palabras y estructuras ayudan a dar una opinión, ceder la palabra, gestionar los turnos de palabra?
  - ¿Qué tipo de preguntas podemos hacer a otros compañeros para ayudar a que todo el grupo participe de una manera relajada?

- Entre todos, cread una lista de recomendaciones para mejorar la forma de realizar esos debates, mesas redondas, seminarios socráticos o discusiones tipo Modelo Naciones Unidas.

Literatura

Texto 1

1   Vas a leer un extracto del cuento "La compuerta número 12" del escritor chileno Baldomero Lillo. En este fragmento, un viejo minero lleva a su hijo menor de ocho años a trabajar a la mina. ¿Recuerdas cuáles eran tus pasatiempos cuando tenías la edad del niño? ¿Qué solías hacer?

2   Hoy, la ley chilena prohíbe el trabajo infantil a menores de 15 años, aunque sigue existiendo en Chile y en otros países del mundo. Mira las siguientes palabras. ¿Cuáles se refieren a pasatiempos infantiles y cuáles están relacionadas con trabajo infantil? ¿Puedes incluir algunas más para cada campo léxico? Trabaja con otros compañeros para crear una lista de palabras.

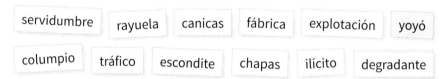

servidumbre   rayuela   canicas   fábrica   explotación   yoyó

columpio   tráfico   escondite   chapas   ilícito   degradante

3   El texto contiene muchas descripciones de la mina y de los personajes que se encuentran dentro de ella. ¿Cómo relacionarías las siguientes palabras? Piensa en posibles combinaciones y une los sustantivos de la primera columna con los adjetivos adecuados de la segunda columna.

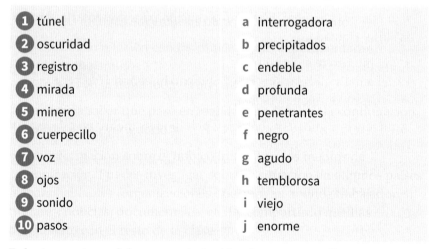

1 túnel	a interrogadora
2 oscuridad	b precipitados
3 registro	c endeble
4 mirada	d profunda
5 minero	e penetrantes
6 cuerpecillo	f negro
7 voz	g agudo
8 ojos	h temblorosa
9 sonido	i viejo
10 pasos	j enorme

4   Relaciona estas palabras con el significado correspondiente.

1 erguir	a persona cuyo oficio consiste en dirigir y vigilar a un grupo de trabajadores
2 registro	b poner una cosa en posición vertical
3 capataz	c muy débil, con poca resistencia
4 endeble	d acción de pedir algo a alguien como favor
5 languidecer	e documento o libro donde se apuntan ciertos datos o acontecimientos
6 ruego	f no tener o perder la fuerza, el valor o la energía

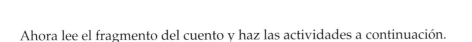

Ahora lee el fragmento del cuento y haz las actividades a continuación.

El viejo tomó de la mano al pequeño y juntos se internaron en el negro túnel.
Eran de los primeros en llegar y el movimiento de la mina no empezaba
aún. De la galería bastante alta para permitir al minero erguir su elevada
talla, sólo se distinguía parte de la techumbre cruzada por gruesos maderos.
Las paredes laterales permanecían invisibles en la oscuridad profunda que   5
llenaba la vasta y lóbrega excavación.

[…] En el fondo, sentado delante de una mesa, un hombre pequeño, ya
entrado en años, hacía anotaciones en un enorme registro. Su negro traje
hacía resaltar la palidez del rostro surcado por profundas arrugas. Al ruido
de pasos levantó la cabeza y fijó una mirada interrogadora en el viejo minero,   10
quien avanzó con timidez, diciendo con voz llena de sumisión y de respeto:

– Señor, aquí traigo el chico.

Los ojos penetrantes del capataz abarcaron de una ojeada el cuerpecillo
endeble del muchacho […] condenado, como tantas infelices criaturas, a
languidecer miserablemente en las humildes galerías, junto a las puertas   15
de ventilación. Las duras líneas de su rostro se suavizaron y con fingida
aspereza le dijo al viejo que muy inquieto por aquel examen fijaba en él una
ansiosa mirada:

–¡Hombre! Este muchacho es todavía muy débil para el trabajo. ¿Es hijo
tuyo?   20

– Sí, señor.

– Pues debías tener lástima de sus pocos años y antes de enterrarlo aquí
enviarlo a la escuela por algún tiempo.

– Señor – balbuceó la voz ruda del minero en la que vibraba un acento
de dolorosa súplica –. Somos seis en casa y uno solo el que trabaja, Pablo   25
cumplió ya los ocho años y debe ganar el pan que come y, como hijo de
mineros, su oficio será el de sus mayores, que no tuvieron nunca otra
escuela que la mina.

Su voz opaca y temblorosa se extinguió repentinamente en un acceso de tos,
pero sus ojos húmedos imploraban con tal insistencia, que el capataz vencido   30
por aquel mudo ruego llevó a sus labios un silbato y arrancó de él un sonido
agudo que repercutió a lo lejos en la desierta galería. Oyose un rumor de
pasos precipitados y una oscura silueta se dibujó en el hueco de la puerta.

– Juan – exclamó el hombrecillo, dirigiéndose al recién llegado – lleva
este chico a la compuerta número doce, reemplazará al hijo de José, el   35
carretillero, aplastado ayer por la corrida.

La compuerta número 12 (fragmento), *Subterra*, Baldomero Lillo

5 En el fragmento aparecen bastantes palabras relacionadas con dos campos léxico: la mina y el estado psicológico del viejo minero. En pequeños grupos, completad los campos con todas las palabras relacionadas que encontréis en el texto.

Mina	Estado psicológico del viejo minero
túnel, galería, …	*timidez, sumisión, …*

6 La minería es una de las principales actividades de la economía chilena. Es una actividad peligrosa que puede causar graves problemas de salud. A principios del siglo XX, cuando se publicó el cuento, los mineros tenían una esperanza de vida muy baja. Busca las expresiones del texto que reflejan lo duro que es trabajar en la mina.

Para hablar y escribir

1 Piensa en cómo debe de sentirse Pablo al entrar en la mina. ¿Siente excitación o temor? Intercambia ideas con un(a) compañero/a y, juntos/as, reescribid la historia desde su punto de vista.

2 En grupos, pensad en una posible continuación a la historia y escribid un párrafo de alrededor de 100 palabras. Después, leed y comentad cada versión en la clase. ¿Cuál es la más original? ¿Coincidís en algo?

Aquí tenéis algunas sugerencias para incluir en el escrito.

- ¿Cuál es su relación con los mineros más experimentados?
- ¿Ha hecho amigos?
- ¿Trabaja en la mina todavía su padre?

(Si os intriga saber qué pasó en realidad, podéis leer la continuación del relato para averiguarlo.)

3 Busca información sobre el trabajo infantil en los medios de comunicación. Puedes investigar sobre la situación en algunos países hispanohablantes (organizaciones que apoyan a niños trabajadores, titulares, noticias, documentales, etc.) y compartir lo que has descubierto con el resto de la clase.

Texto 2

1 Vas a leer un fragmento de la novela *Nada,* de la escritora española Carmen Laforet. En el texto, Andrea, la protagonista de la novela, llega a Barcelona en 1945. ¿Recuerdas el último viaje que hiciste? Comenta con un(a) compañero/a: ¿Adónde fuiste? ¿Qué cosas te llamaron la atención? Recuerda algunas sensaciones, olores, sentimientos o imágenes visuales. Busca en un diccionario las palabras nuevas que necesites para describir todas tus sensaciones.

Por ejemplo: *El verano pasado fui a México DF. Estuve allí una semana con mis padres. Me gustó ver tantos colores en el mercado: frutas y verduras de todos los colores …*

2 ¿Has visitado alguna vez Barcelona? ¿Qué sabes de esta ciudad
   situada en la costa Mediterránea? ¿Cómo te la imaginas por la noche?
   Habla con tus compañeros para buscar ideas entre todos.

Ahora lee el fragmento de la novela y haz las actividades a continuación.

Por dificultades en el último momento para adquirir billetes, llegué a Barcelona a
medianoche, en un tren distinto del que había anunciado, y no me esperaba nadie.

Era la primera vez que viajaba sola, pero no estaba asustada; por el contrario, me parecía
una aventura agradable y excitante aquella profunda libertad en la noche.

La sangre, después del viaje largo y cansado, me empezaba a circular en las piernas   5
entumecidas y con una sonrisa de asombro miraba la gran Estación de Francia y los grupos
que estaban esperando el expreso y los que llegábamos con tres horas de retraso.

El olor especial, el gran rumor de la gente, las luces siempre tristes, tenían para mí un gran
encanto, ya que envolvía todas mis impresiones en la maravilla de haber llegado por fin a
una ciudad grande, adorada en mis sueños por desconocida.   10

Empecé a seguir – una gota entre la corriente – el rumbo de la masa humana que, cargada de
maletas, se volcaba en la salida. Mi equipaje era un maletón muy pesado – porque estaba casi
lleno de libros – y lo llevaba yo misma con toda la fuerza de mi juventud y de mi ansiosa,
expectación.

Un aire marino, pesado y fresco, entró en mis pulmones con la primera sensación confusa   15
de la ciudad: una masa de casas dormidas, de establecimientos cerrados, de faroles
como centinelas borrachos de soledad. Una respiración grande, dificultosa, venía con el
cuchicheo de la madrugada. Muy cerca, a mi espalda, enfrente de las callejuelas misteriosas
que conducen al Borne, sobre mi corazón excitado, estaba el mar.

Debía parecer una figura extraña con mi aspecto risueño y mi viejo abrigo que, a impulsos   20
de la brisa, me azotaba las piernas, defendiendo mi maleta, desconfiada de los obsequiosos
"camàlics"*.

Recuerdo que, en pocos minutos, me quedé sola en la gran acera, porque la gente corría a
coger los escasos taxis o luchaba por arracimarse en el tranvía.

Uno de esos viejos coches de caballos que han vuelto a surgir después de la guerra se   25
detuvo delante de mí y lo tomé sin titubear, causando la envidia de un señor que se
lanzaba detrás de él desesperado, agitando el sombrero.

Corrí aquella noche, en el desvencijado vehículo, por anchas calles vacías y atravesé el corazón
de la ciudad lleno de luz a toda hora, como yo quería que estuviese, en un viaje que me pareció
corto y que para mí se cargaba de belleza.   30

El coche dio la vuelta a la plaza de la Universidad y recuerdo que el bello edificio me
conmovió con un grave saludo de bienvenida.

*"camàlics" (catalán) – porteadores de maletas

Nada (fragmento), Carmen Laforet

3   Completa las frases escogiendo la opción correcta en cada caso.

 a   Andrea llega a Barcelona …
  i   por la mañana.
  ii   después de la hora esperada.
  iii   antes de la hora indicada.

 b   Andrea …
  i   estaba acostumbrada a viajar.
  ii   viajaba por segunda vez.
  iii   no había viajado antes sola.

 c   A Andrea, esta situación …
  i   le gustaba.
  ii   le producía miedo.
  iii   le enfadaba.

4   Contesta a las siguientes preguntas sobre la llegada de Andrea a Barcelona.

 a   ¿Cómo es el viaje para Andrea?
 b   ¿Cómo se siente al llegar a la Estación de Francia?
 c   ¿Cómo lo describe el texto?

5   ¿Qué sabes de Andrea sobre los siguientes aspectos? Busca expresiones en el texto que te ayuden a entenderlos.

 a   sus sentimientos hacia Barcelona
 b   cómo se siente
 c   cómo va vestida
 d   qué lleva con ella

6   ¿Qué adjetivos e imágenes sensoriales utiliza Andrea para describir Barcelona por la noche?

Habilidades de pensamiento

- En esta unidad has visto distintos aspectos relacionados con los cambios en la sociedad y la importancia de la historia para aprender de ella.

- Busca algún personaje importante en la historia de los países de habla hispana y presenta algunos datos que expliquen:

  - qué ha conseguido/consiguió
  - por qué es importante
  - qué has aprendido de ese personaje.

  Puedes hacer lo mismo con algún acontecimiento histórico.

- Aquí tienes algunas sugerencias:

  - Juan Vucetich
  - Bernardo Alberto Houssay
  - Oscar de la Renta
  - Celia Cruz

  - Sor Juana Inés de la Cruz
  - César Millán
  - Salma Hayek

Para hablar y escribir

1   Andrea está entusiasmada con su viaje a Barcelona. ¿Cómo fue tu
    último viaje? Escribe una entrada de diario en la que expliques lo
    que hiciste, cómo fue y qué sentimientos y sensaciones te causó. En el
    texto, la autora utiliza muchos adjetivos sensoriales para describir la
    llegada de Andrea. Intenta hacer lo mismo en tu redacción.

    Por ejemplo: "las luces siempre tristes"
                  "una ciudad grande adorada en mis sueños por
                  desconocida"
                  "un maletón muy pesado"
                  "mi ansiosa expectación"

2   La novela *Nada* fue escrita en 1944, después de la Guerra civil española
    (1936-1939). En esta unidad hemos hablado de cambios, ¿cómo crees
    que sería la llegada de Andrea a la Barcelona de hoy o a otra gran
    ciudad? ¿Qué aspectos habrían cambiado? Escribe una pequeña lista
    con los posibles cambios. Después comparte tus ideas con el resto de
    los compañeros para escribir una lista común de toda la clase.

3   Andrea describe cómo es Barcelona por la noche. ¿Cómo describirías
    el lugar donde vives por la noche? ¿Qué sensaciones te produce?
    ¿Qué cosas y objetos se ven? ¿Qué hace la gente? Escribe un texto de
    unas 100–150 palabras en el que recuerdes una noche en tu ciudad
    para explicárselo a la clase. Recuerda el uso de los tiempos de pasado.

4   Si tú llegaras a Barcelona por primera vez, ¿qué lugares visitarías?
    Haz una pequeña guía de viaje para recomendar algunos lugares que
    visitar. Incluye también lugares para comer y para alojarte (hoteles,
    pensiones, etc.) Justifica tus elecciones incluyendo datos como: precio,
    vistas, lugar, buenas críticas, etc.

5   El texto que has leído es muy poético, ¿qué palabra o frase te ha
    gustado más? Explica por qué a tus compañeros. ¿Coincidís?

6   ¿Qué te imaginas que le pasó a Andrea al llegar a casa de sus parientes?
    ¿Y después? Comentad vuestras hipótesis en pequeños grupos.

7   En muchas páginas web de Internet se comparten ideas y comentarios
    sobre rutas literarias de Barcelona inspiradas en la novela de Carmen
    Laforet. Visita alguna de estas páginas y después explica a tus
    compañeros lo que has aprendido sobre Barcelona.

8   Muchas otras ciudades también tienen rutas literarias. ¿Conoces
    alguna ruta que pertenezca al mundo hispano? Busca alguna y
    compártela con tus compañeros. Aquí tienes algunas sugerencias.

    •   La ruta literaria de Clarín en Oviedo (España)
    •   La ruta literaria de Benedetti en Montevideo (Uruguay)
    •   La ruta literaria de Borges en Buenos Aires (Argentina)

8 INGENIO HUMANO
CIENCIA Y TECNOLOGÍA

Objetivos

- Reflexionar sobre cómo usamos la ciencia y la tecnología

- Explorar cómo la tecnología influye en nuestra calidad de vida y en nuestras relaciones sociales

- Hablar sobre los aspectos positivos y negativos de los adelantos científicos y tecnológicos

- Debatir sobre las posibles consecuencias derivadas de tener acceso o no a los nuevos adelantos científicos y tecnológicos

- Explorar diferentes iniciativas tecnológicas y científicas

Para entrar en materia

ESCLAVOS ENCADENADO.

¡NALÁMBRICO.

eneko.

1   Observa la viñeta y describe lo que ves.

2   ¿Qué dos épocas representa la viñeta?

3   ¿Qué mensaje te quiere transmitir?

4   a   ¿Cuál es la diferencia entre la primera y la segunda parte de la viñeta?

    b   ¿Piensas que los adelantos en la tecnología hacen nuestras vidas más fáciles o más complicadas? ¿Por qué?

    c   ¿Los adelantos tecnológicos nos facilitan el trabajo o nos hacen más dependientes de él?

5   ¿Cómo podemos usar la tecnología para obtener el máximo beneficio de ella no solo como sociedad, sino también a nivel personal?

6   Debate algunas de las siguientes afirmaciones con un(a) compañero/a. Después, compartid vuestras opiniones con el resto de la clase.

- La ciencia nos ha ayudado a vivir más y con una mejor calidad de vida.
- Todos los avances en la medicina han sido positivos.
- La tecnología nos ha hecho más humanos y solidarios.
- Con los avances tecnológicos, hemos desarrollado nuevas adicciones.
- Algunos avances científicos nos hacen considerar sus aspectos éticos.

7   Con un(a) compañero/a, haz una lista de los aspectos positivos y negativos de los avances tecnológicos y científicos de los últimos años y después preséntala a la clase. Explica también por qué esos avances son positivos o negativos. Utiliza las fotos **a–e** como referencia.

8 ¿Realidad o ficción? A lo largo del tiempo diferentes personas han mencionado adelantos que en su época no existían pero que se han hecho realidad. A continuación tienes algunos de ellos. Con un(a) compañero/a discute las siguientes preguntas.

a ¿Cuál te sorprende más?

b ¿Qué tipo de personas eran para tener esta visión del futuro?

c ¿Cómo crees que reaccionaría cada una de estas personas si supiera que su visión se ha hecho realidad?

d En tu opinión, el hecho de que estas "predicciones" se hayan hecho realidad, ¿es buena o mala noticia? ¿Por qué?

a

La bomba atómica

La novela *El mundo se libera* de H.G. Wells contiene numerosas descripciones de bombas atómicas, 30 años antes de la primera prueba atómica.

b

El Internet

En una historia corta titulada "From the 'London Times' of 1904", Mark Twain describió Internet. El "teletroscopio" era un sistema telefónico que conectaba a personas de todo el mundo entre sí y permitía la visualización de todas las acciones diarias a nivel mundial, sin cables.

c

El hombre en la luna y los viajes submarinos

Julio Verne mencionó el buceo y los viajes a las profundidades en su libro *Veinte mil leguas de viaje submarino*, publicado en el siglo XIX. También se refirió a los viajes a la Luna en su obra *De la Tierra a la Luna*.

d

Periódicos en línea

En *2001: Una odisea del espacio*, Arthur C. Clarke habló en 1968 sobre la obsolescencia de los diarios impresos.

e

Antidepresivos

Aldous Huxley presagió en *Un mundo feliz* (1932) los antidepresivos, que en medicina no fueron considerados ni estudiados hasta 1950.

9 Piensa en alguna predicción que hayas leído en un libro o hayas visto en alguna película. Escribe estas predicciones y compártelas con un(a) compañero/a.

Predicción	Fuente (libro, película, canción, etc.)

10 Ahora vas a leer algunas otras predicciones que han aparecido en obras de ciencia ficción modernas. En parejas, decidid cuáles creéis que se harán realidad y cuánto tiempo tardaremos en verlas.

a Podremos viajar en el tiempo.
b Será posible clonar personas.
c Descubriremos vida extraterrestre.
d Nuestra comida consistirá en una pastilla.
e Habrá vacunas contra el cáncer.
f Viviremos en otros planetas.
g Los humanos seremos mitad humanos mitad máquinas.
h Todos hablaremos el mismo idioma.

MODA Y TECNOLOGÍA

Antes de leer

1 Lee las siguientes definiciones sobre ropa inteligente y decide cuál te parece más apropiada. Discute tu elección con un(a) compañero/a.

> **a**
> La **ropa inteligente** es una parte fundamental de nuestro futuro. Son prendas aparentemente normales, pero que llevarán integradas en el tejido funciones muy útiles para nuestra vida o trabajo.

> **b**
> La **ropa inteligente**, una forma de vestirse que aúna diseño y tecnología para proporcionarnos una vida mejor.

> **c**
> La **tecnología vestible**, **tecnología corporal**, **ropa tecnológica** o **ropa inteligente** es aquel dispositivo electrónico que se lleva sobre, debajo o incluido en la ropa. Estas prendas permiten la multitarea y pueden actuar como extensión del cuerpo o mente del usuario.

2 Visualiza el siguiente video y después, contesta las siguientes preguntas. Compara tus respuestas con las de un(a) compañero/a.

http://es.euronews.com/video/2017/02/06/ropa-inteligente

a ¿Qué **tres** problemas de salud menciona el video?
   i Deshidratación
   ii Diabetes
   iii Sobrepeso
   iv Problemas de vista
   v Problemas mentales.

b ¿Qué tecnología se usa para monitorizar el cuerpo?
c ¿Por qué será fácil producir estos tipos de tejidos?
d ¿Qué función tiene la alfombra que presentan? ¿Y la tapicería del asiento del coche?

3　Ahora con un(a) compañero/a, decidid qué afirmaciones os parecen realistas.

a　La ropa inteligente hará nuestras vidas más fáciles.

b　La ropa inteligente será asequible para todas las personas.

c　La ropa inteligente debe de centrarse no solamente en sus funciones, pero también en el diseño.

d　La ropa inteligente sustituirá a la ropa que hoy usamos.

4　Vas a leer un texto sobre la nueva "ropa inteligente". Antes de leerlo, contesta a las siguientes preguntas y comenta las respuestas con tus compañeros.

a　Haz una lista de todas aquellas funciones que tiene la ropa en tu vida. Después compártela con tus compañeros. ¿En qué coincidís?

b　¿Por qué eliges una prenda determinada u otra?

c　¿Cómo te hace sentir la ropa que llevas?

d　¿Cómo puede influir la ropa en tu forma de relacionarte?

e　¿A qué crees que se refiere el título del texto con la expresión "ropa inteligente"?

TEXTO A

Ropa inteligente, una nueva forma de vestirse

1.　Hasta ahora, la moda era pura estética, hoy es inteligente. Prendas que levantan el ánimo, que mantienen la temperatura corporal, que calman el estrés o que repelen los mosquitos engloban el nuevo concepto de ropa inteligente, "una forma de vestirse que aúna diseño y tecnología para vivir mejor", explica la diseñadora Laura Morata.

2.　Tras años de investigación, esta diseñadora, que proviene del mundo del diseño industrial, ha conseguido fusionar la tecnología con el diseño, con el fin de crear prendas que faciliten la vida a la mujer.

3.　"Son prendas con tecnología que permiten personalizar la ropa, preservar el medioambiente y encontrar el bienestar", dice a Efe la diseñadora.

4. Así, basándose en la aromaterapia y en el sentido del olfato que llega directo al cerebro, la diseñadora ha creado prendas en las que incluye microcápsulas con esencias naturales que, en el momento de vestirlas, despliegan todos sus beneficios.

5. "La vainilla y el jazmín, las suelo utilizar en trajes de novia, ya que calman los nervios y relajan, lo que permite disfrutar de ese día tan especial con serenidad", dice la creadora.

"Ni el jefe te podrá fastidiar"

6. El aroma de la fresa y la de manzana ácida los utiliza en prendas de consumo diario – vestidos, pantalones o camisas – para estimular los ánimos decaídos y dibujar la sonrisa en el rostro. "De está manera, ninguna persona, ni tan siquiera el jefe te puede fastidiar el día", explica.

7. Utilizando la tecnología del plasma y mediante un proceso absolutamente ecológico, la firma Madre Mía del Amor Hermoso ha creado prendas antimanchas que repelen la lluvia y cualquier líquido, bien sea vino, cava o sopa. "Son prendas que, al mismo tiempo que dan seguridad, evitan que se laven continuamente, proceso que contamina los ríos", asegura.

8. Esta diseñadora también ha creado prendas antiestrés. No se trata de diseños con masajes incorporados, sino de prendas con microcápsulas de antiestáticos que evitan que las mujeres se carguen de la energía electroestática que desprende el teléfono móvil o el ordenador, que, además de facilitar la vida, consiguen llevar los nervios a flor de piel.

9. "Estas prendas, a las que denomino 'qué paz' absorben la electricidad electroestática y ayudan a eliminar las barreras del estrés", explica Laura Morata.

Prendas antimosquitos

10. Un cuarto invento de esta firma son las prendas antimosquitos, que a través de un producto repelente encapsulado en las tramas del tejido consigue desviar los picotazos de este impertinente insecto.

11. **a** _____ el PCM – Phase Change Material –, **b** _____ microencapsulado en abrigos y chaquetas, esta joven catalana ha conseguido coser prendas que mantienen la temperatura corporal **c** _____ en verano como en invierno, en las condiciones climáticas **d** _____ adversas.

12. Recurre a la pintura fosforescente, **e** _____ absorbe energía de los rayos ultravioletas y emite luz en la oscuridad, **f** _____ diseñar vestidos de novia. "Son tintas luminiscentes, que abanderan la estética como única funcionalidad, no facilita la vida, **g** _____ divierte mucho", dice la propietaria **h** _____ la firma Madre Mía del Amor Hermoso.

13. Con el paso del tiempo, las bondades de la tecnología van desapareciendo de las prendas, pero están estudiando el poder recargarla para que duren más tiempo, aún así se disfruta de sus virtudes durante más de un año.

14. Laura Morata, que no cesa de trabajar para propiciar una vida más sencilla y cómoda, está desarrollando productos para el hogar con nanotecnología, ya que le permite trabajar un campo apasionante: las bacterias.

15. "Disfruta de los vestidos que te ayudan y siente el bienestar de sentirte bella" es la filosofía de la diseñadora.

fuente: **www.ecodiario.eleconomista.es**

Después de leer

5 Basándote en el texto, contesta a las siguientes preguntas brevemente.

    a Menciona las diferencias entre la moda del pasado y la de la actualidad según el texto.

    b Cita cuatro tipos de ropa inteligente que se mencionan en el texto.

    c ¿Para qué tipo de personas están diseñadas estas prendas?

    d Indica tres beneficios que estas prendas poseen.

    e ¿Qué dos productos con efecto relajante se usan en los vestidos de novia?

    f ¿Por qué son ecológicas las prendas antimanchas?

6 Completa las siguientes frases con palabras tomadas del texto.

    a Estas prendas están diseñadas para _____ .

    b La carrera profesional de Laura Morata comenzó en el área del _____ .

    c Un sinónimo de diseñadora es _____ .

    d El nombre que Laura Morata ha dado a la ropa antiestrés es _____ .

7 Basándote en el texto, indica las **palabras** que significan:

    a unir (párrafo 2) _____

    b prendas (párrafo 3) _____

    c tranquilidad (párrafo 5) _____

    d olor (párrafo 6) _____

    e cara (párrafo 6) _____

    f estropear (párrafo 6) _____

8 Basándote en el texto, elige la opción que tiene **el mismo significado** que las palabras en negrita:

    a … ayudan a **eliminar** las barreras del estrés (párrafo 9)

        i aumentar   **ii** extender   **iii** suprimir

    b Un cuarto invento de esta **firma** … (párrafo 10)

        i tienda   **ii** compañía   **iii** moda

    c … los picotazos de este **impertinente** insecto (párrafo 10)

        i tranquilo   **ii** ruidoso   **iii** molesto

    d … en las condiciones climáticas más **adversas** (párrafo 11)

        i favorables   **ii** desfavorables   **iii** esperadas

9 Basándote en el texto, indica si estas frases son **Verdaderas** o **Falsas**. Escribe las **palabras del texto** que justifican tu respuesta.

    a Las prendas antiestrés incluyen masajes.   **V F**

    b El uso de cierta tecnología afecta a nuestros estados de ánimo.   **V F**

    c Los trajes de novia fosforescentes solo tienen una función estética.   **V F**

    d La diseñadora está intentando que los efectos positivos de sus prendas se mantengan durante más tiempo.   **V F**

10 Completa los espacios en blanco de los **párrafos 11 y 12** con las palabras del recuadro. ¡Cuidado! Sobran algunas palabras.

| también | pero | para | con | cuando |
| ya | que | de | en | más | tanto |

Habilidades de investigación ATL

Haz una investigación sobre qué tipo de adelantos se están haciendo en el campo de la ciencia y tecnología para mejorar nuestra calidad de vida. ¿Qué conclusiones sacas?

Actividades de expresión oral y escrita

1 ¿Qué opinas de la ropa que ofrece esta empresa? ¿Te parece útil? Piensa en posibles aspectos positivos y negativos de este tipo de prendas y completa la siguiente tabla. Después debate tus ideas con un(a) compañero/a.

Aspectos positivos	Aspectos negativos

2 ¿Te gustaría comprar alguno de los productos de esta firma de moda? ¿Cuál? ¿Por qué?

3 En parejas, pensad qué características os gustaría que tuviera la ropa inteligente que Laura Morata ofreciera en el futuro y por qué. Desarrollad vuestras ideas y presentadlas a la clase.

4 Dividid la clase en dos grupos que tendrán posturas diferentes y realizad un debate sobre los siguientes temas.

- La ropa inteligente es solo una estrategia de marketing para vender más, pero realmente no tiene ningún beneficio para las personas que las usan.
- Con el desarrollo de la ropa inteligente, podremos llegar a resolver o mejorar algunos problemas de salud.
- La ropa inteligente debería estar al alcance de todo el mundo debido a sus posibles beneficios para la salud.

5 Imagina que te acabas de casar, y eres la novia o el novio que ha comprado uno de los trajes diseñados por Laura Morata para el día de tu boda. Escribe una entrada de tu diario explicando cómo ha sido tu día y cómo esta prenda ha contribuido a que hayas tenido una experiencia maravillosa.

6 Imagina que eres periodista y estás interesado en las nuevas funciones tecnológicas de la moda. Has entrevistado a un diseñador que ha empezado a innovar en sus colecciones pensado tanto en el aspecto estético de la ropa, como en prendas inteligentes que pueden mejorar la calidad de vida de las personas. Transcribe la entrevista realizada. Incluye información sobre qué tipo de prendas habrá en esta nueva colección y de qué manera cambiarán la vida de las personas que las lleven.

Por y para

POR	PARA
La preposición **por** tiene los siguientes usos:	La preposición **para** tiene los siguientes usos:

POR

La preposición **por** tiene los siguientes usos:

1 **Expresar gratitud:**
Gracias *por tu ayuda*.
Le di las gracias *por su rápida respuesta*.

2 **Multiplicar:**
Dos por dos, cuatro.

3 **Indicar movimiento, lugar aproximado:**
Andamos por el parque.

4 **Hablar de intercambio:**
Me dio diez dólares por el reloj.

5 **Expresar un periodo de tiempo:**
Hice ejercicio por dos horas.

6 **Indicar medios de comunicación y transporte:**
Prefiero hablar por teléfono a mandar correos.
Enviarán la mercancía por avión.

7 **Expresar causa o razón:**
Estoy nerviosa por los exámenes.

8 **Construir oraciones pasivas:**
Esa obra fue escrita por Octavio Paz.

9 **En expresiones como:**

por **ahora**	por **lo menos**
por **lo tanto**	por **casualidad**
por **otra parte**	por **desgracia**
por **ejemplo**	preguntar por
por **suerte**	preocuparse por

PARA

La preposición **para** tiene los siguientes usos:

1 **Indicar destino:**
El tren salió para Madrid.

2 **Expresar el uso o propósito de algo:**
Este botón sirve para encender y apagar el ordenador.

3 **Expresar finalidad:**
Para hacer una tortilla, primero corta las patatas.

4 **Indicar un destinatario:**
Este regalo es para mi madre.

5 **Expresar tiempo:**
Necesito el informe para el lunes.

6 **En expresiones como:**

para **empezar/terminar**
para **siempre**
ser para **tanto**
para **nada**
para **variar**
prepararse **para**
servir **para**

Completa este texto con las preposiciones "por" y "para".

Ayer compré una camiseta antimosquitos diseñada **1** _____ Laura Morata **2** _____ mi amiga Ana. Estaba paseando **3** _____ la calle comercial, y la vi en un escaparate **4** _____ casualidad. Me acordé de ella y entré a comprársela. El lunes se va de vacaciones a un país tropical y la camiseta le será útil **5** _____ que los mosquitos no la piquen. Cuando camine **6** _____ la naturaleza, le servirá **7** _____ protegerse y no tendrá que preocuparse **8** _____ la malaria. Mañana la llamaré **9** _____ teléfono y se la llevaré a su casa. **10** _____ desgracia, no puedo viajar con ella porque no tengo vacaciones, pero ella me contará todo sobre su aventura cuando vuelva.

EL ASCENSO DE LOS ROBOTS

Antes de leer

1 a   Vas a reflexionar sobre el uso de los robots en diferentes ámbitos de nuestras vidas. ¿Qué usos actuales conoces? ¿De qué posibles usos futuros has oído hablar o cuales puedes imaginar? Completa la siguiente tabla con tus ideas.

	Presente	Futuro
Medicina		
Agricultura		
Turismo		
Educación		
En el hogar		
Transportación		
Industria		

   b   Compara tus resultados con los de un(a) compañero/a. ¿Qué ideas compartís? ¿Qué ideas son diferentes?

   c   A continuación, en grupos, discutid las ventajas y desventajas de los usos de los robots en cada una de estas áreas. ¿Creéis que los robots presentan más ventajas o inconvenientes? Explicad.

2   En parejas, discutid vuestras opiniones sobre las siguientes afirmaciones.

   a   Podremos tener un robot como mascota.
   b   Los robots nos quitarán los trabajos, por lo que habrá más desempleo.
   c   Los robots nos ayudarán a salvar vidas.
   d   Los robots contribuirán a la deshumanización de nuestra sociedad.
   e   Los robots llegarán a ser nuestros mejores amigos.

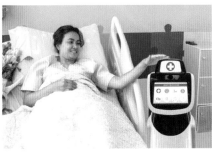

3   Ahora escribe un párrafo sobre el tipo de robot que te gustaría tener. Describe sus funciones, su apariencia, qué función tendría en tu vida y por qué sería importante para ti tenerlo.

TEXTO B

http://www.neoteo.com/los-robots-en-la-sociedad-del-futuro-14255/

Los robots en la sociedad del futuro

¿Cómo cambiarán la vida de cada uno de nosotros, en nuestro ámbito laboral o social?

1. **a** _____ la opinión de los investigadores, en el año 2020 se producirá un punto de inflexión tecnológica, gracias al cual los robots serán capaces de ver, actuar, hablar, dominar el lenguaje natural y ser más inteligentes. Entonces nuestra relación con ellos será **b** _____ constante y **c** _____ cercana. Los autómatas dejarán de ser máquinas sofisticadas **d** _____ llaman nuestra atención en exposiciones o series de TV para convertirse en herramientas cotidianas que nos ayudarán en las tareas más comunes.

2. Según el investigador Antonio López Peláez, los robots androides **e** _____ construiremos a partir de ese año, contarán con funciones y niveles de inteligencia tales que se convertirán **f** _____ compañeros para la especie humana. De hecho, esta singularidad hará que la inteligencia de nuestras máquinas sea equiparable **g** _____ la nuestra. En este contexto, resultan obvias las diferencias que tendrán **h** _____ sí las sociedades que cuenten con estas máquinas y aquellas que no las posean.

3. La clave para que se produzca este punto de inflexión se encuentra en los avances que se han producido en áreas tales como el reconocimiento de voz, el sentido del tacto robótico, la inteligencia artificial, la nanotecnología, la antropología robótica y, cómo no, la capacidad de los robots de superar el famoso test de Turing.

4. Robots con estas características cambiarán nuestro futuro. Suponiendo que evitemos su uso como máquinas de matar, podremos tenerlos en casa para ayudarnos con las tareas de limpieza o incluso con la educación de nuestros hijos. También tendrán trabajo en las granjas, cosechando el cereal y hasta ordeñando las vacas. En las fábricas, un robot con estas cualidades físicas e intelectuales será mucho más eficiente que los que usamos hoy para, por ejemplo, montar automóviles. Serán más flexibles y capaces de solucionar problemas que aparezcan en las cadenas de montajes. Y todo eso trabajando en tres turnos, las 24 horas del día. De hacerse realidad las predicciones de Antonio, la incorporación de robots evitará la exposición de los obreros a ambientes peligrosos, estresantes o poco saludables, eliminado el fantasma de los riesgos laborales.

Nanomáquinas y cíborgs

5. Pero no todos los robots serán así de grandes. De hecho, es posible que la mayor ayuda provenga de sus hermanos más pequeños, aquellos que se construirán gracias a los avances de la nanotecnología. Estos pequeños ingenios, con tamaños micrométricos, podrán hasta ingresar a nuestro organismo y realizar "reparaciones" en nuestras arterias, venas y órganos internos. ¿Tienes una arteria tapada por culpa del colesterol? No necesitarás cirugía, solo un nanorobot que se desplace por su interior y quite la obstrucción.

6. Durante años se ha especulado con multitud de mecanismos construidos a escala nanométrica. Motores, pistones, trozos de circuitos y casi cualquier cosa que te imagines puede ser construido a escala molecular. Por fin, y luego de millones de horas de investigación, estamos en condiciones de comenzar a fabricar cosas útiles con esta tecnología.

7. Toda la tecnología que hará posible la existencia de esos maravillosos robots también podrá utilizarse para sustituir nuestras partes defectuosas. Efectivamente, no hay razones para que, disponiendo de brazos robóticos dotados de manos capaces de reconocer superficies mediante el tacto, o cámaras que ven mejor que un ojo, no las utilicemos como piezas de reemplazo en nuestros cuerpos.

8. El famoso punto de inflexión parece finalmente estar a la vuelta de la esquina. Solo queda determinar su momento exacto, y las consecuencias que ocasionará tanto para los agraciados que se encuentren dentro de ella, como para aquellos que se queden fuera de la nueva brecha tecnológica.

fuente: **Ariel Palazzesi, www.neoteo.com**

Después de leer

4 Completa los espacios en blanco de los **párrafos 1 y 2** con las siguientes palabras. ¡Cuidado! Sobran algunas palabras.

más	entonces	que	tan	cuando
ya	según	a	en	entre	más	que

5 Basándote en los **párrafos 1 y 2**, completa la siguiente tabla.

Verbo	Sustantivo	Adjetivo
investigar		
	capacidad	
acercar		
		construido
acompañar		
equiparar		
diferenciar		
	posesión	

6 Basándote en los **párrafos 1, 2, 3 y 4**, contesta a las siguientes preguntas brevemente.

a Cita dos adjetivos que describen el tipo de interacción entre humanos y robots en el futuro.

b Indica una palabra sinónima de robot.

c Menciona dos ambientes en los que estamos acostumbrados a ver robots en la actualidad.

d Cita tres ámbitos donde tendremos robots en el futuro.

e Indica tres adjetivos que describen el tipo de ambientes que podrán evitarse con el uso de robots para que los humanos tengan vidas más seguras.

7 Según el texto, ¿a qué se refieren las siguientes palabras?

En la frase ...	la palabra ...	se refiere a ...
a Entonces nuestra relación con **ellos** será ... (párrafo 1)	ellos	
b ... y aquellas que no **las** posean ... (párrafo 2)	las	
c ... no **las** utilicemos como piezas de reemplazo ... (párrafo 7)	las	

8 Basándote en el **párrafo 4**, indica las **palabras** que significan:

a peculiaridad _____

b recoger _____

c resolver _____

d originarse _____

e perjudicial _____

f suprimir _____

g del trabajo _____

9 Basándote en el texto, indica si estas frases son **Verdaderas** o **Falsas**.
Escribe las **palabras del texto** que justifican tu respuesta.

  a Los robots podrán ocuparse de educar a los niños en el futuro. **V   F**
  b Todos los robots serán del mismo tamaño.   **V   F**
  c Una vez que la tecnología robótica se desarrolle, algunos
     tipos de cirugía serán superfluos.   **V   F**
  d Falta mucho para que los robots puedan ser utilizados
     en nuestras vidas diarias con frecuencia.   **V   F**
  e Están claras las consecuencias que tendrá la introducción
     de los robots en nuestras vidas diarias.   **V   F**

10 Basándote en la sección **Nanomáquinas y cíborgs**, completa las frases
escogiendo la opción correcta en cada caso.

  a El impacto de los robots …
     i   dependerá de su tamaño
     ii   no será muy grande
     iii afectará a cómo se practica la medicina.

  b La nanotecnología …
     i   nos permitirá construir robots diminutos
     ii   ha tardado poco tiempo en desarrollarse
     iii se usa ya en la cirugía.

  c La nueva tecnología …
     i   no afectará mucho a nuestras vidas
     ii   conllevará cambios en la vida de las personas que la posean y
          de las personas que no la posean
     iii será usada por todos.

Actividades de expresión oral y escrita

1 Si pudieras tener un robot, ¿qué características te gustaría que tuviera?

2 ¿Podrán los robots llegar a sustituir a los humanos para hacer
compañía? ¿Y podrán llegar a sustituir a los animales como mascotas?
¿Existe ya algún ejemplo?

3 ¿Qué consecuencias tendría que los robots llegaran a sustituir a los
humanos para hacer compañía?

4 En el texto se menciona que habrá diferencias entre las personas que
tengan acceso a los robots y las personas que no tengan acceso a esta
nueva tecnología. En parejas, debatid a qué se puede referir el autor
del artículo y qué tipos de consecuencias puede representar el tener o
no tener robots.

5 Realizad un debate sobre la integración de los robots en vuestras
vidas diarias. Una parte de la clase busca argumentos a favor de este
tema y la otra busca argumentos en contra. En grupos, preparad los
argumentos que usáis para defender vuestras posturas.

6   Acabas de adquirir el último modelo de robot que ha sido lanzado por una compañía japonesa y estás encantado con tu nueva adquisición. Escríbele un correo electrónico a un amigo contándole las características que tiene este robot, todas sus funciones y cómo crees que cambiará tu vida con él.

7   Imagina que has entrevistado a un experto en robots sobre la manera en que cambiarán nuestras vidas con este tipo de tecnología. Transcribe el texto de la entrevista.

Lengua

El futuro imperfecto

- El futuro imperfecto se forma añadiendo las terminaciones correspondientes al infinitivo:

	cantar	comer	vivir
yo	cantaré	comeré	viviré
tú	cantarás	comerás	vivirás
él/ella/usted	cantará	comerá	vivirá
nosotros/as	cantaremos	comeremos	viviremos
vosotros/as	cantaréis	comeréis	viviréis
ellos/as/ustedes	cantarán	comerán	vivirán

- Algunos verbos irregulares en el futuro son:

tener → **tendré**   saber → **sabré**

venir → **vendré**   decir → **diré**

poner → **pondré**   querer → **querré**

salir → **saldré**   hacer → **haré**

poder → **podré**

- El futuro imperfecto se utiliza para expresar acciones futuras relacionadas con el momento en que se habla.

- Identifica en el texto los verbos en el futuro imperfecto y escribe una lista.

Habilidades de investigación

- En el texto se menciona el famoso test de Turing relacionado con la robótica, pero no se especifica qué es. Busca información detallada sobre lo qué consiste.

- Investiga cómo se están usando robots ya en la actualidad y de qué manera están influyendo positivamente en nuestras vidas. Piensa en áreas como:

  - la medicina
  - la investigación
  - la industria
  - la educación
  - el ocio, etc.

Formación de palabras: prefijos

- En el texto hay varias palabras que empiezan por **nano-**, que es un prefijo que significa "milmillonésima parte". Hoy en día **nano-** se usa para expresar que una cosa es muy pequeña, diminuta.

- En español hay muchos prefijos que se usan para modificar el significado de las palabras. Observa la tabla y después forma palabras nuevas añadiendo prefijos a las palabras que aparecen a continuación.

Prefijo	Significado	Ejemplo
a-, an-	que le falta algo, sin	**a**normal, **an**alfabeto
anti-	contra	**anti**natural
auto-	uno mismo/a	**auto**servicio
bi-/bis-/biz-	dos, doble	**bi**lingüe, **bis**abuelo, **biz**cocho
des-	negación o inversión del significado	**des**contento
in-/im-/i-/ir-	no	**in**creíble, **im**probable, **i**limitado, **ir**responsable
pre-	anterioridad	**pre**selección
re-	repetición	**re**aparecer

1. legal
2. social
3. nieto
4. pagado
5. racional
6. conectar
7. posible
8. hacer
9. activo
10. completo
11. mensual
12. confiar
13. juicio
14. ver
15. justo
16. historia
17. necesario
18. establecido
19. control
20. enviar

NAVEGACIÓN SEGURA

Antes de leer

1 Mira la siguiente nube de palabras sobre las nuevas tecnologías, Internet y las redes sociales, y decide cuáles son **positivas**, cuáles son **negativas** y cuáles pueden ser **positivas o negativas** según la situación. Haz una lista.

2 ¿Cuánto sabes de nuevas tecnologías y de redes sociales? ¿Realmente sabes usarlas? En parejas, contestad y discutid las siguientes preguntas sobre diferentes aspectos del uso de la tecnología, Internet y las redes sociales.

   a ¿Cómo puedes comprobar si una noticia compartida en Internet es genuina o falsa?
   b ¿Qué imágenes o texto puedes compartir o utilizar libremente?
   c ¿Cómo afecta la tecnología a tu salud mental o física?
   d ¿Cuál es tu responsabilidad sobre las fotos que publicas?
   e ¿Cómo puedes comprobar si lo que haces es legal?
   f ¿Qué es una suplantación de identidad?
   g ¿Qué debes hacer ante el ciberacoso?
   h ¿Qué información es realmente privada en WhatsApp, Facebook, Instagram, etc.?
   i ¿Realmente desaparecen las fotos que mandas por Snapchat?
   j ¿Por qué es importante tu reputación digital?

3 Busca información en los medios de comunicación sobre un delito cometido en Internet. ¿Cuál es la sanción penal en tu país para este tipo de delito? ¿Te parece apropiada o abusiva? Comparte tu opinión con un(a) compañero/a.

4 Vas a leer un folleto con consejos sobre el uso de Internet. Antes de leerlo, en parejas, elaborad una lista de consejos que creéis que son importantes cuando usáis Internet. Después, leed el texto y comparad vuestros consejos con los del folleto. ¿Coincidís en muchos?

TEXTO C

10 CONSEJOS ÚTILES para el uso de INTERNET

En ONG Derechos Digitales, nos dedicamos a la protección de los derechos humanos en Internet. La privacidad y el control de tus datos personales es uno de ellos. Sin embargo, el trabajo debe partir de tu casa.

@| ONG**DERECHOS**DIGITALES

1 Piensa antes de publicar

Odio mi trabajo

Todo lo que hagas, escribas o postees en la red, tales como datos, información, ideas, fotografías, puede quedar al alcance de otros. Aunque los borres.

2 Mantén secreta tu contraseña

* * * * * * * * * *

¿Has olvidado tu cobntraseña?

No se la digas a nadie. Inventa una que sea difícil de adivinar, pero fácil de recordar. No utilices tu nombre ni tu fecha de nacimiento.

3 Cuida tu imagen y la de los demás !

No subas fotos tuyas o de otros de las que después te puedas arrepentir. Una vez en Internet, su difusión es incontrolable. Su publicación puede dañar a alguien.

4 Verifica qué saben de ti

G Juan Pérez | 🔍

Buscar

Preocúpate de buscar regularmente tu nombre en Internet, nunca sabes quién puede estar usando tu información con malas intenciones. En ciertos casos, puedes lograr que se remueva un contenido que infringe tus derechos.

5 Cierra tu sesión Desconectar Log out!

Si te conectas en un computador que no sea el tuyo, siempre cierra tu cuenta para que otros no tengan acceso a tu información ni se hagan pasar por ti.

6 Respeta a los demás

>@¢*/#**@*+©*/#

Tú eres responsable de lo que publicas. Cuidado con lo que dices en los foros y redes sociales.

7 Usa un apodo o alias.

Así proteges tu información personal y solo tus amigos y familiares sabrán que eres tú.

8 No digas todo de ti !

Da la mínima información posible. No te expongas, ni expongas a los tuyos.

9 Asegura y cuida tus cuentas

☑ Sólo amigos

Decide qué información es conveniente publicar y compartir en las redes sociales, así como quienes pueden acceder a ellas.

10 Crea varios e-mails

eljuanpe@supermail.com

eluswotram@travias.com

juanperez@amigoslectura.com

Puedes tener uno para los amigos, otro para juegos y redes sociales, etc.

Ilustrado por Alejandra Moyano, basado en una idea original de Commission nationale de l'informatique et des libertés ——— www.derechosdigitales.com ——— Escríbenos a info@derechosdigitales.org ☺ ① ③ ②

fuente: **www.derechosdigitales.org**

Después de leer

5 ¿Quién ha publicado este folleto?

6 El objetivo de esta guía es …

   a difundir los peligros de Internet

   b dar consejos para usar Internet de forma segura y responsable

   c educar a los padres para que estos protejan a sus hijos en Internet

   d concienciar sobre el buen uso de Internet.

7 Basándote en el texto, indica si estas frases son **Verdaderas** o **Falsas**. Escribe las **palabras del texto** que justifican tu respuesta.

   a Otras personas pueden acceder a los datos que compartimos en Internet aunque los eliminemos.   **V**   **F**

   b Es importante usar una contraseña fácil de recordar como tu fecha de nacimiento.   **V**   **F**

   c Es bueno comprobar regularmente que información hay sobre nosotros en la red.   **V**   **F**

   d Tus palabras son tu responsabilidad en la red.   **V**   **F**

> ▶✓ **Comprensión auditiva**

8   Según el texto, ¿a qué se refieren las siguientes palabras?

En la frase ...		la palabra ...	se refiere a ...
a	Inventa **una** ... (consejo 2)	una	
b	Una vez en Internet **su** disfusión ... (consejo 3)	su	
c	... así como quienes pueden acceder a **ellas**. (consejo 9)	ellas	
d	Puedes tener **uno** ... (consejo 10)	uno	

9   Busca en el texto un sinónimo de las siguientes palabras:

a   publicar (consejo 1) _____

b   usar (consejo 2) _____

c   lamentar (consejo 3) _____

d   responsabilizarse (consejo 4) _____

Actividades de expresión oral y escrita

1   ¿Por qué crees que es necesaria esta guía de Internet? ¿Piensas que realmente es útil? ¿Sigues este tipo de consejos?

2   ¿Cómo te proteges en Internet? ¿Crees que los usuarios están desprotegidos? ¿Qué peligros conlleva la tecnología?

3   ¿Hasta qué punto la tecnología determina tu vida? ¿Controlas tú la tecnología o te controla a ti?

4   a   ¿Quién te ha enseñado a ti pautas para el buen uso de la tecnología? ¿Han sido útiles? ¿Las sigues?

    b   ¿Quién crees que es responsable de enseñar a los niños el buen uso de Internet?

5   ¿Qué consecuencias puede tener no usar Internet de una forma responsable? Haz una lista de los peligros del mal uso de Internet y sus posibles soluciones.

6   Elige una de las siguientes opciones para escribir un folleto:

- un folleto para concienciar a los jóvenes sobre el acoso en las redes sociales
- un folleto sobre cómo protegerte en las redes sociales.

7   Imagina que trabajas para la revista de tu colegio y has entrevistado a uno de los miembros del club de informática sobre las pautas a seguir para elegir un buen videojuego y hacer un uso adecuado del mismo. Transcribe el texto de la entrevista.

8   Escribe una encuesta para averiguar los hábitos de los jóvenes en cuanto al uso de la tecnología. Básate en el siguiente folleto para elaborar las preguntas.

Preguntas de reflexión

- ¿Crees que los adelantos en la ciencia y la tecnología conllevan dilemas éticos? Da ejemplos.

- ¿Quién es responsable de supervisar y autorizar las innovaciones tecnológicas?

- ¿Qué pueden hacer los ciudadanos para evitar ser controlados completamente por la ciencia y la tecnología?

- ¿Crees que puede existir un mundo donde las personas renieguen de la tecnología y vuelvan a los orígenes? ¿Podemos vivir sin tecnología?

Comprensión
auditiva

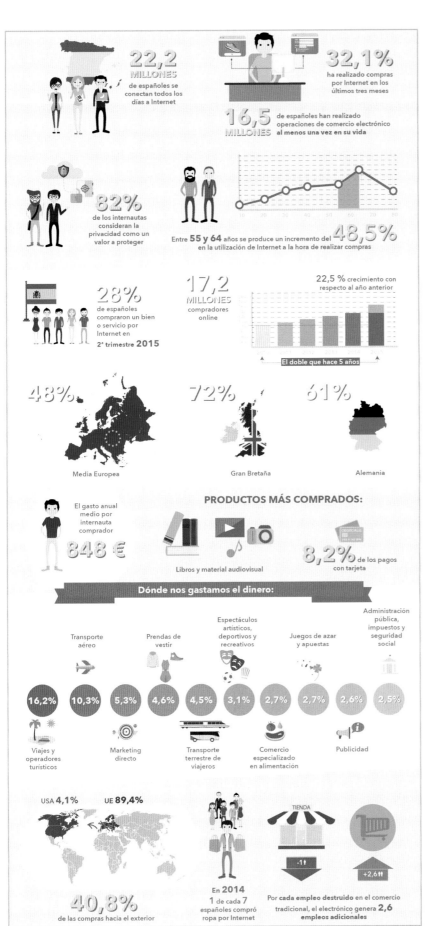

22,2 MILLONES de españoles se conectan todos los días a Internet

32,1% ha realizado compras por Internet en los últimos tres meses

16,5 MILLONES de españoles han realizado operaciones de comercio electrónico al menos una vez en su vida

82% de los internautas consideran la privacidad como un valor a proteger

Entre **55 y 64** años se produce un incremento del **48,5%** en la utilización de Internet a la hora de realizar compras

28% de españoles compraron un bien o servicio por Internet en **2º trimestre 2015**

17,2 MILLONES compradores online

22,5 % crecimiento con respecto al año anterior

El doble que hace 5 años

48% Media Europea

72% Gran Bretaña

61% Alemania

El gasto anual medio por internauta comprador

848 €

PRODUCTOS MÁS COMPRADOS:

Libros y material audiovisual

8,2% de los pagos con tarjeta

Dónde nos gastamos el dinero:

Transporte aéreo	Prendas de vestir	Espectáculos artísticos, deportivos y recreativos	Juegos de azar y apuestas	Administración pública, impuestos y seguridad social

16,2% · **10,3%** · **5,3%** · **4,6%** · **4,5%** · **3,1%** · **2,7%** · **2,7%** · **2,6%** · **2,5%**

Viajes y operadores turísticos	Marketing directo	Transporte terrestre de viajeros	Comercio especializado en alimentación	Publicidad

USA **4,1%**   UE **89,4%**

40,8% de las compras hacia el exterior

En **2014** 1 de cada 7 españoles compró ropa por Internet

TIENDA

-1↑

+2,6↑↑

Por **cada empleo destruido** en el comercio tradicional, el electrónico genera **2,6 empleos adicionales**

fuente: **www.semanadeinternet.com**

9   En parejas, comentad el significado del siguiente vocabulario relacionado con las nuevas tecnologías. Buscad en un diccionario las palabras que no conozcáis.

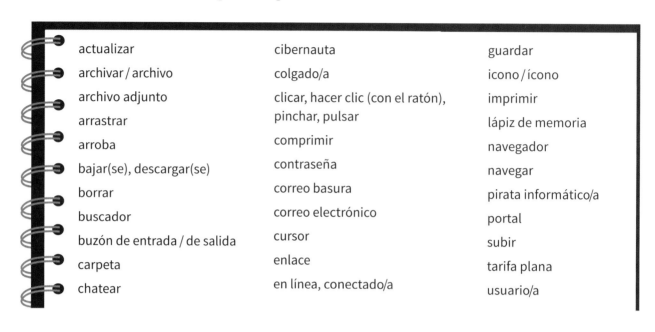

actualizar	cibernauta	guardar
archivar / archivo	colgado/a	icono / ícono
archivo adjunto	clicar, hacer clic (con el ratón), pinchar, pulsar	imprimir
arrastrar		lápiz de memoria
arroba	comprimir	navegador
bajar(se), descargar(se)	contraseña	navegar
borrar	correo basura	pirata informático/a
buscador	correo electrónico	portal
buzón de entrada / de salida	cursor	subir
carpeta	enlace	tarifa plana
chatear	en línea, conectado/a	usuario/a

10   Completa las siguientes frases usando palabras de la actividad anterior.

a   Es importante _____ la información regularmente cuando estás trabajando para evitar perderla y tener que empezar de nuevo.

b   Muchas personas contratan una _____ que incluye móvil, Internet y televisión porque es más barata.

c   Si el archivo es demasiado grande, lo tendrás que _____ antes de mandarlo.

d   Me molesta el _____, por eso he instalado filtros para bloquearlo.

e   La _____ que usamos en nuestras direcciones de correo electrónico era una unidad de peso en la antigüedad.

f   Es ilegal _____ música y películas de Internet sin pagar.

g   Los _____ son útiles para guardar documentos y archivos, ya que son pequeños y fáciles de transportar.

h   Tengo varias cuentas de correo con diferentes _____ y siempre las olvido o las confundo.

i   En Skype puedo ver si mis padres están _____, así es más fácil saber cuándo puedo llamarlos.

j   A menudo me olvido los _____ y tengo que reenviarlos en un segundo mensaje.

k   No he abierto mi correo en todo el fin de semana, así que tengo más de cien correos en mi _____.

l   Mi amigo está disgustado porque _____ las fotos de sus últimas vacaciones accidentalmente y no puede recuperarlas.

Habilidades de autogestión **ATL**

Piensa en cómo la tecnología puede ayudarte a ser más efectivo/a a la hora de mejorar tus habilidades para la escritura o la audición en español.
¿Tienes algunas sugerencias que compartir con tus compañeros?

EL MUNDO AL ALCANCE DE UN CLIC

Antes de leer

1   Observa la foto y comenta las siguientes preguntas con un(a) compañero/a:

   a   ¿Dónde crees que están estos chicos?
   b   ¿Qué están haciendo?
   c   ¿Con quién y cómo están interactuando?
   d   ¿De qué manera está influyendo la tecnología en esta interacción?
   e   ¿Qué aspectos positivos y negativos ves en esta foto?
   f   El título del siguiente texto es "Solos". ¿Qué relación puede haber entre esta foto y el texto?

Comprensión auditiva

TEXTO D

http://davidjimenezblog.com/2011/11/25/solos/

Solos

1. Espero a embarcar en el aeropuerto de Yakarta y al mirar a mi alrededor no veo ningún rostro. Todas las cabezas que me rodeaban están inclinadas. Hacia un teléfono. Un IPad. Una consola. Nadie mira a nadie. Nadie presta atención a la inclinación de los demás. Debo haberme despertado con el día romántico porque lo primero que se me ocurre es que aquí nadie se va a liar con nadie [...]. Nadie va a hablar con nadie. Conocer a alguien. Saber de dónde viene y adónde va el que se sienta a su lado. Y uno, que siempre ha considerado unos pelmazos a los extraños que entablan conversaciones en aeropuertos y aviones, de repente siente nostalgia de los tiempos en los que esa posibilidad existía.

2. ¿A cuánta gente estamos dejando de conocer ahora que tenemos a todo el mundo al alcance de un clic? Nunca hemos estado más conectados, y desconectados. Nunca hemos tenido más amigos, y menos. Nunca hemos sabido de tantas personas, tan poco.

3. También yo he creado el perfil social que quiero que los demás vean. He puesto mi mejor foto en Facebook y Twitter, sabiendo que la mayor parte de los días tengo mucho peor aspecto. Cuelgo las frases que creo más ingeniosas, no las tonterías que se me ocurren (aunque a veces confundo ambas). En el mundo virtual que he creado soy simpático, me lo paso en grande, viajo a lugares fascinantes y tengo cientos de amigos a quienes al parecer *gusta* lo que hago, quizá porque ya no tienen que hacer el esfuerzo de decírmelo. Basta con un clic.

4. La imagen que he creado de mí es tan estupenda, está tan poco expuesta a los riesgos de la cercanía, que a veces me dan ganas de enviarme una invitación en Facebook y curiosear un poco más sobre mí mismo. Probablemente pensaría que el tipo exagera. Internet nos permite presentar una versión mejorada de nosotros mismos. La cuidamos cada día, la exponemos en el escaparate virtual y esperamos que se paren a admirarla. ¿Por qué arriesgarse a ponerla bajo la prueba del contacto directo y real?

5. Nunca estuvimos más acompañados. Ni más solos.

fuente: **David Jiménez, davidjimenezblog.com**

Después de leer

2 Basándote en el **párrafo 1**, contesta a las siguientes preguntas brevemente.

    a ¿Dónde se encuentra el autor?

    b ¿Qué actividades están haciendo las personas a su alrededor?

    c ¿Qué se están perdiendo esas personas?

    d ¿Qué siente el autor ante la situación que describe?

3 Basándote en el **párrafo 2**, elige la terminación correcta para la siguiente frase: El autor piensa que …

    a Internet ha servido solamente para conectarnos más

    b cada vez tenemos más amigos

    c tenemos más conocimiento sobre los demás

    d Internet nos ha aislado, aunque parezca que nos ha conectado.

4 Basándote en el **párrafo 3**, indica si estas frases son **Verdaderas** o **Falsas**. Escribe las **palabras del texto** que justifican tu respuesta.

    a El autor es consciente de que su imagen en Internet no siempre se corresponde exactamente con la realidad.   **V** **F**

    b El autor escribe en los medios sociales cualquier cosa que se le ocurre.   **V** **F**

    c Es más fácil interactuar en el mundo virtual que en el mundo real.   **V** **F**

5 Completa el siguiente fragmento con palabras tomadas del **párrafo 4**.

> Cuando creamos nuestra imagen virtual, nos esforzamos en que sea **a** _____. No solo compartimos información personal, sino que también nos encanta **b** _____ sobre lo que hacen nuestros amigos virtuales, incluso cuando sabemos que alguno **c** _____ sus experiencias. El **d** _____ **e** _____ nos permite exponernos para que nos admiren y envidien.

Actividades de expresión oral y escrita

1   ¿Estás de acuerdo con la opinión del autor sobre el tema de este texto?

2   ¿Cómo responderías a la pregunta que plantea el autor en el párrafo 2?

    "¿A cuánta gente estamos dejando de conocer ahora que tenemos a todo el mundo al alcance de un clic?"

3   ¿Has pasado mucho tiempo en un aeropuerto alguna vez? ¿Qué actividades has hecho para no aburrirte? ¿Te sientes identificado con las actividades que el autor describe?

4   Haz una lista de actividades que se podrían hacer durante las esperas en un aeropuerto que pudieran fomentar la interacción entre las personas. Piensa también cómo se podrían fomentar iniciativas de este tipo desde las instituciones y los gobiernos. Después, comparte tu lista con tus compañeros. ¿En qué coincidís?

5   ¿Qué opinas de la última frase del texto? Escribe un artículo para el periódico de tu colegio que empiece con esta frase.

    "Nunca estuvimos más acompañados. Ni más solos."

6   Imagina que eres un(a) periodista de investigación que está trabajando en un artículo sobre relaciones humanas. Para ello, has observado la interacción entre personas en diferentes espacios públicos: una biblioteca, un aeropuerto, un parque, un restaurante, un aeropuerto, etc. Escribe tu artículo explicando lo que has observado.

7   Imagina que, de repente, los gobiernos deciden prohibir las nuevas tecnologías por motivos secretos que no quieren revelar. Escribe una entrada en tu blog explicando cómo es un día de tu vida sin las nuevas tecnologías y en qué aspectos las echas de menos. Puedes hablar sobre diferentes aspectos como tu vida social, académica, tus actividades de ocio, etc.

8   Observa la viñeta y describe lo que ves. Después, contesta a las siguientes preguntas.

fuente: **www.e-faro.info**

a   ¿Qué problemas presenta la primera parte de la viñeta? ¿Y la segunda?

b   ¿Cuáles son las diferencias y similitudes entre los problemas de ambas partes de la viñeta?

c   ¿Qué problema piensas que es mayor? ¿Por qué?

d   ¿Crees que en el futuro esta situación puede evolucionar generando otros problemas?

e   ¿Qué conclusiones puedes sacar de la comparación de estas dos situaciones?

f   ¿Qué tono piensas que tiene la frase que aparece en la parte inferior de la viñeta? ¿Es optimista o pesimista?

"Últimamente la familia en la mesa solo comparte los apellidos."

9   La viñeta anterior se puede relacionar también con el tema de la multitarea, que significa hacer más de una cosa al mismo tiempo. Lee la siguiente **cita** y escribe tu opinión sobre el tema. Compártela luego con un(a) compañero/a o con la clase.

"Hay tiempo suficiente en un día para todo, si haces una cosa de cada vez, pero no hay tiempo suficiente en el año para hacer dos cosas al mismo tiempo. Dar toda tu atención a un solo objeto es la muestra de un genio superior."

(Philip Dormer Stanhope, Conde de Chesterfield)

Habilidades de comunicación (ATL)

¿Has oído hablar de la nueva ola de los **desconectados**? Investiga sobre ellos y prepara una presentación para la clase. Incluye quiénes son, así como tu opinión sobre este nuevo fenómeno.

Comprensión Conceptual

Reflexiona sobre estas preguntas señalando la opción u opciones más adecuadas. Comenta tus elecciones con tus compañeros para comprobar si las respuestas son las mismas:

- ¿Qué **receptores** pueden tener los textos A, B, C y D que has trabajado en esta unidad? ¿Coincides con tus compañeros? ¿Qué elementos sirven para determinar esos posibles destinatarios (edad, sexo, etc.)? ¿Qué elementos de estilo y registro los determinan? ¿Qué deberíamos cambiar si el destinatario fuera diferente? Por ejemplo, niños o adolescentes, en lugar de adultos, etc. ¿Habría más elementos visuales, aparecería más información de algún aspecto importante para ese tramo de edad?

  Por ejemplo: *Si el folleto con consejos sobre el uso de Internet estuviera destinado a niños de 6 a 10 años, habría que advertirles de los peligros que entraña navegar por Internet.*

- Elige uno de los textos estudiados e imagina un **contexto**, es decir, un lugar o una situación en los que pueda aparecer el texto. Comparte tus ideas con el resto de la clase.

  Por ejemplo: *El texto sobre los robots podría aparecer en un periódico local. También se podría transformar en una noticia de interés nacional o podría aparecer en la página de sociedad, …*

- ¿Cuál es el objetivo o **propósito** de los textos? Por ejemplo, podemos decir que el texto A da a conocer un nuevo uso de la ropa y los cambios positivos que eso puede conllevar. ¿Y para el resto de los textos? Comparte tus ideas con el resto de la clase.

- **Significado:** La selección de vocabulario es muy importante a la hora de producir un efecto en el lector. Recopila campos léxicos para cada uno de los textos de esta unidad, estudiando las palabras específicas que dan a cada texto su significado global, así como los conceptos asociados y los elementos icónicos que refuerzan el significado. Luego, trabaja en pequeños grupos para crear una nube de palabras con las palabras y las imágenes que habéis recopilado, y compartidlas con el resto de la clase.

- **Variante:** Los textos siempre tienen una estructura y formato específicos que cambian si decides usar información del mismo tipo, pero presentándola de otra manera.

  Por ejemplo: *Transformar un folleto sobre las nuevas tecnologías en un artículo o una carta informal dirigida a un(a) amigo/a en la que informamos sobre una innovación tecnológica que hemos comprado y explicamos cómo ha cambiado nuestra forma de hacer las cosas.*

En grupos, intentad transformar alguno de los textos que habéis visto en esta unidad utilizando otro formato. Es importante tener en cuenta el tipo de vocabulario, registro y estructura a la hora de realizar esos cambios.

Aquí tenéis algunas sugerencias de otros formatos:

- Texto A: Ropa inteligente, una nueva forma de vestirse → folleto

- Texto B: Los robots en la sociedad del futuro → discurso

- Texto C: 10 consejos útiles para el uso de Internet → entrevista

- Texto D: Solos → podcast

Tipos de textos

A Encuesta

Una encuesta es una serie de preguntas que se hace a muchas personas para recopilar datos o para saber la opinión pública sobre un tema determinado. Las encuestas pueden tener diferentes objetivos, por ejemplo:

- medir la satisfacción de usuarios, clientes, pacientes, etc.
- elaborar estadísticas
- diagnosticar un problema y encontrar soluciones.

Existen **tres** tipos de preguntas en una encuesta:

Preguntas de opción múltiple	Preguntas abiertas	Escalas de calificación
El encuestado elige una o varias de las respuestas propuestas.	El encuestado escribe sus respuestas en una casilla de comentarios y no hay respuestas específicas preestablecidas.	El encuestado selecciona una única calificación numérica.

1   Lee la siguiente encuesta y responde a las siguientes preguntas.

    a   ¿Qué tipo de encuesta es?

    b   ¿Qué tipo de pregunta(s) usa?

¿Eres adicto a Internet?

1.   ¿Para qué usas Internet?

    a   Para trabajar, en la oficina o desde casa

    b   Para trabajar y hacer gestiones, aunque en algún caso como diversión

    c   Para jugar en línea, comprar cosas, ver películas, series y videos de gatos.

2.   Desde que te levantas, ¿cuánto tardas en conectarte a Internet?

    a   Cuando lo necesito

    b   En cuanto acabo de hacer las cosas prioritarias (por ejemplo ducharme, desayunar, etc.)

    c   En cuanto me despierto.

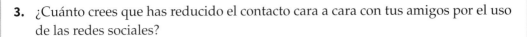

3. ¿Cuánto crees que has reducido el contacto cara a cara con tus amigos por el uso de las redes sociales?

   a   Prácticamente nada

   b   Un poco

   c   Muchísimo.

4. ¿Qué piensan del tiempo que le dedicas a Internet las personas que viven contigo?

   a   Les parece adecuado

   b   Que le dedico más tiempo del necesario

   c   Que estoy enganchado.

5. ¿Con qué frecuencia el exceso de tiempo que le has dedicado a Internet te ha causado un problema (en el trabajo con tu jefe, discusiones con familia o amigos, etc.)?

   a   Nunca

   b   Alguna vez

   c   Muchas veces.

6. ¿Cómo te sientes si te quedas sin Internet?

   a   Busco una alternativa sin ningún problema

   b   Me siento un poco irritable y aburrido/a

   c   ¡Aaaahhh Interneeeettt, te necesito!

7. ¿Con qué frecuencia miras Internet sin ningún objetivo concreto?

   a   Nunca

   b   Alguna vez que otra, pero no es frecuente

   c   Muchas veces.

8. ¿Cuánto tiempo puedes pasar navegando por Internet?

   a   Poco, una hora al día aproximadamente.

   b   El tiempo justo que necesite para acabar lo que estoy haciendo aunque a veces me alargo un poco más porque me distraigo con alguna aplicación.

   c   Muchísimo, prácticamente desde que me levanto hasta que me acuesto.

9. En una escala del 1 al 10 decide como es de importante Internet en tu vida.

_____

10. Describe cómo sería tu vida sin Internet.

_____

2 Algunas encuestas, especialmente las que incluyen preguntas de opción múltiple pueden proporcionar un diagnóstico una vez que los encuestados las han completado. Lee el siguiente ejemplo y relaciona cada letra con el diagnóstico adecuado.

Mayoría de respuestas **a**:	**Estás enganchado/a a Internet, lo usas para todo: Internet es tu diversión, tu trabajo, tu distracción, tu compañero.** Tienes que plantearte el papel de Internet en tu vida e intentar limitar su uso antes de que sea demasiado tarde. Sustituye algunas de las cosas que haces por Internet por actividades que puedes hacer cara a cara.
Mayoría de respuestas **b**:	**Usas Internet como una herramienta de trabajo o para hacer algún tipo de gestión.** Tu uso es adecuado, continúa usándolo de esta manera, como recurso. ¡Vas por buen camino!
Mayoría de respuestas **c**:	**Pasas demasiado tiempo en Internet.** Si analizas bien los usos que le das a Internet, te darás cuenta de que no lo necesitas para todas las cosas para que lo usas. Sería bueno que te pusieras un límite de tiempo para mirar Internet si no quieres acabar enganchado/a.

3 **a** Elabora una encuesta sobre un tema del que te interese recabar información e incluye **tres** respuestas posibles para cada pregunta. Aquí tienes algunos ejemplos de temas.

- ¿Eres solidario/a?
- ¿Cuánto sabes de reciclaje?
- ¿Eres un(a) comprador(a) compulsivo/a?
- ¿Eres deportista o vago/a?
- ¿Qué tipo de lector eres?

b Escribe el diagnóstico de las personas encuestadas según sus respuestas. Si has incluido tres respuestas posibles para cada pregunta en tu cuestionario, tienes que escribir **tres** diagnósticos. Si has elegido el cuestionario "¿Eres solidario/a?", aquí tienes tres principios de diagnósticos:

a Eres el vivo retrato de la solidaridad: …

b Ser solidario/a es un esfuerzo para ti: …

c Solida… ¿qué?: …

B Blog

Un blog debe incluir los siguientes elementos y características:

- un título que resuma el contenido
- la fecha y el nombre del autor
- fotos relacionadas con el tema tratado (no siempre)
- un tono generalmente informal y familiar
- el relato de una experiencia y/o la opinión del autor
- enlaces a páginas externas.

1 Lee el siguiente blog e identifica los diferentes elementos y características mencionados.

Atari presenta un producto millenial:
Una gorra con parlantes
por Raúl Estrada

Como los parlantes portátiles, pero además protege del sol.

Atari al parecer quiere volver con todo a estar en el tapete. Y como ya no estamos en los años 80 sino que han pasado 30 años o más, los nuevos productos tienen que tener algo especial.

Como por ejemplo, la Ataribox que se venderá pronto. O también como esta gorra con parlantes llamada Speakerhat.

El producto no necesita mayor explicación; básicamente se trata de una gorra tradicional que en la parte de abajo de la visera tiene dos parlantes. Y gracias a su conexión *bluetooth* se le puede conectar cualquier aparato que reproduzca música y ser feliz disfrutando tonadas.

Para el Speakerhat, Atari se unió con la compañía Audiowear, que se dedica a crear productos de audio no tradicionales, sino llenos de estilo. Un detalle interesante del gorrito es la tecnología Social Synchronous Broadcast, que permite que varias personas con su respectivo Speakerhat se puedan conectar a una sola fuente de audio.

El Speakerhat trae dos parlantes de alta fidelidad, micrófono y batería de ion litio. ¿Cuándo se lanzará a la venta y cuánto costará esta maravilla? Por ahora nadie sabe pero Atari busca "early adopters" (léase: gente dispuesta a pagar una fortuna) para participar en la beta.

Me gustaría tener uno, pero no sé si me gustaría tener uno. Los estarán mostrando este fin de semana en la Comic Con de San Diego, por cierto.

fuente: **www.fayerwayer.com**

2   ¿Artículo, blog o ambas cosas? De las siguientes características mencionadas a continuación, decide cuáles podrían aplicarse a un artículo, cuáles a un blog y cuáles a los dos tipos de texto.

		Artículo	Blog	Los dos
a	Incluye la fecha.			
b	Se utilizan una variedad de tiempos.			
c	Cuenta experiencias y opiniones.			
d	Incluye el nombre del autor.			
e	Puede ser formal o informal.			
f	Incluye un saludo y una despedida.			
g	Puede incluir fotos.			
h	Es de carácter persuasivo.			
i	Es de carácter informativo.			
j	Contiene enlaces a páginas externas.			

3   Ahora escribe un blog sobre uno de los siguientes temas:

a   La relación de los jóvenes con la tecnología
b   La importancia de las innovaciones tecnológicas en la vida moderna
c   Eres un(a) innovador(a) que ha creado una nueva tecnología y quieres darla a conocer.

Creamos un proyecto dedicado a la ciencia y la tecnología

• En grupos, desarrollad una campaña de apoyo a ideas innovadoras en el campo de la ciencia y la tecnología (por ejemplo: jóvenes innovadores, jóvenes y empresas emergentes, etc.).

• Después, presentad vuestras ideas al resto de la clase.

Actividades orales generales

La tecnología y sus aplicaciones

1   ¿Qué ves en la foto **a**? Descríbela brevemente.

2   ¿Qué título le pondrías a esta foto?

3   ¿Cuál sería el uso de la tecnología que representa esta foto?

4   ¿Sería este un uso positivo o negativo de la tecnología? ¿Por qué piensas así?

5   ¿Qué ves en la foto **b**? Descríbela brevemente.

6   ¿De qué manera puede ser positiva la tecnología para los enfermos que no pueden acceder fácilmente a un médico?

7   ¿Qué aspectos negativos podría haber?

8   ¿Cómo puede la tecnología fomentar la colaboración entre profesionales de la salud?

9   ¿Qué ves en la foto **c**? Descríbela brevemente.

10   ¿Cómo crees que se siente esta chica?

11   ¿Qué diferencias hay entre el acoso fuera y dentro de la red?

12   ¿Cuál crees que es más dañino?

13   ¿Crees que con la tecnología ha aumentado el acoso o simplemente ha cambiado de plataforma?

14   ¿Cómo te puedes proteger?

En esta unidad, has visto distintos aspectos relacionados con el papel de la ciencia y la tecnología en nuestras vidas.

Piensa en algunas de las citas o frases que, a lo largo de la unidad, te hayan impactado sobre estos avances. Puedes buscar frases que te sirvan para reflexionar sobre este tema en otros textos.

d

15 ¿Qué ves en la foto **d**? Descríbela brevemente.

16 ¿Por qué crees que están ignorándose aunque estén juntos?

17 ¿Crees que las personas dominan la tecnología o la tecnología domina a las personas?

18 La tecnología, ¿nos une o nos separa? ¿De qué manera?

19 Tras escuchar la canción "Atrapados en la red" de Tam Tam Go, un grupo de pop español famoso en los años noventa, o la canción "Mi PC" del popular cantante dominicano Juan Luis Guerra, debatid los siguientes temas:

- La importancia de Internet en diferentes ámbitos de nuestras vidas: aspectos positivos y negativos.
- El cambio en las relaciones interpersonales con la introducción de la tecnología.
- Los peligros que pueden presentar las relaciones personales a través de la red.
- El papel de Internet en la vida y el desarrollo personal de los jóvenes.

20 Tras visionar la película española *Cobardes* de José Corbacho y Juan Cruz sobre la vida escolar de un grupo de estudiantes, debatid los siguientes temas:

- El uso del teléfono móvil como elemento de relación imprescindible entre los jóvenes.
- El posible uso indebido del teléfono móvil en los colegios.
- ¿Deberían prohibirse los teléfonos móviles en los colegios? ¿Tiene el móvil un impacto negativo en el aprendizaje en las escuelas? ¿De qué manera?
- El papel de los videojuegos en la vida y el desarrollo personal de los jóvenes.

Literatura

Texto 1

Somos unos pocos los que conservamos nuestro aspecto humano. Los que somos de carne y hueso. Todos los demás se plegaron a la moda, todos son de metal. Todos son robots-humanos.

Desde que el Rectorado aprobó la robotización, hace ya 300 años, todos se fueron operando y adoptaron el cuerpo de metal. De humanos sólo conservan el cerebro y el corazón que ahora bombea un líquido neutro.

Es fácil, es una operación de rutina, no duele nada, me dicen los robots.   5

–Tenés que probarlo. Unite al mundo.

Desde que la robotización apareció, se modificó el mundo. Todo se rige por ella. Nadie puede ser dirigente si no es robots. Los líderes, los artistas … todos son robots.

Somos unos pocos los que no nos robotizamos. Nos miran raro, nos ridiculizan.

Hace tres días que no veo a Urla. La extraño. Es la primera vez que desaparece.   10

Cuando salgo a la calle, siento que se clavan en mí las miradas de las viejas robots. Viejas conventilleras que no perdieron su "capacidad de chisme y odio", a pesar de su operación. No entiendo cómo se enamoran, si no se distinguen los hombres de las mujeres. Cómo pueden obtener satisfacción de sus cuerpos de metal.

La presión de los medios, de la sociedad, del Rectorado del planeta, para que nos roboticemos es   15
terrible. No nos dejan en paz. Nos apedrean en la calle. Nos arrestan por subversivos. Nos condenan por el solo hecho de no querer cambiar. Con Urla, mi novia, juramos que no cambiaríamos, que seríamos humanos, de carne y hueso, hasta la muerte.

Hace tres meses que no veo a Urla. Ya comienzo a olvidarla. La ciudad sigue igual. Todos son robots. Hace mucho que no veo a un humano. Tal vez sea el último de los de carne y hueso.   20

Tengo que vivir escondido, sólo salgo de noche. Recorro los bares humanos, donde solíamos reunirnos los últimos, y no encuentro a nadie. Todos han desaparecido.

Alguien golpea la puerta de mi casa. Alguien entra. Viene hacia mí.

–Hola – me dice –. Soy yo, Urla. ¿Te acordás de mí?

No le contesto, la miro. No puedo creer que sea un robot. Ella se ha operado, es una máquina más.   25

Hace horas que corro. Trato de alejarme de la ciudad, de esa horrible imagen de Urla. Ella me traicionó. No la odio. No le guardo rencor.

Pobre, la presión era muy fuerte. No la pudo soportar. Yo tampoco puedo hacerlo. Me detengo y giro. Vuelvo a la ciudad.

Estoy acostado en la camilla. Dos robots me conducen al quirófano.   30

–"¡¡¡Extra, extra!!! El último de los humanos ya es robot" – pregonan los robots canillitas en toda la ciudad.

Robot masa, Sebastián Szabo

- El voseo es un fenómeno lingüístico que consiste en usar el pronombre **vos** con unas determinadas terminaciones verbales en lugar del pronombre **tú** y sus terminaciones verbales:

infinitivo	tú	vos
hablar	hablas	hablás
comer	comes	comés
vivir	vives	vivís

- El voseo se usa en varios países de Latinoamérica. Busca en el texto ejemplos de esta variedad lingüística.

1 ¿A quién se refiere el autor al utilizar en el texto la primera persona del plural "nosotros"?

2 ¿En qué época suceden los hechos?

3 ¿Cuál es el sustituto de la sangre en los robots?

4 Elige las **tres** frases correctas según el texto:

a Las personas que no quieren convertirse en robots son acosadas.

b Los robots dominan los negocios y la política.

c El proceso de transformación de humano en robot es largo y doloroso.

d Los bares humanos sirven de refugio a los que no quieren convertirse en robots.

e Los robots conservan algunas características negativas de las personas.

f Solamente puedes desempeñar un puesto de mando si eres robot.

5 ¿Por qué se niega el protagonista a convertirse en robot?

6 ¿Qué diferencias hay entre los humanos y los robots? Completa la tabla con la información del texto.

Humanos	Robots

7 Elige la terminación correcta para la siguiente frase: Ante la transformación de Urla en robot, el protagonista …

a se siente decepcionado

b tiene ganas de hacerse operar también

c siente odio

d siente más fuerza para luchar contra los robots.

Para reflexionar y debatir

1 ¿Cuál es el tema o temas de la historia?

2 ¿Te parece que estos avances tecnológicos y científicos pueden llegar a ser realidad en el futuro? ¿Por qué?

3 ¿Qué consecuencias tendrían estos cambios para la humanidad? Piensa tanto en las consecuencias positivas como negativas.

4 ¿Qué harías tú en esta situación? ¿Querrías convertirte en robot? ¿Por qué?

Para escribir

1 Escribe un nuevo final para la historia.

2 Escríbele una carta a Urla desde el punto de vista del protagonista, cuando este se entera de que ella se ha convertido en un robot.

3 Escribe una o varias entradas de un diario hablando de los días en los que el protagonista busca a Urla y no consigue encontrarla.

Texto 2

1 A continuación, vas a leer un cuento corto titulado "La intrusa". ¿A qué crees que se refiere el título? Con un(a) compañero/a, realizad alguna hipótesis sobre el posible tema.

2 Ahora, lee el primer párrafo. ¿De qué o quién crees que se está hablando? ¿Qué elementos del texto te hacen pensar así?

Ella tuvo la culpa, señor Juez. Hasta entonces, hasta el día en que llegó, nadie se quejó de mi conducta. Puedo decirlo **con la frente bien alta**. Yo era el primero en llegar a la oficina y el último en irme. Mi escritorio era el más limpio de todos. Jamás me olvidé de cubrir la máquina de calcular, por ejemplo, o de planchar con mis propias manos el papel carbónico.   5

El año pasado, sin ir muy lejos, recibí una medalla del mismo gerente. En cuanto a ésa, me pareció sospechosa desde el primer momento. Vino **con tantas ínfulas** a la oficina. Además ¡qué exageración! recibirla con un discurso, como si fuera una princesa. Yo seguí trabajando como si nada pasara. Los otros **se deshacían** en elogios. Alguno deslumbrado, se atrevía   10
a rozarla con la mano. ¿Cree usted que yo me inmuté por eso, Señor Juez? No. Tengo mis principios y no los voy a cambiar de un día para el otro. Pero hay cosas que colman la medida. La intrusa, poco a poco, me fue invadiendo. Comencé a perder el apetito. Mi mujer me compró un tónico, pero sin resultado. ¡Si hasta se me caía el pelo, señor, y soñaba con ella! Todo   15
lo soporté, todo. Menos lo de ayer. "González – me dijo el Gerente – lamento decirle que la empresa ha decidido **prescindir de sus servicios**". Veinte años, Señor Juez, veinte años tirados a la basura. Supe que ella fue con la alcahuetería. Y yo, que nunca dije una mala palabra, la insulté. Sí, confieso que la insulté, señor Juez, y que le pegué con todas mis fuerzas. Fui yo   20
quien le dio con el fierro. Le gritaba y estaba como loco. Ella tuvo la culpa. Arruinó mi carrera, la vida de un hombre honrado, señor. Me perdí por una extranjera, por una miserable computadora, por un pedazo de lata, como quien dice.

"La intrusa", *La buena gente*, Pedro Orgambide

3   Antes de hacer las siguientes actividades, organiza tus ideas completando la siguiente tabla basándote en el cuento.

Narrador	
Personajes	
Escenario	
Acciones	
Consecuencias	

4   Responde a las siguientes preguntas brevemente.

a   ¿Quién es la intrusa? ¿Por qué la llaman así?
b   ¿En qué parte del texto nos enteramos de quién es realmente?
c   ¿Qué consecuencias tiene en la salud del protagonista la aparición de la intrusa? ¿Qué consecuencias laborales?
d   ¿Cómo crees que se siente?
e   ¿Por qué debe defenderse?

5   Para defenderse, el narrador argumenta que fue un empleado eficiente. Copia las expresiones del texto que apoyan esta afirmación.

6   Explica con tus propias palabras el significado de las siguientes expresiones.

a   con la frente bien alta
b   con tantas ínfulas
c   se deshacían en elogios
d   prescindir de sus servicios

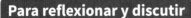

Para reflexionar y discutir

1   ¿Cuál es el tema del cuento?

2   El libro *La buena gente* fue publicado en 1970. ¿Por qué es importante este dato para la comprensión e interpretación del cuento?

3   ¿Qué piensas de la opinión del narrador sobre el uso de las computadoras en el ámbito del trabajo?

4   ¿Puedes comparar la situación del protagonista con una situación real de un trabajador actual?

5   ¿Crees que es justificable la reacción del protagonista? ¿Por qué (no)?

6   Imagínate que fueras el juez. ¿Cuál sería tu veredicto? ¿Condenarías o absolverías al narrador? Si lo encontraras culpable, ¿qué castigo le impondrías? Justifica tu veredicto.

7   Ve el cortometraje basado en el cuento y discute con un(a) compañero/a.

   a   ¿Qué tienen en común? ¿En qué son diferentes?
   b   ¿Cuál te gustó más? ¿Por qué?

   https://www.youtube.com/watch?v=YIgzIe7zwls

Para escribir

1   En pequeños grupos, escribid el guión de la obra de teatro basada en el relato.

2   Escribe la historia desde la perspectiva de otro empleado de la misma empresa.

3   Escribe la entrada de diario de la esposa del narrador, en el que expresa su preocupación por el estado de este.

4   Piensa en una situación similar que se pueda producir en la actualidad y escribe un relato siguiendo el estilo del original.

9 ORGANIZACIÓN SOCIAL
DERECHOS Y DEBERES

Objetivos

- Hablar sobre el trabajo y la educación

- Hablar sobre problemas laborales

- Opinar sobre la importancia de las leyes, los derechos humanos y la justicia

- Describir diferentes contextos educativos

- Comentar qué oportunidades y retos nos depara el siglo XXI en el ámbito laboral y educativo

- Debatir sobre qué aspectos cambiaríamos del sistema legal

Para entrar en materia

1 a Los temas de los que trata esta unidad son **el trabajo**, **la educación**, **la justicia** y **las leyes**. Para comprender bien los textos, haz un glosario sobre los tres temas. Aquí tienes unos ejemplos. Añade al menos 10 palabras o expresiones a cada cuadro. Puedes hacer una especie de diccionario temático en tu cuaderno, o fabricar tu propio diccionario con papel.

	Objetos y lugares	Personas	Acciones	Conceptos
Educación	pizarra, aula, …	jefe/a de estudios, …	aprender, …	aprendizaje, …
Ley y orden	código penal, tribunal, …	abogado/a, …	sentenciar, …	justicia, …
Ámbito laboral	ordenador, despacho, …	empleado/a, …	colaborar, …	horario, …

b En equipos, escribid las palabras del glosario en tarjetas individuales. Cada equipo se intercambia las tarjetas y tiene que colocarlas en el campo temático correcto (educación, ley y orden, y ámbito laboral). Gana el equipo que las coloca antes.

c En grupos, escribid las palabras del glosario en tarjetas individuales y dividilas entre los miembros del grupo. Mirad las imágenes **a–e**. Por turnos, cada persona tiene que tomar una tarjeta de su lote y decir una frase sobre una de las imágenes utilizando la palabra de la tarjeta. Si lo hace bien, aparta la tarjeta. Si no, la tarjeta vuelve al lote. Gana la persona que termina antes sus tarjetas.

2 Aquí tienes unas palabras y expresiones. Selecciona a qué campo temático (educación, ley y orden, ámbito laboral) pertenecen.

censura	educación primaria	derechos humanos	dictadura
salario mínimo	bachillerato	falta de libertades	democracia
huelga	crimen	contratar	día lectivo
jornada a tiempo parcial/ completo		prácticas	cumplir las normas
ser imparcial	repasar	jefe	delinquir
educación mixta	fiscal	los docentes	enseñanza pública
escuela concertada	oposiciones	recreo	acusar
despedir	sueldo	asignaturas	reincidencia

EDUCACIÓN Y DEPORTE

Comprensión auditiva

Antes de leer

1   ¿Conoces estas palabras? Relaciona cada palabra con su contrario. Atención: hay **tres** palabras que no tiene contrario.

marginación   disciplina   relajación

virtudes   desorganización   integración

cerebro   estrés   defectos   valores

autoestima   convivencia   inseguridad

2   Completa el cuadro con palabras o expresiones basadas en los sustantivos (quizá no puedas encontrar una palabra derivada para todas). Después, rellena los espacios en blanco con las palabras o expresiones del cuadro.

Sustantivo	Verbo o frase	Adjetivo	Adverbio/ Frase adverbial
autoestima			
marginación			marginalmente; en situación de marginación
disciplina			
virtud			
relajación			
desorganización			
convivencia			
integración			
estrés			
inseguridad	actuar con inseguridad		
defectos	tener defectos; estar defectuoso		
cerebro	lavar el cerebro; usar el cerebro		de una manera cerebral
valores			

a   Mi mejor _____ es que sé reconocer mis errores y mi
     peor _____ es que soy bastante desorganizado.

b   Soy una persona bastante _____. Tengo unos hábitos
     que intento seguir siempre; todo lo contrario que mi hermano, que
     es un desastre.

c   Para mí, si quieres _____ con otra persona, tienes
     que ser tolerante y aceptar que puede tener hábitos diferentes a
     los tuyos. Claro, la otra persona también tiene que ser tolerante
     contigo.

d   Pienso que _____ como la tolerancia, el respeto y la
     educación son fundamentales para funcionar en sociedad.

3   Haz **cuatro** frases utilizando al menos una de las palabras o
     expresiones que acabas de ver en cada una. Escribe tus frases en una
     hoja de papel, dejando un espacio en blanco en lugar de cada palabra
     o expresión. Intercambia tu hoja con un(a) compañero/a. ¿Quién
     completa antes las frases?

4   a   Escribe algo sobre ti utilizando al menos **cuatro** de las palabras o
          expresiones.

          Por ejemplo:

> Como hago mucho deporte y juego en el equipo de baloncesto
> de mi ciudad, tengo que tener bastante disciplina en mi vida,
> porque necesito compaginar los deberes y ver a mis amigos
> con los entrenamientos. Lo bueno de jugar al baloncesto es
> que no solo me relaja sino que me ayuda a integrarme en
> mi ciudad. Me hace conocer gente de todo tipo y cuando
> jugamos partidos fuera y tenemos que dormir en albergues
> u hoteles, se fomenta la convivencia.

     b   Comenta lo que has escrito con tus compañeros. ¿A quién te
          pareces más?

     c   Qué palabras han sido las más utilizadas? Haced una nube de
          palabras que muestre qué palabras fueron las más y menos
          utilizadas.

5   Vas a leer un texto sobre los beneficios de combinar estudios y
     deporte. Utilizando las palabras de arriba, ¿qué beneficios y qué
     incovenientes se te ocurren? Haz una lista.

Beneficios	Incovenientes

6   Lee el texto y completa los encabezamientos con los sustantivos de
     los ejercicios anteriores. ¿Coinciden con los beneficios que habíais
     anotado?

http://noticias.universia.net.co/educacion/noticia/2015/04/28/1124139/7-razones

7 razones por las que es fundamental combinar educación y deporte

El beneficio de practicar deportes en la escuela se extiende mucho más allá de un mejor estado físico, ya que puede tener un fuerte impacto en el aprendizaje y la socialización.

Ya sea fútbol, baloncesto o atletismo, la actividad física es un vehículo para enseñar a los estudiantes habilidades y valores que los acompañarán toda la vida, de manera entretenida y saludable.

Según comenta al periódico *El Tiempo* Rodrigo Sandoval, coordinador de deportes de la Universidad de los Andes, "el deporte es una herramienta para la formación, desarrollo y mejoramiento de las capacidades físicas de una persona y para el manejo adecuado de sí mismo en su entorno, permitiendo la interacción de los aspectos sociales, emocionales y físicos del bienestar humano."

A continuación, te acercamos algunos de los motivos por los que es importante incluir el deporte en la educación:

1. **Estimula la _____ social**

   Ya lo decía la escritora Karen Blixen: "Lo mejor de mi naturaleza se revela en el juego, y el juego es sagrado." El juego es una parte fundamental del desarrollo y el aprendizaje, así como un medio ideal para la interacción social. La práctica deportiva es, en su naturaleza, un juego que fomenta la convivencia y el respeto por los demás.

2. Mejora la _____

La mayoría de los deportes no pueden existir sin algún tipo de trabajo en equipo, obligando a los alumnos a convivir con otros desde muy corta edad, lo que les inculca la idea de que para avanzar y superarse es necesaria la colaboración entre todos.

3. Forma en _____ y _____

El deporte es sin duda una práctica en educación en valores. Mediante las diferentes disciplinas, se transmiten virtudes como lealtad, superación personal, convivencia, compañerismo, tolerancia y responsabilidad.

4. Disminuye el _____

Practicar deportes actúa como una terapia efectiva para reducir el estrés, la depresión, la ansiedad, los trastornos del sueño, y otras dolencias a nivel mental y físico. Además posee un efecto ansiolítico que mejora los estados de irritabilidad y agresividad, mejorando el estado de ánimo.

5. Estimula el _____

Uno de los principales beneficios del deporte es que genera la segregación de dopamina, serotonina y norepinefrina, neurotransmisores asociados a una buena salud mental y a una sensación de felicidad y bienestar. Hacer ejercicio estimula la memoria y las funciones ejecutivas del lóbulo frontal, por lo que los niños que lo hacen con regularidad identifican más rápido los estímulos visuales y se concentran más que los niños pasivos. El cerebro de los niños necesita el movimiento para aprender y recordar mejor.

6. Eleva la _____

Los niños que obtienen logros deportivos o hacen ejercicio suelen tener la autoestima más elevada y sufrir menos ansiedad y depresión. También se encuentran con una forma saludable y constructiva de liberar sus frustraciones.

7. Incrementa la _____

El deporte puede ser un importante factor de crecimiento y desarrollo personal. Los jóvenes deportistas suelen ser más organizados, disciplinados y más propensos a cuidar su cuerpo y no caer en malos hábitos. Además, puede contribuir a que la persona lo elija como vocación y profesión.

fuente: **www.noticias.universia.net.co**

Después de leer

7 Haz una lista de las cualidades positivas que aparecen en el texto. Numéralas según su importancia para ti y comenta tu lista con tus compañeros.

8 ¿Qué tipo de texto es este? ¿Qué elementos tiene? ¿Es formal o informal? ¿Cuál es el objetivo del texto?

9 Ahora vas a ver un ejemplo en el que el deporte está mejorando una comunidad. Primero, observa las imágenes y describe de qué tratan.

   a ¿Qué se ve?
   b ¿Qué representa?
   c ¿Quién o quiénes crees que son los protagonistas?

10 Lee el texto a continuación y selecciona las palabras correctas que faltan en los huecos, según lo que puedes deducir por las imágenes.

   a fútbol – balonmano – baloncesto
   b ciudades – pueblos
   c disciplina – marginación – estrés
   d fútbol – balonmano – baloncesto
   e campeonatos – carreras – pasatiempos
   f esperamos – descubrimos – representamos
   g pequeños – indígenas – españoles
   h entrenan – trabajan – enseñan
   i experiencia – exigencia – virtud
   j regiones – habitaciones – escuelas

LATcinema: *Gigantes descalzos* (México)

Estreno del documental *Gigantes descalzos* (65', 2017), dirigido por Álvaro Priante e Iván Roiz. El film muestra cómo una academia de **a** _____ indígena cambia la vida de más de dos mil niños de **b** _____ triquis, chinanteco y zapoteco. Presentación a cargo de los dos directores.

El pueblo triqui lucha por salir de la **c** _____ y acabar con la pobreza en las montañas. Un reto con el **d** _____ como factor diferencial. A través de *Gigantes descalzos* conocemos a un grupo de niños capaces de ganar **e** _____ por todo el mundo pero que, sobre todo, representan la ilusión y el ejemplo a seguir para toda una generación.

Adentrándonos en la región donde viven **f** _____ su día a día y los cambios que el proyecto del profesor Sergio y la Asociación de Baloncesto Indígena Mexicana (ABIM) han comportado.

La ABIM es una organización sin ánimo de lucro que tiene como objeto el desarrollo y fomento del baloncesto, la educación y las culturas tradicionales en los niños **g** _____. Más de 2000 menores triquis, chinantecos y zapotecos tienen la oportunidad de estudiar en una escuela acondicionada y el acceso garantizado a tres comidas al día gracias a este proyecto.

El centro de alto rendimiento en Santa María de Tule, en las afueras de Oaxaca capital, y la residencia de la región situada en Río Venado son las dos sedes donde los pequeños viven, estudian y **h** _____ gracias a los fondos recaudados por la Academia.

La **i** _____ de que el éxito deportivo vaya acompañado del educativo es la clave definitiva para asegurar el desarrollo de las **j** _____ indígenas mexicanas en las que la ABIM está presente.

El documental fue presentado en la gala inaugural del Festival MiradasDoc de Tenerife (España).

Día/hora: 7 de abril, 20:00

Lugar: Cinemes Girona. c/ Girona 175. Barcelona.

Entrada: 3€

fuente: **www.americat.barcelona**

11 ¿Qué tipo de texto es este? ¿Qué elementos tiene? ¿Cuál es el objetivo del texto?

12 Basándote en las ideas del texto, busca las **palabras del texto** que significan:

a desafío: _____

b modelo: _____

c que no genera beneficios: _____

d lugar principal: _____

13 Te apetece ver este documental? ¿Por qué (no)?

Habilidades de investigación **ATL**

Investiga sobre los pueblos triquis, chinantecos y zapotecos que se mencionan en el texto. Busca un mapa de México y sitúa dónde viven.

¿Qué características tiene el terreno? ¿Por qué crees que juegan a baloncesto?

Comprensión auditiva

14 Aquí tienes una entrevista con los directores del documental *Gigantes descalzos*. Une cada pregunta con la respuesta correcta.

a   Tienen mucha naturalidad ante la cámara, ¿no?

b   ¿Cuántas personas constituyen la comunidad triqui?

c   ¿Fue fácil acceder a la comunidad triqui?

d   ¿Qué tal la experiencia de MiradasDoc?

e   ¿Cómo consiguen financiar un proyecto en el que se tienen que desplazar a México?

f   ¿Por qué hay tantos inmigrantes triquis en Los Ángeles?

g   ¿Y las familias?

h   ¿Cómo les llega esta historia de los niños triquis que juegan al baloncesto?

i   ¿Ellos han visto la película?

j   ¿Creen que el proyecto educativo que muestran en su película está siendo útil para la región triqui?

Gigantes descalzos, la puerta al futuro para los niños triquis

Los codirectores del documental que abrió la undécima edición del festival MiradasDoc, Álvaro Priante e Iván Roiz, aspiran a recorrer la difícil región mexicana donde habitan estos indígenas para que los protagonistas puedan ver la película.

1. _____

Estos niños, los protagonistas del documental, forman parte de una selección indígena de baloncesto de México y vinieron a participar en 2014 en un campeonato en Barcelona, donde quedaron segundos. Este hecho tiene cierta repercusión en los medios deportivos. Así nos llega la historia y nos ponemos en contacto con su entrenador jefe, Sergio Zúñiga, para que nos facilitara información. **Nosotros dos ya teníamos lazos profesionales.** Al principio, nos quedamos con que eran niños bajitos, que jugaban descalzos y que podían ganar a otros más altos y mejor equipados. **Ahí había una historia.** Los dos estábamos en un momento profesional en el que queríamos hacer un trabajo documental que nos llenase. Se juntó un buen tándem, en el que hemos hecho los dos de todo: montadores, directores, productores, editores …

2. _____

Nos liamos la manta a la cabeza. La historia nos llega en julio, nosotros empezamos a hablar de esto en serio en septiembre y a finales de noviembre estábamos en Oaxaca por nuestros propios medios. Vimos que la historia era potente y conseguimos ayuda del Centro de Estudios Cinematográfico INDIe, que consistió en apoyo material y equipo humano. Con cinco profesionales mexicanos creamos un equipo pequeño, pero que fue suficiente para hacer un trabajo muy profesional.

3. _____

La comunidad es muy cerrada, pero la asociación que lleva este proyecto, sobre todo Sergio, el entrenador, sabe que **sin difusión no tiene nada**. Así que **íbamos de la mano del que tiene la llave**. Eso fue una suerte. De hecho, **casi todo en este proyecto fue saliendo rodado**. Además, nosotros fuimos el primer equipo de rodaje que se quedó a dormir allí, con los triquis, y convivimos un mes con los niños. Eso también nos facilitó las cosas.

4. _____

Bueno, ellos carecen de los recelos ante la cámara que tenemos nosotros porque, aunque conocen la televisión e internet, apenas la ven. Solo hay televisión en algunos bares de carretera, cuando van de paso. Así que **su relación con la cámara no tiene nada que ver con la nuestra**.

5. _____

La organización, sí y les ha gustado. Creemos que los niños no la han visto. De hecho, un objetivo para 2017 es conseguir financiación para ir a la región y recorrerla proyectando la película con la intención de que todos los niños que participan de este proyecto educativo la puedan ver. **Para nosotros es un deber.**

6. _____

Sí. Creemos que **sirve para levantar la moral de una sociedad muy deprimida**, pero no creemos que pueda cambiar una realidad marcada por el aislamiento con el que han convivido durante toda su existencia. En esta zona, hay comunidades muy cercanas unas a otras, pero no tienen nada en común.

7. _____

Entre 25 000 y 30 000 personas en México y algo más en Los Ángeles. Nosotros nos hemos centrado en estos niños. Los promotores son conscientes de que ninguno de ellos va a llegar a la NBA, pero **se trata de un efecto palanca** para que estudien, lean y, sobre todo, les están enseñando valores. Luego sí que será bueno para ellos. No podemos olvidar que parte de la realidad mexicana es clasista y racista y estos niños deben superar la vergüenza de ser indígenas, un sentimiento de inferioridad, que los blancos se lo recuerdan cada vez que pueden.

8. _____

Este proyecto también sirve para educar a las familias. **Las madres ya ven bien que sus hijas estudien** y comprenden que no es bueno que se casen con 12 años. Se trata de una comunidad donde existe la poligamia, que perdura fundamentalmente por motivos económicos, pero ahora las niñas empiezan a entender que pueden elegir a su pareja. Lo cierto es que nos gustaría vernos dentro de siete y ocho años aquí, con un documental que haga el seguimiento de las vidas de estos niños.

9. _____

Ellos están distribuidos por todas las zonas agrícolas de California, donde **están muy bien considerados como fuerza de trabajo**. Se trata de indígenas que entran como ilegales y, a poco que le des, están dispuestos a trabajar 12 horas sin parar. Eso es un drama social para la región triqui, porque los hombres se van dejando a su mujer o a sus dos mujeres con cinco hijos cada una y sin recursos. Cuando regresan, hacen una gran fiesta, se vuelven a ir y **los dejan olvidados**.

10. _____

Ojalá todos los festivales fueran como MiradasDoc. Desde que trajimos el proyecto nos sentimos cuidados y atendidos. Además, estamos muy contentos de que hayan elegido *Gigantes descalzos*, que se ha estrenado aquí como la película de la apertura.

15 ¿Qué quieren decir o a qué se refieren estas frases de la entrevista (marcadas en morado en el texto)? Coméntalo con tus compañeros.

   a   Nosotros dos ya teníamos lazos profesionales. (párrafo 1)
   b   Ahí había una historia. (párrafo 1)
   c   Nos liamos la manta a la cabeza. (párrafo 2)
   d   La comunidad es muy cerrada (párrafo 3)
   e   sin difusión no tiene nada (párrafo 3)
   f   íbamos de la mano del que tiene la llave (párrafo 3)
   g   casi todo en este proyecto fue saliendo rodado (párrafo 3)
   h   su relación con la cámara no tiene nada que ver con la nuestra (párrafo 4)
   i   Para nosotros es un deber. (párrafo 5)
   j   sirve para levantar la moral de una sociedad muy deprimida (párrafo 6)
   k   se trata de un efecto palanca (párrafo 7)
   l   Las madres ya ven bien que sus hijas estudien (párrafo 8)
   m   están muy bien considerados como fuerza de trabajo (párrafo 9)
   n   los dejan olvidados (párrafo 9)

16 Vuelve a leer la entrevista y anota **tres** frases o ideas que te hayan sorprendido.

Actividades de expresión oral y escrita

1   Intenta ver el documental *Gigantes descalzos* u otros reportajes sobre los niños triquis y haz una reseña para el blog del colegio.

2   Escribe tu diario personal como si fueras un niño triqui que acaba de empezar a jugar en el equipo de baloncesto.

3   Crea un anuncio (para la radio o para decir con un altavoz por los pueblos triquis) para que se apunten más niños triquis a las clases de baloncesto.

4   Haz una lista de preguntas para una posible entrevista con un niño triqui del equipo de baloncesto. ¿Qué te gustaría saber? Si puedes, ponte en contacto con la academia de baloncesto y haz la entrevista.

5   Prepara una exposición oral sobre los pueblos triquis para clase.

6   Escribe una historia de ficción o un poema en el que el protagonista sea un niño o una niña triqui.

7   ¿Crees que el ejemplo de los niños triquis ilustra los beneficios de combinar deporte y estudios? ¿Por qué (no)?

¿Fomenta el deporte tu ciudad/pueblo?

Busca iniciativas que fomenten el deporte y la educación en tu pueblo o ciudad. Si puedes, hazte voluntario/a de una de estas iniciativas para ayudar y ver cómo se pueden mejorar.

TRABAJO Y CARGA MENTAL

Comprensión auditiva

Antes de leer

1 Observa estas tres viñetas de **Marga Castaño, Carla Fuentes** y **Javier Olivares**. ¿De qué tratan? Escoge los temas tratados por las viñetas y justifica por qué los has escogido.

> ¿QUE POR QUÉ SU COMPAÑERO GANA MÁS QUE USTED, SI HACE EL MISMO TRABAJO EN LA OFICINA? AH, ME GUSTARÍA AYUDARLA EN ESE SENTIDO, PERO CRÉAME: **NO ESTÁ EN MI MANO.**

las vías sin salida	el feminismo	la comida basura	la belleza

el bienestar · el trabajo · el tiempo · los problemas generacionales

el divorcio · la falta de vida personal · los horarios laborales · el sueldo

la soledad · el egoísmo de las madres · la incomunicación · el fracaso escolar

disfrutar de la vida · las vacaciones · la sociedad actual · la jerarquía

2 ¿Sabes lo que es la conciliación laboral y familiar? Escribe una definición, inspirándote en los siguientes temas:

- los horarios de trabajo
- la división de las tareas de la casa en las parejas o familias
- los horarios de los servicios públicos
- el tiempo libre
- la maternidad/paternidad y el trabajo.

A continuación hay unas declaraciones de varias personas que comentan cómo compaginan el trabajo con la vida familiar. Léelas y busca las palabras que no entiendas.

¿Cómo compaginas tu vida laboral y familiar?

Yo no lo llevo muy bien. Tengo dos hijos de trece y ocho años, y con los horarios maratonianos de la clínica dental, es casi imposible conciliar. Afortunadamente, mi exmarido trabaja en una editorial y termina su jornada hacia las cinco de la tarde, así que mis hijos pasan gran parte de la tarde con su padre. Me gustaría tener horarios laborales más flexibles para ver más a mis hijos y también salir con amigos de vez en cuando.

Beatriz Carbajal

42 años

cirujana dentista

Cuando uno es padre soltero, conciliar el trabajo con la vida familiar se vuelve difícil. Mi horario es muy particular: entro a trabajar a las ocho de la tarde, cuando los empleados de la empresa donde trabajo terminan su jornada, y termino a las dos de la madrugada. De momento, mi hija de 18 años cuida de su hermano pequeño, de 22 meses. Pero a ver cómo me las arreglaré cuando mi hija empiece la universidad en septiembre …

Diego Arias

49 años

empleado de limpieza

No se trata solo de las horas interminables que pasamos en el trabajo, sino también del hecho de que las nuevas tecnologías nunca nos permiten desconectar. Mi pareja y yo no tenemos hijos pero los dos tenemos una gran familia, muchos amigos y un perro en casa. Paso tanto tiempo fuera, haciendo reportajes, que mi vida personal queda relegada a un segundo plano. Incluso cuando estoy en casa, me llegan mensajes de mi jefe al móvil. Mucha gente todavía cree que hay que estar disponible a todas horas y que las horas extras son una muestra de ambición en el ámbito laboral. No debería ser así.

Javier Magaz

25 años

reportero

Flavia Mateo

50 años

recepcionista

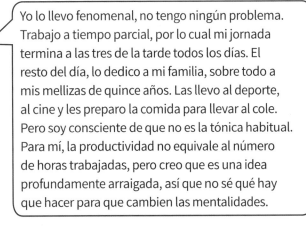

Yo lo llevo fenomenal, no tengo ningún problema. Trabajo a tiempo parcial, por lo cual mi jornada termina a las tres de la tarde todos los días. El resto del día, lo dedico a mi familia, sobre todo a mis mellizas de quince años. Las llevo al deporte, al cine y les preparo la comida para llevar al cole. Pero soy consciente de que no es la tónica habitual. Para mí, la productividad no equivale al número de horas trabajadas, pero creo que es una idea profundamente arraigada, así que no sé qué hay que hacer para que cambien las mentalidades.

Estela Bartol

33 años

directora de recursos humanos

Conciliar solo tiene sentido si uno puede disfrutar de su tiempo libre, y **eso** no depende únicamente de tu horario laboral. **El mío** es bastante bueno: trabajo de las nueve de la mañana a las seis de la tarde, con dos horas para comer. Pero tengo que ir en transporte público y tardo casi dos horas en llegar a la oficina y lo mismo en volver. Desgraciadamente, no me permiten trabajar desde casa. El trabajo debería adaptarse más a las necesidades de los trabajadores. Creo que **ahí** queda mucho por hacer.

Francisco García

45 años

comercial

a _____ puedo conciliar más de lo que suele hacer la mayoría de trabajadores. Mi mujer es enfermera, así que cuando nació mi hijo, hace cinco años, pedí entrar más pronto por la mañana y tener una pausa más corta para almorzar.
b _____ termino cada día a las cuatro. Muchas empresas tardan en tomar medidas para facilitar la conciliar la conciliación laboral. Se podría entrar más pronto por la mañana, recortar el tiempo de la comida o fomentar el trabajo desde casa, **c** _____. Esto haría a las personas más productivas y les permitiría formarse o tener un *hobby*.

Después de leer

3   Busca en la intervención de **Flavia** un sinónimo a las siguientes palabras o expresiones.

   a   muy bien: _____

   b   día de trabajo: _____

   c   lo normal: _____

   d   difícil de eliminar: _____

4   Basándote en la intervención de **Estela**, ¿a qué se refieren las siguientes palabras?

En la frase …	la(s) palabra(s) …	se refiere(n) a …
a … y **eso** no depende únicamente de tu horario laboral.	eso	
b **El mío** es bastante bueno: trabajo de las nueve de la mañana …	El mío	
c Creo que **ahí** queda mucho por hacer.	ahí	

5   Completa los espacios en blanco de la intervención de **Francisco** con los conectores a continuación para que las frases tengan pleno sentido.

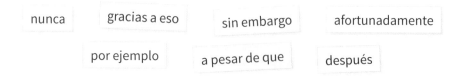

   nunca   gracias a eso   sin embargo   afortunadamente

   por ejemplo   a pesar de que   después

6   ¿Quién puede haber dicho esto? Justifica tu respuesta según lo que dicen en sus intervenciones anteriores. Puede haber varias soluciones.

   a   Soy afortunada porque mi horario laboral no es el de la mayoría.

   b   Si no fuera porque mi expareja tiene un horario laboral mejor que el mío, no podríamos atender a nuestros hijos.

   c   Si las empresas facilitan la conciliación, puede ser beneficioso tanto para la productividad de los trabajadores como para su bienestar.

   d   Mi hija me ayuda mucho en casa.

   e   Con los ordenadores y demás aparatos, es difícil no estar pendiente del trabajo incluso en las horas libres.

   f   He reducido el tiempo de la comida para poder salir antes del trabajo.

   g   Aparte del horario, tardo bastante en ir del trabajo a casa.

   h   Trabajo a jornada partida.

   i   El horario de mi oficina es de locos y no puedo dedicar el tiempo que quisiera a mi familia.

   j   Hay estereotipos sobre el trabajo que es difícil eliminar.

7   ¿En tu país pasa lo mismo que lo que se dice en los textos?

Actividades de expresión oral y escrita

1   Prepara un cuestionario para saber si tus compañeros, profesores y familiares tienen un buen equilibrio entre la vida laboral/académica y la vida personal. Puedes hacer tu propio cuestionario o añadir más preguntas a este que se ofrece como modelo.

¿Es el trabajo su vida?

Datos generales

Nombre: _____   Fecha: _____

Ocupación: _____

Marque la respuesta con la que se identifique:

		Siempre	A veces	Nunca
a	¿Se lleva trabajo a casa?			
b	¿Hace horas extras en la oficina?			
c	¿Lee correos del trabajo fuera de su horario de trabajo?			
d	¿Trabaja durante sus días libres?			
e	¿Le recrimina su familia y/o pareja por trabajar demasiado?			
f	¿Tiene tiempo libre para dedicarse a sus hobbies?			
g	¿Logra desconectar del trabajo una vez en casa?			
h	¿Siente ansiedad y/o estrés en el trabajo?			
i	¿Cuándo está de vacaciones echa de menos su trabajo?			
j	¿Alguna vez ha sufrido trastornos del sueño a causa del trabajo?			

---

2   Escribe un artículo de prensa sobre la conciliación laboral en el que comentes las declaraciones de las personas de los textos anteriores.

3   ¿Qué otros problemas laborales hay en la actualidad? Haz una lista y comenta posibles soluciones con tus compañeros.

4   En grupos, haced un juego de rol basándoos en las declaraciones de las personas del **Texto B**. Escribid una entrevista o un debate de radio sobre los varios problemas de conciliación de la vida laboral y familiar en el mundo actual. Un(a) estudiante será el/la presentador(a) o el/la moderador(a) y los otros/las otras trabajadores/as con diferentes experiencias y opiniones.

Habilidades de investigación

- Investiga qué problemas laborales existen en varios países hispanohablantes y compáralos. ¿Cuál es la situación de la conciliación laboral y familiar en estos países?

- ¿En qué países se ha avanzado más en materia de conciliación laboral?

- ¿Qué pueden hacer las empresas para lograr una mejor conciliación laboral y familiar en sus trabajadores?

UNA JUSTICIA A MEDIDA

Antes de leer

1   Lee el siguiente titular de prensa. ¿Qué palabra crees que falta? Comentadlo en grupos.

PRECIO: 1,50 EUROS   MIÉRCOLES 12 DE SEPTIEMBRE DE 2018

LA REPÚBLICA

El presidente de Islandia prohibiría la _____ en las pizzas (si pudiera)

2   El presidente de Islandia se inventó una ley de broma, pero existen todavía algunas leyes bastante curiosas (incluso absurdas). Aquí tienes una lista de leyes curiosas. Une las dos columnas para ver en qué consiste cada ley.

1 En París, la ciudad más romántica, está prohibido besarse …

2 En el Reino Unido, está prohibido morir …

3 En Miami, es ilegal pasear por la comisaría de Policía …

4 En Roma, no se puede comer ni beber …

5 En Carmel, Nueva York, dicen que hay una ordenanza que prohíbe a los hombres llevar chaquetas y pantalones …

6 En el Reino Unido, se considera una traición poner al revés …

7 En Blythe, California, parece ser que una ordenanza dicta que una persona debe poseer al menos dos vacas …

8 En Francia, está prohibido bautizar a su cerdo …

a   con el nombre de Napoleón.

b   en el Parlamento.

c   en las calles del casco histórico.

d   en monopatín.

e   en los andenes del tren. En otros lugares como Dubái son incluso más intransigentes: es ilegal besarse en un lugar público.

f   para poder llevar botas de cowboy en público.

g   que no vayan a juego.

h   un sello de correos en el que aparece una imagen de la monarquía británica.

fuente: **www.abc.es**

3 ¿Qué cosas prohibirías si pudieras? Haz un decálogo de leyes
   graciosas que implementarías si pudieras y el castigo que impondrías
   a las personas que las incumplieran.

Decálogo

Se hace saber que de hoy en adelante se aplicarán las siguientes leyes:

1. Está totalmente prohibido usar el teléfono móvil entre las 5 de la tarde
   y las 10 de la noche. Aquellas personas que hablen, envíen mensajes o
   consulten las redes sociales en su teléfono serán castigadas con penas
   de dos meses de utilizar un teléfono fijo con cable.

2. _____

3. _____

4. _____

Lengua

Obligaciones e interdicciones

Para dar un toque "legal" impersonal a tu decálogo, puedes usar las
siguientes expresiones:

* Según el nuevo código penal, …

* Se prohíbe/(No) se permite/(No) está permitido/(No) se debe/(No) se
  puede + infinitivo

  Por ejemplo: *No se permite pescar en el charco.*

* Las personas/Aquellos que + subjuntivo

  Por ejemplo: *Las personas que lleven el pelo de color azul serán
  castigadas con jerséis de color naranja.*

* El castigo por + infinitivo será …

  Por ejemplo: *El castigo por cantar en un karaoke será llevar zapatos
  demasiado pequeños durante doce meses.*

4 Ahora vas a leer un texto sobre un juez de menores que impone
   sentencias poco habituales. Mientras lees, anota un máximo de
   diez palabras o expresiones que no entiendas. Al final, compara tus
   palabras o expresiones con las de tus compañeros e intentad averiguar
   el significado de todas ellas. Después, piensa en una palabra o
   expresión equivalente y anótala.

Palabra o expresión que no entiendo	Significado	Sinónimo o expresión equivalente

http://sevilla.abc.es/andalucia/granada/sevi-sentencias-ejemplares-juez-calatayud-

Las sentencias ejemplares del juez Calatayud que cambiaron la vida de miles de jóvenes

Granada, 6 de julio

Hacer el Camino de Santiago o dibujar un cómic son algunas de las condenas más curiosas del magistrado de Granada.

La minoría de edad comprende varias etapas. Todas ellas tienen un papel fundamental en el desarrollo de los futuros ciudadanos adultos. De lo que haga el individuo durante esos años dependerá en buena medida su óptima evolución como persona, siempre supeditada a los procesos sinápticos de las neuronas de los que se vale la ciencia para explicar las tomas de decisiones; las buenas y las malas. Por tanto, ¿es posible prevenir la delincuencia? Sí. Sobre todo cuando se trata de menores. Pero del dicho al hecho hay un trecho a menudo más práctico que académico. Y ese es un margen que conoce bien Emilio Calatayud.

Hace ya años que este juez de menores de Granada es conocido por sus sentencias ejemplares que han conseguido cambiar – a mejor – el rumbo vital de miles de jóvenes. Emilio Calatayud (Ciudad Real, 1955) lleva toda su carrera tratando de dar sentido a la magistratura mediante la emisión de condenas – casi un millar por año – útiles y didácticas, enfocadas a rehabilitar de veras a delincuentes menores de edad. La última: la de un menor condenado a cortarle el pelo a Calatayud por haber robado en una peluquería.

Muchos otros casos están recogidos en su libro *Mis sentencias ejemplares*. Éstas son algunas de las más representativas y curiosas.

Condenados a hacer el Camino de Santiago

Cuenta Emilio Calatayud que su sentencia favorita fue aquella por la que condenó a seis chavales y una joven a hacer una parte del Camino de Santiago, casi a modo de premio por su buena conducta, para completar su rehabilitación. "Fue la resolución más bonita que he adoptado", aseguraba el juez hace unas semanas en su blog.

Con bomberos por quemar papeleras

Una de las especialidades de Calatayud es la de despertar el sentimiento de empatía. No pocas condenas de este juez han tenido este objetivo, como cuando obligó a un joven a trabajar con bomberos por haber prendido fuego a varias papeleras.

5

10

15

20

25

30

De "hacker" a profesor de informática

Como en el caso del corte de pelo, Emilio Calatayud, siempre crítico con la desidia, busca encauzar a los jóvenes en el mundo laboral. Así lo hizo con un "hacker" al que condenó a impartir clases de informática después de obtener datos de una empresa granadina de forma ilícita. 35

Obligado a dibujar un cómic

El juez lleva a sus espaldas un buen número de sentencias que han servido para cambiar la vida de miles de jóvenes, como la de aquel apasionado del dibujo al que penó con elaborar un cómic en el que tuvo que narrar el porqué de su condena: conducir un ciclomotor sin seguro. 40

Del centro de menores al juzgado

El afán de Calatayud por ayudar a los jóvenes y despertar en ellos sus inquietudes se ha manifestado en multitud de sentencias a lo largo de su ya extensa carrera. Recientemente condenó a un chaval gitano a obtener un título de lengua árabe después de que éste se prestase a hacer de traductor entre el magistrado y una joven magrebí en la sala de vistas. El muchacho había aprendido el idioma a su paso por centros de menores en los que pudo relacionarse con chicos africanos y el juez supo ver en esa anécdota una oportunidad para que se convierta en un futuro en intérprete o integrador social en juzgados y comisarías. 45 50

De la comisaría a la cafetería

La capacidad de Emilio Calatayud para reinsertar a menores es tal que a veces no necesita ni una sentencia para cambiar por siempre el rumbo de los jóvenes. Fue el caso de un muchacho que estaba detenido en una comisaría por la que pasó el juez. Aunque no tuvieran ninguna relación procesal, Calatayud y él estuvieron hablando sobre la mala vida que llevaba. El magistrado pidió a los agentes que liberaran al joven, que se fue directo a Proyecto Hombre. Años después se reencontraron en una cafetería donde el chaval, que trabajaba allí de camarero, le agradeció aquellos minutos de conversación que le sirvieron para dejar de consumir drogas: "Usted me salvó." 55 60

fuente: **www.sevilla.abc.es**

Después de leer

5 Responde a las preguntas sobre el texto. Para cada pregunta, explica lo que pasó y las circunstancias con tus propias palabras.

a ¿Por qué se ha cortado el pelo el juez?
b ¿Por qué hicieron unos jóvenes el Camino de Santiago?
c ¿Qué tuvo que hacer el chico acusado de piratear sistemas informáticos?
d ¿Por qué se menciona a los bomberos en el artículo?
e ¿Qué tipo de cómic tuvo que escribir un chico como condena?
f ¿Por qué obligó el juez a un niño a tener un certificado de árabe?
g ¿Qué pasó con el chico que tomaba drogas?
h ¿Crees que estas sentencias realmente funcionan o hay otros factores que influyen en que un delincuente pueda rehabilitarse?

Pero, sino y si no

¡No confundas **pero**, **sino** y **si no**!

- Se usa **pero** para introducir una idea que contrasta con la idea anterior.

  por ejemplo: *Cuando el juez les condena, algunos jóvenes se enfadan* ***pero*** *luego se lo agradecen.*

- Se usa **sino** para corregir una idea y sustituirla por otra. Por eso, la primera parte de la frase siempre es negativa.

  por ejemplo: *El juez no pretende castigar* ***sino*** *rehabilitar a los jóvenes delincuentes.*

- **Si no** introduce una oración condicional negativa.

  por ejemplo: ***Si no*** *hubiera conocido al juez, el joven camarero seguiría consumiendo drogas.*

Actividades de expresión oral y escrita

1   En grupos, haced un juego de rol basándoos en algunos de los casos más famosos del juez mencionados en el **Texto C**. Imaginad que estáis en el tribunal de menores y que van a pasar muchos casos para sentencia. Un(a) estudiante será el/la juez(a), otro/a estudiante será el/la abogado/a de los menores y el resto de los estudiantes serán los jóvenes que esperan sentencia.

Cada personaje prepara su papel:

- el/la abogado/a tiene que presentar los casos al/a la juez(a)

- el/la juez(a) tiene que pedir a los jóvenes que le cuenten su versión de los hechos y tiene que dictar sentencia

- los jóvenes tienen que responder a las preguntas e intentar defenderse.

Podéis grabar la simulación en vídeo, como si fuera una obra de teatro.

2   Imagina que eres uno de los jóvenes del artículo. Escríbele una carta de agradecimiento al juez explicando cómo ha cambiado tu vida desde la sentencia.

3   En parejas, haced un juego de rol basándoos en uno de los casos del juez mencionados en el **Texto C** o en un caso imaginario. Un(a) estudiante será el/la entrevistador(a) y el otro/la otra, uno/a de los jóvenes que han recibido sentencias ejemplares. Escribid la entrevista y luego grabadla.

4   Hoy, el juez ha sentenciado a varios jóvenes y lo ha consignado todo en su diario personal. Escribe la entrada de su diario.

ENSEÑANZA INNOVADORA

Antes de leer

1 Vas a leer un texto sobre un colegio de Inglaterra en donde se hacen actividades poco convencionales. ¿Entiendes las palabras "cazar", "pescar", "disparar" y "desollar"? ¿Qué más verbos conoces relacionados con la preparación de comida? Por ejemplo: freír, hervir, cortar en rodajas, etc.

TEXTO D

Este colegio enseña a sus alumnos a cazar, desollar y cocinar su propia comida

Un colegio de Eastbourne, Inglaterra enseña a sus alumnos, además de las materias comunes, a cazar, desollar y cocinar las piezas, así como también a pescar. Además, esta escuela de primaria obtiene año tras año los mejores resultados de la región.

Es un colegio inglés en el que las dos terceras partes de los alumnos del centro viven en casas sociales, dependientes **a** _____ gobierno, y reciben comidas gratuitas **b** _____ diario. El director del centro tuvo una idea innovadora hace unos años, un nuevo método docente que ha conseguido poner en práctica y que consiste **c** _____ enseñarlos a cazar, a pescar y a cuidar el medioambiente. "Sentimos la responsabilidad de otorgarles las oportunidades que se merecen", asegura el profesor Fairclough, director de la institución.

Este docente asegura que lo más peligroso que se puede hacer es "no exponer a los niños a ningún elemento de riesgo o peligro. Les ofrecemos a los niños experiencias reales. Les hacemos tener deseo **d** _____ la vida, pasión **e** _____ la vida", afirma sin titubeos Fairclough. Además, según él, el contacto con el medio ambiente puede cambiar a mejor las vidas **f** _____ estos niños.

Este peculiar profesor británico, del que los niños dicen que es "el mejor director" que pueden tener, afirma que si los estudiantes van entusiasmados al colegio "eso se reflejará en las clases". Así lo atestiguan los premios que ha recibido la institución, que en 2015 fue galardonada como 'La mejor escuela del año' en la región.

Las críticas **g** _____ enseñar a los niños a disparar son constantes, pero desde el centro creen que eso les aporta disciplina y responsabilidad. Los mismos niños no dudan **h** _____ defender este modelo.

Para finalizar el director de la institución asegura que no están "haciendo nada que no esté permitido. La sociedad limita a los niños hoy en día, nosotros vamos contracorriente", asevera este atípico profesor.

fuente: **www.revistajaraysedal.es**

Después de leer

2 Completa los espacios en blanco con las preposiciones que faltan. Después, compara las preposiciones que has escrito con las de un(a) compañero/a. ¿Coincidís?

3 Marca la respuesta correcta, según lo que se dice en el texto.

a La mayoría de los estudiantes del colegio …
  i pertenece a una clase social acomodada
  ii ya había cazado anteriormente
  iii viene de familias con escasos recursos.

b Uno de los objetivos de las actividades de este colegio es que los alumnos …
  i protejan el medioambiente
  ii puedan comer gratis
  iii aprendan sobre armamento.

c El director del colegio cree que …
  i cazar es necesario en la vida
  ii la ciudad es más peligrosa que el campo
  iii es positivo aprender de situaciones de riesgo.

d Los alumnos del colegio …
  i están encantados con su director
  ii han recibido premios de caza
  iii protestaron al principio.

e El personal del colegio piensa que …
  i las actividades fomentan la disciplina
  ii es necesario tener más disciplina
  iii las críticas a las actividades son comprensibles.

Lengua

Expresar su opinión

- ¿Qué modo verbal tienes que utilizar en este tipo de frases? ¿El indicativo o el subjuntivo?

- Hay una frase que va seguida de infinitivo. ¿Cuál es?

- ¿Sabes para qué se usan estas expresiones? ¿Para expresar sorpresa, incredulidad, acuerdo, desacuerdo?

- Busca otras formas de reaccionar en español e intenta utilizarlas cuando hables.

4 a ¿Qué piensas de este colegio? Escribe la continuación de las siguientes frases expresando tu opinión.

- Me sorprende que …
- Me parece bien/fatal que …
- Es bueno que …
- Es posible que …
- Me gustaría que …
- No quiero que …
- Es increíble que …
- Sería imposible que …
- Me da pena que …
- Tendría que …

b En parejas o grupos, comentad vuestras frases y reaccionad a las frases de vuestros compañeros.

5 Responde a las preguntas brevemente.

a ¿Qué piensas de este colegio?

b ¿Crees que aprender a cazar es útil?

c ¿Por qué crees que este colegio ha tenido éxito con estas actividades? ¿Crees que el tipo de alumnos que tiene se va a beneficiar realmente?

d   Si una persona está en contra de las armas o es vegetariana, ¿qué actividades alternativas podría realizar en el colegio?

e   ¿Qué tipo de actividades poco convencionales te gustaría que hubiera en tu colegio o instituto?

Actividades de expresión oral y escrita

1   Imagina que eres el padre o la madre de un estudiante del colegio. Escribe un correo electrónico al director expresando y justificando tu preocupación por las actividades del colegio.

2   En grupos, haced un juego de rol basándoos en las asignaturas ofrecidas en el colegio de Eastbourne según el **Texto D**. Imaginad que habéis organizado una reunión para debatir acerca de las actividades del colegio. Procurad terminar la reunión con una lista de actividades que guste a todos. Cada estudiante prepara su papel con los argumentos que quiere defender y sus sugerencias:

   • el/la moderador(a) del debate

   • el/la director(a)

   • grupo de padres a favor de actividades más tradicionales en el colegio

   • grupo de padres en contra de que sus hijos usen armas

   • grupo de padres cuyos hijos han estudiado antes en el colegio y están a favor de las actividades

   • grupo de alumnos vegetarianos

   • grupo de alumnos a favor de las actividades.

   El debate se puede grabar para luego comentar aspectos sobre la lengua (entonación, pronunciación, autenticidad, corrección de errores, aciertos, etc.).

3   Escribe el discurso del director para la ceremonia de entrega del premio al colegio.

Reflexiona sobre estas preguntas señalando la opción u opciones más adecuadas. Comenta tus elecciones con tus compañeros para comprobar si las respuestas son las mismas:

- ¿Qué **receptores** pueden tener los textos A, B, C y D que has trabajado en esta unidad? ¿Coincides con tus compañeros? ¿Qué elementos sirven para determinar esos posibles destinatarios (edad, sexo, etc.)? ¿Qué elementos de estilo y registro los determinan? ¿Qué deberíamos cambiar si el destinatario fuera diferente? Por ejemplo, niños o adolescentes, en lugar de adultos, etc. ¿Habría más elementos visuales, aparecería más información de algún aspecto importante para ese tramo de edad?

  Por ejemplo: *Si el artículo sobre los beneficios del deporte en la escuela estuviera destinado a niños pequeños, el vocabulario sería más simple y con un toque menos "científico". Aparecerían expresiones con preguntas o exclamaciones para atrapar la atención de los lectores como "¿Sabías que si haces deporte probablemente tengas más ordenada tu habitación?".*

- Elige uno de los textos estudiados e imagina un **contexto**, es decir, un lugar o una situación en los que pueda aparecer el texto. Comparte tus ideas con el resto de la clase.

  Por ejemplo: *La entrevista a los directores de* Gigantes descalzos *podría aparecer en la sección de estrenos del mes de una revista especializada en cine, con un reportaje o una entrevista en profundidad a uno de los directores o actores.*

- ¿Cuál es el objetivo o **propósito** de los textos? Por ejemplo, podemos decir que el anuncio sobre el estreno de *Gigantes descalzos* quiere dar a conocer uno de los eventos que se puede presenciar en la ciudad y, al describir el objetivo del documental y su tema, puede incitar al lector a informarse sobre los niños triquis. ¿Y para el resto de los textos? Comparte tus ideas con el resto de la clase.

- **Significado:** La selección de vocabulario es muy importante a la hora de producir un efecto en el lector. Recopila campos léxicos para cada uno de los textos de esta unidad, estudiando las palabras específicas que dan a cada texto su significado global, así como los conceptos asociados y los elementos icónicos que refuerzan el significado. Luego, trabaja en pequeños grupos para crear una nube de palabras con las palabras y las imágenes que habéis recopilado, y compartidlas con el resto de la clase.

  Por ejemplo: *En el texto D, las palabras y los conceptos claves son "cazar", "pescar", "medio ambiente", "casas sociales", "comidas gratuitas", "docente", "institución", etc.*

- **Variante:** Los textos siempre tienen una estructura y formato específicos que cambian si decides usar información del mismo tipo, pero presentándola de otra manera.

  Por ejemplo: *Transformar el artículo sobre el colegio de Eastbourne, en Inglaterra, en una entrevista directa, realizada por un(a) periodista mexicano/a, para una revista juvenil.*

En grupos, intentad transformar alguno de los textos que habéis visto en esta unidad utilizando otro formato. Es importante tener en cuenta el tipo de vocabulario, registro y estructura a la hora de realizar esos cambios.

Aquí tenéis algunas sugerencias de otros formatos:

- Texto A: 7 razones por las que es fundamental combinar educación y deporte → folleto

- Texto B: ¿Cómo compaginas tu vida laboral y familiar? → artículo de prensa

- Texto C: Las sentencias ejemplares del juez Calatayud que cambiaron la vida de miles de jóvenes → entradas de diario de uno de los jóvenes sentenciados por el juez (antes de comenzar la sentencia y al terminarla)

- Texto D: Este colegio enseña a sus alumnos a cazar, desollar y cocinar su propia comida → entrevista

Tipos de textos

A Carta al director

1 Completa la definición de lo que es una carta al director escogiendo la opción adecuada.

a Es un género …
   i literario
   ii periodístico.

b Suele presentar …
   i una opinión
   ii una narración.

c Suele aparecer …
   i en forma de columna
   ii ocupando toda la página.

d … haber límite de palabras.
   i Suele
   ii No suele

e Algunos de los contenidos típicos de las cartas al director son (marca los pertinentes) …
   i llamar la atención sobre un problema
   ii relatar un acontecimiento histórico local
   iii contar una historia personal de superación
   iv hacer una petición en nombre de la comunidad
   v protestar o quejarse de un asunto de interés público
   vi rendir un homenaje a una persona
   vii aclarar alguna información
   viii anunciar un evento de interés público.

2 La carta se escribe al periódico como cualquier correspondencia formal, con los datos personales del remitente, saludo al destinatario, despedida, introducción, etc., pero a la hora de ser publicada en el periódico, se eliminan algunos aspectos. Mira el siguiente ejemplo de carta al director. ¿Qué elementos formales aparecen?

Deberes, el castigo silencioso

2 de octubre

Tengo 20 años, estoy acabando magisterio, llevo 18 en el sistema educativo y todavía no entiendo la finalidad de los deberes.

"Es para que repasen", "para que no se olviden de cómo se hace", "para que no se aburran", "es que es lo que tienen que hacer"... Si preguntas a cualquier maestro o maestra en activo que lleve una clase y ponga deberes, probablemente sus respuestas serían parecidas a esas. Y yo digo, ¿para qué? ¿cuál es la finalidad?

Vamos a coger la etapa de Primaria, la que va desde los 6 hasta los 12 años, donde los niños se están desarrollando plenamente en todos los ámbitos. Cogemos a todos los alumnos que estén en esa franja, los seleccionamos por edades y los metemos en sus respectivas clases, en pupitres individuales, rígidos, sin poder moverse. Los metemos tres horas, les damos un pequeño descanso de treinta minutos para que se aireen y los volvemos a meter tres horas más, rígidos, incómodos, sin poder moverse. De vez en cuando tienen alguna asignatura (una o dos horas a la semana) que les permite moverse un poco más, pero eso ya si tienen suerte con el profesor. Así un día tras otro, un mes tras otro, un año tras otro. Desde los 3 años hasta que acaban la Universidad con 21.

Encima, como si ya fueran pocas las seis horas que están en clase, les ponemos más ejercicios, no vaya a ser que en su tiempo libre caigan en la tentación de coger un balón e irse al parque, o de coger un libro y ponerse a leer, o de tocar un instrumento.

Primero, ¿son necesarias tantas horas sentados recibiendo información? No sería más fácil coger e irse al patio cuando hace buen día, aprender de la naturaleza, crear actividades en las que estén de pie, que se relacionen entre ellos, que jueguen, que se lo pasen bien, etc. porque así estarían aprendiendo mucho mejor y mucho más rápido al involucrar las emociones en su aprendizaje.

Y segundo, ¿de verdad no les da tiempo en clase a hacer ejercicios y estudiar? Entonces que vayan menos a clase, porque están perdiendo el tiempo.

Con lo emocionante y significativo que sería si en vez de repetir ejercicios mecánicos una vez tras otra, les ponemos de deberes: pasa tiempo con tu familia, coge un libro que te apetezca y léelo, haz deporte, juega con tus amigos, ayuda a cocinar y un largo etcétera mediante el que sin duda, aprenderían mucho más y no sólo para pasar un examen, sino para toda su vida.

Rocío García Vijande, Villar (Luarca)

fuente: **www.mas.lne.es/cartasdeloslectores**

3   a   ¿De qué trata la carta? ¿Cuál es la opinión de la autora? Subraya los argumentos que da la autora para justificar su opinión.

   b   ¿Hay alguna sugerencia en la carta para que la situación cambie?

4   ¿Cuál es el tono de la carta? ¿Por qué se podría decir que la autora está bastante enfadada o que le importa mucho ese tema? ¿Qué recursos utiliza? Piensa en:

- vocabulario: metáforas, etc.
- estructuras gramaticales
- humor, ironía
- estilo.

5   ¿Estás de acuerdo con el contenido de esta carta? Escribe una réplica como carta al director al mismo periódico.

6   En el diario español *El país* aparecen las directrices para las cartas al director reproducidas en el margen.

Escribe una carta al director para el periódico *El país* sobre un asunto que te interese, por ejemplo, puedes expresar tu opinión sobre algunos de los temas y noticias vistos en esta unidad. Para practicar diferentes tonos y estilos, escribe **dos** cartas sobre el mismo tema de dos formas:

- una carta en la que muestres indignación y enfado con un toque irónico
- una carta en la que muestres tristeza.

Envíanos tu carta a cartasdirector@elpais.es. Los textos no deben tener más de 100 palabras (700 caracteres sin espacios). Deben constar nombre y apellidos, ciudad, teléfono, DNI o pasaporte de sus autores. *El país* se reserva el derecho de publicarlos, resumirlos o extractarlos en web o papel. No se dará información sobre estas colaboraciones.

fuente: **www.elpais.com**

B Informes estadísticos

El informe estadístico no es un tipo de texto por sí solo, sino que puede ir incluido en otros tipos de texto como informes, noticias, reportajes, exposiciones, etc.

Vas a analizar cómo se dan los datos estadísticos en español en líneas generales.

1   Aquí tienes un informe que contiene una infografía con estadísticas sobre la situación en las cárceles de Perú. A continuación, el texto describe y analiza los datos estadísticos. Convierte los datos del texto que no aparecen en la infografía en gráficos: lineal, de barras, de colúmnas, por sectores, etc. Después, puedes compilarlos en una nueva infografía con unos compañeros, y presentarla al resto de la clase.

La población de presos en el Perú se incrementó en más de 130% en diez años

1º Censo Nacional Penitenciario

77,086 presos hay en todas las cárceles del país.

51.3% procesados
48.7% sentenciados

94% hombres
6% mujeres

Aumento de la población penitenciaria

130%

Años 2005 2015

76.5% delinquieron con armas de fuego.

20.7% arma punzocortante.

50.8% de delitos cometidos por los presos ha sido en la via pública.

132%

Sobrepoblación al 2016, respecto a su capacidad.

48.6% ha sufrido maltrato físico en su niñez.

46.1% vivía en barrios con presencia de pandillas o bandas delictivas antes de cumplir la mayoría de edad.

Extranjeros	%
Colombia	19.2
México	14.3
España	14
Bolivia	4.9
Ecuador	4.8
Países Bajos	2.8
Brasil	2.4
Portugal	2.4
Italia	2.3
Venezuela	1.9

FICHA TÉCNICA: Censo realizado en el mes de abril a 76,180 internos de 66 establecimientos penitenciarios. No se entrevistó a 906 reos que estaban en diligencias o por razones médicas.

Los centros penitenciarios en el Perú **albergan a más de 77 000 presos** de acuerdo al último censo del Instituto Nacional de Estadística e Informática (INEI) realizado en el mes de abril y que alcanzó una cobertura de 98,8%.

El sondeo, realizado en 67 cárceles a nivel nacional, señala que en los últimos diez años (2005–2015), la población penitenciaria se incrementó en 130%, registrándose en el 2016 una sobrepoblación del 132% respecto a la capacidad de albergues.

Los resultados de la investigación indican que el 94,0% de la población penitenciaria son hombres y el 6,0% mujeres. Se informó que 906 internos no fueron censados, cifra que representa el 1,2% del total.

Delitos cometidos

El INEI informó que 30 de cada 100 internos cometieron robo agravado, cifra que representa el 29,5% de la población penitenciaria. El 8,9% se encuentra recluido por tráfico ilícito de drogas y 8,7% por violación sexual a menores de edad.

Precisó, además, que el 41,7% cometió delitos contra el patrimonio; el 25,4% contra la seguridad pública; 19,4% contra la libertad sexual; 8,4% contra la vida, el cuerpo y la salud; 2,0% contra la familia y 3,0% otros delitos.

Lugares de delito

El informe detalla que más del 50% del total de delitos a nivel nacional fueron cometidos en la Provincia de Lima, el Callao, La Libertad, Cusco e Ica.

Se agrega que el 50,8% fueron cometidos en la vía pública, 12,2% en la vivienda de la víctima, 8,1% hogar del interno y 6,7% en campo abierto o lugar desolado.

Procedencia de la población penitenciaria

La edad promedio de la población penitenciaria masculina es de 36 años de edad, mientras que la femenina es de 38 años. El 70,0% ha nacido en una provincia del interior del país, solo el 27,6% de los internos han nacido en Lima Metropolitana (Provincia de Lima y Provincia Constitucional del Callao) y el 70% nacieron en el resto del país.

Educación

El censo arrojó que 6 de cada 10 personas privadas de su libertad estudiaron algún grado de educación secundaria. El 39,8% de la población penitenciaria terminó este nivel y el 60,2% no lo hizo por diversas razones como: necesidad económica (41,1%), la familia es o era muy pobre (19,1%), no le gustaba estudiar (15,3%), problemas familiares (5,5%), la familia no le permitió (5,0%), expulsión del centro educativo (2,4%), la pareja se lo impidió (1,2%), tenía que cuidar a hermanos (1,1%), por haber ingresado a prisión (1,1%), problemas de salud (0,8%) y otras razones (5,9%).

Salud

Uno de cada 4 internos padece alguna enfermedad. Según el tipo, 4660 sufren de alguna enfermedad pulmonar crónica, 3574 hipertensión, 3104 tuberculosis, 2141 depresión, 1897 diabetes, 1489 ansiedad, entre otras.

De otro lado, el informe muestra que 93 de cada 100 internos desea trabajar cuando salga en libertad. Entre las expectativas al egresar de la cárcel se reportó que el 92,9% quiere laborar, 13,4% estudiar, 4,9% viajar y el 1,4% retornar a su país de origen.

fuente: **www.peru21.pe**

2 Aquí tienes una infografía sobre las mujeres en Perú. Conviértela en informe estadístico, basándote en el informe de la página anterior.

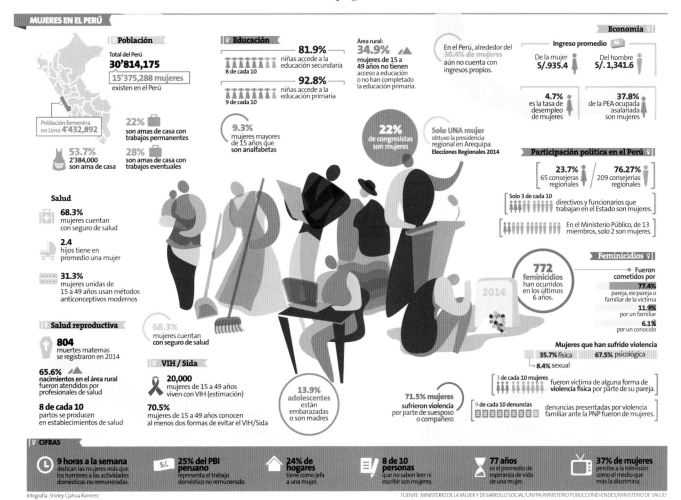

MUJERES EN EL PERÚ

Población
Total del Perú
30'814,175
15'375,288 mujeres
existen en el Perú

Población femenina en Lima **4'432,892**

22% son amas de casa con trabajos permanentes

53.7% 2'384,000 son ama de casa

28% son amas de casa con trabajos eventuales

Salud
68.3% mujeres cuentan con seguro de salud
2.4 hijos tiene en promedio una mujer
31.3% mujeres unidas de 15 a 49 años usan métodos anticonceptivos modernos

Salud reproductiva
804 muertes maternas se registraron en 2014
65.6% nacimientos en el área rural fueron atendidos por profesionales de salud
8 de cada 10 partos se producen en establecimientos de salud

Educación
81.9% niñas accede a la educación secundaria
8 de cada 10
92.8% niñas accede a la educación primaria
9 de cada 10

9.3% mujeres mayores de 15 años que son analfabetas

68.3% mujeres cuentan con seguro de salud

VIH / Sida
20,000 mujeres de 15 a 49 años viven con VIH (estimación)
70.5% mujeres de 15 a 49 años conocen al menos dos formas de evitar el VIH/Sida

Área rural:
34.9% mujeres de 15 a 49 años no tienen acceso a educación o no han completado la educación primaria.

22% de congresistas son mujeres

13.9% adolescentes están embarazadas o son madres

En el Perú, alrededor del **30.4% de mujeres** aún no cuenta con ingresos propios.

Solo UNA mujer obtuvo la presidencia regional en Arequipa. Elecciones Regionales 2014

71.5% mujeres sufrieron violencia por parte de suesposo o compañero

Economía
Ingreso promedio
De la mujer **S/.935.4**
Del hombre **S/. 1,341.6**
4.7% es la tasa de desempleo de mujeres
37.8% de la PEA ocupada asalariada son mujeres

Participación política en el Perú
23.7% 65 consejeras regionales
76.27% 209 consejerías regionales
Solo 3 de cada 10 directivos y funcionarios que trabajan en el Estado son mujeres.
En el Ministerio Público, de 13 miembros, solo 2 son mujeres.

Feminicidios
772 feminicidios han ocurrido en los últimos 6 años.
2014
Fueron cometidos por
77.4% pareja, ex-pareja o familiar de la víctima
11.9% por un familiar
6.1% por un conocido

Mujeres que han sufrido violencia
35.7% física **67.5%** psicológica
8.4% sexual

3 de cada 10 mujeres fueron víctima de alguna forma de **violencia física** por parte de su pareja.

9 de cada 10 denuncias denuncias presentadas por violencia familiar ante la PNP fueron de mujeres.

CIFRAS
9 horas a la semana dedican las mujeres más que los hombres a las actividades domésticas no remuneradas.
25% del PBI peruano representa el trabajo doméstico no remunerado.
24% de hogares tiene como jefa a una mujer.
8 de 10 personas que no saben leer ni escribir son mujeres.
77 años es el promedio de esperanza de vida de una mujer.
37% de mujeres percibe a la televisión como el medio que más la discrimina.

Infografía: Shirley Cjahua Ramírez

FUENTE: MINISTERIO DE LA MUJER Y DESARROLLO SOCIAL/UNFPA/MINISTERIO PÚBLICO/INEI-ENDES/MINISTERIO DE SALUD

Habilidades de investigación (ATL)

- Infórmate sobre los sistemas legales del mundo hispanohablante. ¿Son parecidos entre sí? ¿Hay algún sistema en el que "La persona es culpable hasta que se demuestra su inocencia"?

- Haz una exposición en clase comparando el sistema jurídico de tu país con el de un país hispanohablante.

Actividades orales generales

1 ¿Qué ves en la foto **a**? Descríbela brevemente.

2 ¿Por qué se representa la imagen de la justicia con una mujer con los ojos vendados? ¿Qué significa la frase "la justicia es ciega"?

3 ¿Puedes pensar en alguna injusticia que se haya cometido en tu círculo de familiares o amigos? ¿Y en tu ciudad o país? ¿Cómo se resolvió?

4 ¿Has participado alguna vez en campañas para intentar evitar injusticias? ¿Y para intentar que cambie el sistema judicial?

5 ¿Qué piensas de sentencias que todavía existen en algunos países como la pena de muerte? ¿Y la cadena perpetua?

6 ¿Qué leyes te gustaría cambiar?

7 ¿Te gustaría legalizar algo que no es legal en tu país en estos momentos? ¿Qué? ¿Por qué?

8 ¿Qué piensas de la frase "Cambiar el mundo no es utopía, sino justicia"?

9 ¿Qué ves en la foto **b**? Descríbela brevemente.

10 En tu círculo de amigos, familiares o conocidos, ¿está bien equilibrada la relación trabajo-vida personal? Da algunos ejemplos.

11 ¿Por qué es importante la conciliación laboral?

12 ¿Qué consecuencias puede tener una excesiva obsesión por el trabajo?

13 ¿Por qué algunas personas se obsesionan por el trabajo y este se convierte en el centro de su vida?

14 ¿Crees que vivimos en una sociedad demasiado competitiva? ¿Por qué?

15 ¿Qué noticias hay sobre la conciliación laboral en tu país?

16 ¿Cuál sería tu trabajo ideal y cómo lo combinarías con una vida personal satisfactoria?

17 ¿Qué es peor, estar en paro o trabajar tantas horas que no puedes disfrutar de vida personal?

18 ¿Qué problemas laborales hay en tu país? ¿Qué cambiarías en tu país para mejorar la situación laboral?

19 ¿Qué ves en la foto **c**? Descríbela brevemente.

20 ¿Qué ventajas y desventajas tiene una escuela como la de la imagen?

21 ¿Cómo era la escuela en tiempo de tus abuelos? ¿Crees que ha cambiado mucho desde entonces? ¿En qué aspectos?

22 "Cuanta menos tecnología en la clase, mejor. Nada de tabletas ni de Internet."¿Estás de acuerdo con esta frase? ¿Por qué (no)?

23 ¿Qué se puede hacer para que los alumnos presten atención en las clases?

24 ¿Qué te gustaría que hubiera en tu colegio que no hay en estos momentos?

25 Hay estudios que dicen que aburrirse es importante. ¿Estás de acuerdo?

26 ¿Qué mejorarías del sistema educativo?

27 ¿Qué ves en la foto **d**? Descríbela brevemente.

28 ¿Has participado alguna vez en una manifestación? Cuéntanos.

29 ¿Qué tipo de protestas ocurren en tu país? ¿Se manifiesta la gente en la calle?

30 ¿Qué objetivos tiene este tipo de protesta en la calle?

31 ¿En qué tipo de protesta participarías y en cuál no?

32 ¿Has hecho huelga alguna vez? ¿Por qué (no)?

33 "El derecho a la huelga es un derecho fundamental." ¿Estás de acuerdo? ¿Por qué (no)?

34 Si fueras presidente del gobierno y parte de la población se manifestara en contra de alguna de tus decisiones políticas, ¿qué harías?

Preguntas de reflexión

- "Cambiar el mundo no es utopía, sino justicia."

En Internet, en varias páginas, se dice que esta frase pertenece a El Quijote, el personaje de Miguel de Cervantes. ¿Es verdad? Investiga para averiguarlo.

- ¿Por qué crees que en Internet aparece información falsa? ¿Qué consecuencias cree que puede tener eso?

- ¿Te parece importante comprobar de dónde viene la información que recibes? ¿Lo haces?

- ¿Qué se puede hacer para evitar que la información falsa se extienda por Internet y las redes sociales?

ⓔANALFABETISMO EN CIFRAS
México y el Mundo

Alfabetizar a 2.2 millones de mexicanos es la tarea inmediata del Instituto Nacional de Educación para Adultos, con una inyección de 1,500 millones de pesos adicionales para combatir el rezago educativo y el analfabetismo.

▸**Población en condición de analfabetismo**

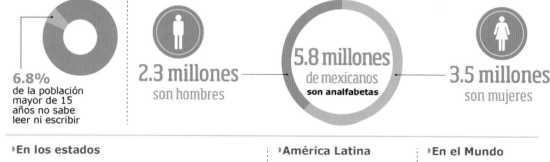

6.8%
de la población mayor de 15 años no sabe leer ni escribir

2.3 millones
son hombres

5.8 millones
de mexicanos
son analfabetas

3.5 millones
son mujeres

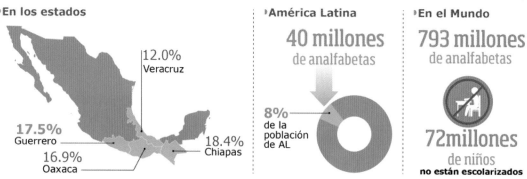

▸**En los estados**

12.0%
Veracruz

17.5%
Guerrero

16.9%
Oaxaca

18.4%
Chiapas

▸**América Latina**

40 millones
de analfabetas

8%
de la población de AL

▸**En el Mundo**

793 millones
de analfabetas

72millones
de niños
no están escolarizados

Fuentes: INEGI/UNESCO
Gráfico: Erick Retana

EF Educación Futura

fuente: **www.educacionyculturaaz.com**

Datos del año 2014

Habilidades de investigación (ATL)

- Los datos del gráfico corresponden a 2014. Averigua cuál es la situación hoy en día en México.

- Busca información sobre campañas de alfabetización que se hayan realizado en el mundo hispanohablante. ¿Hay alguna campaña que te parezca especialmente original? Cuéntasela al resto de la clase.

- Piensa en un grupo de personas que necesitan mejorar su competencia lectora y de escritura. En grupos, cread un plan de acción para poner en marcha un programa de fomento de la lectura y la escritura.

35 Describe en detalle y comenta la información que se presenta en la infografía **e**.

36 ¿Hay algún dato que te sorprenda? ¿Cuál y por qué?

37 ¿Por qué crees que todavía hay gente analfabeta en el mundo?

38 ¿Qué consecuencias tiene el analfabetismo en el individuo? ¿Y en la sociedad?

39 ¿Cuál crees que es la situación con respecto a la alfabetización en tu país?

40 ¿Qué deberían hacer los gobiernos para erradicar este problema?

41 ¿Cómo te imaginas que sería tu vida si no supieses leer ni escribir?

Literatura

Vas a leer tres textos literarios: dos fragmentos de novela, *Historia de una maestra* y *La voz dormida*, y un poema, "No quiero". ¿A qué texto crees que se refieren las siguientes frases?

a Es una novela que trata de la vida de una profesora española desde los años 20 del siglo pasado hasta la Guerra Civil española (1936–1939).

b La autora expresa sus deseos para un mundo mejor.

c La novela trata de las vidas de un grupo de mujeres, la mayoría presas por sus ideas políticas, en la cárcel de Las Ventas (Madrid) durante la dictadura de Franco en España.

d Está escrito en primera persona.

Texto 1

1 ¿Qué sabes de los años 1920 en España? Investiga sobre esa época y busca información sobre:

- la sociedad
- la política
- la cultura
- los derechos de la mujer
- la importancia de la religión y el papel de la Iglesia
- acontecimientos importantes de la década en Europa/el mundo que tuvieron repercusiones en España, etc.

2 En el siguiente fragmento, la protagonista de la novela empieza a trabajar de maestra. El cura del pueblo viene a visitar la escuela. Marca las frases o palabras en el texto que te ayuden a entender …

   a qué tipo de persona es el cura y cómo cree que debe educarse a los niños.
   b cómo es la protagonista y qué tipo de educación defiende.
   c la influencia del padre de la protagonista.

   Luego, coméntalo con tus compañeros.

3 Eres director de cine y estás haciendo una película basada en la obra. Escenifica el fragmento. Piensa en la puesta en escena, la ropa, la iluminación, los personajes, etc. Graba la escena (con actores reales o con muñecos, lego…)

Llevaba ya una semana en el pueblo cuando apareció el Cura en la puerta de la escuela. Los niños estaban en el recreo y corrieron a besarle la mano. 5

—Buenos días, señor Cura — cantaron todos con la misma musiquilla. Genaro estaba dentro de la clase y me ayudaba a colocar los bancos alrededor 10
de las paredes.

—¿Qué hace usted, señora maestra?— preguntó el Cura. Y su cuerpo ocupó todo el umbral. 15

—Ya ve, colocar los bancos contra la pared.

—¿Y eso para qué, hija mía? — preguntó interesado. Yo me había 20
acercado a él y él me extendió la mano, elevada, acercándola para que la besara. La aprisioné en el aire y la estreché con un movimiento forzado.

El seguía mirando los bancos y el espacio vacío que había quedado en el centro de la habitación.

—¿Qué va a hacer usted? — preguntó otra vez.

Me quedé un poco indecisa ante el tono inquisitivo del visitante. 25

—Voy a hacer teatro con los niños. Teatro y canciones. Vamos a representar un cuento …

—Muchas modernidades trae usted para este pueblo — dijo el Cura sacudiendo la cabeza. Pero en seguida cambió de actitud y se volvió amable, casi zalamero —: Hoy me tocaba confesión en el pueblo de al lado y me dije: Habrá que ir a echar un vistazo a la señora maestra … 30

Yo sonreí cortésmente.

—¿Y cómo ha encontrado a estos mozos en Catecismo? — preguntó a continuación.

—Los encuentro mal en casi todo — dije evasivamente.

—Pues a ver si los mejora — dijo el Cura. Y el tono se había vuelto astuto y desconfiado.

Se recogió el manteo y se lo echó al hombro. Con las dos manos se alzó un poco los 35
bordes de la sotana para no arrastrarla por el barro y se fue poco a poco por la calle adelante.

A las doce, cuando cerré la escuela para irme a comer vi el caballo del Cura atado junto a la casa del Alcalde.

—Estarán comiendo — dijo Genaro que caminaba a mi lado —. Comen y se lo apañan   40
todo juntos — continuó —. Ellos mandaron que usted no se quedara en casa de don
Wenceslao …

Mi padre tenía la cabeza muy clara y me había educado con libertad, pero también con
prudencia. Mi madre era una mujer bondadosa, pero desdibujada. Dejó mi educación en
manos de mi padre, a quien admiraba sin reservas. Yo todo lo que soy, o por lo menos lo   45
que era entonces, se lo debo a mi padre. Era un modesto funcionario de ferrocarriles que
consumía sus días tras una mesa de escritorio, dibujando con su perfecta caligrafía relaciones
de mercancías, horarios de trenes, fechas de referencia. Y cuando llegaba a casa se encerraba
a leer.

Aún ahora que lo contemplo con la frialdad de los años pasados, valoro su pasión por el   50
saber, el ansia por alcanzar fines nobles que proyectó en mí.

Historia de una maestra, Josefina Rodríguez de Aldecoa

Texto 2

1 a ¿Qué sabes de la Guerra Civil Española y de la dictadura del general
       Francisco Franco? Haz una línea del tiempo con los acontecimientos
       que pusieron fin a la Segunda República y dieron paso al régimen
       franquista.

   b ¿Por qué motivos políticos había gente presa?

2 En este fragmento conocemos a Hortensia. Mientras lees, anota las
   frases o expresiones que muestran su personalidad y sus sentimientos.

La mujer que iba a morir se llamaba Hortensia. Tenía los ojos oscuros y no hablaba nunca en voz
alta. Sólo cuando la risa le llenaba la boca, se le escapaba un "Ay madre mía de mi vida" que
aún no había aprendido a controlar, y lo repetía casi a gritos sujetándose el vientre. Se pasaba
gran parte del día escribiendo en un cuaderno azul. Llevaba el cabello largo, anudado en una
trenza que le recorría la espalda, y estaba embarazada de ocho meses. Ya se había acostumbrado   5
a hablar en voz baja, con esfuerzo, pero se había acostumbrado. Y había aprendido a no hacerse
preguntas, a aceptar que la derrota se cuela en lo hondo, en lo más hondo, sin pedir permiso y sin
dar explicaciones. Y tenía hambre, y frío, y le dolían las rodillas, pero no podía parar de reír. Reía.
Reía porque Elvira, la más pequeña de sus compañeras, había rellenado un guante con garbanzos
para hacer la cabeza de un títere, y el peso le impedía manipularlo. Pero no se rendía. Sus dedos   10
diminutos luchaban con el guante de lana, y su voz, aflautada para la ocasión, acompañaba la
pantomima para ahuyentar el miedo. El miedo de Elvira. El miedo de Hortensia. El miedo de las
mujeres que compartían la costumbre de hablar en voz baja. El miedo en sus voces. Y el miedo en
sus ojos huidizos, para no ver la sangre. Para no ver el miedo, huidizo también, en los ojos de sus
familiares. Era día de visita. La mujer que iba a morir no sabía que iba a morir.   15

La voz dormida, Dulce Chacón

3 Comenta con tus compañeros cómo crees que es Hortensia.

4 ¿Por qué crees que se dice en el texto que Hortensia va a morir?

Ángela Figuera Aymerich

Texto 3

1 Lee en voz alta este poema de Ángela Figuera Aymerich (1902–1984). Busca las palabras que no entiendas.

No quiero

No quiero
que los besos se paguen
ni la sangre se venda
ni se compre la brisa
ni se alquile al aliento.
No quiero
que el trigo se queme y el pan se escatime.

No quiero
que haya frío en las casas,
que haya miedo en las calles,
que haya rabia en los ojos.

No quiero
que en los labios se encierren mentiras,
que en las arcas se encierren millones,
que en la cárcel se encierre a los buenos.

No quiero
que el labriego trabaje sin agua,
que el marino navegue sin brújula,
que en la fábrica no haya azucenas,
que en la mina no vean la aurora,
que en la escuela no ría el maestro.

No quiero
que las madres no tengan perfumes,
que las mozas no tengan amores,
que los padres no tengan tabaco,
que a los niños les pongan los Reyes
camisetas de punto y cuadernos.

No quiero
que la tierra se parta en porciones,
que en el mar se establezcan dominios,
que en el aire se agiten banderas
que en los trajes se pongan señales.

No quiero
que mi hijo desfile,
que los hijos de madre desfilen
con fusil y con muerte en el hombro;
que jamás se disparen fusiles,
que jamás se fabriquen fusiles.

No quiero
que me manden Fulano y Mengano,
que me fisgue el vecino de enfrente,
que me pongan carteles y sellos
que decreten lo que es poesía.

No quiero amar en secreto,
llorar en secreto,
cantar en secreto.

No quiero
que me tapen la boca
cuando digo NO QUIERO ...

Ángela Figuera Aymerich

2   ¿Qué estructura tiene el poema? ¿Cómo se consigue el ritmo del poema?

3   ¿Qué temas generales son los que se tratan en el poema? ¿Qué es lo que no quiere la poeta?

4   Escribe tu propia versión del poema "No quiero".

Para escribir

1   Haz un póster sobre una de las tres escritoras, su época y sus obras (Josefina Aldecoa, Dulce Chacón y Ángela Figuera Aymerich).

2   Imagina que eres alumno de la maestra del **texto 1**. Escribe un diálogo en el que le cuentas a tu madre lo que habéis hecho en clase y lo que te ha parecido.

3   Imagina que estás en la misma cárcel que las protagonistas del **texto 2** por motivos políticos. Escribe una carta a tu familia contándole sobre tu vida en la cárcel.

4   Escribe un test de comprensión lectora de los tres textos para uno/a de tus compañeros. Puede tratarse de:

   • cinco preguntas de opción múltiple
   • cinco preguntas de vocabulario
   • cinco frases verdaderas o falsas

Dulce Chacón

Para reflexionar y debatir

1   ¿Te apetece más leer *Historia de una maestra* o *La voz dormida*? ¿Por qué? Coméntalo con los compañeros.

2   Busca información sobre Dolores Huerta y César Chávez. ¿En qué se relacionan con los temas de esta unidad?

3   ¿Conoces otros personajes hispanos que han luchado por un mundo mejor? Haz un póster sobre alguno de esos personajes para la clase.

Josefina Aldecoa

10 COMPARTIR EL PLANETA
NUESTRA HUELLA EN EL MUNDO

Objetivos

- Analizar qué problemas y beneficios conlleva la globalización

- Investigar sobre algunos retos y oportunidades a los que se enfrentan los individuos y las comunidades en la actualidad relacionados con la paz y los conflictos, la igualdad y los derechos humanos

- Explorar varios problemas éticos que se presentan en la sociedad moderna y cómo se pueden resolver

Para entrar en materia

- ¿Qué significa la globalización para nuestro planeta y sus habitantes?

- ¿Es importante conocer y respetar los derechos humanos? ¿Por qué?

- ¿Se pueden llegar a solucionar los conflictos armados? ¿De qué manera?

- ¿Cómo se puede erradicar la desigualdad en algunos aspectos sociales: trabajo, salario, idioma, educación, etc.?

1 Observa las imágenes que presentan la unidad y lee los objetivos propuestos. ¿Con qué vocabulario relacionarías todo ello? Trabajad en pequeños grupos y después compartid vuestras ideas con toda la clase.

2 En pequeños grupos, haced un repaso rápido de algunos temas relacionados con esta unidad. Para ello, escoged por grupos uno de los siguientes temas y buscad una noticia relacionada con el mismo:

- la globalización
- los derechos humanos
- la paz y los conflictos en el mundo
- la lucha por la igualdad.

Después, cread por grupos un póster en el que aparezcan el titular de la noticia, una foto y algunas de las palabras más importantes para resumir la noticia.

3 Observa las imágenes **a–e** y explica qué significa cada una de ellas. ¿Cuáles crees que son positivas y cuáles negativas? ¿Por qué?

4 Analiza las siguientes frases y colócate en un lugar de la clase para mostrar tu grado de acuerdo con cada una de ellas:

a La globalización tiene más efectos positivos que negativos.
b La pobreza de algunos países ha aumentado con la globalización.
c La globalización solo ayuda a los países más poderosos.

izquierda

No estoy en absoluto de acuerdo. 👎

centro

Estoy de acuerdo en parte. 👍👎

derecha

Estoy totalmente de acuerdo. 👍

Después, cada estudiante tendrá que argumentar su elección.

5 ¿Cómo definirías la palabra "globalización"? Completa esta definición de globalización económica extraída del FMI (Fondo Monetario Internacional) con las siguientes palabras. ¿Puedes añadir algún dato más? Busca otras definiciones en un diccionario o en Internet y compáralas con las de tus compañeros. ¿Qué conclusiones sacáis?

transferencia	progreso	proceso	desplazamiento
	comercio	fronteras	integración

> La globalización económica es un **a** _____ histórico, el resultado de la innovación humana y el **b** _____ tecnológico. Se refiere a la creciente **c** _____ de las economías de todo el mundo, especialmente a través del **d** _____ y los flujos financieros. En algunos casos este término hace alusión al **e** _____ de personas (mano de obra) y la **f** _____ de conocimientos (tecnología) a través de las **g** _____ internacionales. La globalización abarca además aspectos culturales, políticos y ambientales.

fuente: **www.imf.org/external/index.htm**

6 ¿Qué efectos sociales, económicos, tecnológicos y culturales resultantes de la globalización conoces en algunos de los países de habla hispana que estás estudiando? Trabaja con otros dos compañeros y haced una lista de todas las ideas que tengáis y de las que encontréis investigando. Pensad en temas como:

- el trabajo
- la igualdad
- la distribución de la riqueza
- la emigración
- la fabricación de productos y su consumo
- los medios de transporte
- los medios de comunicación
- la política
- la sociedad actual, etc.

EL COMERCIO JUSTO

Antes de leer

1 ¿Has oído hablar del comercio justo? ¿En qué consiste esta forma de comercio?

2 ¿Consumes productos de comercio justo? Comenta tus respuestas con tus compañeros.

3 Antes de leer el texto, realiza este test de conocimientos sobre el comercio justo. ¿Qué tal han sido tus resultados?

¿Qué sabes sobre el comercio justo?

El comercio justo, también llamado comercio equitativo, es una forma alternativa de comercio cada vez más presente en nuestras vidas. Vamos a descubrir algunos datos sobre esta iniciativa.

1 El comercio justo es una alternativa en la que …

a la producción y el comercio están al servicio de las personas

b se fomenta la competitividad y el máximo beneficio económico

c se promueven los productos exóticos

2 ¿Qué nombre se encuentra a veces en el sello "*Fairtrade*"?

a Multatuli

b Max Havelaar

c Pieter Brueghel

3 La mayoría de los productos que llevan el sello son …

a productos textiles

b productos de alimentación

c artículos para el hogar.

4 Uno de los principios de este tipo de comercio es …

a garantizar la explotación infantil

b aumentar la desigualdad entre hombres y mujeres

c respetar el medio ambiente

5 El precio de los productos …

a apenas cubre los gastos de producción

b permite que el productor tenga una vida digna además de cubrir los gastos de producción

c le permite al productor hacerse rico.

6 ¿Cuándo se celebra el día mundial del comercio justo?

a El 29 de febrero

b De vez en cuando

c El segundo sábado del mes de mayo.

RESULTADOS: 1 a 2 b 3 b 4 c 5 b 6 c

363

Apuesta por el comercio justo

1. Trabajo con pequeños productores de café que han crecido **supeditados** a los **dictados** de la bolsa de Nueva York (donde se fijan los precios del café salvadoreño) y a la **picardía** de los "coyotes" (intermediarios que **acaparan** café a precios **irrisorios** aprovechando las difíciles circunstancias de los caficultores y que venden a terceros cobrando **jugosas** comisiones).

2. El café es un mercado cíclico, con años de buenos precios, seguidos de grandes caídas y donde el pequeño caficultor es el principal "sufridor", ya que siente muy directamente los **años de vacas flacas** y no se beneficia proporcionalmente durante las **temporadas de vacas gordas**.

3. Estar certificados con un sello de comercio justo resulta entonces una **valiosa** alternativa para ellos. Los costes de certificación y los requisitos que deben cumplir son **elevados**, pero el objetivo final es conseguir aumentar su nivel de vida y que reciban un precio justo por su trabajo y dedicación, mientras paralelamente se fortalecen como organización.

4. En Apecafé trabajamos con el sello FLO, no voy a entrar en el detalle de los criterios de cumplimiento que deben respetar y **promover**. Solo por estar certificados, los pequeños grupos productores tienen un precio mínimo garantizado que **cubre** sus costos de producción. Además reciben lo que se llama "Premio social": un extra que debe, obligatoriamente, ser invertido en beneficio de la comunidad donde **se ubica** la cooperativa, como por ejemplo en el mejoramiento de las calles, los suministros para el centro de salud, en materiales para la escuelita. Si además el café posee certificación orgánica, el productor(a) también se ve **recompensado/a** con un plus. Vale la pena destacar que el cultivo orgánico implica un esfuerzo importante y sus beneficios (no erosión del suelo, no contaminación con productos químicos, mantenimiento de los mantos acuíferos, protección de la biodiversidad …) repercuten positivamente en el planeta.

5. Resumiendo, la certificación de comercio justo (CJ) **otorga** un valor añadido al café y permite a los pequeños productores recibir pagos **dignos** por su trabajo. ¡Pero para que las personas campesinas puedan beneficiarse de pertenecer a comercio justo debemos tener compradores de comercio justo! Ahí es donde, como SETEM, **apostamos por** una sociedad **sensibilizada** por un consumo responsable. Tenemos que trabajar el cambio de mentalidad, de hábitos de consumo en el Norte, para que el Sur reciba por fin los frutos de su trabajo.

6. Creo que es un círculo que tenemos que ir cerrando desde ambos lados del **charco**. La sociedad de consumo de países (supuestamente) desarrollados tiene su parte de responsabilidad, no solo para mejorar las condiciones de vida de los campesinos del Sur, sino también para establecer unas reglas del juego en las que todas y todos salgamos beneficiadas.

7. El comercio justo no es cooperación **asistencialista**. Es quizá la alternativa mejor ideada (eso no quita que haya mucho que mejorar, pero eso **requeriría** un **artículo** específico) para que unos paguen y otros cobren de forma equilibrada.

8. No hace mucho realicé un taller en las cooperativas de Apecafé para presentar detalladamente lo que es y lo que implica estar certificados bajo comercio justo. Iniciaba las capacitaciones preguntando: "¿Qué creen que es esto del comercio justo? ¿A qué lo asocian ustedes?", y respondieron con conceptos como: "respeto", "oportunidad de desarrollo", "justicia", "responsabilidad", "no explotación", "salario justo", "bienestar de la familia", "reconocer el trabajo de pequeños **productores**", "oportunidad para exportar"…

9. Trabajo con la esperanza de que algún día estas mismas palabras las compartan en el Norte personas con la misma sensibilidad.

Bea Cabrero

fuente: **www.elperiodico.com/es**

Después de leer

4 Busca en el texto **las palabras en negrita** que tienen el mismo significado que las siguientes palabras:

a años prósperos: _____

b exigencias: _____

c océano: _____

d intención deshonesta: _____

e grandes: _____

f concienciada: _____

g necesitaría: _____

h fabricantes: _____

i importante: _____

j impulsar: _____

k abarca: _____

l da: _____

m justos: _____

n condicionados: _____

o apoyamos: _____

p producto: _____

q retribuido/a: _____

r épocas difíciles: _____

s se sitúa: _____

t de apoyo: _____

u centralizan: _____

v insignificantes: _____

w altos: _____

5 a En tu opinión, ¿qué significa el título del texto? Explícalo con otras palabras.

   b Piensa en otros títulos alternativos basados en la información del texto.

   c Elabora también una definición de "comercio justo" (CJ).

6 a Según el texto, ¿en qué consiste el "Premio social"? ¿Te parece una buena idea? Coméntalo con el resto de tus compañeros.

   b ¿Qué otras posibles iniciativas podría facilitar con el "Premio social"?

7 Resume en tus propias palabras las ideas principales que expone Bea Cabrero sobre:

   a el mercado del café

   b la labor de Apecafé

   c su trabajo

   d la idea de comercio justo que tienen los productores con los que trabaja.

8 Explica cuáles son las características, según el texto, del cultivo orgánico.

9 Define con tus propias palabras los siguientes conceptos, mencionados entre comillas en el **párrafo 8**. ¿Están de acuerdo tus compañeros?

| respeto | oportunidad de desarrollo | justicia | responsabilidad |

| no explotación | salario justo | bienestar de la familia |

| reconocer el trabajo de pequeños productores | oportunidad para exportar |

Lengua

Dar consejos personales e impersonales

- A menudo es necesario utilizar estructuras para dar consejo, ofrecer una opinión o ayuda.

- Elabora una lista de las diferentes estructuras que puedes utilizar con ayuda del resto de la clase. Esta lista tendrá dos secciones. Por ejemplo:

Consejos personales	Consejos impersonales
Deberías/Deberíamos + infinitivo	**Hay que** + infinitivo
Tendrías/Tendríamos que + infinitivo	**Lo mejor es** + infinitivo
Lo mejor es que + presente de subjuntivo	**Sería aconsejable** + infinitivo, etc.
Sería aconsejable que + presente de subjuntivo, etc.	Por ejemplo: *Lo mejor es consultar a un experto antes de vender su casa.*
Por ejemplo: *Deberías hablar con un experto antes de vender tu casa.*	

- Utiliza las actividades de expresión oral y escrita para practicar más estas estructuras.

Actividades de expresión oral y escrita

1   ¿Qué significa tener certificación de comercio justo? ¿Qué garantías deben cumplir los productos? Busca información y redacta un texto de unas 200 palabras que explique esos aspectos.

2   ¿Qué relación tiene este artículo con el tema de la globalización? Intercambia ideas con el resto de tus compañeros.

3   El texto habla de lo importante que es el papel de los países del Norte en este tipo de iniciativas.

   a   ¿Estás de acuerdo con la autora del artículo? ¿Por qué?

   b   ¿Qué harías si fueras miembro del gobierno de un país, de alguna asociación o consumidor de algún producto de comercio justo?

   c   ¿Qué estrategias emplearías para dar a conocer estos productos?

   d   ¿Coincides con el resto de la clase? ¿En qué?

4   Busca más información relacionada con el comercio justo para compartir con el resto de la clase, por ejemplo: noticias, vídeos, folletos, presentaciones, etc. ¿Qué nueva información has descubierto?

5   En grupos, realizad un debate sobre la globalización y sus efectos. Cada grupo elige uno de los siguientes temas y explica diferentes medidas e iniciativas relacionadas con ese tema:

   a   el fomento del comercio justo

   b   la industrialización de los países emergentes

   c   la flexibilización de los flujos migratorios

   d   la importancia de las microeconomías para el desarrollo global.

Finalmente, estableced una serie de medidas que posibiliten una globalización con ventajas para todos los países.

DERECHOS Y CULTURA

Comprensión auditiva

Antes de leer

1 Comenta las siguientes preguntas con el resto de tus compañeros:

a ¿Qué opinas de estos dos artículos sobre derechos y cultura?

b ¿Qué dicen sobre el acceso de las personas a la cultura?

c ¿Qué elementos y vocabulario destacarías?

Artículo 27

1. Toda persona tiene derecho a tomar parte libremente en la vida cultural de la comunidad, a gozar de las artes y a participar en el progreso científico y en los beneficios que de él resulten.

2. Toda persona tiene derecho a la protección de los intereses morales y materiales que le correspondan por razón de las producciones científicas, literarias o artísticas de que sea autora.

Declaración Universal de Derechos Humanos

Naciones Unidas

Artículo 15

1. Los Estados Partes en el presente Pacto reconocen el derecho de toda persona a:

a) Participar en la vida cultural;

b) Gozar de los beneficios del progreso científico y de sus aplicaciones;

c) Beneficiarse de la protección de los intereses morales y materiales que le correspondan por razón de las producciones científicas, literarias o artísticas de que sea autora.

2. Entre las medidas que los Estados Partes en el presente Pacto deberán adoptar para asegurar el pleno ejercicio de este derecho, figurarán las necesarias para la conservación, el desarrollo y la difusión de la ciencia y de la cultura.

3. Los Estados Partes en el presente Pacto se comprometen a respetar la indispensable libertad para la investigación científica y para la actividad creadora.

4. Los Estados Partes en el presente Pacto reconocen los beneficios que derivan del fomento y desarrollo de la cooperación y de las relaciones internacionales en cuestiones científicas y culturales.

Pacto Internacional de Derechos Económicos, Sociales y Culturales

Naciones Unidas

---

fuente: **www.ohchr.org/SP/Pages/Home.aspx**

2   ¿Crees que la piratería es un efecto del deseo de las personas de acceder libremente a la cultura? Observa este folleto y realiza las siguientes actividades.

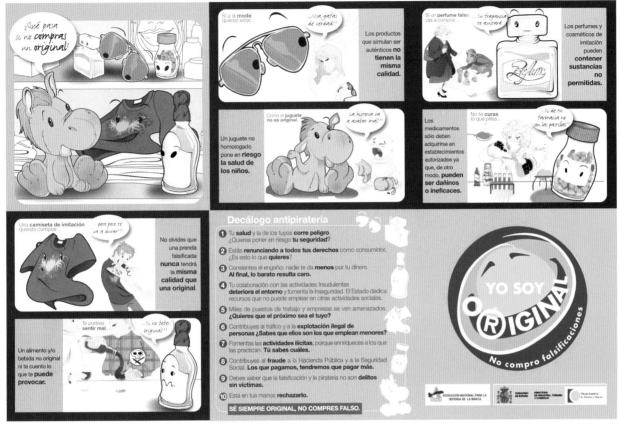

fuente: **www.fedecogu.es**

a   ¿A quién crees que está dirigido este folleto? ¿Por qué piensas así?

b   ¿Estás de acuerdo con la información que se expone en él? ¿Eras consciente de las posibles consecuencias sobre las que habla el anuncio cuando adquieres imitaciones: económicas, sociales, para tu salud, etc.?

c   ¿Puedes pensar en otros sectores, además de los mencionados, que sufren piratería?

d   ¿Crees que la actitud de los consumidores cambiara después de leer este folleto? Completa las siguientes frases con tus reflexiones sobre los dibujos que aparecen en el folleto. Utiliza el indicativo o subjuntivo:

- Es obvio que …
- Es verdad que …   + indicativo
- Está claro que …

- No es verdad que …
- No creo que …   + subjuntivo
- No me parece que …

Habilidades de comunicación ATL

- En parejas, buscad información sobre diferentes campañas que se hayan realizado en algunos países hispanos para luchar contra el delito de violación de la propiedad intelectual.

- Preparad una presentación de PowerPoint de al menos tres campañas diferentes y comentad las características más significativas de cada una de ellas.

Comprensión auditiva

Las 10 mentiras más difundidas sobre la propiedad intelectual

Los ilegales intentan engañarte ... ¡NO te dejes manipular! Te contamos las 10 mentiras más difundidas sobre propiedad intelectual, para que nadie te time.

1. Lo que está en Internet es gratis.

¡Falso! La música, el cine, las imágenes, los textos, los videojuegos que están en Internet han sido creados por personas. Es a ellas a las que corresponde disponer si su utilización es libre y gratuita o, por el contrario, poner un precio a su uso.

2. Bajarse música o películas de Internet es legal.

¡Falso! Cuando los dueños de contenidos autorizan la descarga gratuita, sí es legal. Si la descarga no está autorizada, tiene lugar una infracción de la propiedad intelectual.

3. Si no aparece el símbolo © en un contenido en Internet, lo puedo utilizar.

¡Falso! La ausencia del símbolo no indica que el contenido es de utilización libre. Para que así sea, el titular lo ha tenido que hacer constar expresamente.

4. Es legal copiar o utilizar un contenido de Internet siempre que se cite al autor.

¡Falso! Debemos mencionar la fuente y el autor cuando utilizamos una cita en un trabajo de investigación o en un artículo. En estos casos, el fragmento ha de ser corto y proporcionado al fin de la incorporación. Y si no estamos citando, sino utilizando una obra, debemos obtener una autorización del titular.

5. Cuando intercambio música y contenidos a través de programas *peer to peer* (P2P), no necesito autorización.

¡Falso! La utilización de estos programas supone la explotación de derechos de propiedad intelectual que no han sido autorizados, por lo que constituye una infracción de los derechos de propiedad intelectual.

6. Los intercambios de archivos a través de las redes P2P son legales.

¡Falso! Si estos intercambios tienen lugar sin la autorización de los titulares de los derechos de propiedad intelectual, son actos ilegales.

7. Las redes P2P son seguras.

¡Falso! La seguridad es uno de los mayores problemas que plantean estas redes, ya que damos entrada a nuestro ordenador a todos aquellos que estén conectados a ella. Cualquiera puede circular libremente y acceder a nuestros datos: IP, tipo de descargas que estamos haciendo, número de teléfono y otra información de seguridad que figure en el ordenador.

8. La industria cultural y los artistas ya ganan suficiente, así que no perjudico a nadie si no pago.

¡Falso! Los autores, los artistas y las industrias de contenidos de propiedad intelectual tienen el derecho legítimo a ganar dinero, triunfar y tener una carrera exitosa, como ocurre en cualquier sector profesional.

9. Las descargas ilegales promocionan a los artistas y a las autores, que ven difundidos sus trabajos y se dan a conocer sin necesidad de la industria.

¡Falso! Detrás de los autores y los artistas hay una industria que les da trabajo, los da a conocer e invierte en ellos. E incluso, para organizar conciertos también es necesaria una maquinaria promocional que sólo garantiza la industria, permitiendo que los autores y los artistas se profesionalicen y consoliden.

10. El acceso a los productos culturales tiene que ser gratis, y eso es lo que consiguen las redes P2P.

¡Falso! Las descargas ilegales no pueden confundirse con el derecho de acceso a la cultura, una forma de libertad de expresión o de desobediencia civil legítima, ni tampoco como algo inevitable e intrínseco a la red. Las transacciones en la red, al igual que las realizadas en el mundo material, deben someterse al respeto básico, al imperio de la ley y a los derechos de propiedad de otras personas.

fuente: **www.siereslegalereslegal.com**

Después de leer

3   En el titular y en la introducción del artículo hay **dos palabras** que significan lo mismo. ¿Qué palabras son?

4   Basándote en la sección **¡Falso!** de las **mentiras 1, 2, 3 y 4**, indica si estas frases son **Verdaderas** o **Falsas**. Escribe las **palabras del texto** que justifican tu respuesta.

   a   Los creadores de los contenidos que aparecen en Internet son los que deben de decidir cómo pueden y deben usarse esos contenidos.   V   F

   b   Las descargas gratis son legales si los creadores de sus contenidos las han permitido.   V   F

   c   Cuando el símbolo © no se menciona podemos usar los contenidos libremente.   V   F

   d   Hay diferentes procedimientos si se quiere usar un contenido íntegramente o si solo se usa una parte pequeña.   V   F

5   Busca en el texto un sinónimo de las siguientes palabras:

   a   utilización (mentira 1): _____

   b   violación (mentira 2): _____

   c   mencionar (mentira 4): _____

   d   objetivo (mentira 4): _____

   e   permitir (mentira 5): _____

   f   ocurrir (mentira 6): _____

   g   acceso (mentira 7): _____

6   Basándote en las **mentiras 5, 6, 7 y 8**, completa las siguientes frases con palabras tomadas del texto.

   a   Si uso programas P2P, necesito permiso porque

   _____

   b   Si no pedimos permiso a los creadores de los contenidos para descargarlos, nuestras descargas son _____

   c   Uno de los problemas más serios de las redes P2P es

   _____

   d   Los artistas son profesionales que _____

7   Cita **cuatro servicios** que la industria proporciona a los artistas.

8   En parejas, reflexionad y debatid sobre las siguientes preguntas:

   a   ¿Qué información del texto sobre las descargas desconocías?

   b   ¿Crees que esta guía puede servir para informar a los usuarios de Internet y a los consumidores, y que así no hagan descargas ilegales? O por el contrario, ¿crees que esta guía no tiene ninguna utilidad? Explica por qué piensas así.

Actividades de expresión oral y escrita

1 ¿Qué están haciendo en esta foto?

2 ¿Qué te parece esta medida para disuadir a las personas que falsifican productos?

3 ¿Piensas que puede haber otro uso para estos productos falsificados una vez que han sido requisados por la policía?

4 Realiza una de estas actividades relacionadas con el tema de las violaciones de derechos de autor. Escribe un mínimo de 250 palabras:

a Imagina que eres un reportero del periódico escolar y has entrevistado a un representante de una empresa discográfica para el próximo número. Transcribe la **entrevista** en la que habéis hablado de la situación en la que se encuentra la industria discográfica en estos momentos a causa del fenómeno de la piratería. Habéis tratado diferentes aspectos como:
  - qué problemas tiene la industria discográfica actual
  - qué está haciendo para protegerse
  - qué pérdidas económicas está teniendo
  - qué consecuencias puede tener la piratería para la música y su futuro, etc.

b Ayer, mientras comprabas un CD falso en la calle, apareció la policía, la cual te confiscó el CD y te pidió tu identificación. Escribe una entrada de tu **diario** en la que describas de manera detallada:
  - qué pasó
  - la actuación de la policía
  - la reacción del vendedor
  - la reacción de las personas que vieron el suceso
  - cómo te sentiste
  - cualquier otra cosa que tenga relación con este suceso.

c Imagina que eres un/a artista cuyos CD se venden en el top manta ilegalmente. Escribe una **carta** a las personas que los compran explicándoles cómo te afecta esa compra y animándolas a que adquieran su música en tiendas autorizadas.

d Uno de los objetivos de tu colegio este año es educar a los estudiantes para que respeten los derechos de propiedad intelectual cuando realizan trabajos y proyectos para sus clases. Elabora un **cartel o folleto** para informar a los alumnos de lo que está permitido o no, así como de las posibles consecuencias que puede tener el no respetar las reglas.

5 ¿Cómo se puede ayudar a los ciudadanos y a los jóvenes en particular a consumir cultura de una foma legal? ¿Qué consejos darías? En pequeños grupos, presentad vuestra información al resto de la clase utilizando el formato de vuestra elección:

- decálogo
- informe
- cartel o póster
- vídeo
- anuncio.

6 Para ampliar más este ámbito de estudio, puedes realizar algunas de las actividades de reflexión que plantea el documento del IB: *Compromiso global: la enseñanza y el aprendizaje acerca de los derechos humanos*, en el Centro Pedadógico en línea (CPEL).

Aquí tienes algunas sugerencias extraídas de este documento para debatir en clase:

a ¿Cuáles son los fundamentos para afirmar que las personas tienen derechos? ¿Cómo podemos saber que estos existen? ¿Qué queremos decir con "dignidad humana"?

b ¿Quién es responsable de la protección de los derechos de las personas cuando los gobiernos no los protegen o cuando no hay gobierno en funciones?

c ¿De qué manera interactúan los valores culturales y las historias con la idea de derechos humanos? ¿Cómo debemos manejar los conflictos entre las distintas nociones de derechos humanos?

d ¿Una sociedad justa debe brindar a sus miembros más vulnerables el apoyo que necesitan para poder satisfacer su potencial humano?

e ¿Existe el derecho a disfrutar de un medio ambiente sano y biológicamente diverso? ¿Cómo pueden relacionarse estos derechos con el desarrollo económico y los derechos del consumidor de mucha gente en todo el mundo?

f ¿Los derechos se limitan a la comunidad humana? ¿Los animales o todos los seres vivos pueden tener derechos?

Habilidades de investigación

- ¿Qué sabes sobre la historia de los Derechos Humanos? Investiga sobre este tema y comparte los datos más interesantes que encuentres con la clase.

- ¿Cúales son los países que más respetan la equidad, justicia y dignidad humana? ¿Y los que menos?

- ¿Qué técnicas has utilizado para conseguir información fiable?

IGUALDAD DE GÉNERO

Antes de leer

**Comprensión
auditiva**

Viñeta A
Emilio Morales
fuente: **www.conigualdad.org**

Viñeta B
Bordallo David Ibáñez
fuente: **www.conigualdad.org**

1   Observa estas dos viñetas y comenta su interpretación.

   a   ¿Qué elementos ves en cada viñeta?

   b   ¿Qué significan?

   c   ¿De qué tema tratan las viñetas?

   d   ¿Cómo relacionas estas viñetas con las noticias y asuntos de
actualidad en los medios de comunicación y en tu propia
comunidad?

   e   ¿Qué título le pondrías a cada viñeta?

2   La desigualdad y la lucha por la igualdad de todas las personas en
todos los ámbitos (trabajo, familia, educación, derechos, política,
legislación, etc.) es un tema que siempre acapara noticias. Las viñetas
pueden ser una forma de comentar estos aspectos de una forma
visual, concisa y muy efectiva, haciendo así referencia a estos temas
para crear debate.

Recopila algunas viñetas para compartirlas en clase. Después, entre
todos cread una exposición en las paredes de la clase y seleccionad las
viñetas más interesantes.

3 Lee y comenta los siguientes titulares. ¿Qué aspectos sobre la igualdad representan?

a

Hombres sin vergüenza, el reto por acabar con el machismo

Los homicidios de mujeres están bajando pero las agresiones aumentan.

b

'#ComoMujerMeHaPasado que me llamen feminazi por defender mis derechos'

La etiqueta #ComoMujerMeHaPasado fue tendencia global en Twitter el pasado jueves.

c

Ministerio de la Mujer de Perú crea el Premio Suma para reconocer iniciativas a favor de las personas vulnerables

d

Mujeres peruanas realizan casi 40 horas semanales de trabajo doméstico no remunerado

e

DISCRIMINACIÓN LABORAL

La paridad favorece a las empresas

La empresa Sodexo incrementa un 23% sus ganancias creando grupos de trabajo de hombres y mujeres igualitarios

f

Registro Civil

El apellido paterno ya no tiene preferencia sobre el materno

La nueva ley elimina la imposición por defecto del apellido del padre al inscribir a los hijos

4 a Busca más titulares sobre estos temas y otros relacionados con la igualdad de derechos de las personas, por ejemplo: libertad de expresión, de circulación, derecho a la educación, etc., y comparte esos titulares con tus compañeros.

b Lee también la **Declaración Universal de Derechos Humanos** de las Naciones Unidas y busca noticias relacionadas con alguno de esos derechos. ¿Qué conclusiones sacáis?

Puedes utilizar el siguiente enlace:
www.un.org/es/universal-declaration-human-rights/index.html

TEXTO C

Mujeres y poder: ¿más cerca de la igualdad de género?

Más de 70 líderes internacionales de la política, la economía y la sociedad se reúnen en Santiago de Chile para revisar cuánto han avanzado las mujeres y qué **desafíos** tienen **pendientes**.

1. Michelle Bachelet en Chile, Cristina Fernández en Argentina, Dilma Rousseff en Brasil o Angela Merkel en Alemania son casos emblemáticos de un fenómeno impensado hace algunas décadas. Sin embargo, expertas en temas de género coinciden en que **falta mucho para que mujeres y hombres se encuentren en igualdad de condiciones en la sociedad** y también en los **puestos** de poder.

Michelle Bachelet, presidenta de Chile y Laura Chinchilla, exmandataria de Costa Rica.

2. En 2015 se cumplieron 20 años de la declaración y plataforma de acción de Beijing, adoptadas en la Cuarta Conferencia Mundial de la Mujer en 1995. Momento para **revisar** cómo han avanzado los estados miembro de las Naciones Unidas en la implementación de los **compromisos** y qué retos están pendientes. "A lo largo de estos 20 años ha habido progresos, pero más lento de lo esperado", indica la abogada española Begoña Lasagabaster, Directora interina de la División de Políticas de ONU Mujeres.

3. Para revisar, **compartir** experiencias y **proponer** caminos, más de 70 líderes internacionales, en su mayoría mujeres, se reúnen este 27 y 28 de febrero en Santiago de Chile en la cumbre "Mujeres y Poder: Construyendo un mundo diferente", organizada por ONU Mujeres y el gobierno de Chile. "Nos queremos **centrar** en una de las áreas de acción, que es la mujer en la toma de decisiones. Queremos reunir a las mujeres que lideran en distintos ámbitos como la política, la economía, la sociedad civil, los sindicatos, el ámbito rural o urbano, y ver **qué tenemos que hacer para que los compromisos se hagan realidad**" explica Begoña Lasagabaster, quien fuera diputada en España.

4. Junto con la actual Directora Ejecutiva de ONU Mujeres, la sudafricana Phumzile Mlambo-Ngcuka, y su antecesora en el cargo y actual presidenta chilena, Michelle Bachelet, estarán la presidenta de Lituania, la vicepresidenta de Costa Rica, las alcaldesas de Santiago y de París, ministras de varios países, presidentas de bancos, ex primeras ministras, ex presidentas, ex ministras, activistas de derechos humanos y la premio Nobel de la Paz de Liberia Leymah Gbowee, entre otras.

5. "**No creo que podamos decir que** las mujeres en política, al igual que en economía y ciencias, **tengan igualdad con los hombres en los puestos de poder**, sino que existen determinadas mujeres que lo han alcanzado, pero son más bien casos **aislados** que una **paridad**", indica la Dra. Barbara Stiegler, Directora del Área de Trabajo, Mujer e Investigación de Género de la Fundación Friedrich Ebert en Bonn, Alemania.

Cada caso es diferente

6. Mientras que la presidenta chilena **apela** a su cercanía y empatía con el electorado y a un fuerte respaldo femenino, la canciller alemana se ha perfilado como una autoridad fuerte en la cual el tema femenino no juega un gran papel. Más bien intenta neutralizar este aspecto y no le da prioridad tampoco a los temas de género. Aquí se ha dado un mecanismo distinto, explica la experta alemana: Cuando hay cargos que ocupar y los partidos tienen problemas o están en crisis, los cargos ya no son tan atractivos, los hombres prefieren no asumirlos, y entonces las mujeres tienen mejores oportunidades de optar a puestos de poder.

7. Pero en ocasiones, ni siquiera tienen la oportunidad de demostrar sus **capacidades**, por lo que políticas de cuotas y paridad ofrecen esa posibilidad. "En los últimos 20 años ha habido cambios importantes, pero mi sensación es que se desarrollan lentamente", opina Barbara Stiegler.

8. En Latinoamérica, **a** _____ las tres mujeres presidentas, **no se puede decir que las condiciones sean igualitarias**. "La región tiene que estar muy satisfecha **b** _____ el porcentaje de mujeres en parlamentos y jefas de estado o gobierno, **c** _____ otras regiones, pero tiene que hacer más. Si observamos el porcentaje de alcaldesas, curiosamente baja mucho. Y **d** _____ la participación en educación universitaria es tremendamente alta, a la vez hay situaciones de alarma, **e** _____ la violencia", comenta Begoña Lasagabaster, de ONU Mujeres.

9. Los procesos de democratización en países lationamericanos en los últimos 30 años han sido un factor de inclusión de las mujeres, **f** _____ el número es todavía bajo y falta ampliar los niveles de participación a una mayor diversidad cultural, económica, de clases y **g** _____ en el ámbito rural e indígena, indica la experta.

Victoria Dannemann

fuente: **www.dw.com**

Después de leer

5 Completa los espacios en blanco de los **párrafos 8 y 9** con los conectores del recuadro para que las frases tengan pleno sentido.

por	también	como	pero
a pesar de	mientras	en comparación con	

6 Relaciona las **palabras en negrita** del texto de la primera columna con las palabras que tienen el mismo significado en la segunda columna.

1	desafíos	**a**	sugerir
2	pendientes	**b**	posiciones
3	puestos	**c**	apartados
4	revisar	**d**	retos
5	compromisos	**e**	incompletos
6	compartir	**f**	recurre
7	proponer	**g**	pactos
8	centrar	**h**	aptitudes
9	aislados	**i**	reexaminar
10	paridad	**j**	igualdad
11	apela	**k**	repartir
12	capacidades	**l**	concentrar

7 **a** ¿Qué significa el título del texto? Explícalo con otras palabras.
 b Busca otros títulos alternativos basados en la información del texto.

8 ¿Qué sabes de las Conferencias Mundiales de la Mujer organizadas por la ONU? Busca algunos datos sobre estos eventos para compartirlos con tus compañeros, por ejemplo:

- lugares de celebración
- países y representantes asistentes
- temas tratados
- imágenes representativas, etc.

9 ¿Cómo explicarías las siguientes cifras basándote en la información del texto?

 a 70   **b** 20   **c** 27 y 28 de febrero

Preguntas de reflexión

- ¿Podemos hacer que la globalización sea solo positiva?

- ¿De qué manera se pueden garantizar todos los derechos humanos?

- ¿Qué hay que cambiar para que haya igualdad en todos los ámbitos sociales?

- ¿Podría el mundo funcionar sin conflictos?

10 Basándote en el texto, indica si estas frases son **Verdaderas** o **Falsas**. Escribe las **palabras del texto** que justifican tu respuesta.

a Según estudios en temas de género, casi se ha alcanzado la igualdad en la presencia de mujeres en puestos de poder. V F

b Para Begoña Lasagabaster, a lo largo de estos 20 años, el progreso en materia de paridad ha sido acelerado. V F

c Uno de los objetivos de esta cumbre es reunir y fomentar más presencia de mujeres en ámbitos que son importantes como la toma de decisiones. V F

d Para Barbara Stiegler, las mujeres todavía no han alcanzado la paridad en ámbitos como la política o la ciencia. V F

e La presidenta chilena y la canciller alemana actúan del mismo modo respecto al tema femenino. V F

Lengua

Algunos usos del subjuntivo

- Repasa las siguientes frases del texto marcadas en morado y observa cómo se ha usado el subjuntivo en cada una de ellas.

  1 "expertas en temas de género coinciden en que **falta mucho para que mujeres y hombres se encuentren en igualdad de condiciones en la sociedad**" (párrafo 1)

  2 "Queremos reunir a las mujeres que lideran en distintos ámbitos como la política, la economía, la sociedad civil, los sindicatos, el ámbito rural o urbano, y ver **qué tenemos que hacer para que los compromisos se hagan realidad**" (párrafo 3)

  3 "**No creo que podamos decir que** las mujeres en política, al igual que en economía y ciencias, **tengan igualdad con los hombres en los puestos de poder**" (párrafo 5)

  4 "**no se puede decir que las condiciones sean igualitarias**" (párrafo 8)

  ¿Qué frases expresan duda o niegan algo? _____

  ¿Qué frases expresan propósito o finalidad? _____

- Utiliza las actividades de expresión oral y escrita para practicar más estas estructuras.

Actividades de expresión oral y escrita

1 a ¿Qué opinas de la función que realiza esta cumbre y otras Conferencias Mundiales de la mujer para que las mujeres adquieran más poderes en los distintos sectores?

 b Busca algunos ejemplos de asociaciones que realicen labores relacionadas con la igualdad de género y explica al resto de la clase algunas de las acciones que realizan.

2 Hoy en día todavía hay empleos y ámbitos en los que las mujeres no tienen una presencia muy amplia (ciencia, industria o política). Observa la siguiente infografía y comenta algunas de las conclusiones que se pueden sacar de la información que aparece.

POR UN PLANETA 50-50 EN 2030 | DEMOS EL PASO POR LA IGUALDAD DE GÉNERO | ONU MUJERES

¿DÓNDE NOS ENCONTRAMOS HOY?

MUERTES MATERNAS

45%

menos
de muertes
maternas
que en 1990.

Sin embargo, todavía
**mueren
800 mujeres
cada día**
por causas relacionadas
con el embarazo que
pueden evitarse.
El 99% de esas muertes
se producen en países
en desarrollo.

ALFABETIZACIÓN

La tasa de alfabetización
de los adultos ha subido
del 76% en 1990
**al 85%
actualmente.**

1990   2013

Pero las mujeres siguen
representando el
**60% de las personas
analfabetas a
escala mundial.**

TASA DE ALFABETIZACIÓN [MUJERES], 2013:

99% | **77%** | **53%**
PAÍSES DESARROLLADOS | PAÍSES EN DESARROLLO | PAÍSES MENOS DESARROLLADOS

POLÍTICA

El porcentaje de
**mujeres en los
parlamentos se
ha casi duplicado**
en los 20 últimos años.

1995   2015

No obstante, hoy las mujeres
sólo representan un
22%
de las y los
parlamentarios.

CONFLICTOS

En 2000, la pionera resolución
1325 del Consejo de Seguridad
de las Naciones Unidas
reconoció que
**la guerra repercute
de forma
distinta en
las mujeres**
e hizo hincapié en la necesidad de
incrementar la participación de las
mujeres en las conversaciones de paz.

No obstante,
desde 1992 hasta 2011,
**sólo el 9% de los
negociadores
en las mesas de
negociación de
paz eran mujeres.**

SALARIOS

El **50% de las mujeres
en edad laboral**
(a partir de los 15 años)
**trabajan, mientras
que en el caso de
los hombres el
porcentaje supera
el 75%.**

Y a nivel mundial,
**las mujeres ganan
24% menos
que
los hombres.**

VIOLENCIA CONTRA LAS MUJERES

En 1993, la
**Declaración sobre
la Eliminación de
la Violencia contra
las Mujeres**
de la Asamblea General de las
Naciones Unidas estableció un
marco de acción para luchar
contra esta pandemia.

Sin embargo,
más de 20 años después,
**1 de cada 3 mujeres
sigue sufriendo
violencia física
o sexual,**
principalmente a manos de un
compañero sentimental.

EDUCACIÓN

Todas las regiones en
desarrollo han, o han casi,
**conseguido la
paridad de género**
en la educación primaria.

Sin embargo,
en muchos países
**la disparidad
entre los sexos**
aumenta en la educación
secundaria y superior.

70 NIÑAS POR 100 NIÑOS

EN EL ÁFRICA SUBSAHARIANA EN LA
EDUCACIÓN SUPERIOR

LOS MEDIOS

La presencia de las
**mujeres como
protagonistas de
noticias**
en la prensa escrita, la radio y
la televisión sólo
**ha aumentado al
24% en 2010,**
desde el 17% en 1995.

1995   2010

Y el
**46%
de las historias
refuerza**
los estereotipos de género,
mientras que sólo el
**6% cuestiona esos
estereotipos.***

*Las cifras de 2010 están basadas en un
estudio de 108 países. Cifras de 1995 están
basadas en un estudio de 71 países.

#Planet5050

unwomen.org

 @ UN_Women

 facebook.com/
unwomen

g+ gplus.to/
unwomen

Fuentes (a septiembre de 2015):

Estadísticas Sanitarias Mundiales de 2014, OMS (mortalidad
materna); Progress on Drinking Water and Sanitation 2014 Update,
Programa Conjunto de Monitoreo (agua); Objetivos de Desarrollo
del Milenio, Informe de 2012, Naciones Unidas (agua); Unión
Interparlamentaria, situación al 1° de enero de 2015 (parlamento);
Progress of the World's Women 2015-2016 (salarios); Directoras

Ejecutivas de la lista Fortune 500, Fortune, situación al 6 de enero
de 2015 (gestión); Instituto de Estadística de la UNESCO
(educación, alfabetización de los adultos); Participación de las
mujeres en las negociaciones de paz: relaciones entre presencia e
influencia, ONU Mujeres, 2012 (conflictos armados); Global and
regional estimates of violence against women, OMS, 2013 (violencia
contra las mujeres); Informe de monitoreo de los medios de
comunicación mundiales, Who Makes the News, 1995, 2010.

fuente: **www.unwomen.org/es**

381

3   En muchos países y ayuntamientos se han empezado a tomar medidas relacionadas con el uso de productos culturales que, de alguna manera, promueven una visión desigualitaria y/o machista de la sociedad. Así, se han denunciado anuncios, películas, programas, vídeos, canciones, etc., para que no se transmita una visión de la mujer peyorativa o sexista. Una de estas iniciativas es la recopilación de listas de canciones no sexistas (por ejemplo, el Instituto Vasco de la Mujer en España ha publicado en Spotify una lista de 200 canciones no sexista para el verano).

En grupos, elaborad vuestra propia lista de canciones no sexistas en español y elegid de 10 a 15 canciones. Esta es una buena oportunidad para escuchar canciones en español. Después, publicad vuestros resultados en la Wiki de la clase. ¿Qué canción o canciones os gustan más? ¿Por qué?

PAZ Y CONFLICTO

Antes de leer

1   Observa estos dibujos y mensajes realizados por diferentes niños y piensa en lo que pueden describir: qué representan y qué sentimientos puedes imaginar.

Guerra Civil española (1936–1939)
fuente: El dibujo infantil de la evacuación durante la Guerra Civil española (1936–1939)

Conflicto armado en Colombia
fuente: Colectivo Educación para la Paz

c   "Dibujé un árbol de la paz, con palomas. Porque si hay una semilla de paz en el hogar, desde ahí se puede lograr la paz."

Ángela Disley Muñoz, 8 años

d   "La guerra existe porque los malos piensan en dañar el mundo. Ellos tienen en su mente matar gente, no tienen nada bueno. Pero podemos ayudarles hablando con ellos y explicándoles qué es bueno y qué es malo."

Diego Alejandro Alfredo, 8 años

e   "La paz es estar en calma con todo el mundo y no hay que estar peleando ni discutiendo con nadie, ni con las personas, ni con los animales."

Juan Pablo Hernández, 12 años

Conflicto armado en Colombia
fuente: www.reconciliacioncolombia.com

2   Desafortunadamente, vivimos en un mundo en el que existen conflictos
    bélicos. A lo largo de la historia y en la actualidad, diversas zonas del
    planeta han estado inmersas en épocas de guerra. El deseo de paz y el
    diálogo pueden ayudar a que esos problemas se solucionen.

    Para profundizar en este tema, ¿qué palabras podéis relacionar
    con **paz** y con **conflicto**? En grupos, completad estos dos campos
    semánticos con las palabras de la lista y añadid otras palabras que
    sepáis o que encontréis en diferentes textos. Después, compartid
    vuestras listas para ampliar entre todos el vocabulario de la clase.

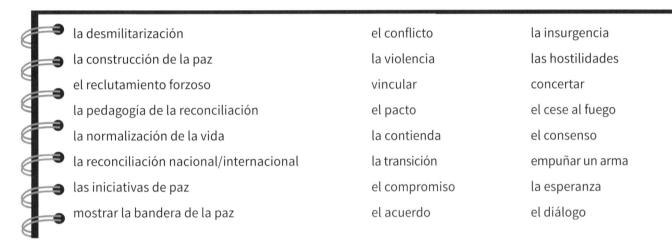

la desmilitarización	el conflicto	la insurgencia
la construcción de la paz	la violencia	las hostilidades
el reclutamiento forzoso	vincular	concertar
la pedagogía de la reconciliación	el pacto	el cese al fuego
la normalización de la vida	la contienda	el consenso
la reconciliación nacional/internacional	la transición	empuñar un arma
las iniciativas de paz	el compromiso	la esperanza
mostrar la bandera de la paz	el acuerdo	el diálogo

Paz	Conflicto

3   Parte de la problemática de los conflictos bélicos es el uso de niños
    como soldados. ¿Conoces este término y algún dato relacionado
    con este tema? Completa esta explicación de Unicef con las palabras
    siguientes.

vivir la guerra   grupos armados   actos de violencia   guerra

300 000 niños y niñas soldado   testigos   combatientes

mensajeros   secuestrados   traumas emocionales   pobreza

recuperación de su infancia   30 conflictos   línea de combate

383

En esta unidad has visto distintos aspectos relacionados con la huella que el hombre ha dejado en el mundo desde un punto de vista social: derechos humanos, globalización, paz y conflicto.

Piensa en algunas de las personas que han luchado por conseguir un mundo más igualitario y sin conflictos y comparte con tus compañeros algunos de sus logros e ideas.

Actualmente hay unos **a** _____ que participan en más de **b** _____ en todo el mundo. Niños y niñas que se ven abocados a **c** _____ de verdad, convirtiéndose en **d** _____ involuntarios. Muchos de estos niños están directamente en la **e** _____ y otros son obligados a ejercer como cocineros, **f** _____, esclavas sexuales, para realizar ataques suicidas …

Durante el tiempo en el que estos niños están vinculados a las fuerzas y grupos armados, son **g** _____ y víctimas de terribles **h** _____ e incluso son obligados a ejercerla. Los **i** _____ que esto les puede provocar son difíciles de superar.

Algunos son **j** _____; a otros, la **k** _____, los malos tratos, la presión de la sociedad o el deseo de vengarse de la violencia contra ellos o sus familias les llevan a unirse a **l** _____ y empuñar un arma. Son víctimas inocentes de las atrocidades de la **m** _____. Para ellos, el regreso a su vida y la **n** _____ es tan difícil que puede parecer casi imposible.

fuente: **www.unicef.es**
Andrés Díaz, 12 años

4   En el texto que vas a leer a continuación aparecen las siguientes expresiones en negrita. Elige el significado correcto para cada expresión.

a   misiva (línea 5):
   i   misión
   ii   carta
   iii cartel

b   remisos (línea 10):
   i   soldados que desertan
   ii   soldados jubilados
   iii soldados formados

c   telón de fondo (líneas 21–22):
   i   cortinas que aparecen en grandes edificaciones
   ii   problemas que aparecen de forma concreta
   iii circunstancias y ambiente que rodean a un acontecimiento

d   concertado (línea 28):
   i   interpretado
   ii   acordado
   iii encontrado

e   clamor (línea 35):
   i   alegría
   ii   queja
   iii dolor

f   perpetuación (línea 36):
   i   pérdida
   ii   cesión
   iii continuación

http://www.planetapaz.org/noticias-planeta-paz/noticias-2016/1572-nunca-mas-

Nunca más jóvenes para la guerra: "Carta de la juventud colombiana a los Diálogos de Paz"

Distintas organizaciones juveniles se han encontrado para construir propuestas sobre la desmilitarización de la vida juvenil como un componente de la finalización del conflicto y la reconciliación nacional.

En ese proceso se ha construido la carta que se reproduce a continuación y que se hará llegar a la Mesa de Diálogos en La Habana. En la **misiva** se proponen cinco 5 puntos que representan avances en la desmilitarización de la vida juvenil y son aportes desde el movimiento juvenil a los diálogos con las insurgencias y para la construcción de la paz.

Una de las propuestas es un Acuerdo de Punto Cero, que implicaría que una vez firmado el Acuerdo Final se debe levantar la condición de **remisos** a los más de 751 461 jóvenes 10 en tal situación, y se debe resolver inmediatamente su situación militar.

Colombia, junio de 2016

Señores:
Humberto de la Calle
Jefe de la Delegación de Paz del Gobierno Nacional de la República de Colombia 15

Iván Márquez
Jefe de la Delegación de Paz de las Fuerzas Armadas Revolucionarias de Colombia
– Ejército del Pueblo (FARC EP)

¡Nunca más jóvenes para la guerra!
¡Nunca más guerra para la juventud! 20

Durante casi 70 años Colombia ha vivido con la violencia política como **telón de fondo** de su historia. Varias generaciones han crecido en medio del ejercicio de la violencia por parte del Estado como herramienta de acción política. Una constante así ha permeado todas las esferas de la vida social y cultural del país, al punto que el tratamiento por la fuerza, militarista, patriarcal y autoritaria se ha convertido en parte de nuestra cotidianidad.

Jóvenes de todo el territorio nacional, conscientes de nuestra responsabilidad con el futuro del país en la búsqueda de caminos de reconciliación, hemos **concertado** los siguientes puntos que son extensivos y vinculantes a cualquier proceso de diálogo entre Gobierno y organizaciones insurgentes. Estas propuestas expresan un pacto con nuestra paz y el buen vivir:

1. Desde niños hemos sabido, y no lo olvidamos, que "Mambrú se fue a la guerra, y nunca más volvió." Nos declaramos en desacato ante el servicio militar obligatorio y cualquier forma de reclutamiento forzoso. Ante el inminente fin del conflicto labrado en La Habana, en medio del **clamor** nacional e internacional, carece de cualquier sentido la **perpetuación** de la obligatoriedad del servicio militar, y la ampliación del reclutamiento de jóvenes; se debe a la juventud un compromiso estatal de frenar el reclutamiento legal e ilegal como las "batidas". Por el contrario ¡nos declaramos en servicio social para la paz!; ofreciendo todo nuestro entusiasmo para el desarrollo y respaldo a la necesaria pedagogía de reconciliación y paz en el país, la acogida y construcción de alternativas laborales y de vida a la juventud de ambas partes en contienda, y contra cualquier tipo de reclutamiento forzoso.

2. Exigimos al Gobierno Nacional y el Movimiento Insurgente, en proceso de diálogos, un gesto de reconciliación hacia el país: clamamos el inmediato cese al fuego y de hostilidades que permita, definitivamente, iniciar la transición y normalización de la vida en el país. El cese bilateral al fuego y hostilidades implica que la sociedad colombiana pueda iniciar el proceso de construcción de consensos hacia el fin de la guerra, la refrendación e implementación de los acuerdos construidos, y las transformaciones necesarias para la paz. Denunciamos las amenazas y persecución que las expresiones organizativas de la juventud vivimos a nivel nacional por cuenta del paramilitarismo; consideramos que su tratamiento debe ser objeto de atención en lo que se que refiere a garantías de no repetición del conflicto armado.

3. Que el fin de la guerra y la construcción de escenarios de reconciliación sea el preámbulo para desligar a la juventud de la forzosa militarización a la que se ha visto abocada. **Proponemos** que el proceso de regularización de los jóvenes integrantes del movimiento insurgente – en lo concerniente con su situación militar – se amplíe a los más de 764 161 jóvenes remisos que existen en el país. Los acuerdos de La Habana deben implicar un Acuerdo de Punto Cero para: multas, cuotas de compensación militar y expedición de libretas militares para todos los hombres entre los dieciocho y los treinta años de edad, a la fecha de la firma del acuerdo final. De igual manera, el Punto Cero debe aplicarse a miembros de las fuerzas militares o ciudadanos juzgados por evasión del servicio o por el delito de deserción. Ofrecemos todos nuestros esfuerzos organizativos, sociales e investigativos para la materialización de esta iniciativa.

Consideramos que este gesto contundente afirma nuestro compromiso como jóvenes, insurgencias y Estado, de que la guerra ha acabado y que inicia la transición, la desmilitarización y reconciliación nacional. Por ello **solicitamos** a las partes que estas medidas sean incluidas en el acuerdo del punto tres: fin del conflicto, en la Agenda de La Habana y en el Acuerdo Final.

4. Exigimos al Gobierno Nacional, al Ministerio de Defensa, a las Fuerzas Militares y al Congreso de la República, retirar el proyecto de ley de reclutamiento e instalar una cumbre de concertación con la juventud colombiana. La ley 48 de 1993 debe ser revisada a fondo y modificada estructuralmente: la lógica coercitiva hacia la juventud; la limitación en acceso a derechos derivados por la no posesión de libreta militar, en especial el derecho a un trabajo digno; los obstáculos para ser objetor de conciencia; y la legalización de prácticas como menores de edad reclutados en las filas de las fuerzas militares, y programas cívico militares de los planes de consolidación; son contrarios al establecimiento de una paz estable y duradera y profundizan la lógica militarista en la sociedad colombiana y la juventud.

70

75

5. Proponemos que se incorpore, como eje temático y de investigación, un apartado especial en la Comisión de Esclarecimiento de la Verdad del Sivjrnr, referente a Juventud, Conflicto y Victimización, contando para ello con la participación del movimiento juvenil. La juventud como sujeto social y político reclama la verdad de los hechos asociados al conflicto armado en Colombia como forma de reparación.

80

Nuestro compromiso y respaldo al diálogo como ruta para la terminación del conflicto armado se basa en la esperanza de un futuro que implica que los jóvenes colombianos no tengamos que empuñar un arma por obligación legal, negación de derechos o ausencia de garantías para el desarrollo de nuestros proyectos de vida. Hoy levantamos la bandera de la paz, que no es otra que la exigencia del derecho a ser joven.

85

Reciban nuestro más fraterno y cariñoso saludo, celebrando el empeño puesto en la construcción de un acuerdo que permita que el país abra una nueva etapa en su historia. Los vientos de la reconciliación corren y es irremediable la hora de las transformaciones para la paz. Nuestra esperanza no es otra que poder reencontrarnos en las ciudades, veredas y calles del país con ustedes, alimentando el empeño de una Colombia feliz, llena de esperanza y que camina hacia el buen vivir de las gentes del común. Acá nos pillamos para vivir la fiesta de la paz.

90

95

fuente: **www.prensarural.org**

Después de leer

5   Responde a las siguientes preguntas brevemente.

    a   ¿Cuál es la intención principal de esta carta?
    b   ¿A quién va dirigida?
    c   ¿Quiénes son los remitentes?
    d   ¿En qué ciudad se celebra la Mesa para el Diálogo?

6   Las siguientes frases resumen los cincos puntos que piden los jóvenes en su carta. Relaciona cada frase con el punto correspondiente.

Punto 1   **a**   Animan a que se esclarezca la verdad de los hechos en el conflicto armado de Colombia.

Punto 2   **b**   Se muestran en contra del servicio militar obligatorio y a favor de la paz.

Punto 3   **c**   Desean que se revise una ley de una manera profunda.

Punto 4   **d**   Desean que se regularice el proceso de los jóvenes integrantes del movimiento insurgente.

Punto 5   **e**   Quieren que el proceso de diálogos derive en un cese al fuego y en la normalización de la situación del país.

Lengua

El subjuntivo y verbos de deseo o voluntad

a Fíjate en las siguientes frases de la actividad 6. En ellas se utiliza la misma estructura:

- el **verbo de la cláusula principal** es un **verbo de deseo o voluntad** (desear, animar, querer, etc.)
- el **verbo de la cláusula subordinada** está en **subjuntivo**

Animan a que se esclarezca la verdad de los hechos en el conflicto armado de Colombia.

Desean que se revise una ley de una manera profunda.

Desean que se regularice el proceso de los jóvenes integrantes del movimiento insurgente.

Quieren que el proceso de diálogos derive en un cese al fuego y en la normalización de la situación del país.

b Observa las estructuras diferentes usadas en estas frases:

- **Mismo sujeto** en las dos cláusulas → verbo subordinado en *infinitivo*

Deseo cambiar la ley.

- **Diferente sujeto** en las dos cláusulas → verbo subordinado en **subjuntivo**

Desean que el gobierno cambie la ley.

Repasa los cinco puntos que proponen estos colectivos juveniles colombianos en su carta y señala más ejemplos en los que se utilicen estas estructuras de subjuntivo o infinitivo. Fíjate en los verbos marcados en morado en el texto.

Actividades de expresión oral y escrita

1 Resume las ideas más importantes del texto que has leído en 150 palabras.

2 ¿Qué otros datos y vocabulario te han llamado la atención de este texto? Anótalos en una lista para después compartirlos con tus compañeros.

3 Comenta en la clase la importancia de estas frases para el tema y contenido del texto:

a Acuerdo de Punto Cero (línea 9)

b *¡Nunca más jóvenes para la guerra!*
¡Nunca más guerra para la juventud! (líneas 19–20)

c ¡Nos declaramos en servicio social para la paz! (líneas 38–39)

4   a   ¿Te parece efectiva una carta abierta como método para hacer llegar las ideas y peticiones de algunos colectivos o grupos? ¿Por qué?

    b   ¿Qué otros asuntos de interés social relacionados con los intereses de los ciudadanos o colectivos se podrían dar a conocer de esta manera? ¿Conoces algún ejemplo? Compártelo con la clase.

5   Imagina que eres uno de los jóvenes que ha sido reclutado por un ejército y no deseas ir al frente. Prepara un discurso en el que expongas tus ideas y opiniones a favor de la paz.

6   Las canciones y las películas a menudo hablan de temas y preocupaciones sociales. Hay varias sobre la situación de los niños y las niñas soldado y el conflicto de Colombia. Elegid algunas películas y canciones en clase para verlas y escucharlas. Después analizad los temas que aparecen y cómo se representan.

Aquí tenéis algunas sugerencias:

Películas

- *Los colores de la montaña*, Carlos César Arbeláez
- *Pequeñas voces*, Jairo Eduardo Carrillo y Oscar Andrade
- *Voces Inocentes*, Luis Mandoki
- *Aquel no era yo*, Esteban Crespo

Canciones

- "Niño Soldado", Ska-P
- "Soldados de papel", David Bisbal

7   Luchar por la paz en el mundo es un objetivo que comparten muchas personas e instituciones. ¿Conoces a algunos de los ganadores del Premio Nobel de la Paz? En pequeños grupos, elegid a uno de los premiados y cread una presentación con los aspectos más importantes de su vida.

La guatemalteca Rigoberta Menchú Tum recibió el Premio Nobel de la Paz en 1992

389

Caddy Adzuba ganó el Premio Príncipe de Asturias de la Concordia en 2014

8 ¿Has leído o escuchado alguna vez un discurso sobre la paz o sobre alguna situación que afecte al mundo a nivel global? En España, la Fundación Princesa de Asturias (hasta 2014 denominada Fundación Príncipe de Asturias) otorga, desde 1986, diferentes premios, entre ellos el Premio de la Concordia, que está destinado a personas o instituciones cuya labor haya contribuido al entendimiento y a la convivencia pacífica entre los hombres, a la lucha contra la injusticia, la pobreza, la enfermedad, la ignorancia o a la defensa de la libertad.

Todos los discursos de las personas e instituciones premiadas se pueden encontrar en la página web de esta fundación. Elige algún discurso y comenta los elementos más interesantes. ¿Qué expresiones e ideas te han llamado la atención? Aquí tienes algunas sugerencias:

- Ingrid Betancourt
- Manos Unidas
- ONCE
- Caddy Adzuba
- Médicos Sin Fronteras
- Real Academia Española (RAE)

Puedes utilizar el siguiente enlace:

www.fpa.es/es/premios-concordia

9 Para ampliar más este ámbito de estudio, puedes realizar algunas de las actividades de reflexión que plantea el documento del IB: *Compromiso global: la enseñanza y el aprendizaje acerca de los conflictos*, en el Centro Pedadógico en línea (CPEL).

Aquí tienes algunas sugerencias extraídas de este documento para debatir en clase:

a ¿Qué conocimientos, habilidades y actitudes son importantes para aquellos que quieren ayudar a construir un mundo mejor y más pacífico?

b ¿La guerra puede ser una forma legítima de luchar por los intereses nacionales?

c ¿Cómo entienden la violencia las diferentes culturas?

d ¿Cómo se relacionan entre sí la justicia, la paz, la seguridad y el desarrollo?

e ¿Cuál es la relación entre la paz en tu comunidad y la paz mundial?

f ¿Cómo se relacionan los conflictos con los recursos y el desarrollo humano?

g ¿Por qué la política a veces termina en guerras? ¿Cómo se evita la guerra en ocasiones?

Comprensión Conceptual

Reflexiona sobre estas preguntas señalando la opción u opciones más adecuadas. Comenta tus elecciones con tus compañeros para comprobar si las respuestas son las mismas:

- ¿Qué **receptores** pueden tener los textos que has trabajado en esta unidad? ¿Coincides con tus compañeros? ¿Qué elementos sirven para determinar esos posibles destinatarios? Edad, sexo, etc. ¿Qué elementos de estilo y registro los determinan? ¿Qué deberíamos cambiar si el destinatario fuera diferente? Por ejemplo, niños o adolescentes, en lugar de adultos, etc. ¿Habría más elementos visuales, aparecería más información de algún aspecto importante para ese tramo de edad?

Por ejemplo: *¿Cómo sería el texto sobre el comercio justo si estuviera destinado a los lectores de un blog?*

- Elige uno de los textos estudiados e imagina un **contexto**, es decir, un lugar o una situación en los que pueda aparecer el texto. Comparte tus ideas con el resto de la clase.

Por ejemplo: *La carta de los jóvenes colombianos podría aparecer en el perfil de Facebook de un joven, ¿cómo se transformaría?*

- ¿Cuál es el objetivo o **propósito** de los textos? Por ejemplo, podemos decir que el texto A da a conocer las iniciativas sobre producción y distribución de café mediante el comercio justo. ¿Y para el resto de los textos? Comparte tus ideas con el resto de la clase.

- **Significado:** La selección de vocabulario es muy importante a la hora de producir un efecto en el lector. Recopila campos léxicos para cada uno de los textos de esta unidad, estudiando las palabras específicas que dan a cada texto su significado global, así como los conceptos asociados y los elementos icónicos que refuerzan el significado. Luego, trabaja en pequeños grupos para crear una nube de palabras con las palabras y las imágenes que habéis recopilado, y compartidlas con el resto de la clase.

Por ejemplo: *En el texto A, las palabras y los conceptos claves son "cooperativa", "beneficio de la comunidad", "certificación", "repercuten positivamente", "consumo responsable", etc.*

- **Variante:** Los textos siempre tienen una estructura y formato específicos que cambian si decides usar información del mismo tipo, pero presentándola de otra manera.

Por ejemplo: *Transformar un folleto sobre los beneficios del deporte para la salud en un discurso oral, dirigido a profesores y estudiantes, para la celebración de una semana del deporte en tu instituto.*

- En grupos, intentad transformar alguno de los textos que habéis visto en esta unidad utilizando otro formato. Es importante tener en cuenta el tipo de vocabulario, registro y estructura a la hora de realizar esos cambios.

Aquí tenéis algunas sugerencias de otros formatos:

- Texto A: Vender café, comprar comercio justo → folleto

- Texto B: Las 10 mentiras más difundidas sobre la propiedad intelectual → artículo de opinión

- Texto C: Mujeres y poder: ¿más cerca de la igualdad de género? → entrevista

- Texto D: Nunca más jóvenes para la guerra: "Carta de la juventud colombiana a los Diálogos de Paz" → videoblog

Tipos de textos

A Informe

1 Seguro que has tenido la oportunidad de consultar alguna vez algún informe. ¿Sobre qué tema trataba? ¿Qué elementos le caracterizaban?

2 De las características mencionadas a continuación, elige cuáles corresponden a un informe en cada caso.

a El informe es un tipo de texto …
   ☐ narrativo
   ☐ expositivo o argumentativo
   ☐ humorístico.

b Su propósito es …
   ☐ proporcionar información sobre los resultados de una investigación
   ☐ dar instrucciones al lector sobre cómo hacer algo
   ☐ que el lector disfrute con su lectura.

c El lenguaje usado es …
   ☐ objetivo y concreto
   ☐ subjetivo y sugestivo
   ☐ informal y coloquial.

d Normalmente se escribe en …
   ☐ primera persona
   ☐ tercera persona
   ☐ segunda persona.

e Un informe suele incluir …
   ☐ diagramas, gráficos, imágenes, tablas, extractos, resúmenes, apéndices y referencias
   ☐ un planteamiento, un conjunto de peripecias en que se ven involucrados los personajes y un desenlace
   ☐ la dirección electrónica del/de los destinatario(s), un asunto, un mensaje y uno o más archivo(s) adjunto(s).

f Normalmente está estructurado en …
   ☐ capítulos numerados
   ☐ introducción, cuerpo y conclusión
   ☐ saludo inicial, asunto y despedida.

g La presentación suele incluir …
   ☐ portada ilustrada, biografía y foto del autor
   ☐ lista de vocabulario y glosario de gramática
   ☐ portada, índice, cuerpo, bibliografía y anexos.

Aquí tienes algunos tipos de informe:

- informe científico
- informe de calidad
- informe de investigación
- informe político
- informe de valoración
- informe ambiental
- informe médico
- informe anual
- informe de presupuesto
- informe demográfico
- informe estadístico
- informe de actividad comercial.

3   En grupos, trabajad con algunos ejemplos de informes que traten los temas que habéis visto en esta unidad: derechos humanos, globalización, igualdad y paz y conflicto. Primero, analizad y comentad los informes en vuestros grupos. Después, poned en común vuestras ideas con el resto de la clase respecto a las siguientes preguntas:

a   ¿Qué características típicas veis en esos informes?
b   ¿Cómo se estructuran?
c   ¿Cómo se tratan las referencias a otros textos y citas?
d   ¿Qué tipo de imágenes, gráficos y anexos se utilizan?
e   ¿Qué tipo de lenguaje se usa?
f   ¿Cómo es la presentación general?

Podéis utilizar los siguienten enlaces:

- Globalización:
  www.wto.org/spanish/res_s/booksp_s/anrep_s/world_trade_report08_s.pdf
  www.oxfamintermon.org/sites/default/files/documentos/files/Informe-Una-economia-para-99-oxfam-intermon.pdf

- Igualdad:
  es.unesco.org/creativity/sites/creativity/files/digital-library/cdis/Iguldad%20de%20genero.pdf

- Derechos humanos:
  www.ohchr.org/Documents/Publications/HR-PUB-14-2_SP.pdf

  www.ohchr.org/Documents/Publications/UNDRIPManualForNHRIs_SP.pdf

- Paz y conflicto:
  escolapau.uab.es/img/programas/procesos/16anuarie.pdf

B Propuesta

1   ¿Sabes qué es una propuesta? Completa este texto con las siguientes palabras para comprobarlo.

específica	trabajo	comercial	escrito

> Una propuesta es un documento **a** _____ a través del cual se presente un proyecto, una idea o una actividad **b** _____, por ejemplo, una iniciativa **c** _____ o de **d** _____.

fuente: **www.ejemplode.com**

2   En la página opuesta tienes un ejemplo de una propuesta en el que el texto está desordenado. En pequeños grupos, poned el texto en el orden correcto.

3   Después de ordenar la propuesta, identifica los siguientes elementos que aparecen en la misma. ¿Coincides con tus compañeros?

- fecha
- encabezamiento
- petición
- análisis/antecedentes de la situación
- lenguaje formal
- despedida
- firma

4   Elige una de estas dos opciones para preparar una propuesta. Después, comparte tu propuesta con tus compañeros y comentad vuestros textos.

a   Escribe al ayuntamiento de tu ciudad/pueblo para pedir que creen una iniciativa para cuidar la naturaleza de tu región/de la zona en la que vives.

b   Escribe a una organización para proponer un proyecto concreto sobre algún aspecto relacionado con la acción social: educación, ayuda humanitaria, etc.

CÁMARA DE COMERCIO DE LA CIUDAD DE MÉXICO

México D. F., a 1 de diciembre

PROPUESTA

a La anterior petición está basada en dos grandes realidades:

b H. Cámara de Diputados
Donceles y Bolívar
México D. F.

c Por su comprensión y ayuda, quedamos a la espera de su colaboración.

d 1 La policía, según notas periodísticas, se enfrenta al incremento de la delincuencia.
2 La vigilancia policiaca es insuficiente, casi debería existir un policía por comercio establecido.

e Atentamente,

f Con motivo de la agobiante inseguridad que existe en el D. F., la Cámara de Comercio de la Cdad. de México, solicita a esa Legislatura se modifique el Código Penal, a fin de que los comerciantes establecidos puedan tener más recursos legales en contra de los delincuentes que intenten asaltarlos dentro de sus locales. Hasta la fecha, ocho de cada diez comercios han sido robados, lo cual nos genera un alto grado de psicosis colectiva, a tal grado que muchos locatarios, tanto grandes como pequeños, han cerrado sus puertas.

g Oscar A. Palacios Alcocer
Presidente de la Cámara de Comercio de la Ciudad de México

h Estimados señoras y señores:

fuente: **www.ejemplode.com**

Actividades orales generales

Una imagen vale más que mil palabras

1   Como parte de los debates y de las discusiones en torno a imágenes para las actividades orales del curso, buscad en periódicos y en páginas web imágenes que representen algunos de los temas vistos en esta unidad. Después, comentad esas imágenes entre todos. Podéis hacerlo mediante las siguientes preguntas.

   a   ¿Qué ves en la imagen?

   b   ¿Qué representa?

   c   ¿Cómo se relaciona con el tema?

   e   ¿Qué te parece más interesante de la imagen?

   Aquí tienes algunas sugerencias:

Habilidades sociales   ATL

•   Durante la realización de las actividades de esta unidad y a través de los temas y aspectos que se han tratado, has conocido distintas opiniones sobre asuntos sociales y de interés mundial, como son los derechos humanos o los procesos de paz en situaciones de conflicto.

•   ¿Cómo podemos ser más constructivo a la hora de trabajar con otras personas e intentar entender todos los puntos de vista? Trabaja con otros compañeros para escuchar sus sugerencias.

   Por ejemplo: *Hacer preguntas, intentar entender todos los puntos de vista, aceptar las críticas, ...*

Luchando por la equidad

1 ¿Conoces las plataformas digitales para realizar peticiones? Quizás la más conocida es la siguiente: www.change.org

Lee algunas de las peticiones incluidas en las listas de esta plataforma y elige una petición que te parezca importante y que te gustaría apoyar. Comenta con tus compañeros por qué la has elegido.

2 a ¿Hay alguna causa o petición ciudadana o social relacionada con los temas que se han tratado en esta unidad que sea importante para ti y que no esté en esta plataforma? ¿Cuál es?

b En grupos, realizad una campaña digital sobre alguna petición. Explicad al resto de la clase todos los pasos que habéis seguido para realizarla:
- elección del tema
- investigación sobre la importancia de crear una petición
- presentación de la petición
- estructura de la campaña.

Conociendo algunas ONG

1 ¿Conoces y/o apoyas a algunas de las ONG que existen en tu país o a nivel mundial? Aquí tienes algunas de ellas:

Médicos Sin Fronteras   Aldeas Infantiles   Banco Mundial de la Mujer

Amnistía Internacional   Oxfam   Educación Sin Fronteras

¿Por qué te parece importante la labor que realizan?

2 Elegid cada uno una ONG diferente y presentadla en la clase, haciendo referencia a algunos de los aspectos a continuación. Haced preguntas después de escuchar cada presentación.

- Nombre, logotipo y eslogan de la ONG
- Historia: año y lugar de formación, biografía de la ONG
- Misión y objetivos
- Algunos datos y cifras importantes
- Un proyecto reciente
- Algún informe
- Ejemplos de alguna campaña: folletos, vídeos, peticiones, etc.

Literatura

1. Desde mucho tiempo atrás se sabía que con unos receptores especiales se podía escuchar lo que se hablaba en una casa próxima, sin utilizar transmisor alguno. El sistema siempre fue reservadísimo y parece que solo lo utilizaba el servicio de contraespionaje y, en ciertos casos muy particulares, la policía.

2. Luego llegó la noticia, también muy oculta, de que se podía conseguir ver lo que ocurría en un lugar próximo por una pantalla de T.V. Este nuevo procedimiento también quedó cuidadosamente velado y se utilizaba de manera muy reservada.

3. Pero últimamente – y aquí comienza de verdad nuestra historia – un aficionado a las cosas de radio y televisión, aunque oficialmente no era ingeniero ni cosa parecida, redescubrió, parece ser que sin proponérselo del todo, que con un simple receptor de televisión aplicándole no sé qué otro aparato de facilísima adquisición, consiguió ver y oír a través de las paredes a una distancia bastante considerable.

4. El inventor publicó su descubrimiento a los cuatro vientos, y como la oferta era tan golosa, antes de que las autoridades reaccionasen, la ciudad se llenó de aquellos combinados receptores que prometían tanto solaz para las gentes aburridas y curiosas. Al cabo de poco más de un año, en todos los hogares medianamente acomodados podía verse lo que ocurría en diez kilómetros a la redonda, sin más que poner en marcha el vulgar televisor y ayudarse con un selector de imágenes fácilmente fabricable.

5. Este es el prólogo de la situación que se planteó en seguida y que contribuyó tanto al universal desastre que todos conocemos.

6. La mentalidad de la gente cambió en pocos meses de manera inconcebible. Jamás se ha producido una metamorfosis, a lo largo de la historia, de la psicología colectiva, tan radical y dramática. De pronto, todo el mundo se sintió espiado y observado minuto a minuto de su vida; y a la vez, con un deseo obsesivo de espiar, de observar la vida del prójimo. La cosa llegó a tal extremo que era muy frecuente que los buscadores del secreto del prójimo, al intentar localizar a ese prójimo, lo hallaran junto a su receptor, mirando al mismo que los buscaba.

7. Pero los hombres más sensibles primero, y luego absolutamente todos, entraron en una situación de angustia inenarrable, una vez pasada la novedad del juego. Aquellos relajos naturales del ser humano cuando se siente solo, desaparecieron. Y la gente empezó a comportarse en todo momento de una manera artificial, como si la puerta de su cuarto siempre estuviera entreabierta.

8. Verdad es que las primeras reacciones colectivas ante el fenómeno del ojo universal fueron realmente graciosas y me atrevería a calificar de benefactoras para los usos y costumbres sociales.

9. Por ejemplo, las señoras, a la hora de almorzar, procuraban que la mesa estuviese puesta con mucha distinción, siempre con manteles limpios y la vajilla nueva. Todos se sentaban a la mesa bien vestidos y se hablaban entre sí con mesura y sonrientes. Las comidas, por el temor al qué dirán, eran realmente buenas y bien servidas. Los presupuestos familiares se resentían por la necesidad de esta forzada política y circunspección. La señora de la casa trabajaba a todas horas con una pulcritud y orden admirables. Las chicas de servicio a toda hora aparecían uniformadas, los niños en correcto estado de revista y todos los objetos de la casa despedían luz de puro limpios. Y no digamos la competencia de mejorar los menús. Era realmente ejemplar. «Debíamos tomar suflé de postre como los señores del 158... Y coñac francés con el café, no vaya a pensar esa boba que nos estará mirando que no ganamos lo suficiente para permitirnos estas finuras.»

10. Los matrimonios tuvieron que abandonar el hábito de discutir y de hablar de dinero. Estos parlamentos vidriosos o denunciativos solían hacerlos cuando iban de viaje, pues el recibir imágenes y sonidos de vehículos en marcha resultaba todavía muy difícil.

11. Había familias que adoptaron para su comunicación la costumbre de pasarse notitas escritas con letra muy menuda, que leían pegándoselas mucho a los ojos o amparándose con la mesa y utilizando la minúscula linterna.

12. Los hombres cuidaban sus lecturas, se ocultaban para beber y para llorar. Las señoras ponían especial empeño en la decoración de sus casas y en la marca de sus perfumes y vestidos.

"El mundo transparente", *La guerra de los dos mil años*, Francisco García Pavón
(Texto adaptado)

Habilidades de comunicación ATL

- A lo largo del curso has desarrollado estrategias para favorecer una comunicación verbal y escrita eficiente. ¿Cómo podrías recoger todos los conocimientos que has adquirido relacionados con este tema en un decálogo?

- Dividid la clase en dos grupos. Cada grupo se ocupará de un tipo de comunicación: verbal o escrita. Recopilad los aspectos más importantes en un póster (también puede ser digital) y después compartidlo con toda la clase.

- ¿Qué habéis aprendido entre todos?

1   Basándote en los **párrafos 1, 2 y 3**, identifica las palabras del texto que tienen el mismo significado que las siguientes palabras:

a   cercana: _____

b   muy secreto: _____

c   método: _____

d   oculto: _____

e   apasionado: _____

f   instrumento: _____

2   Según los **párrafos 1, 2 y 3**, elige las **dos** frases que son **Verdaderas**.

a   Existe un invento que permite ver y oir qué pasa en las casas vecinas.

b   El invento es un nuevo aparato de televisión.

c   Esa tecnología siempre ha sido conocida por todos.

d   El inventor del aparato es ingeniero.

e   El inventor descubrió las cualidades del aparato por casualidad.

3   Busca en los **párrafos 4, 5 y 6** las expresiones que tienen el mismo significado que las siguientes palabras:

a   por todas partes, en todas direcciones: _____

b   propuesta apetitosa, atractiva: _____

c   proponían tanta distracción: _____

d   familias con bastantes recursos económicos: _____

e   alrededor de: _____

f   televisión común: _____

g   catástrofe general: _____

h   de forma incomprensible: _____

i   la actividad de los demás: _____

4   Basándote en los **párrafos 4, 5 y 6**, completa las frases de la primera columna con la información más adecuada de la segunda columna.

❶ En la ciudad se podían ver …	a a preocuparse y a sentirse espiada.
❷ El nuevo aparato sirvió …	b la mentalidad de los habitantes de la ciudad.
❸ El invento hizo cambiar …	c para alegrar la vida de las gentes curiosas y aburridas.
❹ De repente, la gente empezó …	d muchos aparatos de televisión.

5   Basándote en los **párrafos 7, 8, 9** y **10**, elige la opción que tiene el
mismo significado que **las palabras en negrita**.

    a   hablar con **mesura**

        i   afirmación

        ii moderación

        iii preocupación

    b   temor **al qué dirán**

        i   a los rumores

        ii a los vecinos

        iii a los inventos

    c   forzada política y **circunspección**

        i   indiscreción

        ii atención

        iii prudencia

    d   con una **pulcritud** y orden admirables

        i   limpieza

        ii constancia

        iii suciedad

    e   los niños en **correcto estado de revista**

        i   corregidos

        ii preparados

        iii sucios

    f   estos parlamentos **vidriosos**

        i   problemáticos

        ii poco importantes

        iii aburridos

    g   con letra muy **menuda**

        i   curiosa

        ii pequeña

        iii importante

    h   poner especial **empeño**

        i   dinero

        ii astucia

        iii interés

6   Busca en los **párrafos 9, 10, 11** y **12** las frases en las que el autor …

    a   menciona la actitud de las mujeres.

    b   menciona la actitud de los hombres/maridos.

    c   describe cómo se vestían las criadas y los niños.

    d   se refiere a la situación económica de los matrimonios.

    e   describe las nuevas relaciones entre los miembros de una familia.

7 Basándote en el texto, indica si estas frases son **Verdaderas** o **Falsas**. Escribe las **palabras del texto** que justifican tu respuesta.

a   Las familias gastaban más de lo necesario.   V   F
b   Las apariencias no importaban.   V   F
c   Las familias ya no discutían de dinero.   V   F
d   Las señoras se preocupaban por los libros que leían.   V   F
e   La gente iba muy bien vestida.   V   F
f   Los objetos de la casa relucían.   V   F

8 Busca otro título para este fragmento y justifica tu elección.

9 Resume el fragmento en 150 palabras y después compara tu texto con el resumen del resto de tus compañeros.

10 Este texto fue escrito en los años sesenta. ¿Qué estereotipos de la época muestra en cuanto a la representación de los hombres y las mujeres?

11 En el fragmento de esta historia se presenta a una humanidad preocupada por la existencia de un aparato que permite saber en todo momento lo que una persona está haciendo. ¿Crees que el tema de la privacidad es algo importante para la sociedad de hoy en día? Comenta con tus compañeros los siguientes aspectos:

a   la seguridad ciudadana
b   la necesidad o no de cámaras de vigilancia
c   el fenómeno Gran Hermano de la televisión.

Para escribir

1 ¿Cómo crees que sería la vida en una situación como la del texto? Imagina que eres uno de los habitantes de la ciudad descrita por el autor. Escribe una entrada en tu diario explicando:

a   qué has visto
b   qué has hecho
c   qué hacen los demás
d   cómo te sientes.

2 Escribe una continuación para el texto que has leído. Compártela con el resto de tus compañeros y comentad qué coincidencias y/o diferencias hay entre vuestros textos.

3 ¿Cómo se podría adaptar este texto a una escena de una obra de teatro o de una película? En pequeños grupos realizad esta transformación. Pensad en todos los elementos de un guión teatral o cinematográfico, por ejemplo:

•   acotaciones
•   descripción de los personajes
•   escenario
•   diálogo, etc.

Habilidades de autogestión

Dentro de poco va a ser época de exámenes. ¿Qué consejos les darías a tus compañeros? Puedes tener en cuenta aspectos como:

• lugar de estudio

• metodología de estudio/trabajo

• alimentación

• actividad física

• descanso

• estrés.

Glosario

a cargo de: Bajo la custodia, el cuidado o la responsabilidad de alguien

a costa de: Indica que conseguir lo que se expresa conlleva un gran esfuerzo o un perjuicio para la persona

abanderar: Ponerse al frente de una causa, un movimiento o una organización para representarlo o defenderlo

abarcar: Percibir o dominar con la vista, de una vez, algo en su totalidad

abocado/a: Que está expuesto a un resultado determinado, generalmente negativo

abono: Fertilizante que se echa a la tierra para hacerla más rica y más productiva

abordar: Empezar a hacer una cosa determinada, en especial cuando exige esfuerzo o trabajo o cuando tiene cierta importancia o envergadura.

acalambrado/a: Contraído/a a causa de un calambre, que produce dolor

acosar: Perseguir sin tregua ni descanso a una persona para atraparla o a un animal para cazarlo

afán: Deseo intenso que mueve a hacer una cosa

agorero/a: Que anuncia o predice males o desgracias

agraciado/a: Que ha sido premiado o es afortunado

ahíto/a: Que está lleno o saciado, especialmente de comida

ahuyentar: Desechar o apartar una cosa que molesta o aflige

al antojo de: Según la consideración o conveniencia de la persona que se expresa, sin atender a razones o arbitrariamente

alcahuetería (Argentina y Uruguay): Acción de alabar o tratar de agradar a una persona con el único objetivo de conseguir un favor o un beneficio

alcalde(sa): Persona que preside un ayuntamiento y es la máxima autoridad gubernativa en el municipio

aldea: Pueblo muy pequeño que depende administrativamente de una población mayor

aledaño/a: Que está contiguo o cercano a un lugar

alfarería: Arte y técnica de fabricar objetos de barro cocido

alumbrado: Acción de poner luces eléctricas en un edificio, una fachada, una calle, una ciudad, etc., para darle luz o como adorno

alzar: Dirigir una cosa hacia arriba

ampararse: Servirse de una persona o una cosa para protegerse de algo

ampolleta: Pequeño recipiente de cristal que tiene el cuello estrecho y alargado y el cuerpo más ancho y redondeado

andadura: Desarrollo de un trabajo, actividad o proceso a lo largo del tiempo

anfitrión(a): Persona que tiene invitados en casa, en especial cuando les atiende adecuadamente y les brinda sus atenciones

antepasado/a: Individuo del que desciende otro, especialmente si vivió en una época pasada remota

apañar: Resolver una situación difícil o problemática de manera provisional o para salir del paso

apedrear: Lanzar o tirar piedras contra alguien o algo

apelativo/a: Que sirve para llamar la atención del oyente o para dirigirse a él

aporte: Entrega o suministro de lo necesario para el logro de un fin

aprestarse a: Prepararse para hacer algo

apropiarse de: Hacerse dueño/a de cierta cosa, especialmente si es de forma indebida

arcilla: Tierra constituida por agregados de silicatos de aluminio hidratados; es de color blanco en estado puro, y mezclada con el agua forma una materia muy plástica que se endurece al cocinarla

argot: Modalidad lingüística especial de un determinado grupo social o profesional que sus hablantes solo usan en cuanto miembros de ese grupo

arracimarse: Unirse tomando una forma semejante a la de un racimo

arraigado/a: Establecido en un lugar de forma fija y duradera

arraigo: Conjunto de antecedentes, intereses o hábitos que ligan a una persona a un lugar determinado

arrastrado/a: llevado/a o movido/a rasando el suelo o una superficie cualquiera

arreglárselas: Encontrar la manera de salir de un apuro o de conseguir un fin utilizando el ingenio

arrepentirse: Lamentar haber hecho o haber dejado de hacer alguna cosa

arropar: Tapar o abrigar a una persona con ropa, en especial con ropa de cama

arruga: Señal semejante a una raya muy fina que se forma en la piel al envejecer

artesanía: Arte y técnica de fabricar o elaborar objetos o productos a mano, con aparatos sencillos y de manera tradicional

asentamiento: Lugar en el que se establece una población

asesorar: Aconsejar o informar a alguien sobre cierta cosa

aseverar: Afirmar con convencimiento

asomo: Principio de algo que puede ser interpretado como una señal de ello

aspereza: Desagradable al gusto o al oído

atadura: Impedimento físico o moral que estorba, impide o dificulta la realización de algo

atar: Unir o sujetar una cosa a otra con cuerdas, cordeles o materiales semejantes

aterrado/a: Aterrorizado/a

azotar: Dar golpes de forma repetida y violenta (el agua o el aire como consecuencia de la fuerza de algún fenómeno atmosférico

balbucear: Decir una cosa con pronunciación entrecortada y vacilante

bálsamo: Medicamento compuesto de sustancias comúnmente aromáticas, que se aplica como remedio en las heridas, llagas y otras enfermedades

barbaridad: Acción desmesurada y desproporcionada que se realiza con brutalidad o violencia

barro: Masa blanda y compacta de tierra y agua

barrote: Barra gruesa y fuerte, especialmente la que sirve para afianzar algo o la que con otras forma un enrejado

becado/a: Que disfruta de una beca de estudios

bobo/a: Que es tonto o de muy corto entendimiento

bondades: Cualidades positivas

bordear: Estar colocada una cosa o conjunto de cosas en el borde u orilla de otra

borracho/a: Que tiene alteradas temporalmente las capacidades físicas y mentales por un consumo excesivo de alcohol

bóveda: Estructura de una construcción con forma curva que cubre un espacio comprendido entre varias paredes o pilares

bricolaje: Trabajo manual de carpintería, electricidad, etc., no profesional, que hace una persona, por afición, para arreglar, amueblar o decorar su casa

brindar: Ofrecer algo no material y, normalmente, bueno

cabida: Espacio o capacidad que tiene una cosa para contener otra

cacería: Partida de caza, excursión de varias personas para cazar

cadena de montaje: Conjunto de máquinas e instalaciones dispuestas para que se pase sucesivamente de una a otra en el proceso de fabricación o montaje de un producto industrial y organizadas para reducir al mínimo el gasto de tiempo y esfuerzo

caída: (1) Acción de moverse desde arriba hacia abajo por la acción de su propio peso
(2) Pendiente o inclinación de una superficie hacia abajo

camilla: Cama estrecha y portátil, que se lleva sobre parihuelas o ruedas, y que sirve para transportar enfermos, heridos o difuntos

campanilla: Campana de pequeño tamaño, y generalmente provista de un mango, que se hace sonar con una mano

canciller: Jefe/a o presidente/a del Gobierno en algunos países europeos

canillita (Latinoamérica): Persona, generalmente adolescente o joven, que vende periódicos y revistas en la calle

capote: Pieza de tela, con corte y forma de capa y de colores vivos, que usa el torero para lidiar y engañar al toro, particularmente el capote de brega

carcomer: Consumir o destruir lenta y gradualmente una virtud u otra cosa inmaterial

carretillero: Conductor de una carretilla, un vehículo pequeño formado por un recipiente con una rueda delantera y dos barras paralelas para agarrarlo y empujarlo, que se utiliza para transportar materiales pesados a corta distancia

cartonero/a: Persona que recoge, fabrica o vende cartones

cáscara: Capa o cubierta exterior, resistente, dura o quebradiza, que envuelve algunas cosas, especialmente los huevos, la fruta y los frutos secos

cava: Vino espumoso natural, blanco o rosado, de producción controlada que se elabora en las regiones españolas de Cataluña, Aragón y La Rioja según el método tradicional del champán francés

centinela: Soldado armado que por un tiempo determinado se coloca de guardia en el puesto que se le encarga

certamen: Concurso abierto que estimula con premios determinadas actividades o competiciones, especialmente de carácter literario, artístico o científico

charlatán(a): Que habla mucho o habla demasiado, especialmente sobre temas sin trascendencia

chisme: Comentario o noticia no verificada que circula entre la gente, generalmente de carácter negativo

chocar: Resultar raro o extraño

cimiento (fig.): Principio u origen en que se asienta una cosa no material

cirugía: Parte de la medicina que se ocupa de curar las enfermedades, malformaciones, traumatismos, etc., mediante operaciones manuales o instrumentales

clausurar: Poner fin solemnemente a una asamblea, festival, exposición, certamen, congreso u otro acto similar

clavar(se): Fijar intensamente los ojos, la mirada o la vista en alguien o algo

cobrar: Recibir una cantidad de dinero que se le debe como pago por un servicio o un trabajo realizado

colarse: Pasar o hacer pasar algo por un lugar estrecho

colectivo (en Colombia, Argentina, Perú y Bolivia): Ómnibus pequeño que se usa como transporte público urbano y tiene un recorrido fijo

colmar: Llenar un recipiente con una sustancia hasta que esta sobrepase los bordes

comodidades: Cosas que hacen la vida más fácil, hacen sentirse cómodo o facilitan la estancia en un lugar o la realización de ciertas tareas

compuerta: Media puerta que solo cierra la parte inferior de ciertas entradas, para impedir el paso libre de personas y/o animales

concejal(a): Persona que forma parte del gobierno de un municipio o concejo

concertación: Acuerdo entre dos o más personas o entidades sobre un asunto

condena: Pena impuesta por un juez o un tribunal

conmocionado/a: Que siente una pena profunda que le sacude el ánimo, especialmente hasta despertarle la compasión o las ganas de llorar

constar: Estar registrado o probado en un documento que un hecho es verdadero y exacto

contienda: Lucha, enfrentamiento o discusión

contrabajo: Instrumento musical de cuerda de forma semejante a la del violín pero mucho mayor, y por tanto de tono mucho más grave; se toca de pie, apoyando su extremo inferior en el suelo y frotando sus cuatro cuerdas con un arco

contracorriente: Corriente o tendencia cultural o ideológica opuesta a la que impera en un momento, en un lugar o entre un grupo

contundente: Que encierra tal convicción lógica o se expone con tal energía que no deja lugar a la discusión

conventillero/a: Que es dado a contar chismes, crear intrigas y hacer alboroto empleando gritos y malos modales

cosechar: Recoger los productos del campo o de un cultivo cuando están en sazón

coser: Unir con hilo enhebrado en una aguja pedazos o partes de una tela, de cuero o de otro material semejante

cotizado/a: Tener (una persona o una cosa) determinado valor social o económico

criarse: Crecer o desarrollarse en un lugar, momento o condiciones determinadas

cruento/a: Que produce o muestra derramamiento de sangre

cruzada: Conjunto de actividades o de esfuerzos que se realizan durante cierto tiempo y están encaminados a un buen fin, especialmente a combatir algo que se considera malo o perjudicial

cuchicheo: Acción de hablar en voz baja o muy cerca del oído de alguien, con la intención de que no se enteren el resto de las personas que están presentes

cumbre: Reunión de los máximos representantes de gobierno, especialmente políticos o militares, de varias naciones para tratar un tema determinado

cuota: Parte o porción fija y proporcional de un todo

curaduría: Actividad/Oficio de la persona encargada de comisariar una exposición.

dadivoso/a: Que es generoso o propenso a dar cosas como regalos

dar pie: Dar motivo para algo

dar rienda suelta: No poner límite a una cosa o dejarla actuar con entera libertad

de golpe y porrazo (informal): Indica que algo se hace o sucede de forma repentina y rápida

decaído/a: Que está débil física o anímicamente

depósito: Recipiente grande, generalmente cerrado, que sirve para contener líquidos o gases

derretir: Hacer que una sustancia sólida o pastosa pase a estado líquido por la acción del calor

derrota: Efecto de ser vencido/a en una contienda bélica, una competición, etc.

desacato: Delito que se comete al calumniar, injuriar, amenazar o resistirse a una autoridad en el ejercicio de sus funciones o con ocasión de ellas, ya sea de hecho, de palabra, o por escrito

desalentar: Quitar el ánimo o la energía a una persona para proseguir una lucha o una empresa

desapegado/a: Que carece de afecto o interés por una persona o una cosa

desatascar: Sacar una cosa del lugar en que se ha atascado

descalzo/a: Que no lleva calzado en los pies o los lleva completamente desnudos

descastado/a: Que no corresponde al afecto o al cariño de sus familiares

desembolsar: Pagar o entregar una cantidad de dinero, generalmente en efectivo y al contado

desenvolverse: Actuar con habilidad o maña en alguna cosa

desfallecimiento: Disminución o decaimiento del vigor y la fuerza física, de la fuerza moral o el ánimo

desidia: Falta de ganas, de interés o de cuidado al hacer una cosa

desligar: Desvincular a una persona de una obligación o de una vinculación moral, afectiva, legal, etc., con alguien o algo

deslumbrado/a: Persona a la que alguien o algo ha causado una fuerte impresión

desollar: Quitar la piel, o parte de ella, a un animal, en especial a los destinados al consumo humano

despedir: (1) Decir adiós o dirigir una palabra, expresión o gesto de cortesía [una persona] a otra cuando se separan o cuando una de ellas se va

(2) Desprender o echar fuera de sí algo, perceptible o no

desprender: Echar de sí algo

destacar: Llamar la atención cierta cualidad, circunstancia o hecho entre varios

destello: Resplandor vivo de luz intensa y de breve duración

desvencijado/a: Que ha perdido su firmeza o cohesión y ha separado las partes que la forman

diputado/a: Persona que ha sido elegida por votación popular para formar parte de una cámara legislativa

dirigente: Que gobierna y dirige a un grupo social, político, religioso, etc.

dirigir la palabra a: Hablar con una persona

docente: De la enseñanza o relacionado con ella

eje: Persona, cosa o circunstancia que se considera como el centro alrededor del cual gira un asunto, una situación u otra cosa

el más allá: Mundo que, según algunas creencias, existe después de la muerte.

embarcación: Construcción capaz de flotar, de ser dirigida por el hombre y propulsada por el viento u otro procedimiento; designa especialmente las de poco tonelaje

embarcar: Introducir personas o mercancías en un vehículo, especialmente en una embarcación, aeronave o tren, para viajar

empalagamiento: Acción de cansar o aburrir por ser excesivamente sentimental, artificiosa o amable

emparchar: Poner uno o más parches para tapar un agujero o una rotura

empeño: Actitud de la persona que pone mucho esfuerzo, interés y perseverancia al hacer una cosa

empinado/a: Que tiene una inclinación muy pronunciada

empoderar: Hacer poderoso o fuerte a un individuo o grupo social desfavorecido

emprendedor(a): Que establece y desarrolla una empresa o negocio

empuñar: Tomar una cosa por/con el puño, especialmente un arma

encasillar: Colocar en casillas, clasificar a personas o cosas poniéndolas en el lugar que les corresponde

encauzar: Conducir un asunto o a una persona por el buen camino

enganchado/a: Que es adicto a una afición y le dedica todo su tiempo libre

enojarse: enfardarse, sentir ira contra alguien o algo

entablar: Dar comienzo o inicio a una actividad o proceso, en especial cuando implica a dos o más personas o partes

envasado (nombre): Acción de introducir en un envase alimentos líquidos o sólidos u otra cosa para guardarlos o para transportarlos de un lugar a otro

envenenamiento: Acción de matar o hacer enfermar a una persona o animal, dándole veneno o introduciéndoselo en el organismo

equiparable: Hacer que sean equivalentes o iguales dos o más personas o dos o más cosas, o considerar que lo son

esbozo: Diseño o proyecto provisional de una obra artística, que solamente contiene los elementos esenciales

escollo: Problema o dificultad que obstaculiza el desarrollo de una actividad o proceso

escudo: Arma de defensa que sirve para proteger el cuerpo de los golpes del adversario, formada por una plancha de metal o madera que se sujeta con el brazo

esposas: Objeto formado por dos aros metálicos unidos entre sí por una cadena, para sujetar por las muñecas a los presos

estallido: Acción de explotar repentina y violentamente, produciendo un ruido seco e intenso

estampilla (Latinoamérica): Papel de pequeño tamaño emitido por el Gobierno y con valor oficial que se pega a las cartas y paquetes para enviarlos por correo

estancia: Acción de estar o permanecer cierto tiempo en un lugar

estanque: Depósito artificial de agua con fines ornamentales o prácticos, como la cría de peces o el riego

estrenar: Representar o presentar por primera vez un espectáculo o una película ante el público o en un lugar

expositivo/a: Que expone o sirve para exponer

extrañar a: Notar la falta de algo que se usa habitualmente y que se ha sustituido por otra cosa

extrañeza: Sorpresa o asombro por algo extraño

farol (México): Faro (foco delantero de los vehículos)

farol: Utensilio para alumbrar las calles que consiste en una luz eléctrica o de gas sostenida en un pie de hierro o soporte

fauces: Boca de una persona o un animal

fecundo/a: Que tiene capacidad para reproducirse o procrear con facilidad o abundantemente

fierro (Latinoamérica): hierro

finura: Cualidad de lo que es delicado y de buena calidad

fogata: Fuego que levanta mucha llama

fogosidad: Entusiasmo y pasión en lo que se hace

fulano de tal: Expresión que se usa para designar a cualquier persona cuyo nombre no interesa precisar

galardón: Premio, generalmente honorífico, que se concede a alguien por sus méritos o por haber prestado determinados servicios

galpón: Construcción grande y techada que se emplea como taller mecánico, carpintería, garaje o depósito de mercancías

garbanzo: Semilla comestible, de pequeño tamaño, forma redondeada, con un ápice encorvado y color amarillento

grieta: Abertura alargada y con muy poca separación entre sus bordes que se hace en la tierra o en un cuerpo sólido, generalmente de manera natural

grúa: Máquina que sirve para levantar o transportar de un lugar a otro cosas muy pesadas; generalmente está formada por una estructura metálica con un brazo móvil horizontal del que cuelga un cable con un gancho

habilitación: (1) Hacer los cambios necesarios para que una persona o una cosa, especialmente un lugar, sirva para una función que no es la que desempeña habitualmente.

(2) Acción de dar autorización legal a una persona para hacer una cosa

hazaña: Acción de gran esfuerzo y valor

herramienta: Instrumento, generalmente de hierro o acero, que sirve para hacer o reparar algo y que se usa con las manos

horca: Instrumento del que cuelga una cuerda con un nudo corredizo y que sirve para ahorcar a los condenados a pena de muerte

hosco/a: Que tiene un carácter cerrado, desagradable y que no gusta de relacionarse con los demás

hostería: Hostal

hueco: Espacio abierto o vacío en determinados cuerpos

huidizo/a: Que suele huir o tiene tendencia a huir

idoneidad: cualidad de lo que reúne las condiciones necesarias u óptimas para una función o un fin determinado

inculcar: Infundir en una persona una idea, un concepto, un sentimiento, etc., con ahínco

inenarrable: Que es tan grande, intenso o extraordinario que no puede ser expresado o descrito

infringir: No cumplir una ley, norma, pacto, etc., o actuar en contra de ellos

inmutarse: Sentirse profundamente impresionado por algo

internarse: Introducirse en un lugar y avanzar hacia su parte más interna

inusitado/a: Que es inusual o raro y por ello resulta sorprendente

jerga: ver *argot*

labrado/a: causado/a gradualmente

labrador(a): Persona que tiene por oficio trabajar y cultivar la tierra, en especial si es el propietario de esta

ladrillo: Pieza de arcilla cocida, generalmente con forma de prisma rectangular, que se usa en la construcción de muros, paredes, pilares, etc.

lastre: Cosa que impide actuar con libertad y conseguir lo que se desea

lazo. Unión o relación no material, especialmente la que se establece entre dos personas

libreta militar: Documento oficial con que el varón acreditaba su identidad a efectos militares, electorales o de la vida cotidiana

liviandad: cualidad de algo superficial o poco serio o complicado

lóbrego/a: Que es oscuro o sombrío e inspira temor o tristeza

lonja: Edificio o lugar determinado donde se reúnen habitualmente los comerciantes para realizar transacciones como contratos sobre mercancías, fletes y seguros marítimo

maceta: Recipiente, generalmente de forma rectangular, que sirve para poner otros recipientes de menor tamaño con plantas o para colocar plantas de adorno directamente en la tierra

madero: Trozo largo de madera escuadrado o en forma de tronco

mandatario/a: Persona que gobierna un país o desempeña un alto cargo político

manejo: Empleo de una cosa con un fin determinado

mantel: Pieza de tela, papel o plástico con que se cubre la mesa para comer

manteo: Capa larga y amplia, sin apenas forma y con cuello estrecho que llevaban los clérigos y los antiguos estudiantes

manzana (de edificios): Espacio urbano edificado o destinado a la edificación, generalmente cuadrangular, que está delimitado por calles

maqueta (de música): Grabación de un tema musical que se hace como prueba, normalmente para presentarlo a una discográfica

maratoniano/a: Que es intenso, agotador o de duración anormalmente larga

merecer la pena: Ser algo suficientemente valioso como para que se considere bien empleado el esfuerzo que cuesta

mortífero/a: Que causa o puede causar la muerte

movida: Animación y diversión en la que participa un gran número de personas

mozo/a: Que está en el período de la vida entre la niñez y la edad adulta

mudo/a: Que no tiene voz o sonido o no lleva escritas palabras

mullido/a: Que es blando y esponjoso

náufrago/a: Que ha sufrido la pérdida o la ruina de su embarcación en el mar, un río o lago navegables

nave: Embarcación grande de vela o de motor

ojeada: Mirada rápida y superficial a alguien o algo

olfato: Sentido corporal que permite percibir y distinguir los olores

onda: Curva que se forma en la superficie de un cuerpo flexible

ordeñar: Extraer la leche de un animal hembra exprimiendo las ubres

papa (Latinoamérica): patata

pariente: persona que pertenece a la misma familia (conjunto de ascendientes, descendientes y demás personas) que otra

parir: Dar a luz, producir o crear una cosa

parpadear: Cerrar y abrir los párpados, una sola vez o repetidamente

partidario/a: Que sigue o defiende una idea, una tendencia, un movimiento o a una persona

pasarlo (o pasárselo) en grande: Disfrutar mucho

patria: País o lugar en el que se ha nacido o al que se pertenece por vínculos históricos o jurídicos

patrocinador(a): persona o institución que contribuye económicamente a una actividad, especialmente cultural o deportiva, a cambio de cierta publicidad

peatonalización: Acción de hacer peatonal una calle o una parte de la ciudad impidiendo el tráfico de vehículos por ella.

pelmazo/a: Que es pesado, insistente, molesto y difícil de soportar

perjudicar: Ocasionar un daño material o moral a una persona o cosa

permear: Penetrar en algo o en alguien, y más específicamente en un grupo social

pestilente: Que despide muy mal olor

picotazo: Mordisco o pinchazo que dan algunos animales (especialmente aves e insectos) con una parte puntiaguda de su cuerpo que emplean como arma defensiva y de ataque

pinchadura: agujero o rotura hecho/a por un objeto puntiagudo

plantear: Hacer surgir una idea, duda, pregunta, etc.

plantilla: Pieza plana que sirve de modelo o de guía para dibujar o recortar el contorno de un objeto o figura cuya forma coincide con la del contorno de la pieza o está perforada en el interior de la misma

plasmar: Dar forma concreta a un proyecto, idea, etc., por medio de fórmulas, palabras, esquemas, etc.

plata (Latinoamérica): Dinero o riqueza

plegarse: Acomodarse a ciertas circunstancias o condiciones poco satisfactorias, o aceptar la autoridad o la voluntad de otra persona, generalmente sin oponer resistencia

plumaje: Conjunto de plumas que cubren el cuerpo de un ave

plus: Cantidad de dinero que se añade al sueldo que corresponde a un puesto de trabajo, generalmente por circunstancias extraordinarias o servicios complementarios

porteño/a: Relativo a Buenos Aires, capital de Argentina, o a sus habitantes

potable: Que es apto para ser bebido

pregonar: Publicar en voz alta una noticia o un hecho para que sea conocido por todos

prender: Encender o hacer que arda una materia

presa: Persona, animal o cosa que sufre o padece algo.

prestador(a): Que presta, especialmente dinero

prestarse: Ofrecerse o mostrarse dispuesto/a voluntariamente para hacer una cosa

presupuesto: Cantidad de dinero que se calcula necesaria o que se destina para hacer frente a unos gastos determinados

profesionista (México): Persona que ejerce una profesión

progenitor(a): Padre o madre biológico/a de una persona

promedio: Resultado que se obtiene al dividir la suma de varias cantidades por el número de sumandos

propiciar: Ayudar a que sea posible la realización de una acción o la existencia de una cosa

quirófano: Sala de un establecimiento hospitalario especialmente acondicionada para realizar operaciones quirúrgicas

radicar: Estar establecido/a en un lugar determinado

ranura: Hendidura o canal largo y estrecho que se abre en un cuerpo sólido con diversos fines, como hacer un ensamblaje o guiar una pieza movible

raptar: Llevarse a una persona por la fuerza de un lugar y retenerla en contra de su voluntad

rebasar: En una marcha, progresión, etc., dejar atrás, adelantar

rebotar: Hacer que un cuerpo, generalmente elástico, dé varios saltos al chocar contra el suelo u otra superficie

rebusque (Argentina, Colombia, Nicaragua y Uruguay): Solución ocasional e ingeniosa con que se resuelve una dificultad

recaer: Corresponder a una persona un beneficio, una carga o una responsabilidad

recelo: Sospecha o falta de confianza hacia una persona por suponer que oculta malas intenciones o hacia una cosa por suponer que conlleva algún peligro

reclutamiento: Acción de reunir y alistar gente para el ejército, para una campaña militar o para la guerra

recorrido: Acción de hacer un trayecto determinado

reemplazo: Sustitución de una persona o cosa por otra

refrendación: Firma con la que se da validez a un documento

regusto: Sabor que queda en la boca después de haber probado o tomado una sustancia y que no siempre coincide con el sabor dominante de esa sustancia

relegado/a: Apartado/a o dejado/a de lado

remangarse: Tomar una decisión o disponerse a realizar una acción de manera enérgica

remiso/a: Que pone poca voluntad o disposición en hacer una cosa

renacuajo: Cría o larva de un anfibio, especialmente la de la rana

rencor: Sentimiento de hostilidad o gran resentimiento hacia una persona a causa de una ofensa o un daño recibidos

rendimiento: Fruto o utilidad de una cosa en relación con lo que cuesta, con lo que gasta, con lo que en ello se ha invertido, etc., o fruto del trabajo o el esfuerzo de una persona

rendirse: Someterse al dominio o voluntad de alguien o algo, dejando de oponer resistencia

repercutir (un sonido): producir eco

resaltar: Hacer que una cosa se vea o perciba mejor

resentirse: Empezar a flaquear o a debilitarse una cosa por la acción de otra

respaldo: Apoyo o protección a alguien o algo

retirar: Dejar de dar una cosa

retratar: Describir detalladamente a una persona o una cosa

riego: Acción de verter agua sobre la tierra o sobre una planta para beneficiarlas, o sobre una superficie cualquiera para limpiarla o refrescarla

risueño/a: De aspecto deleitable, o capaz, por alguna circunstancia, de infundir gozo o alegría

rodaje: Acción de rodar, en especial una película cinematográfica

rondar: Estar (una idea) presente en la mente de una persona

rótulo: Título que se coloca al comienzo de un capítulo o de una parte de un escrito y que anuncia su contenido

rozar: Tocar muy ligeramente toda o parte de la superficie de una cosa

ruin: Que es despreciable por cometer o ser capaz de cometer malas acciones, con falsedad, hipocresía, traición o engaño

rumbo: Dirección que se sigue para llegar a un lugar o a un fin determinado

sabiduría: Conjunto de conocimientos amplios y profundos que se adquieren mediante el estudio o la experiencia

sacudir: Mover violentamente algo de un lado a otro

salpicadura (se usa generalmente en plural): Mancha que produce un líquido o una sustancia pastosa al chocar contra un sitio o al ser golpeado

salvavidas: Utensilio de un material insumergible que sirve para mantenerse una persona a flote

sello discográfico: Marca o nombre comercial de una serie de productos de una empresa

sembrar: Esparcir semillas en un terreno preparado para que germinen y den plantas o frutos

semilla: Grano contenido en el interior del fruto de una planta y que, puesto en las condiciones adecuadas, germina y da origen a una nueva planta de la misma especie

senectud: Vejez, ancianidad

sindicato: Asociación de trabajadores cuyo objetivo es la defensa de los intereses profesionales, económicos y laborales de los asociados

sorteo: Procedimiento mediante el cual, por azar, se sortea una cosa

sotana: Prenda de vestir usada por los sacerdotes católicos, que consiste en un vestido negro, recto, largo hasta los tobillos, de manga larga y en ocasiones abotonado por delante de arriba abajo, y que se lleva encima de la ropa ordinaria

sumarse a: Adherirse a una doctrina u opinión, o agregarse a un grupo

supeditado/a: Que depende de una cosa o del cumplimiento de una condición

superación: Acción de pasar con habilidad y éxito un obstáculo o dificultad, o una situación difícil o peligrosa, sin dejarse detener o sin desanimarse

súplica: Acción de pedir a alguien una cosa con humildad, sumisión y vehemencia

surgimiento: Acción de salir desde el interior de la tierra o de otro lugar hacia la superficie, especialmente si sale bruscamente y alcanza cierta altura

suscitar: Provocar cierto sentimiento en alguien

tabulador/a (nombre): Tecla de las computadoras que sirve para colocar un margen en un punto predeterminado o para hacer cuadros y listas conservando los espacios pertinentes

tapado/a: cuyo conducto, orificio o cuya abertura está cerrado/a, bloqueado/a por algo

tapar: Poner algo encima o delante de una persona o cosa de manera que quede protegida u oculta

tapia: Trozo de pared o muro que se hace de una sola vez con barro apisonado en un molde y después secado al sol

techumbre: Estructura de construcción que forma la cubierta de un edificio junto con sus diferentes elementos de cierre

tejido: Material que resulta de tejer o entrelazar hilos, especialmente el hecho con fibras textiles que se emplea para confeccionar ropa de cualquier clase

tener a punto: Preparado/a para que pueda servir al fin al que se destina

tipo (de imprenta): Letra o carácter de imprenta

títere: Muñeco que se mueve por medio de una cruceta de la cual cuelgan unos hilos que van atados a su cuerpo o bien metiendo la mano por debajo del vestido; se usa generalmente para representaciones teatrales infantiles o populares

titubear: Tambalearse por falta de estabilidad

titular: Que ha sido nombrado para ocupar un cargo o ejercer un empleo público en propiedad

tornillo (Argentina y Uruguay, coloquial): Sensación de frío intenso

traicionar: No cumplir su palabra o no guardar la fidelidad debida a una persona, idea, doctrina, etc.

trama: Conjunto de hilos que, cruzados con los de la urdimbre, forman una tela

trastorno: Alteración en el funcionamiento de un organismo o de una parte de él o en el equilibrio psíquico o mental de una persona

travesía: Viaje por tierra, por mar o por aire, en que se atraviesa una zona extensa, una región, etc.

trecho: Espacio o distancia que hay entre dos puntos o lugares

trenza: Peinado que se hace entretejiendo el cabello largo

turno: Momento u ocasión en que a una persona le corresponde hacer, dar o recibir una cosa

umbral: Pieza empotrada, escalón o espacio que constituye la parte inferior de una puerta

vajilla: Conjunto de platos, tazas, fuentes y otros recipientes para el servicio de mesa

valer la pena: ver *merecer la pena*

verdugo: Persona que se encarga de ejecutar a los condenados a muerte

vereda (Latinoamérica): Parte lateral de una calle o vía pública, destinada a la circulación de peatones

vientre: Región exterior del cuerpo correspondiente a la cavidad que contiene el estómago y los intestinos

vinculante: Que está relacionado/a con una o más cosas, o que depende de otra cosa

vínculo: Unión o relación no material, especialmente la que se establece entre dos personas

volcarse: Inclinarse exageradamente o abalanzarse sobre algo o alguien

zalamero/a: Que demuestra cariño de una forma exagerada y a veces empalagosa, generalmente para conseguir algo